外苑連絡圖
寶物殿
御社殿
權殿
代々木駅
原宿駅
代々木練兵場
20 15 10 5 0 40 60 80 100 間

明治神宮の建築

日本近代を象徴する空間

藤岡洋保
FUJIOKA Hiroyasu

鹿島出版会

はじめに

明治神宮といえば、杜である。明治神宮が内苑に鎮座したのは大正九（一九二〇）年で、本多静六（一八六六〜一九五二）を中心とする林学者が立てた計画に沿って、鬱蒼とした杜を形成するまでになったことはよく知られている。それに比べて、その中に点在する建物、特に社殿は単に江戸時代までのやり方を踏襲したようで、神道の理念のひとつとされる「復古」に忠実なだけのように見える。そこに何らかの特別な意味を見ようとする人は、建築関係者を含め、これまでほとんどなかったといってよい。また、外苑に建つのは美術館やスポーツ施設などで、内苑の社殿と無関係のようにも思える。

しかし、私は、その内苑と外苑の建物に建築史的な意味が見出せることを、そしてそれらが無関係ではないことを示したいと考えている。それをひとことでいえば、明治神宮内苑と外苑を「日本近代を象徴する空間」と見るということである。このようないい方は、奇妙に響くかもしれない。しかし、明治神宮内苑・外苑の建設計画やデザインをていねいにひもといていくと、そこにはまぎれもなく、日本近代の諸相が浮かび上がってくる。それを、これまでに知られている史料のほかに、明治神宮蔵の史料や現存建物を調査した結果を踏まえながら示すのが、本書の目的である。

本書が扱うのは、明治天皇を奉祀する神社の請願が出された大正元（一九一二）年八月から、内苑の戦後復興が完了した昭和三五（一九六〇）年一一月までの造営事業や、計画・建設された建物である。それらは多種多様で、そこに脈絡を見出すのは難しそうに見えるが、ある補助線を引くことによって、一体的に理解できると思われる。その補助線として提案したいのが「国民国家」という概念である。明治神宮造営事業のような日本近代の国家プロジェクト（外苑は明治神宮奉賛会の寄付によってつくられたが、内務省がその設計・建設を全面的にバックアップしている）を理解するうえで、「国民国家」の視点が有効だと私は考えている。

近代国家を特徴づける「国民国家」は、周知のように、国境を確定し、その内側における主権を主張しつつ、国境内にいる人々を「国民」として位置づける。その「国民」は寄せ集めの集団にすぎないことが多いが、国家の存続を図るためにその「国民」に納税や兵役などの義務を求めることになるから、「国民」の一体化を図るための仕掛けが必要になる。「国民」であることの自覚をもたせることが、為政者にとって重要な課題になるということである。その役割を果たすものとして「国旗」や「国歌」がつくられ、「国民」共通の言語としての「国語（標準語）」が整備され、義務教育が導入され、統合の象徴としての記念建造物が建てられる。

「伝統」の創出も重要な課題になる。それは、「国民」に過去や文化を共有しているという意識をもたせるために呼び起こされる概念のひとつである。そして、その「過去」や「文化」に関しては、他国との差異、つまり独自性や優越性を主張できることが望ましい。要するに、国民国家という近代特有の枠組みがその国独自のアイデンティティを要請し、それが「伝統」への関心を喚起するということである。アイデンティティは他者との関係の中で形成されるから、他国との差異が強調されることになる。その一方で、国家の円滑な運営のために、立法・司法機関や官庁が、国民の啓蒙のために教育施設や博物館・美術館が必要になり、通貨の統一や交通網・メディアの整備も重要になる。

近代につくられた建物がそのような国家システムと無関係ではないという認識が、それらをより深く理解するために必要だと私は考えている。念のために付言すれば、私は前述のことをシニカルに見ようとしているのではない。実際には、分断を深めるなど、うまく機能していない国家が少なからずあるだけでなく、ITを駆使するグローバル企業が国家の役割を侵蝕しつつあるとはいえ、国民国家に代わるモデルがまだ見えていない以上、われわれがまだそのシステムの中にいることを認識したうえで、その状況を相対化し、冷静に見ることが必要だと考えているだけである。

私は、明治神宮にもその「国民国家」の反映を見ることができると考えている。先に述べたように、創立時の明治神宮の内苑と外苑を、日本の近代が、つまり日本が国民国家として編成し直される過程を象徴する空間として理解しようとしている。一見「復古」を志向しているようで、その随所に「近代性」が見られることにも注意を喚起したいということでもある。あわせて、戦後の復興社殿にも「伝統理解」の一例を見ようとしている。

明治神宮創立の経緯を語る際に外苑に注目するのは別に新しいことではないし、山口輝臣『明治神宮の出現』(吉川弘文館、平成一七年)や佐藤一伯《かずのり》『明治聖徳論の研究――明治神宮の神学』(国書刊行会、平成二二年)、今泉宜子《よしこ》『明治神宮――「伝統」を創った大プロジェクト』(新潮社、平成二五年)、後藤健生《たけお》『国立競技場の一〇〇年――明治神宮外苑から見る日本の近代スポーツ』(ミネルヴァ書房、平成二五年)などの優れた既往研究がある。しかし、その中に、「国民国家」という観点から内苑と外苑を一体的に理解しようとする試みはこれまでなかったように思われる。

近代に創設された神社の中でも、明治神宮の造営事業は特異である。それはまず、神域が中心になる内苑だけではなく、記念建造物や競技施設を含む外苑があわせて計画されたことに認められる。このことはよく知られてはいるものの、内苑が伝統墨守に見える一方で、外苑は競技場を含めて西洋的（近代的）で、聖徳記念絵画館は当時の最新のデザインでつくられているから、両苑は内外苑連絡道路でつながっているだけで、明治天皇（一八五二〜一九一二）と昭憲皇太后（一八四九〜一九一四）を祀る施設がある以外に、何の共通項もないように思える。しかし、私はその内苑と外苑を包含できるような枠組みが必要だと考えている。一見異質な両者を一体的にとらえられる枠組みを設定することが、明治神宮造営事業をよりよく理解することにつながると信じるからであり、その枠組みとして「国民国家」という概念を採用するということである。

後述するように、内苑の社殿や宝物殿は伝統的な意匠でまとめられてはいるが、伝統の解釈や表現をどうするかは、近代における新たなテーマだったし、社殿の配置は近代的な知によって整えられている。神社だからということだけでなく、日本の独自性を示すための空間として、つまり西洋や中国との差異を示す空間として位置づけるという意図もあったと考えられる。また、外苑に建てられたのは記念建造物としての美術館や憲法記念館であり、競技施設や公園で、当時の日本にはまだほとんど見られなかった近代的な施設を備えた空間である。両者は、国民国家に典型的な建築を有するという点でつながっている。さらにいえば、それは日本の近代の特徴、つまり独自性と普遍性（近代性）をともに追求するという、遅れて近代化をはじめた国に特有の精神のあり方を、象徴的に示しているとも見られるのである。

また、近代神社建築史の観点から見ると、明治神宮の特異性は、身分の異なる人たちが参拝することを、具体的には、天皇や皇后をはじめとする皇族、華族、政府高官、そして軍隊や多数の公衆が参拝することを最初から想定して計画された神社、という点にも認められる。そのことを念頭に配置計画や建物ごとのプランニングを分析しつつ、衛生設備までをも含めて関心を向けることが、明治神宮の社殿計画の趣旨を理解するのに有効だと私は考えている。

神社の本殿には古来の様式が採用されることが多い。明治神宮でも、創立時も第二次世界大戦後の復興時においても、本殿には三間社流造《さんげんしゃながれづくり》が採用された。様式という観点では同じだが、そのプランニングや姿は異なっている。どちらも神社建築に造詣の深い建築家が担当しているが、明治神宮における流造はどうあるべきかというテーマに対する解釈が異なっているということである。それは建築における「伝統」について興味ある視点を与えてくれる。つまり、三間社流造という枠内でも設計の自由度があり、そこに設計者の神社建築観や個性が反映するということである。明治神宮は、「伝統理解」や「伝統表現」について多くの示唆が得られる場でもある。

本書では、明治神宮創立の請願から、内苑と外苑の計画・建設の経緯を明治神宮蔵の史料などをもとに明らかにしつつ、主要建物のデザインや技術について語る。そして、その事業の性格や注目点を指摘するとともに、戦後の内苑の復興社殿の計画・建設の経緯をあわせて示しながら、その設計の与条件や設計趣旨を検討し、さらには創立時の社殿との比較をもとに、それぞれの設計者の「伝統理解」「伝統表現」について考察しながら、「日本近代を象徴する空間」が形成されるさまを明らかにする。

なお、本書は明治神宮の建築を主対象にするので、明治神宮の杜の計画や形成過程については他書を参照されたい。

藤岡洋保

＊本書では、「青山」と「青山」を、そして「葬場殿」の後につける字として「址」と「趾」を使い分けている。前者に関しては、「青山練兵場」のように、当時の地名に言及するときに「靑山」を用い、「青山通り」のように、現在の呼称にしたがう場合には「青山」と表記している。後者に関しては、今では「葬場殿趾」が明治神宮における正規の呼称だが、外苑の計画・創設時には「葬場殿址」と表記するのが常だったので、それに言及する際には「址」を用いている。
＊特記なき写真はすべて著者撮影

正参道灯籠
(第一章写真12)

宿衛舎(第一章写真16)

東神門（第一章写真18）

内拝殿（第一章写真20）

宝物殿(第一章写真21)

聖徳記念絵画館(第一章写真22)

外苑広場（現状、明治神宮外苑蔵、第一章写真24）

憲法記念館（第一章写真28）

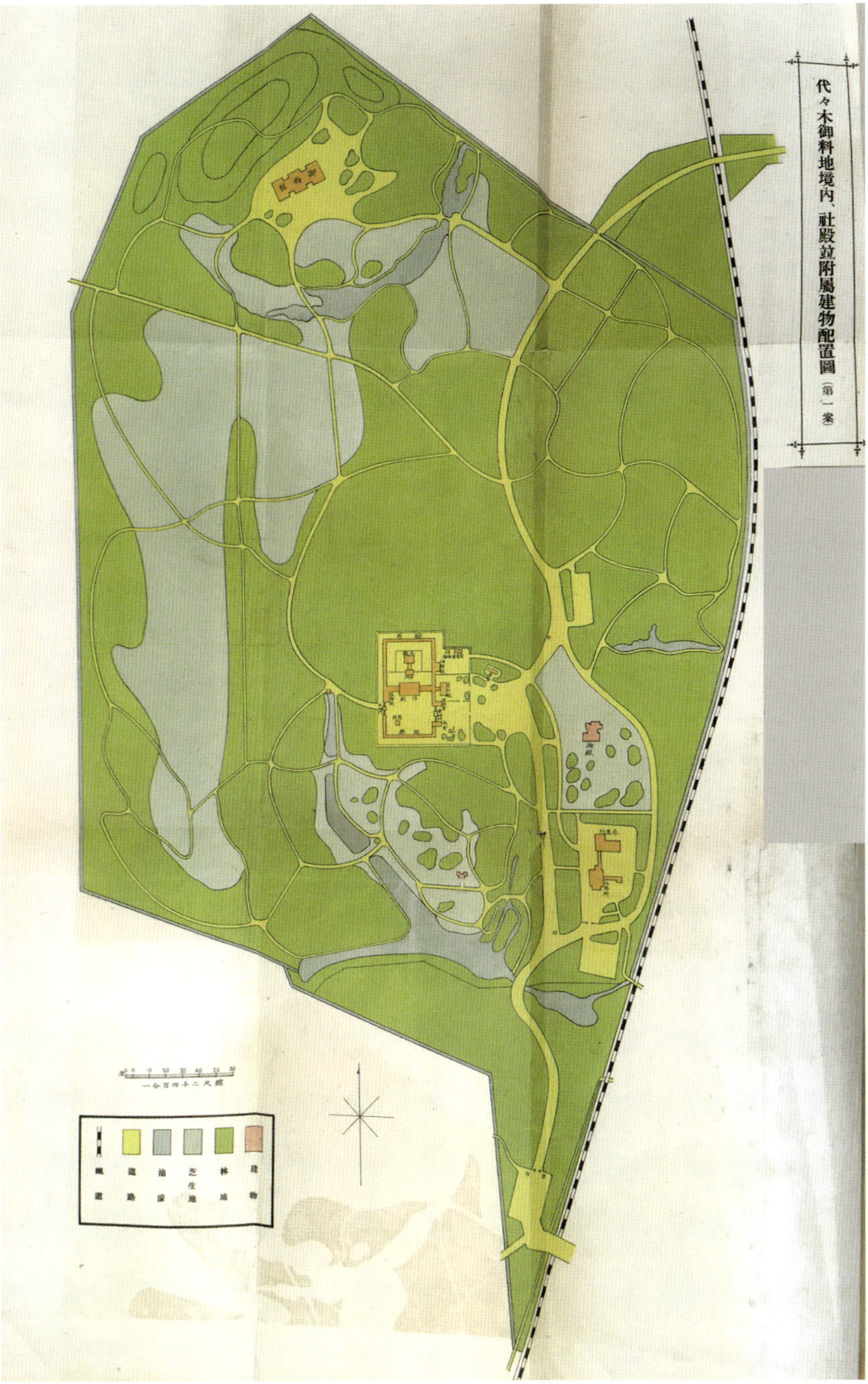

「代々木御料地境内、社殿竝付属建物配置図（第一案）」（『神社奉祀調査会経過要領ノ一』所収）
（第一章図3）

明治神宮南神門蟇股（第二章写真16）

明治神宮東神門破風錺金具（第二章写真20）

明治神宮南神門軒先錺金具（第二章写真18）

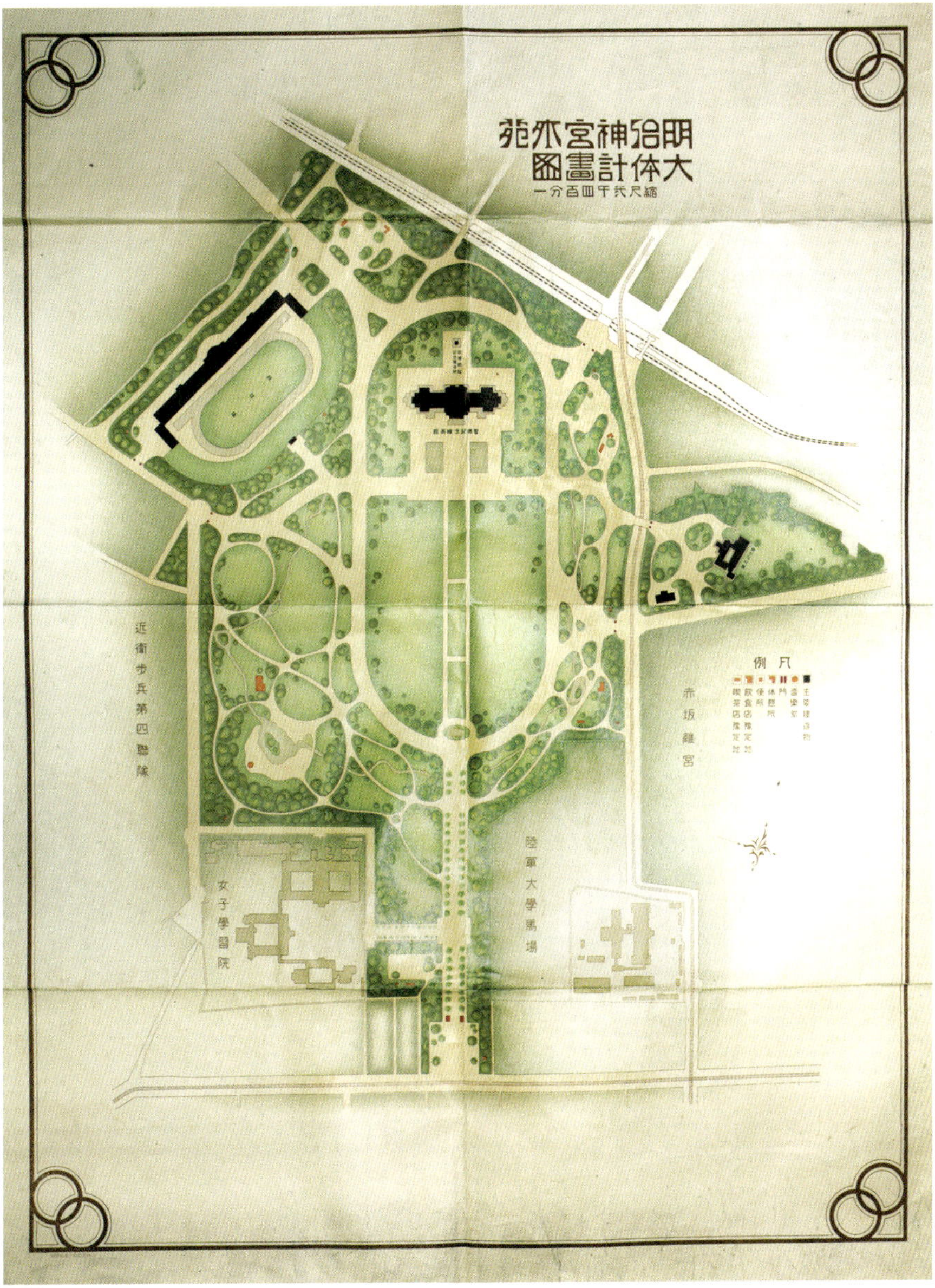

明治神宮外苑大体計画図(角南隆描画)(出典:『明治神宮外苑志』)(第三章図8)

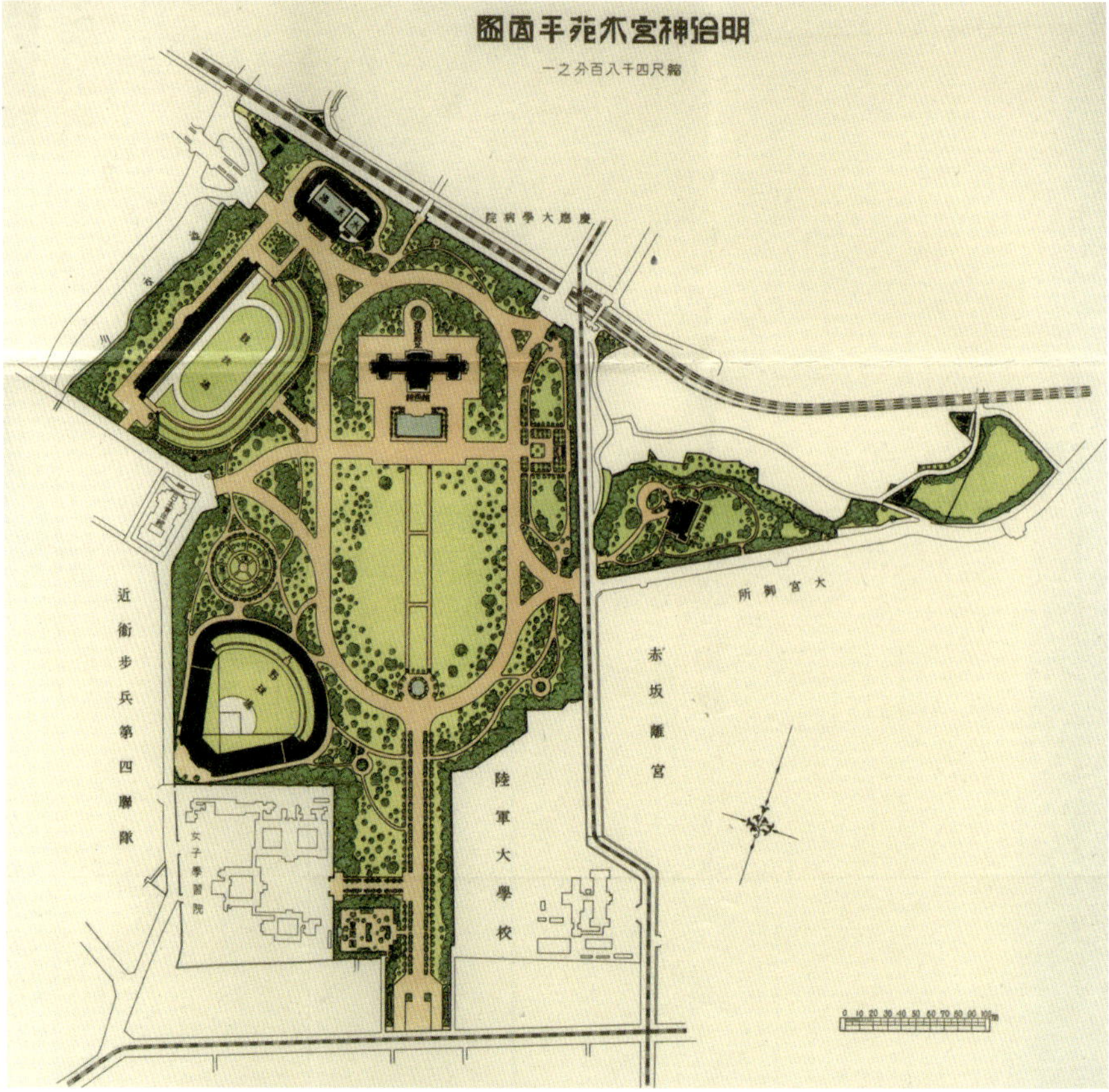

明治神宮外苑平面図（出典：『明治神宮外苑志』）（第三章図11）

憲法記念館内部（現状）（第三章写真12）

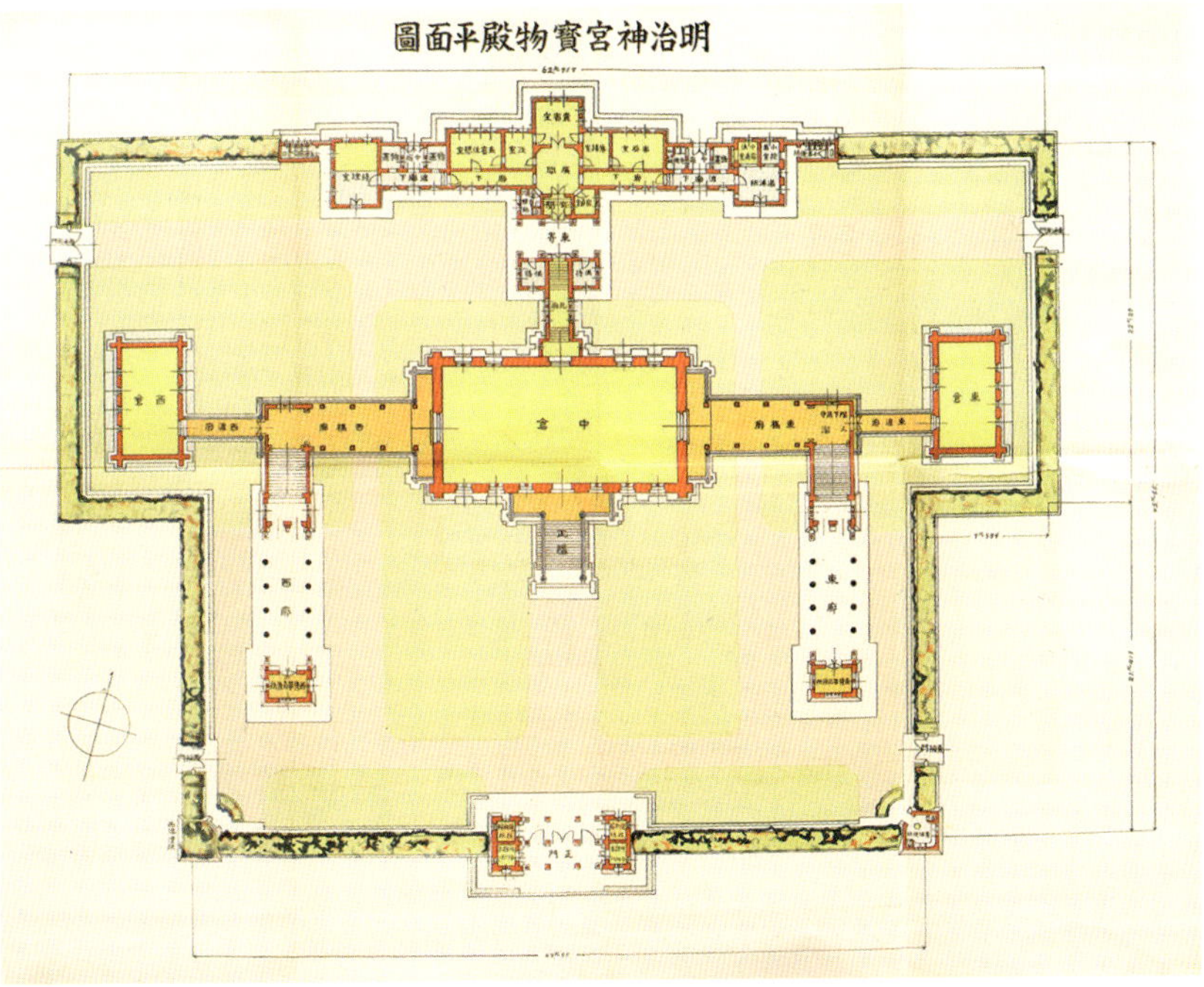

宝物殿平面図（出典：『明治神宮造営誌』）（第四章図13）

聖徳記念絵画館外観（現状）（第四章写真18）

聖徳記念絵画館玄関ホール（第四章写真22）

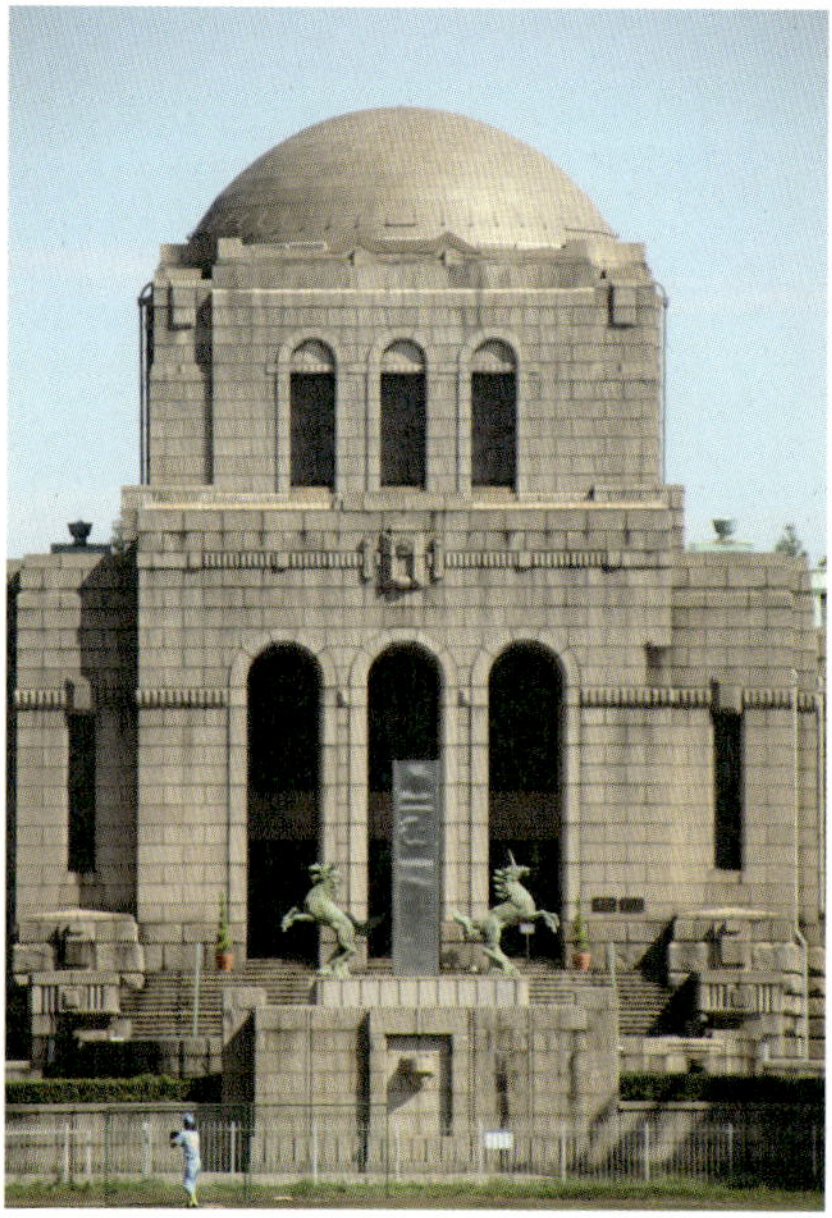

聖徳記念絵画館ドーム（第四章写真19）

聖徳記念絵画館玄関ホール天井（第四章第四節）

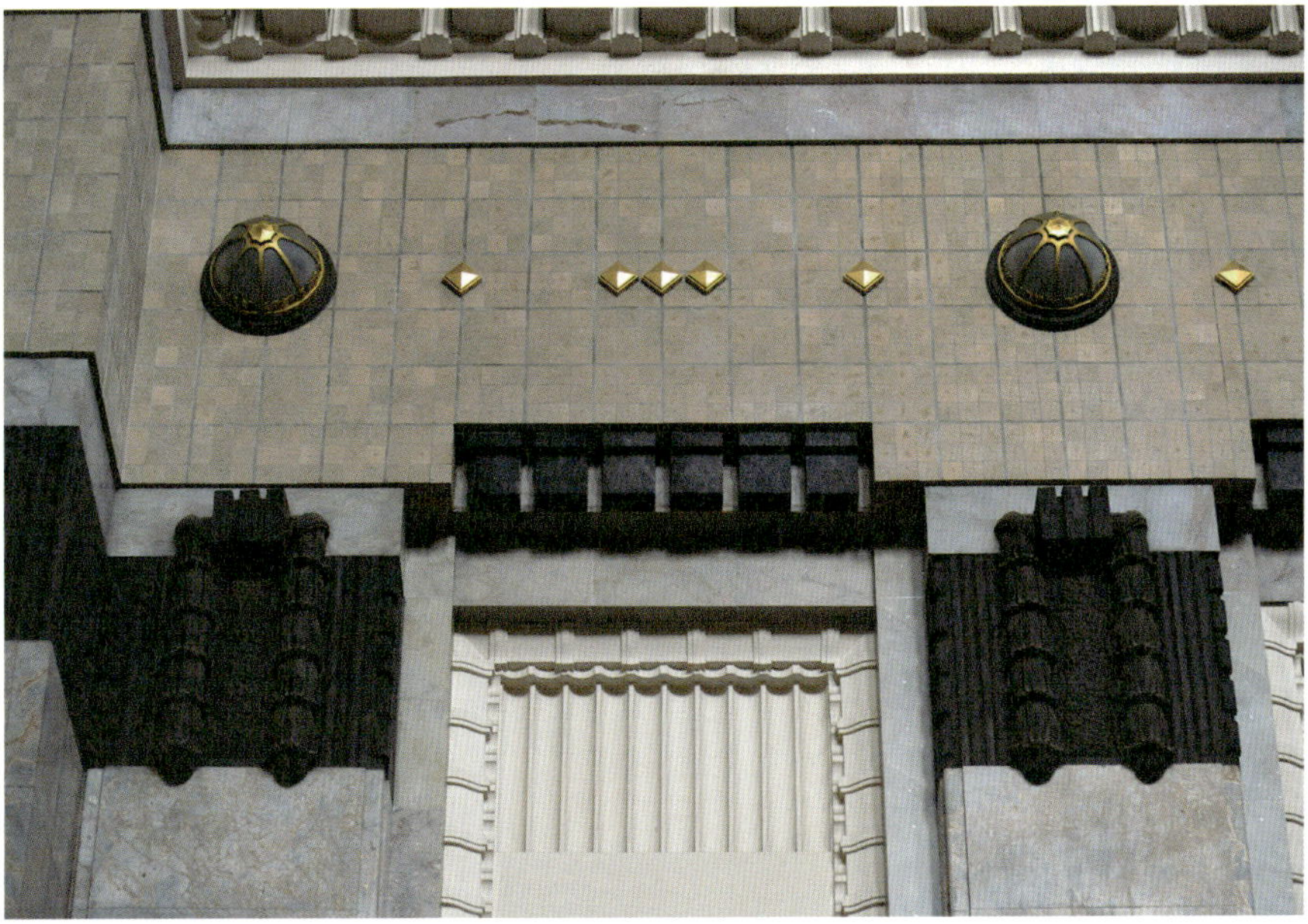

聖徳記念絵画館玄関ホール壁面ディテール（第四章写真23）

外拝殿内部（第五章写真9）

内拝殿（第五章写真12）

復興時外拝殿と複廊の取り合い部
創立時の拝殿と比べると、床が下げられ、両側の複廊の床とほぼ同じ高さになっているのがわかる（第五章写真14）

第三鳥居から本殿御扉への軸線（第五章写真15）

復興社殿鳥瞰透視図(角南隆描画、明治神宮蔵、第五章図18)

内拝殿虹梁絵様(第五章写真16)

貴賓館外観（第五章写真19）

参集殿外観
内部は、当初600席の講堂だったが、平土間に改装された（第五章写真37）

隔雲亭（二代）外観（第五章写真40）

南神門（第五章写真46）

明治神宮の建築　日本近代を象徴する空間

目次

第三章　外苑の建物

第四章　宝物殿と聖徳記念絵画館

第一章　明治神宮の創立

第一節　明治神宮内苑・外苑の現在

明治神宮は、内苑と外苑からなる。図1は内苑の、図2は外苑の現況の配置図である。両苑は、内苑の北東端と外苑の北西端をつなぐ内外苑連絡道路でつながっている。

内苑は二二万三、八六七坪（七三万八、七六〇・三七㎡、平成三〇年三月末現在）に及ぶ広大なもので、明治神宮の社殿や社務所のほかに、宝物殿や文化館などの関連施設が参道でつながれて、杜の中に点在している。外苑は九万一、一〇四坪（三〇万〇、六四四・三〇㎡、同前）で、外苑東通りで隔てられた二つの地区からなる。その西側に広がる、聖徳《せいとく》記念絵画館や葬場殿趾《あと》などの明治天皇・昭憲皇太后ゆかりの施設と明治神宮野球場（神宮球場）などの競技施設がある地区を、本書では「青山地区」と呼び、東側を「権《ごん》田原《だわら》地区」と呼ぶことにする。その「権田原地区」には、おもに結婚式場として使われる明治記念館があり、その北西端に、かつて赤坂仮皇居御会食所で、今では憲法記念館と呼ばれる建物がある。

よく知られているように、自然林に見える、鬱蒼とした内苑の杜［写真1］は、「地勢一般に高低尠《すくな》く、僅《わずか》に南部は南池付近、東部は東池付近及び北部宝物殿付近の凹《くぼ》地を除く外、微かに起伏せる平地大部分を占むるのみ。森林としては、社殿周囲と旧御苑と旧御殿との付近に赤松林及び雑木林あり、又御料地内周囲には樹木の点々叢生《そうせい》せるのみにして、農作地、草生地、竹藪、沼沢《しょうたく》地苗圃《びょうほ》地其の大部分を占め、森林として見るべきものなかりき」[*1]だったところに、全国からの一〇万本弱の献木に購入木を加えて、本多静六（一八六六～一九五二）らの林学者によって整えられたもので、東京の気候にあわせるべく、広葉樹を中心に、林相が自然に推移していくように計画された。いまはクス・シイ・カシが多い杜になっている。[*2]

参拝経路は、南・北・西からの三本である。原宿駅南の、

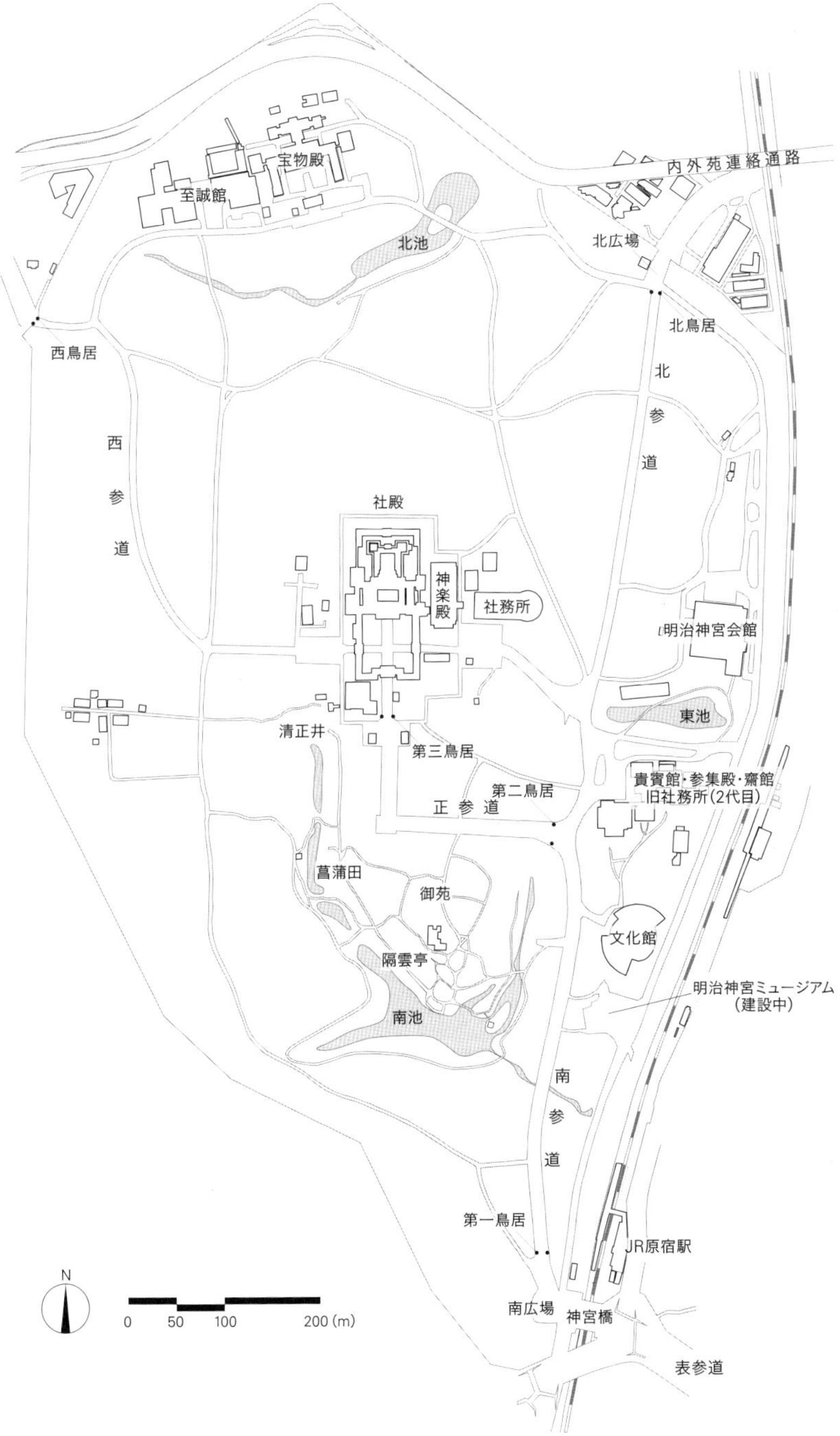

[**図1**] 明治神宮内苑配置図(平成29年末現在)

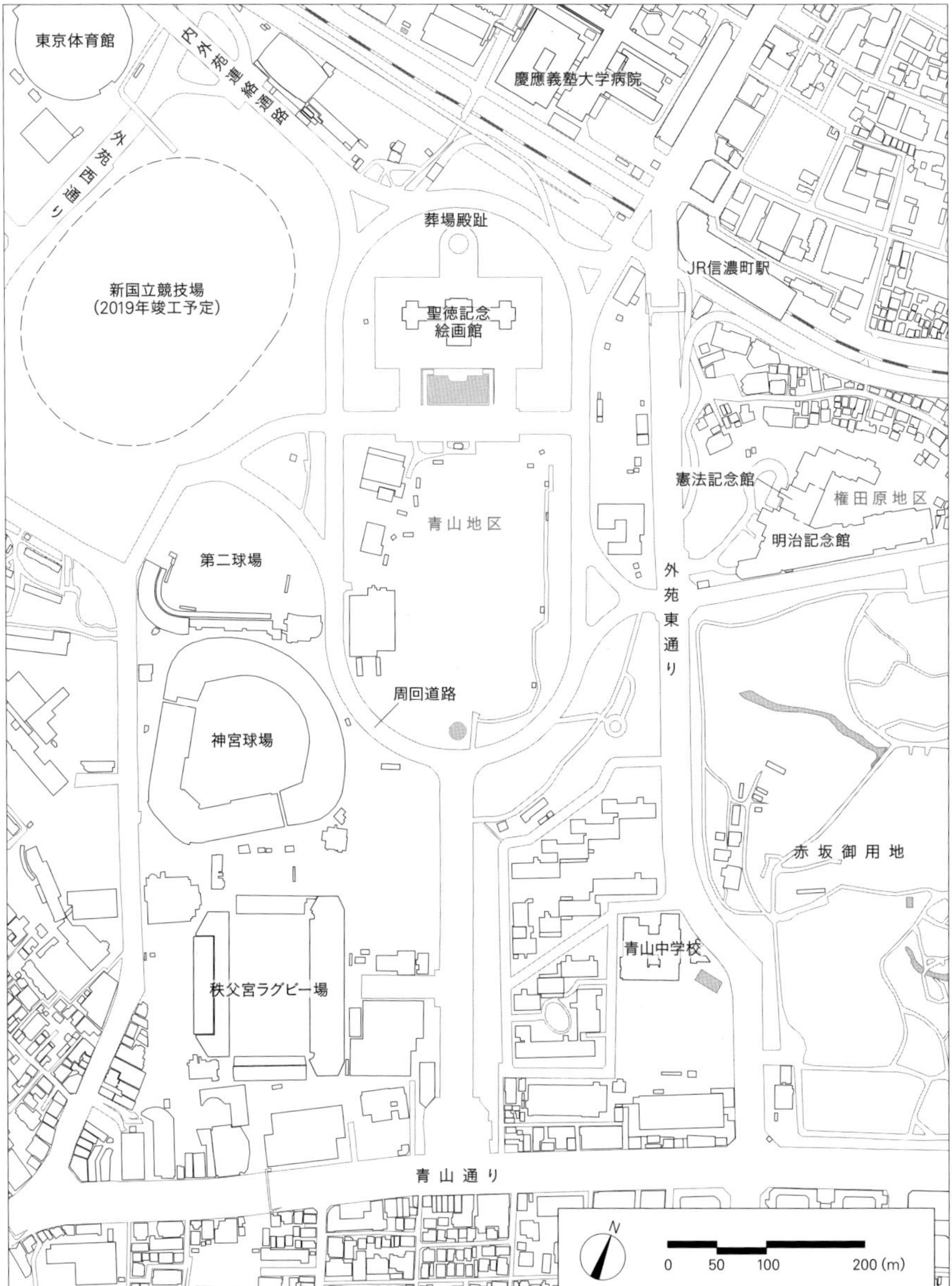

[**図2**] 明治神宮外苑配置図(平成29年末現在)

［**写真1**］内苑俯瞰（明治神宮蔵）

山手線や埼京線をまたぐ神宮橋の先にある南広場［写真2、写真3］の第一鳥居からはじまるのが八間幅（約一四・四m）の南参道で、そこからが正規の参拝路になる。第一鳥居からの直線路は神橋《しんきょう》［写真4］に向かって少しずつ下り、神橋の近くで右にカーブし、その向こうからは上りになって、まず右に、続いて左にクランク状にゆるやかに屈折しながら、北に向かう［写真5］。境内北東端の北広場の北鳥居からはじまる同幅の北参道はほぼ直線で［写真6］、ゆるやかに下りながら、左にカーブする南参道と第二鳥居（高さ四〇尺で、今のものは昭和五一年に建てられた二代目）［写真7］のあたりで、ゆるやかにカーブしながら合流する。そこから西進するのが正《せい》参道である。一〇間幅（約一八m）の直線路で、よりフォーマルで晴れやかな参道になり、社殿南方の桝形のところ［写真8］で八八度の角度で右に折れて、真北に直進し、社殿南に建つ第三鳥居に至る［写真9］。

多くの参拝者が行き交う、これらの参道を歩いていると、長い柄の竹箒を、腰を中心に大きく回しながら、砂利敷きの参道をていねいに掃き清める通称「掃き屋さん」たちを見かける。この作業はほぼ毎日続けられ、集められた落ち葉は杜に返されて、やがて次世代の木々を育てる腐葉土に変わる。西参道［写真10］は幅四間（約七・二m）で、敷地北西端の小田急線参宮橋駅のあたりからはじまり、林の中をカーブしながら西神門に至る。

南北参道や正参道は、ふだんは歩行者専用だが、車馬の通行にも耐えるように、篩《ふるい》砂利をローラーで敷き固めた下地の上につくられている。平成二八（二〇一六）年には、その両脇にバリアフリー対応のためにコンクリート製の細い舗装路が整備された。

南参道の両脇にはゆるやかな凹断面の玉砂利敷きの雨水溝があり、そのところどころに鋳鉄製の扁平な取水口が配されている［写真11］。その下には下水管が埋められている。内苑に降る大量の雨水を、参道を介して池や下水に流すように、創立時に整地して敷地全体の水勾配が整えられており、その排水設備が境内の雰囲気を損なわないように、さりげなく配されているのである。南参道の勾配が、神橋に向かって少し下がるようになっているのは、神橋下の流れに雨水を導くためで、その雨水は境内東に向かう渓流に合流し、渋谷川に導かれる。内苑の地形は自然のままのように見えるが、実は敷地全体の水勾配を考えながら、参道を中心に整えられているのである。正参道の側溝内側の縁石

[**写真2**] 内苑南参道口(創立時、明治神宮蔵)

[**写真3**] 内苑南参道口(現状)
写真1に近い場所から撮影したもの

[**写真4**] 南参道神橋

[**写真5**] 南参道
参道途中に白く帯状に見えるのが神橋

［**写真6**］北参道

［**写真7**］第二鳥居

［**写真8**］正参道桝形
正参道が88°で北に屈曲するところに設けられたもので、南・西辺が外方に少し拡げられている

［**写真9**］正参道から第三鳥居

［**写真10**］西参道

［**写真11**］南参道の雨水取水口

の下にも取水口が複数配されており、暗渠の下水管につながっている。

参道の縁《へり》のところどころに灯籠［写真12、口絵9頁上］が立っているが、その中の電球につながる電線は見当たらない。それは最初から地中に埋められている。大正中期にこの境内全域が無電柱化されていたということで、林相の変化を意図して杜に適用された林学の新知見を含め、よく見れば随所に、当時の最新技術がふんだんに、しかし目立たないように使われているのがわかる。

南参道の神橋を越えて少し北に進むと、左手に高いモミの木［写真13］が見えてくる。これは「代々木《よよぎ》」の二代目で、代々木の地名のもとになった木である。その少し先の右手には、円形の広場を囲むように文化館やレストランなどが入る二階建ての建物がある。創立時には、ここに木造平家の社務所と勅使館が建っていた。木々を隔ててその北に建つ鉄筋コンクリート造の和風建築は、貴賓館・参集殿・齋館と二代目の社務所で、第二次世界大戦後の復興事業で昭和三五（一九六〇）年に竣工したものである。かつてこの場所には「旧御殿」と呼ばれる木造平家の建物があった。江戸時代には、このあたりに井伊家の下屋敷があり、「旧御殿」はその遺構の一部だった。なお、文化館の南には、鎮座百年記念の「明治神宮ミュージアム」が建設中（二〇一九年秋開館予定）である。

第三鳥居の手前東側には、祓舎《はらえしゃ》［写真14］、西側には手水舎《てみずや》［写真15］がある。また、第三鳥居を入ってすぐの左手には宿《しゅく》衛舎《えいしゃ》（詰所）［写真16、口絵9頁下］がある。第三鳥居は、平成二八（二〇一六）年に当初のものとほとんど同じ姿で新しいものに取り替えられたが、神符授与所と客殿以外は創立時のものである。宿衛舎北側に隣接して建つ鉄筋コンクリート造の客殿がある場所には、戦後の一時期に木造平家の仮社務所（昭和二五年）［第五章写真4］が建っていた。

第三鳥居の奥に建つのが南神門である［写真17］。その門の両脇からは、その北側の石敷き広場を囲う廻廊が延びている。その内側のエリアは「外院《げいん》」と呼ばれる。その東西廻廊には、それぞれ門が一つずつ（東神門と西神門で、同形）設けられている［写真18、口絵10頁上］。南神門から東神門を経て東廻廊の突き当りまでと、南神門から西の廻廊を経て西神門までが創立時のもので、そこから先の社殿は戦後復興のものである（外透塀《そとすきべい》と本殿北にある廻廊は当初のもの）。

外院広場の北方、石階《せっかい》が設けられた石張りの基壇の上に

［写真13］参道脇の「代々木」（2代目）
低い竹垣で囲われている木

［写真12］正参道灯籠

［写真14］祓舎

［**写真15**］南手水舎

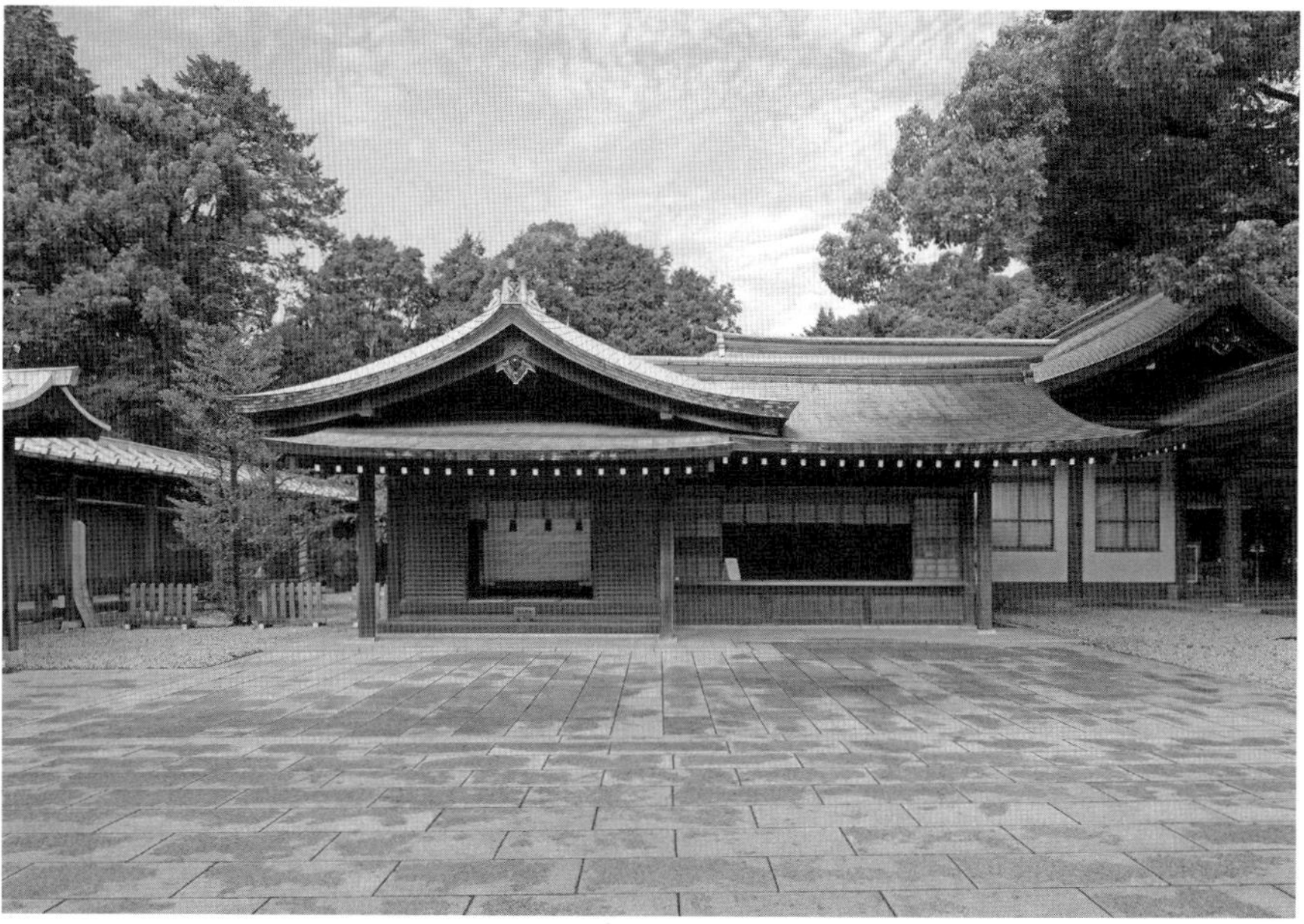

［**写真16**］宿衛舎

［**写真17**］南神門

［**写真18**］東神門

建つのが「外拝殿《げはいでん》」である［写真19］。そこから内側が「内《ない》院《いん》」である。現在の明治神宮には拝殿が二つあり、一般参列者用が「外拝殿」で、その奥にあって、神職が奉仕する祭祀や正式参拝が行われるのが「内拝殿《ないはいでん》」である［写真20、口絵10頁下］。この二つの拝殿の間には、渡廊《わたろう》で東西を囲われた、吹き放ちの「中庭《ちゅうてい》」がある。内拝殿・外拝殿とも床は石敷きで、立式での祭祀に対応する設《しつら》えである。

内拝殿の奥には、板敷きで高床になった祝詞殿《のりとでん》（大床《おおゆか》）があり、そこから木階《もっかい》が本殿の前縁まで延びている。内拝殿・祝詞殿・木階、本殿の縁・外陣・内陣・内々陣と段階的に神聖度が上がり、それに応じて床が徐々に高くなる［第五章図14・15］。空間はほぼ連続しているが、神聖度に対応した段階的なゾーニングで分節化されているということである。本殿は三間社流造《さんげんしゃながれづくり》である。「三間社」とは、正面柱間の数が三つの社《やしろ》という意味である。「流造」は、長方形平面平入《ひらい》りの本殿の上に切妻屋根が架かり、その平《ひら》（正面）のほうの照《て》り（反り）屋根が階《きざはし》の上に流れてくる形式のものである。ちなみに、創立時の本殿も三間社流造だった［第三章写真11］。

一連の社殿の屋根は銅板で葺かれているが、創立時の社殿はすべて檜皮葺《ひわだぶき》（ヒノキの皮で葺いた屋根）だった。

なお、北参道鳥居前の広場右手の道を進むと、芝生の広場に出る。そこには北池があり、その北側には、塀で囲まれた宝物殿がある［写真21、口絵11頁上］。宝物殿の中心建物（展示室で「中倉《ちゅうそう》」と呼ばれる）とその両側の収蔵庫は、鉄骨補強の鉄筋コンクリート造平家の校倉造《あぜくらづくり》風の和風の建物で、明治天皇と昭憲皇太后の御物を収蔵・展示する施設として大正一〇（一九二一）年に建てられた。

外苑は、新宿区と港区にまたがっている。

青山地区の、青山通りからの左右二列ずつのイチョウ並木のはるか先のアイストップの位置に建つのが聖徳《せいとく》記念絵画館である［写真22、口絵11頁下］。外苑の中心になる建物で、明治天皇と昭憲皇太后の事蹟を描いた洋画と日本画がそれぞれ四〇枚ずつ、左右の展示室に分けて並べられている。この建物の真後ろには、円環状の花崗石の腰壁で囲われた基壇があり、そこに大きなクスノキが植わっている［写真23］。ここは、大正元（一九一二）年九月一三日に行われた明治天皇御大葬の葬場殿の趾地《あとち》である。

聖徳記念絵画館と葬場殿趾は、外苑の中で一番重要な施設ということで、当初の地盤面から五尺（一・五m）高く

［写真19］外拝殿

［写真20］内拝殿

［写真21］宝物殿

［写真22］聖徳記念絵画館

［**写真23**］明治天皇御大葬葬場殿址

［**写真24**］外苑広場（現状、明治神宮外苑蔵）

盛土されている。
聖徳記念絵画館の前には人工の池泉があり、その南側に国旗掲揚台を介して広大な平地が拡がる［写真24、口絵12頁上］。今は野球のグラウンドになっているが、外苑創建時には一面に芝が植えられ、青山通りから聖徳記念絵画館に向かってまっすぐ延びるイチョウの並木道が、この広場と聖徳記念絵画館、葬場殿趾の後ろを囲うようにめぐる周回道路に出会う所（噴水がある所）まで続き、その先には、聖徳記念絵画館に向かって並行する二筋の直線の歩道が配されていた［写真25］。ちなみに、聖徳記念館前の国旗掲揚塔は、ニッポン放送開局一〇周年を記念して、同社によって昭和三九（一九六四）年に寄贈されたものである。[*3]
聖徳記念絵画館の西側では、新国立競技場が建設中である。この場所には大正一三（一九二四）年竣工の競技場［第三章写真13］があったが、昭和三九年の東京オリンピックの際に、そこに国立競技場が建設されることになり、明治神宮の所管から離れるとともに、取り壊された。その南には、明治神宮野球場（大正一五年、昭和六年増築）［写真26］と第二球場（昭和三六年）がある。いま第二球場が建っている場所には、大正一五（一九二六）年につくられた露天の相撲場［第三章写真5］があった。また、新国立競技場の建設現場の北東には、鉄筋コンクリート造二階建て一部三階建ての建物が建っていた［写真27］。これは水泳場として昭和五（一九三〇）年から六年にかけて整備されたもので、のちにフットサル場として使われていたが、平成二九（二〇一七）年秋に取り壊された。
ちなみに、第二球場の道路を隔てた西側の角には日本青年館（小林政一《まさいち》設計、大正一四年）が建っていた。全国の青年団のための鉄筋コンクリート造三階建ての建物で、内部には講堂や宿泊施設などがあった。明治神宮と青年団の結びつきは深い。明治神宮の造営工事が進んでいた大正中期に、第一次世界大戦（一九一四〜一八）の影響で物価や労賃が上がった。その主戦場はヨーロッパで、そのヨーロッパからの輸出がとだえた東南アジアに日本製品が大量にさばけるようになって日本は好景気になり、物価や労賃が高騰し、明治神宮の造営工事に支障を来すようになった。そこで、造営事業のうちで熟練労働を要しない作業を、全国の青年団の勤労奉仕に頼ることになった。[*4] そのような経緯があったので、大正九（一九二〇）年一一月の明治神宮の鎮座を祝して全国から集まった青年団の代表が、当時の皇

［**写真25**］外苑広場（明治神宮奉賛会『明治神宮外苑志』昭和12年）

［**写真26**］明治神宮野球場

太子（後の昭和天皇）から令旨《りょうじ》を拝戴したのを記念して、青年団が寄付を集め、日本青年館が建設されることになったのである。

なお、いま神宮球場の南には秩父宮ラグビー場があるが、外苑がつくられる頃に、そこに学習院女学部が移転した（その際に女子学習院と改称）。そして、その正門に続く通路の南側に児童遊園（外苑の一部）があった。そこにはアメリカ製の最新の遊具が並んでいた。[*5] また、並木道を隔てて、その東側の、いま青山中学校や北青山一丁目アパートがあるところはかつて陸軍大学校で、その北西側の外苑敷地に接するところは馬場になっていた。

外苑造設に際しても当時の最新の技術が適用された。敷地全体が無電柱化され、下水管も暗渠で、道路は当時の最新の工法で敷設された。

権田原地区には明治記念館がある。その北西端に建つ木造平家瓦葺の建物は「憲法記念館」と呼ばれる［写真28、口絵12頁下］。赤坂仮皇居に御会食所として明治一四（一八八一）年につくられた建物で、かつて大日本帝国憲法制定のための枢密院の会議が開かれたところである。その後、東宮御所（現・迎賓館赤坂離宮）が旧赤坂仮皇居の地に建設されることになったので、この建物は解体され、明治四〇（一九〇七）年に、憲法制定時の枢密院議長だった伊藤博文（一八四一～一九〇九）に下賜され、翌年東京府下大井（現・品川区大井）の伊藤家別邸に移築された。それにあわせて、伊藤はこの建物を「恩賜館」と名づけた。その後、外苑設置の議が起こったときに、伊藤博文の養嗣子《しし》・博邦から移築献納の願いが出され、それを受けて大正七（一九一八）年四月に現在地に移築されて「憲法記念館」になった。大日本帝国憲法制定を明治時代の偉業のひとつと評価して、それを記念する建物とされたわけである。

ちなみに、青山地区と権田原地区の間にある外苑東通りの権田原交差点から北は、かつては谷地だった。この二つの地区の間が谷になっていたのである（いまでも権田原地区の北は低地で、その外苑東通りの東側は崖になっている）。この谷が外苑造設にあわせて青山地区と同じ高さまで埋め立てられて、そのうえに現在の外苑東通りが整備され、容易に行き来できるようになった。

［**写真27**］水泳場

［**写真28**］憲法記念館

第二節　「明治神宮」内苑・外苑設置の要望

明治神宮創立の経緯については、『明治神宮造営誌』[*6]や『神社奉祀調査会経過要領ノ一』、『同二』（神社奉祀調査会、大正三年）、『明治神宮外苑志』（明治神宮奉賛会、昭和一二年）、当時の新聞記事などの史料をもとにした既往研究がある。山口輝臣『明治神宮の出現』（吉川弘文館、平成一七年）や佐藤一伯《かずのり》『明治聖徳論の研究――明治神宮の神学』（国書刊行会、平成二二年）、今泉宜子『明治神宮――「伝統」を創った大プロジェクト』（新潮社、平成二五年）は、その代表的なものといえる。『明治神宮の出現』は、史料を博捜《はくそう》して明治神宮創立の経緯を詳細に考察したものであり、『明治聖徳論の研究』は、当時の新聞資料を含め、丹念に史料を渉猟《しょうりょう》して、神道学の立場から、明治聖徳論のコンテクストの中で明治神宮創立を論じたものである。『明治神宮』は、外苑の建設経緯を含め、明治神宮創立の経緯を、明治神宮所蔵史料に含まれるさまざまなエピソードを交えながら、ていねいに、かつ手際よく解説したものである。

これらの先行研究によれば、明治神宮内苑・外苑設置経緯の概略は以下のようなものだった。

明治四五（一九一二）年七月三〇日の明治天皇の崩御直後に、澁澤榮一（一八四〇～一九三一）や阪谷芳郎《さかたによしろう》（一八六三～一九四一）、中野武營《ぶえい》（一八四八～一九一八）らの東京市の有志を中心に、東京に陵墓を設けたいとの請願が出されたが、京都の伏見に造営することになっているとの報に接し、それに代えて、明治天皇を祀る神宮の創建を首相や内相・宮相・元老に陳情した。その後、大正二（一九一三）年一月に帝国教育会が貴族院に対して、同年三月二六日に衆議院が政府に対して、神宮創建を建議した。

諒闇《りょうあん》（喪中）ということで、宮中から御沙汰はすぐには出されなかったが、それが明けた後の大正二年一一月二二日に明治天皇御鎮座の議が御裁可になった。同年一二月二〇日にその計画の詳細を決定するために神社奉祀《ほうし》調査会官制が公布され、内務大臣の原敬《たかし》（一八五六～一九二一）がその会長になった。大正三（一九一四）年一月一五日の第二回調査会から本格的な審議がはじまり、四月三〇日の第五回調査会で、社名や社格、社殿などの詳細について審議するために特別委員会を設けることになった。特別委員会からの答申は神社奉祀調査会に諮られ、同年一一月三日の同調査会で、明治神宮創建にかかわるさまざまな事項が最終的に了承され、その決定事項が同年一二月召集の第三十五回帝国議会に上程、満場一致で承認された。

鎮座地については、各地から少なくとも一一の請願が出されたが、その中から南豊島《みなみとしま》御料地に内苑を、旧青山練兵場に外苑を設けることが決まった。それらは、当初明治四五（一九一二）年に、そして財政難のため、明治五〇（一九一七）年に延期して開催予定だった「日本大博覧会」の会場予定地でもあり、この二つの地区をつなぐ連絡道路もそのときに確保してあったが、引き続きの財政難からこの博覧会計画は無期延期になっていた。それらの場所に注目したのが、かつて東京市臨時市区改正局長だった角田《かくた》真平で、彼の助言をもとに、澁澤榮一、阪谷芳郎、中野武營ら東京市の有志が、神宮が設けられる内苑を南豊島御料地に、記念建造物を設ける外苑を青山練兵場跡地につくるべきことを記した「覚書」を総理大臣や宮内大臣に請願していた。

神社奉祀調査会の決定に基づいて、大正四（一九一五）年四月三〇日に、明治神宮の設計と工事監理を担当する明治神宮造営局が内務省に設けられて造営がはじまり、同年一〇月七日に明治神宮地鎮祭、大正五（一九一六）年三月二五日に釿始祭《ちょうなはじめさい》、大正八（一九一九）年五月二七日立柱祭、同年七月一二日上棟祭、大正九（一九二〇）年一〇月二八日新殿祭、同年一一月一日に鎮座祭が行われて、官幣大社明治神宮が発足した。

旧青山練兵場に建設予定の外苑は国民からの寄付を募ってつくられるということで、その献金を集めるために明治神宮奉賛会が組織された。外苑の敷地整備や、そこに建設される建物の設計・工事監理は明治神宮造営局が担当し、憲法記念館（旧赤坂仮皇居御会食所、恩賜館、大正七年移築）・競技場（大正一三年）・聖徳記念絵画館（大正一五年）・相撲場（同前）・野球場（同前）・児童遊園（同前）がつくられて、大正一五（一九二六）年一〇月二二日に外苑竣工奉献式が行われ、施設を含めて外苑が明治神宮に奉献された。葬場殿址には記念建造物をつくる計画も検討されたが、清浄さを保つのを優先すべきだということで、クスノキが植えられるだけになった（大正一五年）。

以上を踏まえて、明治神宮の創立についてもう少し詳しく見ていくことにしよう。

明治天皇崩御直後から同天皇奉祀の神社をつくるべきだという声が上がったこと、早くから「明治神宮」という呼称が慣用されていたことはよく知られている。それはたとえば次のようなものである。

御陵を東京に奠《さだ》められたき旨哀願する東京市の委員は昨日山県公に面談したる処宮廷に於て既に桃山に内定しあれば其儀は叶はざるべしとの事に然らば青山練兵場なる御大葬式場跡に神宮を建立したき旨を語りたるに至極同意なる旨を答へたりと、因に丸山正彦氏（作楽氏令息）は同日市役所に出頭し先帝の御盛徳を頌する為め明治神宮を東京に建設する請願に及ぶ筈なれば東京市長に於ても尽力ありたき旨阪谷市長に申出で又根津神社宮司も同様の申出でを為せり〔傍線筆者〕

（「東京に明治神宮」『東京朝日新聞』大正元年八月二日朝刊二面）

澁澤男曰く先帝の御偉業事績に就ては目下國學院大學内の皇典講究所に於て調査中なるが明治神宮を建設し先帝の御霊を奉祀して国民崇敬の中心地を作るは国民上下一般の熱望せる次第にて二日西園寺首相、渡邊宮相に面接し陳述する処ありしに両相共に国民の意のある処を諒とし誠に宮中に於ても御異存なき趣きを言明したれば此の上は更に之れが建立地域保存の方法並に維持に就き協議を凝すの要あり云々〔傍線筆者〕

（「明治神宮の建立」『報知新聞』大正元年八月四日朝刊二面）

また、神社を建設する内苑だけでなく、記念建造物を建設する外苑の建設をあわせて請願する案も、八月中にすでに出ていた。[*7] それが山口輝臣・今泉宜子両博士が著書で紹介している「覚書」で、次のようなものである。

明治神宮建設ニ関スル覚書

東京　男爵　澁澤栄一
東京　男爵　阪谷芳郎
東京　　　　中野武營

一　神宮ハ内苑外苑ノ地域ヲ定メ内苑ハ国費ヲ以テ外苑ハ献費ヲ以テ御造営ノ事ニ定メラレ度《たく》候

一　神宮内苑ハ代代木御料地外苑ハ青山旧練兵場ヲ以テ最モ適当ノ地ト相シ候　但シ内苑外苑間ノ道路ハ外苑ノ範囲ニ属スルモノトス

一　外苑内ヘハ頌徳紀念ノ宮殿及ヒ臣民ノ功績ヲ表彰スヘキ陳列館其他林泉等ノ設備ヲ施シ度候

一　以上ノ方針定ツテ後諸般ノ設計及ヒ経費ノ予算ヲ調製シ爰《ここ》ニ奉賛会ヲ組織シ献費取纏メノ順序ヲ立テ度候

一　国費及ヒ献費ノ区別及ヒ神苑御造営ノ方針ハ速ニ決定セラレ其国費ニ関スル予算ハ政府ヨリ帝国議会ヘ提出セラルル事ニ致度候

一　青山ニ於ケル御葬場殿ハ或ル期間ヲ定メ之ヲ存置シ人民ノ参拝ヲ許サレ候事ニ致度候

一　前項ノ御葬場殿御取除ノ後モ該地所ノ清浄ヲ保ツ為メ差向東京市ニ於テ相当ノ設備ヲ為シテ之ヲ保管シ追テ神苑御造営ノ場合ニハ永久清浄ノ地トシテ人民ノ参拝ニ便ナル設備ヲ施シ度候

参考

覚書ニ掲ケタル代代木御料地青山旧練兵場ノ外或ハ区会ノ決議ヲ以テ或ハ個人ノ意見ヲ以テ我カ委員会ニ申出タルモノ其他新聞紙上ニ投書家ノ意見トシテ顕《あらわ》レタル候補地ヲ挙クレハ左ノ如シ

一　戸山学校跡
一　陸軍士官学校
　　中央幼年学校地
一　上野公園
一　駿河台
一　目白台
一　小石川植物園
一　芝三光坂付近
一　豊多摩郡
　　和田堀内村　大宮*8

この覚書は、大正元（一九一二）年九月二六日に、西園寺公望《きんもち》内閣総理大臣と渡辺千秋宮内大臣宛てに提出された。

先にも触れたが、山口輝臣『明治神宮の出現』などによれば、内苑・外苑の予定地は、最初は明治四五（一九一二）年、そして財政難で五年延期して五〇（一九一七）年に予定されていた日本大博覧会（財政難が続いたため中止）の会場予定地で、[*9]それを提案したのは角田《かくた》真平（角田竹冷《ちくれい》、一八五七〜一九一九）だった。角田は、かつて東京市臨時市区改正局長をつとめていたので、これらの土地の状況をよく知っていたはずで、南豊島（代々木）御料地[*10]と旧青山練兵場が空き地の御料地と国有地ということで、また日本大博覧会計画時に同御料地を会場に使用することを宮内省が了解していたという前例[*11]があることを念頭に、この提案をしたと見られる。なお、山口博士の先掲書にも紹介されているように、以下の新聞記事から、この覚書の原案が大正元（一九一二）年八月一四日に東京市有志の会合で提案されていたこともわかる。明治天皇崩御から半月後には、後に内苑・外苑になる場所が候補地として、すでに提案されていたわけである。

> 十四日午後五時より商業会議所に於て神宮造営委員会開会委員の外市側より原田助役日下部技師長田島営繕課長及び角田星野の両氏参加せり先づ原案起草委員阪谷中野の両氏より左の覚書を提出し種々協議の末之を可決し廿日聯合総会を商業会議所に開きて付議する事に決せり猶実業家側の意嚮《いこう》を取纏むる為め十六日午前九時より実業家連の集会を商業会議所に開く事となれり又市側に於ても覚書中、御大葬場殿取除けの後も該地所の清浄を保つ為め差向き東京市に於て相当の設備を為し之を保管する事を定めあるを以て廿日の聯合会前に市側の意嚮を定むる事となるべし（傍線筆者）〔筆者註：この記事に続いて「覚書」が記されているが、カタカナがひらがな表記になっているものの先掲のものとほぼ同じなので省略〕
> （「神宮奉献覚書」『報知新聞』大正元年八月一五日朝刊二面）

ただし、この時点では「覚書」はあくまで請願であって、それがオーソライズされたのは、後の神社奉祀《ほうし》調査会においてである。

神社と記念建造物をあわせつくるべきとされたのは、明治という時代が、政治体制が大きく変わり、近代化（西洋化）が急速に推し進められた激動の時代で、日本が世界の列強のひとつに数えられるまでになった歴史上希有の時代だったという認識があったからと見られるし、そのことについて誇りを抱きつつ、その大権を有していた明治天皇を顕彰し、後世に伝えるために記念建造物を建設すべきだという思いが請願の提案者に共有されていたからだろう。[*12]

また、明治天皇を祀る神社をつくることは、当時の人にとって自然なことだったように感じられる。明治時代には、神武《じんむ》天皇・皇后（橿原《かしはら》神宮、明治二三年）や後醍醐天皇（吉野神宮、明治二五年）、桓武天皇（平安神宮、明治二八年）など、歴史上重要と見なされた天皇を祀る神社が創建されたし、湊川神社（明治五年）や北畠神社（明治三年別格官幣社に列格）など、功臣を祀る神社もつくられていた。なお、政治外交史家の三谷太一郎は『日本の近代とは何であったか――問題史的考察』（岩波書店、平成二九年）で、日本の近代化では「ヨーロッパというモデルはあったものの、ヨーロッパ化のモデルはなかった」ので、日本の「ヨーロッパ化の先導者たちは（中略）制度や技術や機械その他の商品を通して、一九世紀後半のヨーロッパ先進国が備えていた個々の機能を導入し、それを日本において作動させることによって日本のヨーロッパ化を図ろうとし」た際に、「さまざまな諸機能を統合する機能を担うべきもの」として、ヨーロッパには「宗教＝キリスト教」があることを見出し、その「国家の基軸」としての機能を果たす宗教が必要で、大日本帝国憲法の起草者である伊藤博文は「我国にあつて基軸とすべきは独り皇室あるのみ」としたという。ヨーロッパのキリスト教にあたるものを日本の宗教の中に見出せなかったこと、つまり「『神』の不在が天皇の神格化をもたらした」と見るのである。[*13] 宗教が近代国家（国民国家）の運営に果たす役割に注目するのは重要で、それを敷衍すれば、神格化された明治天皇が祭神に姿を変えて祀られることになったと見ることもできるかもしれないし、国民国家では国民の結束を図るための精神的絆が重要なので、明治天皇を祀ることが当時の人々にとって大きな意味を持ったということなのだろう。

「明治神宮奉祀ニ関スル建議並請願目録」によれば、この頃「明治神宮」の鎮座地候補として、少なくとも埼玉県飯能《はんのう》など一〇の地域から請願が出されていた。[*14] しかし、実際には、内苑の候補地は最初から南豊島（代々木）御料地しかなかったと見られるし、青山の旧練兵場は早くから外苑の候補地として有力視されていたと思われる。それは、次節で紹介するように、大正三（一九一四）年二月一日の第二回の神社奉祀調査会ではやばやと鎮座地を代々木に決めていることや、同会の議事録から、外苑の設置も委員の間では暗黙の了解事項で、その候補地が青山だったことがうかがえるからである。そうなった理由は、創立が計画されたこの神宮では、天皇・皇后をはじめとする皇族から政府高官までが参列しての祭祀が行われることが想定されるから、東京に設けられることが望ましく、すみやかに建設にかかるためにはまとまった空き地が必要で、しかも内苑と外苑があまり離れていないことが好ましかっただろうからである。その意味では、角田真平の見立ては正しかったことになる。さらにいえば、工事の便を考えれば、鉄道線の近傍にあることも資材運搬の点では有利で（神域の清浄さの点からは問題になり得るが）、南豊島（代々木）御料地も旧青山練兵場もその条件を備えていたし、建設の際には、実際に近傍の鉄道から引き込み線を設置して、建設資材を搬入している。

第三節　神社奉祀調査会での議論

明治天皇を奉祀する神社創設に向けた動きは、諒闇《りょうあん》が明けてから具体化した。『神社奉祀調査会経過要領ノ一』（神社奉祀調査会、大正三年）によれば、まず大正二（一九一三）年一〇月二八日にこの件の上奏を閣議決定し、御裁可が同年一一月二二日に下された。同年一二月二〇日には、その具体案を検討するために「神社奉祀調査会」官制が公布され、同会に予備費七、二〇〇円があてられることになった（以上一頁）。その会長は原敬《たかし》で、内務大臣ということでの任命だった（内務省は神社の監督官庁）。同調査会の発足時の委員は以下のとおりである（一〇頁）。

奥保鞏《やすかた》（伯爵・元帥陸軍大将）
井上良馨《よしか》（子爵・元帥海軍大将）
蜂須賀茂韶《はちすかもちあき》（侯爵・元徳島藩主・徳島県知事・貴族院議長・東京府知事・文部大臣などを歴任）
徳川家達《いえさと》（公爵・徳川宗家当主・貴族院議長）
戸田氏共《うじたか》（伯爵・元大垣藩主、宮中顧問官・式部長官などを歴任）
大岡育造（衆議院議長）
澁澤榮一（男爵・実業家）
山川健次郎（物理学者、東京・京都両帝国大学総長）
水野錬太郎（法学博士・内務次官）

この調査会の幹事は、内務省神社局長の井上友一《ともいち》だった。このような人選から、当時の華族・政財界・陸海軍・学界のリーダー的存在が集められ、内務省が主導する体制になっていたことがうかがえる。なお、大正三（一九一四）年四月一六日に大隈重信が総理大臣兼内務大臣になったので、新会長が原から大隈に代わった。そして同年四月六日付で、新たに衆議院議長になった奥繁三郎が大岡に代わって委員になり、井上友一が幹事から委員に代わったのにともない、内務省神社局書記官の山田準次郎が幹事になった。その日には、以下の八名が神社奉祀調査会の委員に追加されている(一〇～一一頁)。

阪谷芳郎(法学博士・当時東京市長)
福羽逸人《ふくばはやと》(宮内省内苑局長・農学者・造園家)
大谷靖(内務省神社局長心得)
三上参次《さんじ》(文学博士・東京帝国大学文科大学教授・歴史学者)
萩野由之(文学博士・東京帝国大学文科大学教授・歴史学者)
伊東忠太(工学博士・東京帝国大学工科大学教授・建築史学者)
関野貞《ただし》(工学博士・東京帝国大学工科大学教授・建築史学者)
荻野仲三郎《なかさぶろう》(女子高等師範学校教授・神道儀礼や古美術保存の専門家)

この新委員のうち、阪谷と大谷以外は学識経験者である。それは、議事の進行にともない、専門家の参加を必要としたためと見られるし、この中の福羽を除く五人と阪谷は第五回神社奉祀調査会(大正三年四月三〇日)で設置が決まった特別委員会の委員にもなっている(その委員長は阪谷)。つまり、神社奉祀調査会のワーキンググループとして、専門的な見地から神宮計画を立案する役割を担うことになったわけである。

ちなみに、阪谷芳郎(一八六三～一九四一)は、明治四五(一九一二)年七月一二日に東京市長に就任した。阪谷は、岳父の澁澤榮一(一八四〇～一九三一)や中野武營(一八四八～一九一八、東京商業会議所会頭)とともに、東京市の有志による「明治神宮」創立請願の中心人物の一人でもあり、後に明治神宮奉賛会副会長兼理事長として外苑整備に尽力することになった。彼の言によれば、明治天皇からの東京市長の辞令拝受が市長職に関する最後のものということで、明治神宮創立については特別に期するものがあったのかもしれない。[*15]

神社奉祀調査会の第一回会合における原会長の挨拶が『神社奉祀調査会経過要領ノ一』に収録されている。ここで原は「諒闇中ハ審議ノ時機ニアラスト思考シ今秋ニ至リ始メテ大体ノ閣議ヲ決シ尋《つい》テ御鎮祭ノ儀ニ関シテ予シメ　御内定ヲ仰キ奉リ其　御裁可ヲ得ルニ至レルニ付今回神社奉祀調査会ヲ設置スルコトトナリ」と前置きし、「今夫レ神社創建ニ際シ先ツ定メラルヘキハ社格ト称号トニアリ（中略）又御鎮座地及ヒ規模ニ就テハ其関係スル所大ナルヲ以テ是亦《また》特ニ考慮ヲ煩ハサントス」と、最初に議論すべき事項をあげている。この席で「従来ノ実例ニ徴スルニ官国幣社ノ鎮座地ハ概《おおむ》ネ祭神ニ由緒深キ土地ヲ撰ヒ単ニ形勝風致ノ如何ノミニ依リテ定メラレタルモノニアラス今回奉建セラレントスル神社ニ付テモ予メ此点ヲ参酌セラレンコトヲ望ム」

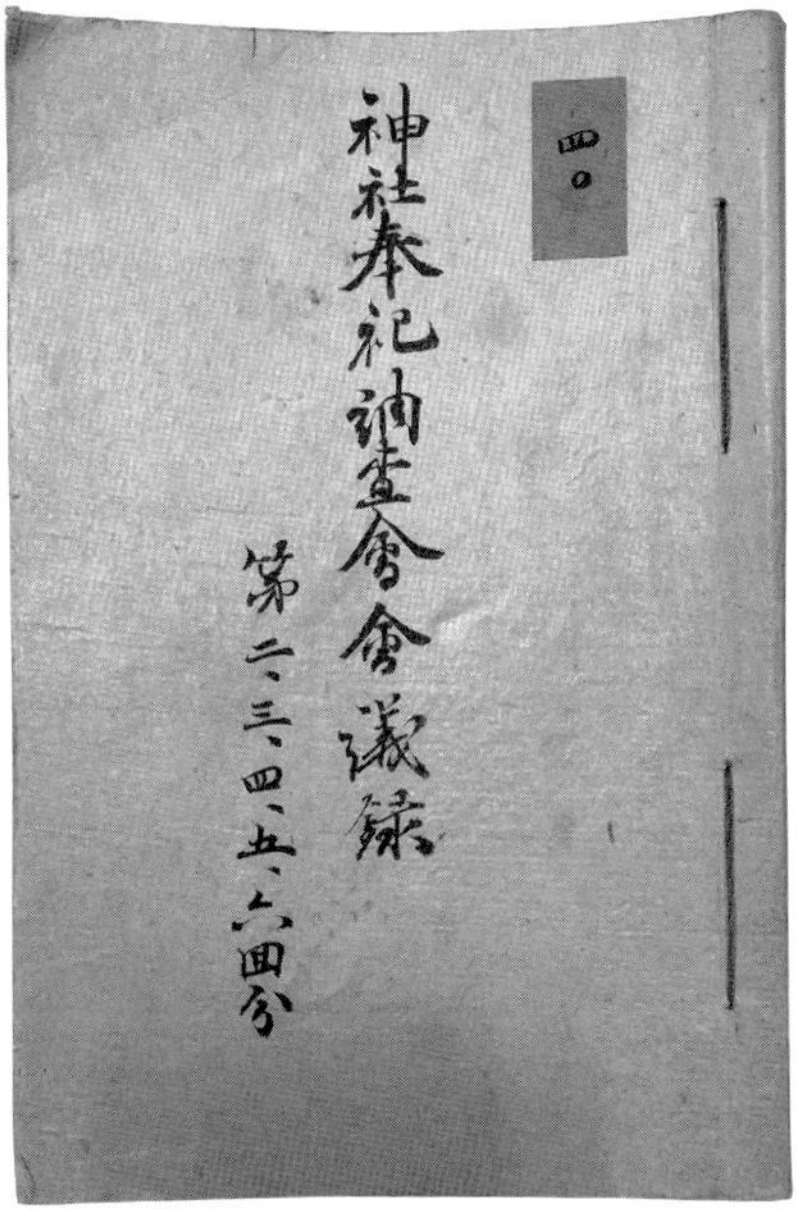

［写真29］神社奉祀調査会会議録表紙（明治神宮蔵）

（一二〜一三頁）と、鎮座地選定に関して、形勝地であることよりも由緒の深い地を選ぶべきとして、同会の議論の方向を示しているのが注目される。鎮座地選定は実際にその方向で進み、東京府下の南豊島（代々木）御料地を中心とする区域になった。

また、「御造営ノ規模ニ付テモ之ヲ国民熱誠ノ至情ニ顧ミルトキハ固《もと》ヨリ施設ノ宏大ナランコトヲ望ムニ至ルヘシト雖《いえ》トモ畏《かしこ》クモ　先帝陛下ノ御倹徳ヲ仰キ奉ルトキハ質実ニシテ而《し》カモ崇厳ナランコトヲ旨トスヘキハ固ヨリ其所ナリト信ス奉建費及ヒ維持費ニ付テモ亦之ニ関連シテ予シメ十分ナル考慮ヲ要スヘシ」（一三頁）と、明治天皇が倹約を旨としていたことをあげて、建設費や維持費が膨らむことがないように注意をうながしている。

神社奉祀調査会の議事録のうち、第二回から六回までのものが明治神宮に残っている[*16]［写真29］。この議事録で目につくのは、議事が速やかに進められていることである。短いインターバルで開かれているだけでなく、その大要は第七回の大正三（一九一四）年七月六日に決められている。それは、内苑が国費で行われる事業ということで、また外苑を国有地に設ける件についても、その計画や予算について、毎年一二月に召集される帝国議会での議決を経る必要があり、大正三年一二月に開催予定の第三十五回帝国議会までに、具体案と予算をまとめておかなければならなかったためと考えられる。このことは、第二回の神社奉祀調査会（大正三年一月一五日）での奥保鞏委員の「第一回ノ時ニ大正四年度ニ此費用ヲ持出サウカト云ウヤウナ御話ガアッタガ、明年度ト云ヘバ即チ本年度ノ半バ頃マデニハ大体ノコトハ極マラナケレバナラヌ」[*17]という発言に、原会長が「必ズ大正四年度ノ予算ニハ出ス方ガ宜カラウト思ヒマス。サウシナイト余リ時ガ経チマスルシ、又是ハ一年度ニハ出来ナイ。必ズ継続費デアリマスカラ、ソレカラ着手ヲ致シテ愈々《いよいよ》神宮ガ落成ヲスルマデニハ又一両年モ掛ル。ソレデ大正四年度位ノ予算ニハ出シタイト、斯ウ思フノデアリマス」[*18]と応じていることから確認できる。つまり、神社奉祀調査会では、第三十五回帝国議会上程のための準備期間を見込んで、大正三年六月末頃までに具体的な計画をまとめることを念頭に議論を進めていたわけである。そのためには、鎮座地をできるだけ早く決める必要があった。そのことは、第二回神社奉祀調査会（大正三年一月一五日）における、以下の原会長の発言からうかがえる。

サテ御鎮座ノ場所ガ極ッテ之ニ対シドウ云フ設計ヲスルカ、如何ナル建物ニスレバ宜イカト云フ様ナ事ハ、ナカ〳〵手数ヲ要スル。是ハ専門家モ余程頭ヲ悩マサナケレバナラヌ問題デアリマスカラ、ソレデ成ベク東京府下ト極リマシタ以上ハ、府下ノ何処ガ宜シイト云フコトガ極リマスレバ、モウソレカラハ専門家ノ設計ト云フコトヽナルノデアリマス。[*19]

前節でも触れたように、明治天皇奉祀神宮の鎮座地として少なくとも一一の請願が出されていたし、新聞の投書欄には他の候補地もあげられていた。しかし、天皇・皇后をはじめとする皇族や政府高官が参拝しての儀式が行われることが確実視される神社になるから、鎮座地は東京であるのが現実的で、しかもすぐに造営に取りかかるためには、その地は、大規模な空き地で、買収の手間を必要としない御料地や国有地であることが望ましいことになる。となれば、当然その候補地は絞られることになり、神社奉祀調査会では、それを踏まえて鎮座地を検討していたと見られるし、第二回（大正三年一月一五日）、つまり実質審議に入った最初の調査会で、原会長が「ソレデハ東京府下ト云フコトニ決シマス[20]」と発言し、出席委員全員が合意している。しかし、この事業は、国民注視の下で行われるものであり、地方から鎮座の請願が出されていたこともあって、東京が鎮座地にふさわしい理由を説明する必要があった。そのよりどころになったのが「由緒」である。先掲のように、それは原会長が第一回目に示していた方向だった。「由緒」を鎮座地選定の手がかりにすべきことは、以下のような発言に示されている。

ソレハ此間チョット御参考ニ御話申上ゲタヤウニ、多クノ神社ハ縁故ニ因ンデ設ケラレテアリマス。サウデナイ所モ絶対ニナイデハナカラウト思ヒマスガ、大体サウ云フヤウナ訳デアリマスカラ、此度モ　先帝ノ御縁故ノ一番深イ所ニ設ケルガ宜シイカ、宜シクナイカト云フコトハ、多少従来ノ神社ノ沿革モ参考シテ御極メニナルノガ順序デハナイカト思ヒマス。[21]（原会長）

明治天皇ハ維新ノ初ニ於テ遷都ノ事ヲ仰出サレマシテ、其以来四十五年ノ間当地ニ皇居ヲ定メサセラレタ事デアリマシテ、是ホド御縁故ノアル土地ハ先ヅ東京ヲ除テハチョットアルマイト思ヒマス。[22]（蜂須賀茂韶）

東京が鎮座地になっても形勝地にすることは可能だという発言もみられる。

東京ガ御縁故ガ一番深イト思ヒマス。東京ノ中ニ自然ノ好イ地ガアレバソレニ越スコトハアリマセヌガ、サウ云フ処ガナケレバ、ヤハリ人工ヲ以テ拵《こしら》ヘテモ宜カラウト思ヒマス。[23]（戸田氏共）

また、参拝者が多いことが想定されるので、その便に配慮すべきという現実論も出されている。

先帝陛下四十五年ノ間ノ鴻徳大業ヲ発揚アラセラレタ所ト云フモノハ是ハモウ大抵解ッテ居ル。形勝ノ地ヲ選ンデト云フコトニナルト容易ニ極メ難イ。（中略）尊キ森厳ト云フ一点ニ傾イタナラバ、無論ソレ〔筆者註：請願にあげられた形勝地〕ハ宜イデアラウガ、併《しかし》ナガラ　明治天皇陛下ノ鴻徳大業ヲ尊崇シテ万古ニ其御徳ヲ欽仰シヤウト云フ方ニナレバ、ヤハリ所謂庶民徂徠《そらい》スト云フ実際ガ行ハレヌデハ、唯尊キ雲上ノ地ト云フバカリデハイカヌト思フ、神聖ヲ汚サナイト云フコトモ考ヘナケレバナラヌガ、同時ニ又四時参拝者ガアルト云フ所カラシテ熱鬧《ねっとう》ノ地ヲ無視スルト云フ訳ニモイカヌダラウト思ヒマス。[*24]（奥保鞏）

一〇の請願には、「形勝地」と「由緒」のどちらか、またはその両方を根拠にしたものが多い。当然ながら「形勝地」ということでは、東京は地方に及ばない。それもあってか、明治天皇との「由緒の深さ」が東京を鎮座地とする理由とされたわけである。東京は四〇年以上の長きにわたって明治天皇の御在所だったわけだから、由緒がもっとも深いといえることになる。

鎮座地や社名、本殿の様式など、さまざまな項目について決定事項の根拠を示すことを重視しているのが神社奉祀調査会の議論の特徴で、この事業が国民注視の事業だったからというだけでなく、国費を投じて行われる事業なので、その計画や予算の根拠を説明できるようにする必要があったということだろう。特別委員会委員の専門家の役割は、その根拠を納得できるものにするために、故実を参照しつつ、学問的な立場からの理由づけをすることだったと見られる。帝国議会での議決の必要性を含め、このような手続きを踏む必要があるとされていたこと自体が、とても「近代的」といえる。

さらには、明治神宮は創立ということで、その計画に際しては前例に頼ることができなかった。委員会形式だから、ものごとは合議制で決まることになり、委員会での了承を得るには根拠をあげて説得しなくてはならない。建築に限ってみても、必要とされる社殿の種類や規模、本殿の様式、構造、仕上げなど、この神宮に必要な項目すべてについてその決定理由の説明が求められることになった。それは結果として、近代の大規模神社はどうあるべきかという問いを呼び起こすことになったはずである。次章で紹介するように、明治時代の、つまりそれまでの内務省の神社営繕行政には、近代にふさわしい社殿をつくろうとした形跡は見られない。「制限図」（後述）という規模制限があっただけで、それは営繕費が増えていくのを懸念する内務省のお役所的発想で運用されていたものだった。

神社奉祀調査会の議事録によれば、東京府内の鎮座地候補としてあげられたのは、南豊島（代々木）御料地・陸軍戸山学校・青山練兵場・白金弾薬庫の四か所で、代々木が世伝《せでん》御料地だった以外はいずれも国有地であり、ほぼ空き地になっていたのは南豊島（代々木）御料地と青山練兵場である。この二か所は第二回の調査会（大正三年一月一五日）で話題になっており、この時点ですでに南豊島（代々木）御料地がかなり有力になっていた。それは次のことからうかがえる。たとえば、蜂須賀委員が、この件を宮内省が了解するかどうかを気にする発言をしたのに対して、井上幹事が「御料局アタリトハ内々下相談ヲシテ居リマス。博覧会ヘ御貸ニ成ツタノデスカラ拝借ハ困難ナラヌノデアラウト思ヒマス」[*25]と、すでに内談を進めていることを明かしているし、澁澤委員も「私共宮内大臣ニ御話シタトキニハ大分宜サヽウデアッタ」[*26]と、可能性があると踏んでいた。戸山学校（約二二万坪）や白金弾薬庫（約七万七、〇〇〇坪）については、「戸山学校、士官学校、火薬庫ト云フヤウナ所ハ現ニ塞ガッテ居リマスカラ陸軍ニ交渉シテ見ナケレバナリマセヌ」[*27]（井上幹事）とか、「仮ニ戸山学校ヲ宜イトシマシテモ、サウスルト陸軍省デ学校ヲ他ヘ移サナケレバナラヌ、其候補地ガ又ナカ〳〵面倒ニナル」[*28]（原会長）のように、そこに建物が建っていることや、移転のために代替地を探さなければならないという難点が指摘されている。

　大正三（一九一四）年二月一日に開かれた第三回の調査会では、伊東忠太（一八六七〜一九五四、帝国大学明治二五年卒）を呼んで候補地について意見を求めている。伊東はそれに先立って候補地を調査したらしい。[*29]ここで伊東は、白金弾薬庫について、近くにある大日本麦酒株式会社の工場の煙突が見えてしまうことや、本殿が北向きにならざるを得ないことなどから、「此処ハ体裁ガ誠ニ悪ウゴザイマス」[*30]と否定的な見方をしている。青山練兵場についても、次のように、交通には便利だが、市街地に近すぎて騒音があることや敷地が平坦であることから、鎮座地としての適性には難色を示している。

> 唯交通便利デ参拝ニ便利デアルト云フ外ニ利益ノ点ハナイヤウデアリマス、余リ市街ニ接シ過ギテドウモ騒ガシイ、電車ガ前ヲ通リ横ヲ通リ始終騒々シイヤウナ気ガシマスシ、ソレカラ土地ニ高低ガアリマセヌカラ風致ト云フモノガ少シモナイノデアリマス[*31]

戸山学校に関しては、伊東は発言しておらず、代わりに井上幹事が説明している。それによれば、「此土地ハ悪イ所デハナイデス（中略）斯ウ云フ所ニ神殿ヲ置クトスレバ余程樹ヲ植エナケレバナリマセヌガ地形トシテハ良イノデス、ソレカラ隣接モ好イデス、中央ニ置キマスレバ、煙突工場ト云フヤウナモノモ先ヅ見エマセヌ」[*32]と、鎮座地の条件を備えていると述べているが、原会長が「是ハ兎ニ角学校ヲ他ニ移サナケレバナラヌ」[*33]とか、「戸山学校ハ非常ニ金ヲ要シマスナ」[*34]と、実現性に疑問を呈しているし、それを受けて井上幹事も「戸山学校ヘ行ツテ見レバ余程設備ガ完全シテ居リマスカラ、アレダケ出来タルモノヲ又他ヘ移スト云フコトモ容易ナラヌヤウニ思ヒマス」[*35]と、現実には候補になりにくいことを認めている。

その一方で、南豊島（代々木）御料地（当時は約一五万坪）については、かなり具体的な議論が交わされている。なお、この時点では、現在の内苑の南東部、つまり南広場のあたりは含まれておらず、原宿駅も今よりも少し北にあった。

ここで伊東は「度々踏測シテ見テ居リマス」[*36]と前置きしたうえで、敷地の状況を説明し、「大体ニ於テ高燥ナ地形」[*37]であること、「此処ニハ池モアリ、此処ニハ竹林モ」[*38]あることを述べ、「ソレニ接続シタ御苑地デアリマスガ、此辺ノ所が《ママ》非常ナ立派ナ森林ニナツテ居リマス、チヨツト這入ルト方角モ分ラヌヤウニ茂ツテ居リマス、地形ハ此処ニ池ガアリマシテ、此処カラ北ノ方ニ自然勾配ガアツテ大層都合ノ好イ地形ニナツテ居リマス」[*39]と、南豊島（代々木）御料地南部の御苑（約四万八、〇〇〇坪）に注目している。

ここで、この御料地についての委員のやりとりを以下に紹介する。

○伊東工学博士　是ヘ行ク一番ノ順路ハ、青山ノ七丁目アタリカラ是ヘ向イテ行クノガ順路ト思ヒマス、ソレカラ此方ノ霞岳町カラ是ヘ道ガ出来テ居リマス、是モ少シ手ヲ入レルト立派ナ道ニナリマス。併シ地形ノ上カラ云ヘバ青山七丁目アタリカラ道ヲ開クノガ自然デス。

○水野委員　道路ハナイデスカ。

○伊東工学博士　道路ハアリマスガ狭イカラ拡ゲナケレバナリマセヌ。

○原会長　其処ヘ神社ヲ造ルトスレバ、ドウ云フ辺ガ宜イノデス。
○伊東工学博士　之ガ御苑デ、仮ニ此連絡ノ道ヲ伝フトシマスト、此処カラ大層迂回シマスガ、斯ウ迂回シマシテ此辺ニ造ツタラ宜カラウト思ヒマス。
○原会長　青山七丁目カラ人道ヲ造ツタラドウデス。
○伊東工学博士　原宿ノ停車場ヘ連絡シタラ便利ト思ヒマス、若シ斯ウロヲ付ケマスレバ、此処ガ一番高イ所デス、三十二米《メートル》突、是ダケガ高イ所デ、コチラヘ下ツテ居リマス、サウシテ樹木モ此処ガ一番多イ、尤モ此処ニアリマス松林ガ一番立派デスガ其側ヘ持ツテ行ケナイノデス、此処ガ隙イテ居リマスカラ――之ヲ背景ニシマスト南向デ一番宜イヤウニ思ヒマス。
○原会長　サウスルト御苑ガ皆潰レテ御苑ノ一部ニ建テルコトニナリマスナ。
○伊東工学博士　左様デス、若シ御苑ガ無イモノトスルト此配置ガ非常ニ困ルデス、御苑ヲ無シニシテ南面ト云フコトヲ条件トシマスト、此辺ヘデモ持ツテ来ナケレバ場所ガナイデス、此処ヘ持ツテ来ルト此処ガ境界ニナリマスカラ困リマス、此処ヘ持ツテ来ナケレバナラヌ、スルト後ロガマルデ見エ隙イテシマツテ、コンナ風ニ非常ニ手数ヲ掛ケテ森林デモ作ラナケレバ後ロガ納マラナイコトニナリマス。
○原会長　御苑ニ建テラレヌトスルト余リ感服スルワケニ行カヌ。
○伊東工学博士　無理ナコトニナリマス、折角ノ森林ヲ利用スルコトガ出来ナイコトニナリマスカラ。[*40]

この時に示された図の存在を確認できないので、この一連の議論はわかりにくいが、それでも表参道を「青山七丁目」からとることや、社殿を御苑につくることを想定していたらしいことがうかがえる。それに呼応するように、井上幹事が「御苑ガ約四万八千坪程アリマス――御苑ノ拝借ガ出来レバ此池ヲ御手洗ニ使ハウト云フノデス自然ニ湧出スル余程珍ラシイ池デス」[*41]と、御苑を鎮座地に組み込むことについて了解が得られれば、清正井《きよまさのいど》を手水《てみず》に使うアイデアを披露している。ここでは、伊東の発言を井上神社局長が補足しているわけだから、この時点ですでに伊東忠太と内務省神社局が連絡を取り合って、この場所を想定した社殿計画をはじめていたことがうかがえる。また、ここで伊東が本殿は南面すべきで、後ろに森が控える構成をよしとしていることがわかる。本殿を南に正対させることは、明治神宮社殿の設計で伊東が大前提としていたもので、その後の計画案でもこの方針は一貫している。ここで伊東が説明している計画案と同様の設計趣旨の配置計画を示すのが『神社奉祀調査会経過要領ノ一』添付の「代々木御料地境内、社殿竝《ならびに》付属建物配置図（第一案）」［図3、口絵13頁］や、『神社奉祀調査会経過要領ノ二』添付の「明治神宮境内建物配置予定図（第一案）」［第二章図13］とみられる。清正井が西参道の手水にあてられているし、廻廊で囲われた神域がその東方、つまり御苑の北部にとられ、実際に建設された場所よりもかなり南に位置しているからである。

なお、この第三回調査会では、原会長が青山練兵場を外苑にという東京市有志の請願に触れ、「東京市ノ申立テタ内苑外苑ノコトハ能ク考ヘテ見マシタガ、是ハ余程将来ノ為ニ考ヘテ見ルト、ドウ云フモノカト実ハ少シ気遣フノデアリマス、先般ノ会ニモ申上ゲタヤウニ、ドウモ是ハ将来ニ於テ非常ナル国費ヲ要スルコトダラウト思フ（中略）ヤハリ国費ノ非常ニ掛ルト云ウコトハ如何ノモノカト思ヒマスルシ、又先帝ノ総テガ御質素デアラセラレタト云フヤウナルコト（中略）ドウモ仮ニ代々木ト致シマシテモ、尚外苑ヲ青山練兵場ニ造ルト云フコトハ随分広大ナルモノニナリマシテ、将来ノ維持ト云フコトニ付テハ余程費用ヲ要スル次第カト考ヘマス」[*42]と、維持費が膨大になることをあげて（献金でつくられても、明治神宮に寄付されれば、その維持費は国費から支弁されることになる）、外苑設置に懸念を表明している。第一回の神社奉祀調査会の挨拶にもあったように、原は内務大臣という立場で、建設費や維持費が膨らんで国家財政に負担をかけるのを懸念していた。彼が外苑設置に慎重だったのも、そのためとみられる。

この時の会議では、鎮座地決定には至らず、委員が候補地を視察して再検討することになった。

鎮座地が南豊島（代々木）御料地に決定したのは、第四回の神社奉祀調査会（大正三年二月一五日）である。ここで反対の声はなく、原会長が「ソレデハ何方モ御異存ガアリマセヌカラ代々木ト決定致シマス、代々木トスレバ無論御苑ヲ入レルコトニ願ハナケレバナリマセヌ、ソレハドウ云フ手続ニナリマスカ世伝御料ヲ廃サレルカ其侭ニナリマスカ、兎ニ角御苑ヲ入レテソレダケノ敷地ト云フコトニ致スノデアリマス」[*43]と発言し、承認された。御苑を含んで鎮座地にすることで了承されたわけである。ただし、周辺の

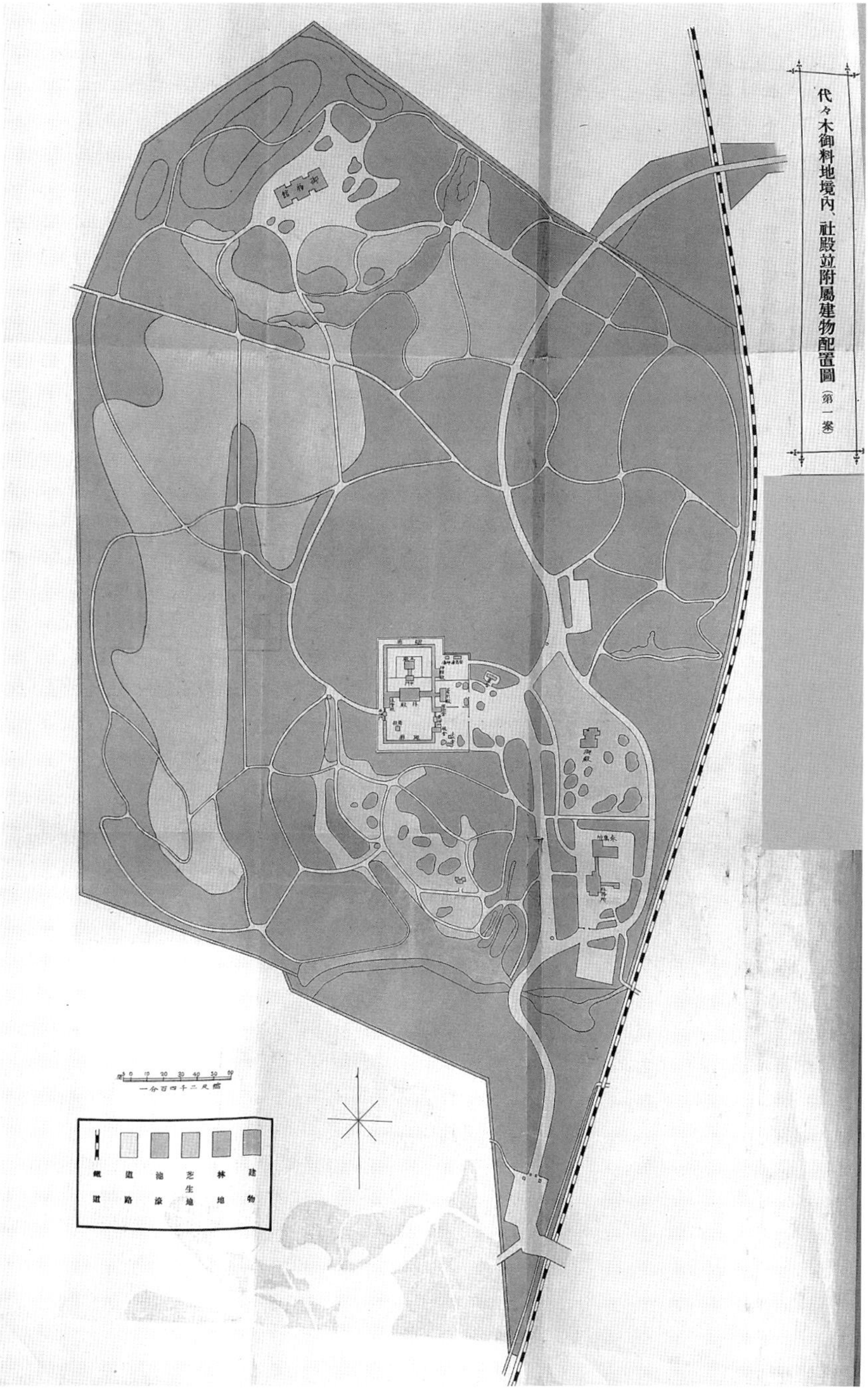

［**図3**］「代々木御料地境内、社殿竝付属建物配置図（第一案）」（『神社奉祀調査会経過要領ノ一』所収）

状況が風致上必ずしもよくないということで、「火葬場ヤ墓地ガ近クニアッテハイカヌト云フヤウナコトニナリマスト面倒デアリマスカラ、其辺ハ能ク一ッ御研究ヲ願ツテ極メタイト思ヒマス、尤《もっと》モ将来ハ相当ノ規定ヲ設ケマスカラ、接近シタトコロニ、サウ云フモノハ設ケサセヌト云フヤウナコトニハナリマセウ」[*44]と、周辺の迷惑施設への対応についても言及している。

鎮座地決定を受けて、大正三（一九一四）年二月一七日付で内務大臣が「御鎮座地ヲ代々木ナル南豊島御料地ニ定ムル件」を宮内大臣に照会し、一か月後の三月一七日付で宮内大臣から「南豊島御料地ヲ御鎮座地ニ充ツルコト差支ナキ旨」の回答を得た。この件は、同年四月二日に大正天皇の御内定を得ている。この時点で鎮座地が正式決定したわけである。[*45]

神社奉祀調査会では、第二回の会議（大正三年一月一五日）で社格を官幣大社とすることを了承した。それ以外の社名や社殿の種類や規模、外苑設置などについては特別委員会を設けて検討し、それを総会（神社奉祀調査会）で承認するというかたちに変わった。具体的な計画や予算などについては特別委員会で検討されたということである。というのも、それらが専門家による検討が必要なものだったことのほかに、第四回神社奉祀調査会のあと、大正三年四月一一日に昭憲皇太后が崩御し、その合祀の問題など、新たな状況への対応が求められたためでもあるだろう。この特別委員会の設置は、第五回神社奉祀調査会（大正三年四月三〇日）で決まった。このときには、内務大臣交代にともない、会長が原敬から大隈重信に代わっていたことは既述のとおりである。

この特別委員会の委員は次のような顔ぶれである。[*46]

阪谷芳郎（委員長・法学博士・男爵・東京市長）
井上友一（法学博士・内務省神社局長）
三上参次（文学博士・東京帝国大学文科大学教授・歴史学者）
近藤虎五郎（工学博士・内務技師・土木技術者）同年五月一三日付で神社奉祀調査会委員にもなっている。
萩野由之（文学博士・東京帝国大学文科大学教授・歴史学者）
市来乙彦《いちきおとひこ》（大蔵官僚）同年五月一三日付で神社奉祀調査会委員にもなっている。

伊東忠太（工学博士・東京帝国大学工科大学教授・建築史学者）
関野貞（工学博士・東京帝国大学工科大学教授・建築史学者）
掘田貢《みつぐ》（内務官僚）

阪谷芳郎を委員長とし、日本史や建築史、土木工学の専門家を中心に計画を立てることになったわけである。なお、後に大正三（一九一四）年七月一〇日付で他の分野の専門家が神社奉祀調査会委員に任命されている。それは、川瀬善太郎（林学博士・東京帝国大学農科大学教授）、久保田政周《ちかきよ》（東京府知事）、本多静六（林学博士・東京帝国大学農科大学教授）、小橋一太（内務省土木局長）で、大正三年七月六日の第七回神社奉祀調査会で明治神宮造営計画の骨子が決まった後で、林苑や道路関係の計画を詰めるための選任とみられる。

特別委員会で基本方針を決めるのに際し、林学や造園の専門家が呼ばれなかった理由はよくわからないが、社殿や参道の計画を優先し、その後でその余白部分の計画を考えればよいという判断だったのかもしれない。先述のように、明治神宮鎮座地選定については「由緒」が優先されており、内苑予定地の「風致」を整える必要があることは認識されていたはずなので、計画の骨子が決まった後で杜の計画にかかったということだろう。

なお、特別委員会には、上掲の委員のほかに、神社奉祀調査会事務嘱託として以下の七名が任命されている。

大正三年四月三〇日付
伊東忠太（前出）
牧野正雄（内務官僚、その前に造神宮使廳に勤務）
安藤時蔵（神社建築家、文化財修理技師）
大正三年七月一〇日付
宮地直一《なおかず》（内務官僚・神道学者）
佐野利器《としかた》（工学博士・東京帝国大学工科大学教授・建築構造学者）
大正三年七月二五日付
黒板勝美《くろいた》（文学博士・東京帝国大学文科大学助教授・歴史学者）
中川忠順《ただより》（文部技師・美術史学者）

この特別委員会は、大正三年五月一日を皮切りに、同年六月一九日までに一一回開かれている（有名神社の視察を含む）[*47]。短期間にかなりの頻度で開かれているわけで、このことからも、大正三年六月末頃までに成案を得るべく、議論を急いで進めていたことがうかがわれる。

明治神宮には、神社奉祀調査会特別委員会議事録のうち、第一回と第二回のものが残っている[*48]［写真30］。第一回は大正三年五月一日、第二回はその三日後の五月四日に開かれ、出席委員の顔ぶれは同じ（近藤虎五郎と市来乙彦は二回とも欠席）で、第一回で出た質問に答えるために安藤・宮地の両嘱託と牧野が出ているだけなので、実際には連続した会議と見なせる。その発言内容から、安藤が設計の実質的な担当者という立場で社殿や境内の設計を、宮地は神道学者という立場で祭祀などの検討を担当していたことがうかがえる。この二回の会議で議論されたおもな項目は以下のようなものである。

（一）昭憲皇太后合祀について
（二）社殿の種類・規模と配置、本殿の様式・仕様、および境内・参道・境外道路について
（三）社号について
（四）官幣大社の中で最高級の待遇をするための具体的方策について

まず、（一）の昭憲皇太后合祀の件についてだが、これを決めておかないと社殿の計画が進められないことから、最初に議題に上ったのだろう。この会議での冒頭に、阪谷委員長が「合祀ノコトニ付テハ、更ニ局長ノ御調ヲ願ツテ委員会モ決定シ、委員総会モ決定シ、追テハ御裁可ヲ仰ギマスコトデアリマセウケレドモ、大体ニ於テ過日ノ総会ノ場合ニ於テハ、ドナタモ御異存ガナイ[*49]」と述べている。先例としてあげられているのは橿原神宮だけだが、その合祀は明治時代のことで、皇后合祀自体が近代的だったということでもある。昭憲皇太后は、聡明かつ開明的で、明治天皇を輔佐しつつ、女子高等教育や日本赤十字の活動などを積極的に奨励した。それは近代にふさわしい皇后像を築き上げたということでもあり、その遺徳を当時の指導者層がよく認識していたことが、この速やかな合祀決定の背景にあったと考えられる。

合祀の件に関しては、「何分ニモ御大喪中デゴザイマシテ

神事ニ就テノ御治定ヲ仰グト云フ事ハ御遠慮致サナケレバナリマセヌ」[*50]（井上委員）ということで、御裁可をすぐに得るのがむずかしいという問題があった。しかし、大正三（一九一四）年末の帝国議会に上程する必要があったので、「予算ノ如キハ御大喪中ト雖モ、此秋ノ議会ニ提出スルモノハ御裁可ヲ仰ガナケレバナラヌト思ヒマス、又其他ノ事デモ事柄ニ依ツテハ御大喪中ト雖モ、御裁可ヲ仰ガナケレバナラヌモノガアラウト思ヒマス」[*51]（井上委員）とあるように、内務省は諒闇中であっても御裁可を得たいと考えており、同年七月二日の第六回神社奉祀調査会で御裁可を仰ぐことが了解されている。[*52]宮中もそれを諒とし、合祀についての御治定は同年八月一五日に出された。[*53]

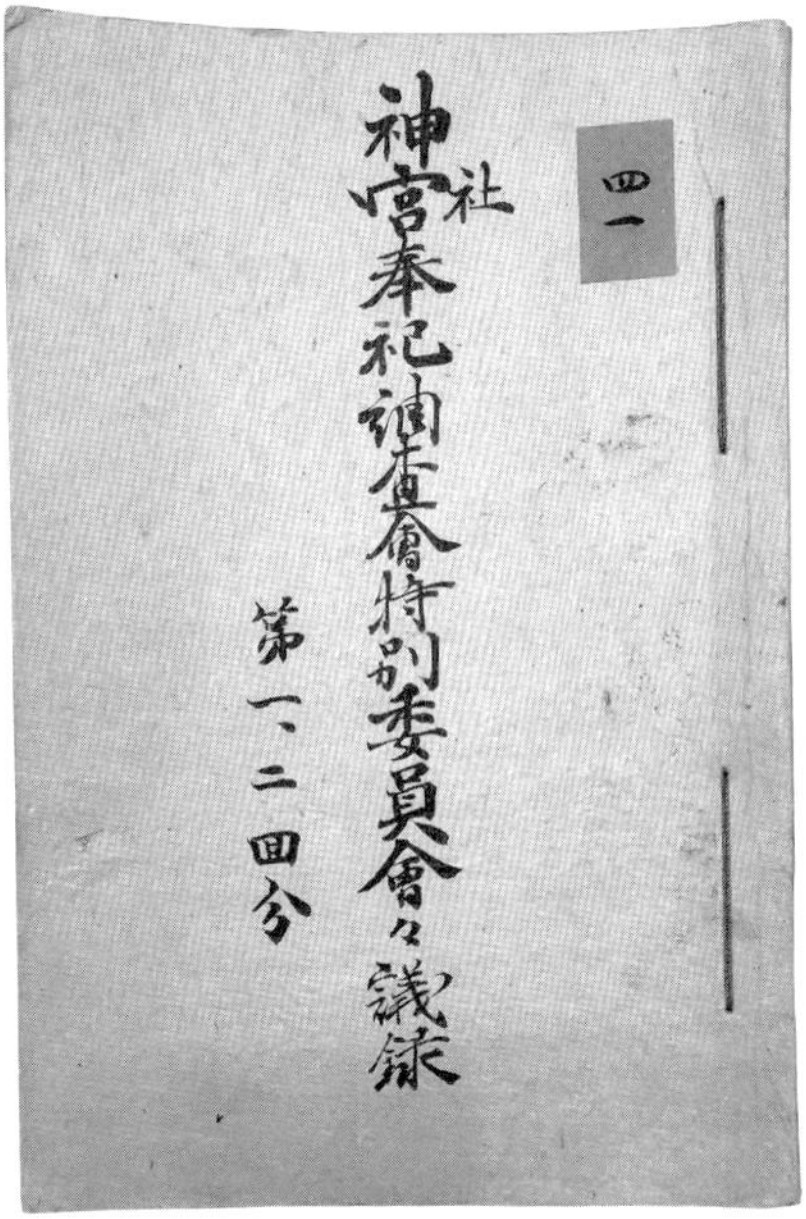

［写真30］神社奉祀調査会特別委員会々議録表紙（明治神宮蔵）

（二）の社殿の種類と配置、本殿の様式、および境内・参道・境外道路に関しては、この時点ですでに実施案に近く、しかもかなり具体的な案が示されているのが注目される。というのも、それは神社奉祀調査会が立ち上がってから半年も経たないうちに、社殿の種類や規模・配置がほぼ決まったことを意味するからである。この計画は伊東忠太を中心につくられたもので、その内容を内務省神社局が事前に把握していることが議事録からうかがえるので、この計画は伊東忠太が神社局と相談しながらまとめたものとみられる。[*54]なお、第二回（大正三年五月四日）にこの計画が議題になったときには安藤嘱託がその内容を説明しているので、伊東の意向を受けて具体案を検討していたのだろう。この案の詳細については、第二章第一節で説明することにしたい。

（三）の社号については、先述のように「明治神宮」がすでに世間で慣用されているのを追認するかたちで、よしとされた。しかし、その根拠を示す必要があるということで、「世上ニ於テハ已《すで》ニ明治神宮ノ称慣用セラレ来リテ従前ノ建議竝ニ請願書等ハ多ク之ニ拠レルヲ見ル按《あん》スルニ此ク祭神名ニ依ル社号ハ天皇奉祀ノ官社ニ在リテハ曾テ其ノ例ヲ見スト雖モ官幣大社伊弉諾《いざなぎ》神社国幣小社大歳《おおとし》御祖《みおや》神社ノ如ク古代ニ於テハ之ヲ用ヰタル例多ク」[*55]と、祭神名を社号にする神社が古代には多かったという例を持ち出している。歴史学者の三上参次は、追号を社号にすることに難色を示す声があったことに対して「明治天皇ト云フ御追号ノ方カラ御宮ノ名ヲ取ツテ来ルト云フノガ面白クナイ訳ナラ、是ハ少シ朝三暮四ノヤウナ嫌ガアリマスケレドモ、明治天皇ノ方カラ取ツテ来タモノデナク、明治ト云フ年号ノ方カラ取ツテ来タト云フ説明モ出来ヤウト思フ」[*56]と助言している。先にも触れたように、神社奉祀調査会では、論理的な説明をするための根拠を重視していたとみられ、委員として参加した学識経験者（特に歴史学者）は、そのような故実に詳しい専門家から選ばれていたわけである。

ちなみに、正式決定する前から世間に「明治神宮」が広く用いられるようになったのは、明治時代に対するオマージュも関係していたと見られる。日本の長い歴史の中でも画期となった時代として、当時の人々にとって「明治」は誇りをもって回顧できる時代だったはずである。[*57]

（四）の、官幣大社の枠内での特別な待遇（神社奉祀調査会の複数の委員が要望したこと）については、あまり議論が行われていない。一一月三日（明治天皇の誕生日）に例祭を行うことが了解された程度である。議論が少なかったのは、内務省の神社行政の枠内で考えるしかなく、明治神宮にだけ特例を認める余地は、事実上なかったからと見られる。[*58]

大正三（一九一四）年七月二日と六日に開かれた第六回・第七回神社奉祀調査会で明治神宮内苑・外苑計画の大綱が決定した。それに先立って、六月一九日の同特別委員会で、その原案（報告書）が承認されていた。それを受けて、この第六回神社奉祀調査会の冒頭で特別委員会委員長の阪谷芳郎が以下の事項を決定したことを報告し、了承された。

・一五項目を決議したこと、そのうち、社名（明治神宮）について議論を尽くしたこと
・昭憲皇太后合祀をよしとしたこと
・本殿は流造で南面させること
・外苑を設け、芝や林を主とする庭とし、建設すべき建物は位置だけ示し、時代に応じて建設することとし、その案は設計競技で求めること

・内外苑連絡道路から参道をとると、南面する本殿との関係が悪く、また鬼門から入ることになるので、表参道は青山四丁目から水無橋《みずなしばし》の間に通し、そこからの参道を主とすること、そうすれば、天皇が観兵式で代々木練兵場に赴くにも便利な道になること[*59]

・内苑は国費で建設し、予算は三〇〇万円であること、外苑は奉賛会が集める寄付により、予算は五〇万～一〇〇万円、内外連絡道と表参道の建設に一二〇～一三〇万円かかるが、政府か東京市によって市区改正の一環としてつくってもらいたいこと

・内苑の計画は秘密事項だが、外苑の計画案はそうではないので、神宮奉祀調査会の委員に案を示して、異論がないことを確認してあること

なお、冒頭にある「一五項目」は以下のとおり。

昭憲皇太后合祀ノ件
社名ニ関スル件
例祭日ニ関スル件
例祭日勅使発遣ニ関スル件
社殿竝付属建物ノ種類及坪数ニ関スル件
社殿ノ様式及材料ニ関スル件
神座ノ装飾ニ関スル件
殿内奉安神宝ニ関スル件
殿舎装飾ニ関スル件
境内及参道ニ関スル件
境内保護取締ニ関スル件
境外道路ニ関スル件
神宝殿ニ関スル件
青山旧練兵場跡付属外苑設備ニ関スル件
経費取扱ニ関スル件[*60]

昭憲皇太后合祀の件から、「明治神宮」という社名、例祭日とその日に勅使が発遣されること、社殿や付属建物の種類や規模・様式・材料、殿内神宝や装飾、境内や参道、境内の環境保護、境外道路、神宝殿（宝物殿）[*61]の建設、外苑の設置、経費に至るまで、内苑と外苑の計画についての項目が網羅的に示されているわけである。

第六回・第七回神社奉祀調査会に報告・了承された「特別委員会報告」（大正三年六月）は『阪谷芳郎明治神宮関係

書類第八部』（明治神宮蔵）に収められている。そこでは、外苑計画について「十三、青山旧練兵場跡付属外苑設備ニ関スル件」という項目があり、その事業内容が以下のように記されていた。

明治天皇奉祀神宮創建ニ伴ヒ国民奉賛ノ誠意ヨリ資ヲ献シ頌徳記念ノ建造物及外苑ヲ設ケントスルノ請願アリ政府ハ之ヲ容レ其ノ献納ノ資ニ依リ大体左ノ方法ニ依テ経営スルヲ適当ナリト認ム

青山旧練兵場ハ之ヲ神宮付属外苑トナシ先ツ多少ノ整理ヲ施シ林地竝芝生地ヲ設ケ其ノ一部ハ将来頌徳記念ニ相当ナル建造物建設ノ予定地トナサントス而シテ其ノ経営竝維持費用ハ全部奉賛金ヲ以テ支弁セントス

そこには「（参考一）青山旧練兵場跡付属外苑費見込」として「外苑費五七六、五七八円〇〇〇」、「維持費」として「五〇〇、〇〇〇円〇〇〇」で、計一〇七万六、五七八円とあり、「（備考）外苑ニ設備スヘキモノノ中既ニ識者ノ間ノ議ニ上レルモノ左ノ如シ」として、「一、正門及諸門、柵等　二、記念門　三、樹林及芝生、花壇　四、噴泉池　五、植物館　六、記念館　七、恩賜館（伊藤公爵ニ賜リタル憲法館）　八、公会堂　九、美術館　十、体育館　十一、競馬場、競技場　十二、図書館　十三、奏楽堂　十四、立像街　十五、休憩所等」（一〜三頁）があげられていた。これに関しては、「国民国家」で必要とされる施設が列記されているという見方もできるだろう。

なお、『神社奉祀調査会経過要領』には内苑と外苑の配置計画二種が添付されている［図4・5］。『阪谷芳郎明治神宮関係書類第九部』明治神宮奉賛日記』（『阪谷芳郎明治神宮蔵』）の大正三年分の記述に「六月十九日委員会（十回）大体結了ス（速、一回、受）」「六月二十三日内務省ニテ有志委員会合ス外苑設計内示アリ　内務省ニテ奉祀有志委員会合ス外苑ノ設計ヲ示ス」とあることから、これらの図は大正三（一九一四）年六月二三日までにできていたことがわかる。それは「甲案」・「乙案」と題され、乙案の外苑の青山通りから葬場殿址に向かう道路が、後に伊東忠太と池田稔が作成した外苑計画によく似ているので、伊東を中心につくられたと見られ、先掲の「外苑ニ設備スヘキモノノ中既ニ識者ノ間ノ議ニ上レルモノ」を並べたものである。また、『阪谷芳郎明治神宮奉賛日記』（同前）の大正三年七月

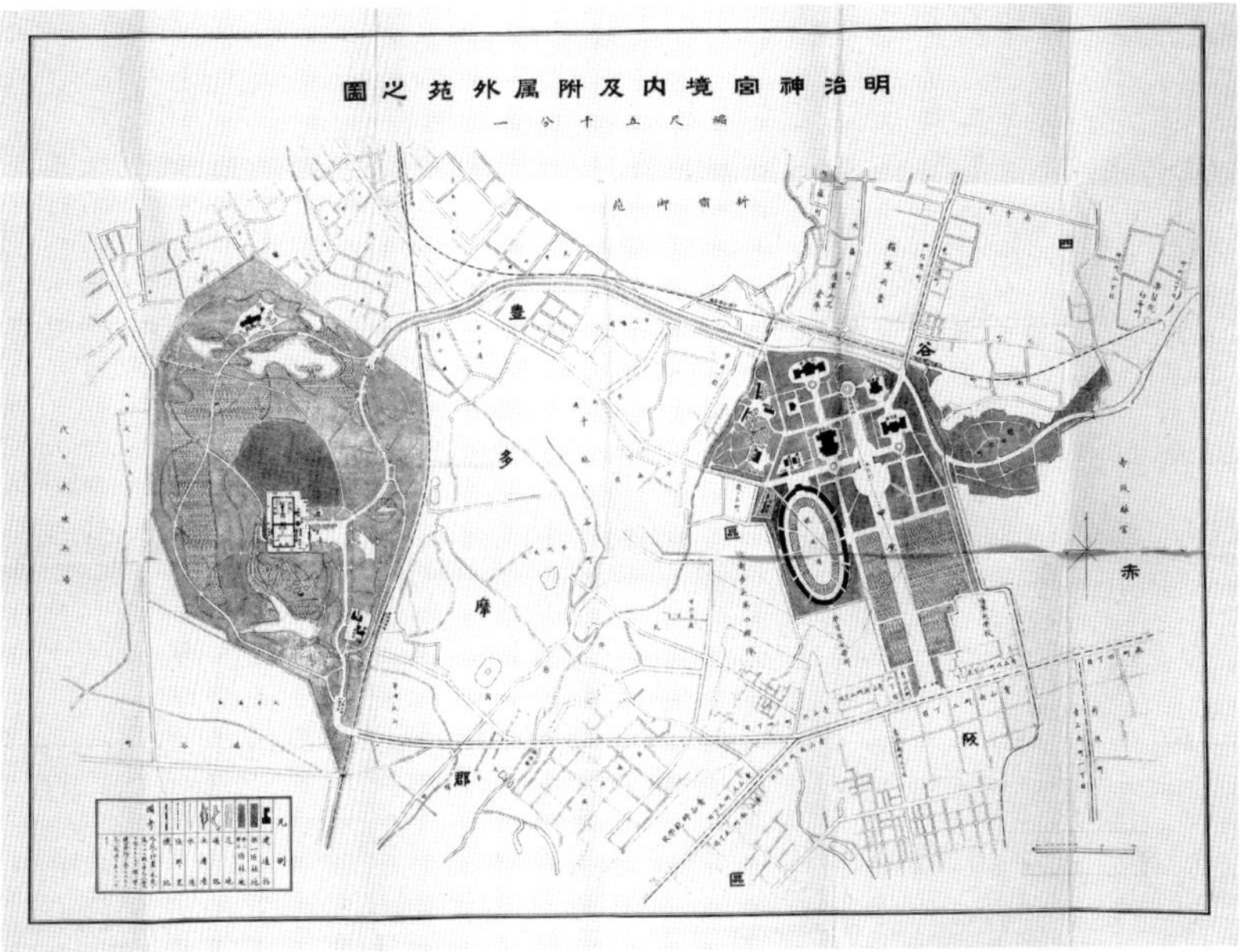

［**図4**］「明治神宮境内及付属外苑之図」（甲案）（『神社奉祀調査会経過要領』添付資料）

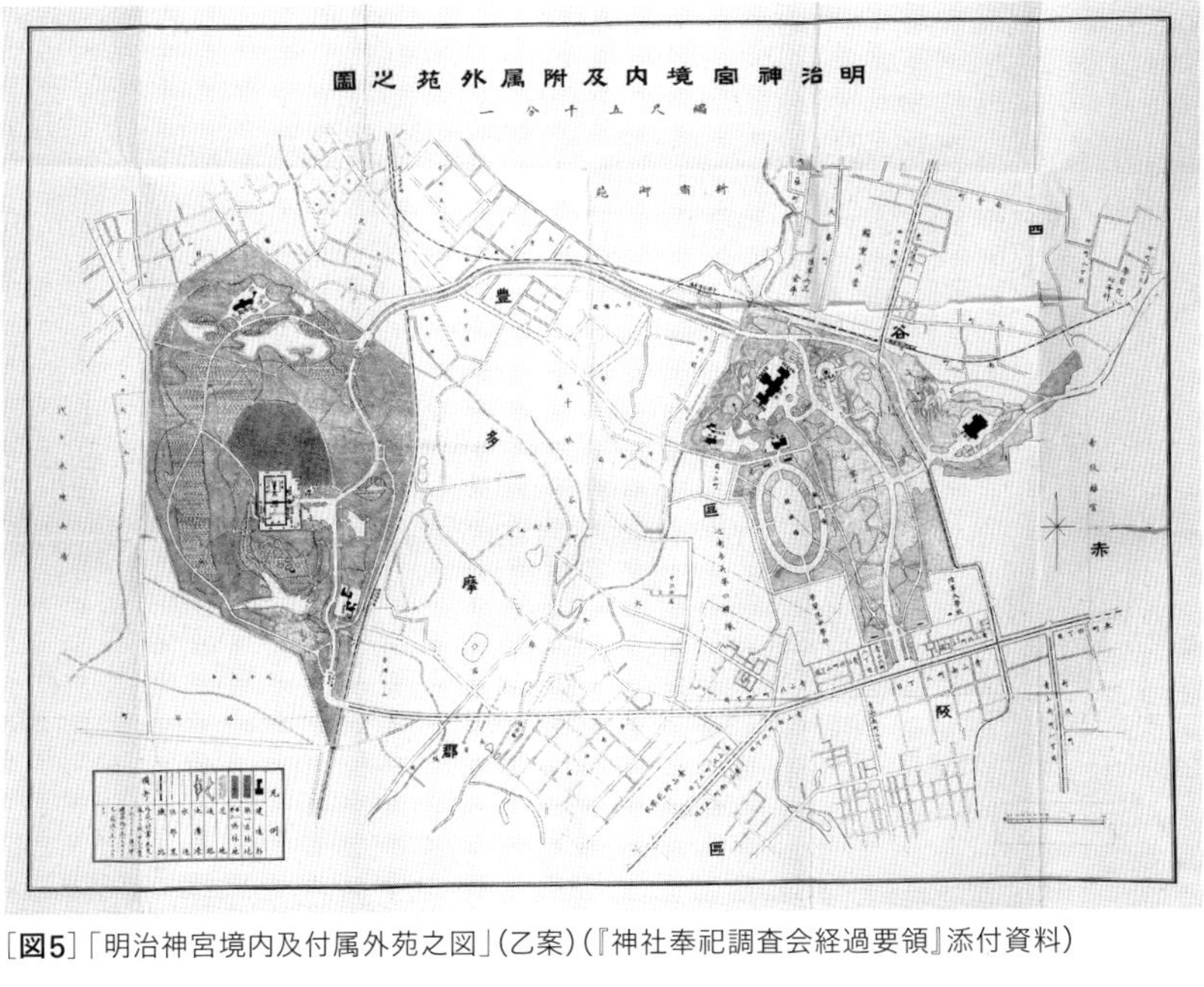

［**図5**］「明治神宮境内及付属外苑之図」（乙案）（『神社奉祀調査会経過要領』添付資料）

二日の項に「内相官邸ニテ奉祀委員総会　合祀ノ件并一項ヨリ六項マテ決定ス」とあり、同月六日の項に「内相官邸ニテ奉祀委員総会　一段落ス　石橋内務部長ヨリ参道ニツヽク市区改正ニ付相談アリ」とあるので、この頃に神社奉祀調査会の議論が一段落したことがうかがえる。

ちなみに、上記の二図は、実施を想定したものとは考えられない。予算の裏づけがあるわけではなく、要望としてあげられた施設を配置しただけのものである。また、この図から、この時点での表参道計画が外苑正面入口そばの青山四丁目からはじまっているのが見てとれる。

その後は、その決定事項の修正が行われたようで、表参道や、社殿の規模がより明確に設定され、大正三年六月に特別委員会が神社奉祀調査会に提出した「特別委員会報告」に示された予算の枠内で各費目の増減を調整している。[*62]この時点での予算総額は三〇二万八、九〇六円二〇銭だった。

以上に示したように、神社奉祀調査会は、政財界と学界のリーダーを集めて大正三（一九一四）年一月一五日に検討をはじめたが、四月一一日の昭憲皇太后崩御直後に、日本史や建築史などの専門家を集めた特別委員会で検討した結果を調査会（総会）で追認するかたちをとった。特別委員会は同年五月一日から六月一九日の一か月半の間に一一回の集中審議を行って主要事項を決定し、それを同年七月二日、六日の神社奉祀調査会で承認した。同年一二月に開かれる帝国議会（第三五回）に内苑・外苑計画や内苑の整備費予算などを上程するために、大正三年前半のうちに計画の大綱を決定することを前提に検討が行われていたわけで、さまざまな必要事項に関して短期間のうちに結論をまとめ上げたことになる。その後は予算削減などのために案を修正し、同年一一月三日に最終案が決定した。先掲のように、昭憲皇太后の諒闇中にもかかわらず、合祀の御治定が出されたわけだが、内苑・外苑計画を速やかにまとめるためには必須の手続きなので、特別な御叡慮を賜ったということだろう。そのような異例なことが寛恕されたあたりにも、大正三年一二月の帝国議会に間に合わせるという神社奉祀調査会の強い意向が感じられる。

審議を速やかに進めているほかに、神社奉祀調査会およびその特別委員会の議事録からうかがえるのは、内務省が主導していることである。特に井上神社局長が終始議論をリードしている。それは、大正三年六月末の成案決定を想定して、全国の官国幣社の由来や祭神、規模など、議論のたたき台になる資料を用意していたことに[*63]、また伊東忠太と連携して早くから社殿の設計を検討していたことにうかがえる。内務省のサポートがなければ、これほどの短期間に計画をまとめることは不可能だったに違いないし、その中心だった井上友一は、明治神宮内苑・外苑創立事業の陰のプロデューサーであり、功労者というべきである。

神社奉祀調査会が決定した明治神宮造営予算案は大正三（一九一四）年一二月召集の第三五回帝国議会に上程され、同月一七日に衆議院で満場一致で可決された[*64]。

以上のように、速やかに明治神宮造営計画が決められたのは大正三年末の帝国議会でその計画や予算についての承認を得るためだった。それは、明治神宮を一刻も早く完成させたいという思いを東京市有志だけでなく、華族や政財界、内務省などの当時の指導者層が共有していたからだろう。そして、その意志決定をスムーズにするために特別委員会を設けて詳細を検討させたということである。内務省神社局がリードするかたちで明治神宮造営計画が短期間にまとめられたのは、関係者が明治神宮の早期創立をということで一致していたからこそで、そこには明治天皇と昭憲皇太后に対する敬意とともに、明治時代を日本史の画期と見て、それを記念するものをつくりたいという強い思いがあったことを示すものといえる。

＊1『明治神宮造営誌』（内務省神社局、昭和五年、二四五頁）

＊2この人工林は当時としてはきわめて斬新な考え方によるもので、森林生態学者の正木隆博士によれば、「多様な広葉樹を植えた人工林としては日本で一番古く、そして唯一の成功事例として高い評価を得ているが、「これから内部での循環が始まるところで」「その循環の仕組みがまだ見えて」いないというのが実態のようである。日本に古くから残っている自然の照葉樹林でクスが残っている例がないことから、明治神宮の杜でいまシイ・カシとともに優勢のクスが今後どうなるかはよくわからないということらしい。森林生態学の立場からは、そのためにも今後調査を継続していく必要がある杜であり、学術的にも注目すべき例といえよう」（正木隆「代々木の生態のはなし」『代々木』平成二九年冬号、一二～一四頁）とのことである。

＊3担当は、聖徳記念絵画館の設計などに関わった小林政一

＊4青年団の奉仕の経緯については、明治神宮造営局総務課長の田澤義鋪《よしはる》による「青年団の神宮御造営奉仕と献木」（溝口白羊《はくよう》『明治神宮紀』日本評論社出版部、大正九年、付録三一～四六頁）参照

＊5『明治神宮外苑志』（明治神宮奉賛会、昭和一二年、二二九～二三三頁）参照。この件については第三章でも触れる。

＊6『明治神宮造営誌復興版』（内務省神社局、昭和五年）のまえがき「明治神宮造営誌復興版刊行に就いて」によれば、「本誌は曩《さき》に大正十二年明治神宮造営局に於いて、明治神宮造営事業の顛末を記述し、以て此の盛事を不朽に伝ふる趣旨の下に編纂せられたるものなるが、同年九月未曾有の大震災に遭遇し、刊行中ばにして止みたり。仍《したがっ》て当局に於いては、この目的を遂行せむが為め今般復興版を刊行し、遍《あまね》く関係者各方面に頒布すること丶せり」と記されているように、関東大震災の影響で刊行が遅れ、大正九年の明治神宮創立から一〇年後の昭和五年に刊行された。そして、その復刻版が明治神宮編『明治神宮叢書第十三巻』造営編（2）』として国書刊行会から平成一六年に刊行されている。本書では、同書の引用に際して昭和五年の復興版を用いたが、混乱を避けるため、それを『明治神宮造営誌』と表記する。

＊7内苑と外苑を設けるべきという提案は、日本最初の建築家の一人である辰野金吾からも出ている。それは『国民新聞』大正元年八月一三日号四面に掲載された「明治神宮の建築と御神体」にあるもので、辰野が「敷地は樹木の森々とした処で無ければならぬ東京付近では代々木御料地が尤も適当である此処を内苑として青山の斎場を外苑とし内苑には何も余計な物を建てず種々なる付属の建物等は外苑に建てたいと思ふ」と述べている。

＊8「明治神宮ニ関スル覚書」（『阪谷芳郎明治神宮関係書類第八部』明治神宮蔵、四～六頁）

＊9日本大博覧会会場候補地には上野や月島もあがっていたが、以下の引用のように、明治四〇年一一月七日に本文に記した場所に決まったことが発表された。

○博覧会敷地確定　場所は愈《いよいよ》青山に決す

来る四十五年の日本大博覧会敷地に関しては予《かね》て同事務局に於て上野、青山、月島三方面を候補地とし調査攻究を重ねつゝありしが今回愈々青山方面と決定し七日を以て之を発表する事に決したるが右に就き事務局は六日都下の新聞記者を招き金子会長、和田事務総長以下列席の上和田総長より大要左の如く決定せる其経過を内示せり

大博覧会開設の儀決定するや其敷地として東京市の内外に七ヶ所の候補地を数へ其内より上野、青山、月島三方面を選出したるは九月中旬なりしが是れ等の候補地の測量を始むるにも別に博覧会専属の技師なかりしを以て陸軍省測量技師三十余名に嘱託して十月一日より之が実測を始め二十二日に至り其製図を完了し翌二十三日事務局に提出するの運びに至れり又是より先き十月十日を以て府知事の手を経て群区長に三候補地面の買上又は賃借に関する大体の価格を調査せしめたるに種々の紛議続出して交渉に多大の困難を感じたりしも漸《ようや》く廿五日に至りて略其調査の結了を見るを得たり是に於て即ち実測図と価格表を対照して熟議に熟議を重ね予算の許す範囲に於て最も適当の方面を選び遂に今六日に至り愈々其内定を見るに至りたるなり即ち大博覧会敷地は青山練兵場全部約十五万四千坪、代々木御料地約十六万坪にして之に青山北町一丁目より三丁目迄約二万坪を加へ而して御料地と練兵場の間は長さ七百間、巾八十間乃至三十間の道路を以て連絡せしめ其面積は二万坪に当るべし而して練兵場は別に代地を買ひ上げて之を陸軍省に提供する積りなるが其箇所は未だ明確ならず又北町の二万坪は之を買ひ上ぐるか賃借するやは今後交渉を開始せざれば明かならず之を要するに右の総面積は都合三十三万坪乃至三十五万坪を計上せらるべし云々

（『報知新聞』明治四〇年一一月七日朝刊二面）

＊10 厳密に言えば、内苑にあてられたのは、「第七御料地」と呼ばれた区域で、明治神宮計画時には世伝御料地だったが、「代々木ハ明治神宮用地ニシテ（中略）帝室ノ御用途ニ適セス故ニ此ノ両者ハ全部解除セラレムトス」という理由で、大正一〇年八月一日に世伝御料解除になっている（同日付けの官報で告示）。その後は、昭和二二年五月三日施行の新憲法で国有財産になるまで、御料地だった。この土地についての詳細は以下のとおり。

四、南豊島御料地

本御料地ハ武蔵国豊多摩郡ニ所在シ新宿御苑以下数個ノ部分ヲ総称ス其ノ面積ハ総計五拾一万六千六百七坪ナリ之ヲ分説スレハ

新宿　　雑地　拾九万二百九拾七坪（編入当時ノ第一御料地トスルモノ）

代々木　宅地　二拾万九千四百七拾二坪（編入当時ノ第七御料地トスルモノ）

笄開谷《こうがいだに》　宅地　七万九千八百九拾坪（編入当時ノ第二、第三御料地トスルモノ）
常磐松　宅地　三万六千九百四拾八坪（編入当時ノ第四御料地トスルモノ）
ナリ之ヲ編入当時ノ面積
百七拾町五段三畝拾九歩五厘〇二絲九忽
即五拾一万一千六百九坪余
ニ比較スレハ四千九百九拾七坪余ノ実測増ナリ
右ノ内代々木ハ明治神宮用地ニシテ常磐松ハ他ニ供用スルノ現況ナルヲ以テ帝室ノ御用途ニ適セス故ニ此ノ両者ハ全部解除セラレムトス
（「大正九年度欽定　世伝御料ノ解除及編入ノ件理由書（関係部局保存ノ分）　大正九年十二月六日」宮内庁宮内公文書館蔵『自昭和六年至昭和二十年世伝御料建物及動産調査委員会録四』所収）

＊11第二回神社奉祀調査会で、井上友一幹事が南豊島御料地に関して「御料局アタリトハ内々下相談ヲシテ居リマス。博覧会ヘ御貸ニ成ッタノデスカラ拝借ハ困難ナラヌノデアラウト思ヒマス」（『神社奉祀調査会会議録（第二回）』二六頁）と発言しているのも、それを前例と見た例といえる。

＊12『阪谷芳郎明治神宮関係書類（第一部）』（明治神宮蔵）にある「明治神宮奉賛会趣意書」（大正四年六月）の冒頭に以下のように記されていることに、明治時代が特別な時代だったという誇りや、明治天皇・昭憲皇太后の偉業への称賛がうかがわれる。

明治神宮奉賛会趣意書
恭しく惟《おもんみ》るに
明治天皇内は維新の宏謨《こうぼく》を決し王政を古《いにしえ》に復し憲法を定め庶政を革め外は列国との交を厚くし皇威を八紘《はっこう》に張り開国進取の国是を実にし帝国の光輝を発揚し臣民の福利を増進し以て列聖の偉業を恢弘《かいこう》し給ふ聖徳大業前古に超越し中外皆其の恩頼を仰く
昭憲皇太后坤徳《こんとく》至高　聖業を九重の深きに翼《たす》け仁風を四海の広きに敷き給ひ博愛慈恵の施設文芸美術の事業に至るまて總て庇奨《ひしょう》を蒙《こうむ》らさるなく聖沢恵化深く人心に銘す（以下略）

＊13三谷太一郎『日本の近代とは何であったか―問題史的考察』岩波書店、平成二九年、二〇七～二一六頁

＊14「明治神宮奉祀ニ関スル建議並請願目録」（『阪谷芳郎明治神宮関係書類第八部』明治神宮蔵）によれば、その候補地は、南豊島御料地、青山練兵場跡（東京府）、陸軍戸山学校（東京府）、御嶽山《みたけさん》（東京府）、国府台《こうのだい》（鴻之台・千葉県、東京の小岩村と千葉の市川町から別々に、この地の請願が出されている）、箱根離宮付近（神奈川県）、飯能《はんのう》の朝日山（埼玉県）、富士山（静岡県）、国見山（茨城県）、筑波山（茨城県）の一〇か所で、請願の数としては一一

＊15阪谷は、「私ハ同年七月十二日東京市長就任ノ御勅裁ヲ得タノ

デアリマス　是レ恐ラク全国市長中　明治天皇最終ノ御勅裁デアツタカト存ジマス」と述懐している（昭和五年一一月一日の明治神宮鎮座一〇年記念で阪谷がラジオで放送した「明治神宮御造営ノ由来」二頁、『阪谷芳郎明治神宮関係書類第六部』）。

＊16この議事録は「神社奉祀調査会会議録　第二、三、四、五、六回分」というタイトルの表紙がつけられて綴じられている。その冒頭に「本書ハ皇典講究所講師金光慥爾《かねみつぞうじ》氏書店ニテ購入所蔵セラレシヲ当神宮資料トシテ別冊特別委員会々議録ト共ニ寄贈ヲ受ケタルモノナリ　昭和十五年四月」という添え書きがあることから、金光慥爾が、古書店で手に入れて明治神宮に寄贈したことがわかる。

＊17『神社奉祀調査会会議録（第二回）』一七頁

＊18同前一八頁

＊19同前

＊20同前一六頁

＊21同前四頁

＊22同前一〇頁

＊23同前一二頁

＊24同前七～八頁

＊25同前二六頁

＊26同前

＊27同前二〇頁

＊28同前二四頁

＊29第三回神社奉祀調査会で、原会長が伊東忠太に対して「アナタガ実際ヲ調ベタト云フコトデスカラ各地ノ様子ヲ説明シテ下サイ」（『神社奉祀調査会会議録（第三回）』二四頁）と発言している。

＊30『神社奉祀調査会会議録（第三回）』三二頁

＊31同前二九頁

＊32同前二一～二二頁

＊33同前二一頁

＊34同前三五頁

＊35同前

＊36同前二五頁

＊37同前

＊38同前

＊39同前（二五～）二六頁

＊40同前二七～二八頁

＊41同前二九頁

＊42同前四二頁

＊43『神社奉祀調査会会議録（第四回）』七頁

＊44同前九頁

＊45第五回神社奉祀調査会で井上友一が「代々木ハ普通ノ御料地ノ中ニ五万坪バカリノ御庭ガアルノデアリマス、御決定ノ趣意ハ此御庭即チ御苑ト合セテ全部拝借ヲシタイト云フコトニナツテ居リマシタガ、御承知ノ通、是ハ総テ世伝御料地デゴザイマシテ、戴クコトハ出来マセヌ、ツマリ永代借ノヤウナ

コトニシテ、御苑ト普通ノ御料地ト全部使ツテ宜シイト云フコトニ、宮内大臣カラ御回答ヲ得テ居ルノデアリマス」と述べている（『神社奉祀調査会会議録（第五回）』一二～一三頁）

＊46『神社奉祀調査会経過要領ノ一』二一～二四頁

＊47『阪谷芳郎明治神宮関係書類第八部』（明治神宮蔵）の「議案報告事項」（表紙に「四年六月十一日官邸会議」のメモがある）所収の「〇報告事項　一、明治神宮御造営経過概要」に「斯クテ神社奉祀調査会ニ於テハ特別委員会ヲ開クコト十一回総会ヲ開クコト八回以テ重要ナル事項大凡二十件ヲ議了セリ」（傍線筆者、三頁）とあることによる。なお、『神社奉祀調査会議事録』（第六回）冒頭の阪谷芳郎の発言に「特別委員会ノ御報告ヲ私ヨリ致シマス、四月二十九日ノ会議ニ於キマシテ吾々特別委員ニ御指名ニ預リマシテ、ソレカラ六月十九日マデ丁度十回委員会ヲ開キマシタ、其間ニ於キマシテ東京市内デハ靖國神社日枝神社ノ社殿ヲ視察致シ、又東京市外ニ於キマシテハ、日光、香取、是ハ皆著名ナ御社殿デゴザイマス、ソレカラ京都ノ方面ニ於キマシテハ上賀茂、下賀茂、平安神宮、北野天神等ヲ視察致シマシタ」（傍線筆者、二頁）とあるが、先掲のものは報告書なので、より信憑性が高いと判断した。

＊48その表紙に「神宮社《訂正》奉祀調査会特別委員会々議録　第一、二回分」と記され、その冒頭に「本書ハ皇典講究所講師金光慥爾氏書店ニテ購入所蔵セラレシヲ当神宮資料トシテ特ニ寄贈ヲ受ケタルモノナリ　昭和十五年四月」とあり、『神社奉祀調査会議事録』と同じく、金光慥爾が古書店で手に入れて明治神宮に寄贈したものである。

＊49『神社奉祀調査会特別委員会々議録（第一回）』八頁

＊50同前三頁

＊51同前五頁

＊52第六回神社奉祀調査会で、合祀について意見が交わされた後、大隈会長が以下の発言をして、同殿合祀について上奏することとした。

〇大隈会長　モハヤ御議論ハ尽キタヤウデアルガ、チヨツト意見ヲ付加ヘテ置クノハ、此会議ハ未ダ皇太后陛下ノ御在世ノ中ニ出来タモノデアル、全ク先帝ヲ御祀スルト云フ為ニ出来タモノデアル、ソコヘ此四月ニ俄ニ皇太后陛下ノ御崩御ト云フコトガ起ツタカラ、先帝ノ大業ヲ果シ給フニ御内助ノ御功蹟ハ実ニ大ナルモノデアツテ国民ノ敬ヒ尊ブトコロノ皇太后陛下ヲ茲ニ合セ御祀リ致サウ、ソコデ先ヅ同一ノ社殿ニ合セ御祀ヲスルト云フコトニ余リ御議論ガナイヤウデアリマスカラ、此建議ニ御異存ガナイト存ジマス、若シ御異存ガナケレバ結局ハ上ノ思召ニ依ツテ是ハ定マルコトニナリマス、私ハ此決議ヲ取次ギテ、宮中ニ御伺ヒ致シテ適当デアルト思ヒマス、ソレデ御異存ガナケレバ此問題ヲ決シタイト思ヒマス（『神社奉祀調査会会議録（第六回）』（傍線筆者）三二頁

＊53「明治神宮奉建概要」（『阪谷芳郎明治神宮関係書類第六部』（明治神宮蔵）に「仍テ神社奉祀調査会委員一同ハ審議ノ末　明

治天皇奉祀ノ神社ニ　昭憲皇太后ヲ併セ祭ラルヘキ儀建議スル所アリシニ、其ノ儀大正三年八月十五日御治定アラセラレシヲ以テ、明治神宮ハ　明治天皇　昭憲皇太后ヲ併セ祭リ、同殿ニ御座ヲ異ニシテ鎮齋スルコトヽナリ越ヘテ大正四年五月一日内務省告示三十号ヲ以テ此ノ儀公表セラルヽニ至レリ」（三頁）とある。

＊54 この特別委員会で伊東が社殿計画を説明するに際し、井上神社局長が「〇井上委員　（中略）社殿境内及参道ノ施設一案、朗読ヲ願ツテ伊東君カラ御説明ヲ願ヒマス」（『神社奉祀調査会特別委員会々議録（第一回）』二二頁）と伊東に発言を促し、その説明が終わった後に「此案ハ未ダ伊東君ノ確定ノ案デモアリマセヌカラ、案ハヤハリ此委員会テ作ル御考デ御評議ヲ願ヒマス」（同前三〇頁）と述べているので、その案を事前に知っていたことがうかがえる。また、伊東の説明に対して阪谷委員長などが質問したのを受けて、井上が次のように詳しい補足説明をしている。それはこの神宮計画の注意点についてかなり詳細に説明したもので、当然ながら、設計を担当する伊東忠太も共有していたはずのものだから、特別委員会設置に先立って、内務省神社局と伊東が細部に至るまで検討していたことをうかがわせる。

〇井上委員　唯今阪谷サンノ御話ノアリマシタ、便不便ノ問題ニ就テ一応申シテ置キマス、例ヘバ参道ノ外ニ電車ガアルト云フコトハ本当ノ参詣ノ精神カラ云フト面白クナイデアラウ、併シ是モ時勢ノ関係カラ多少面白クナクトモ、参道ノロマデハ設ケタ方ガ宜シカラウ、斯ウ云フヤウナ俗説ヲ加味シタノデ、併シ本当ノ精神カラ云ヘバ山坂ヲ越エテ高野山ヘ参ルト云フ方ガ宜カラウト思ヒマスガ、是ナドハ便宜カラ出テ居ル、尤モ大鳥居ノ口デ下リテ後ハ歩イテモ宜カラウ、例ヘバ伊勢ナドハ今度更ニ拡張致シマシテ宇治橋ノ際デ下ロシテ、アレカラ御宮マデハ、少シ距離ハアリマスケレドモ、日本ノ神社ト云フモノハサウ云フモノデアルトイフコトニシテ、ヤハリ自動車ハ彼処デ下ロス積リデアル、是モサウ云フ風ノ意味カラスレバ、ソレデ宜カラウ、併シ随分広イ所デアリ、又小学生徒ナドノ参詣モ多カラウト思ヒマスカラ、自動車ヲ止メルニシテモ社務所マデハ高官ノ人普通ノ人ト雖モ、自動車又ハ馬車人車デ来テ宜カラウ、故ニ此社務所ノ地面ハ広濶ナル地面ヲ要スル、寧ロ此処ヘ車ヲ着ケルヨリ、此裏ヘ着ケルガ宜シカラウト云ウノデ、此裏道ヲ拵ヘマシタトコロニ、車夫ノ溜ヲ置ク、ソレカラ参集所マデハ資格アル者ハ馬車自動車デ行ケルコトニシヤウ、皇族ハ馬車デズツト細殿ト書イテアル所マデ御出ニナルヤウニシヤウト云フ考、ソレカラ此本殿モ是ハ古ヘノ形デスガ、周囲ニ廻廊ヲ付ケマシタノハ謂ハヾ俗論デアリマスガ、便宜説ヲ参酌シテ、伊勢トハ違ヒマスカラ多数ノ者ニ、ヤハリ参列ヲ許シタラ宜カラウ、其際ニハ廻廊ニズツト大礼服其他相当ノ服装デ行ケルコトガ出来ルヤウニ、又拝殿モ成ベク大キクシテサウシテ拝殿ニ参列ノ十分出来ルヤウニシタイ、尚其他ニ舞殿《ぶでん》ナドモ古ヘノ舞楽ヲ成ベク復興シテ立派ニヤリタイ、其節ニハ東京ノ人ハ兎ニ角、田舎ノ人ハ古ノ舞楽ナドヲ見ルコトハ出来ヌモノデアリマスカラ、成ベク見ルコトガ出来ルヤウニスルガ宜シカラウ、ソレニハ舞殿ノ周囲ニモ廻廊ノアツタ方ガ宜カラウ、拝殿直会殿《なおらいでん》モ同様廻廊ヲ設ケル而モ廻廊ハ盗難ヲ防ギ取締ノ為ニモ宜シ、又体裁ノ上カラ云ツテモ趣ガアル、唯棟ヲ大キクスルト云フヨリハ、色々ノ形ガ錯綜シテ、廻廊ガアリ、玉垣ガアルト云フコトガ御宮ラシクハナイガ、サウシテ宮殿ニ神在スガ如ク、ズツト奥深キ所ニ神殿、夫ヨリ祝詞舎《のりとや》、中門、拝殿ト云フ順序ニ色々ノ趣ヲ成シテ御殿ニ其侭御座遊バサルヤウナ風ノ意味合ニナツテ宜シクハナイカト云フヤウナコト丶、諸人ノ便宜トヲ参酌シテ、余程是モ昔ノ例カラ考ヘマスト、配列等ノ点ニ考ヲ用キテアルノデアリマス（以下略）（四四～四六頁）

この発言にも感じられるように、第一回特別委員会においては、井上局長が議事進行をリードしており、神社局が会議に先立っていろいろ準備していたことがうかがえる。このことからも、大正三年六月末までに成案を得ることを念頭に置いていたことが感じられる。

＊55『神社奉祀調査会特別委員会々議録（第一回）』一一頁
＊56同前一四頁

＊57「明治神宮」という呼称をふさわしいとした根拠は、神社奉祀調査会特別委員会での三上参次の以下の発言に尽くされているように思われるし、追号を神社名にした例がなかったということのようなので、この命名も「近代的」だったことになる。

私ハ世上ニ於テ既ニ明治神宮ト慣用セラレ、私モ共ニ慣用シテ居ル一人デアルノデ、之ガ一番宜シクハナイカト云フ考ヘデアリマス（中略）結局ハ明治ト云フ年号ガ永久人ノ記憶ニ存スベキモノデアリマセウカラ、寧ロ明治ヲ直ニ天皇ノ上ニ冠スルガ宜シカラウト云フコトニナツタヤウニ承ツテ居リマス、ソレガモウ既ニ百二十何代ノ御諱号若クハ御追号ニ就テノ全タク新例ニ属スルコトデアル、是ハ大変私ハ宜イコトデアルト思フ（中略）ソレカラ若シ又明治天皇ト云フ御追号ノ方カラ御宮ノ名ヲ取ツテ来ルト云フノガ面白クナイ訳ナラ、是ハ少シ朝三暮四ノヤウナ嫌ガアリマスケレドモ、明治天皇ノ方カラ取ツテ来タモノデナク、明治ト云フ年号ノ方カラ取ツテ来タト云フ説明モ出来ヤウト思フ（中略）成ベク多クノ人ガ自然ニ万世ニ伝ヘル名ノ方デ極メタイト思フノデアリマス、ソレデ明治神宮ト云フコトヲ一番ニ希望スルノデアリマスガ（中略）成ヘク《ママ》一地方ニ偏シタ御名ヲ以テ呼ブ事ハ、出来ルナラバ避ケタク思ヒマスルノデ、旁々《ほうぼう》明治神宮ト云フコトカ一番非難少ナイ、サウシテ最モ多クノ人ノ悦ブ称号デアラウカト思フノデアリ

マス

（『神社奉祀調査会特別委員会々議録（第一回）』一二〜一五頁）

*58井上友一が、以下のように、内務省の神社行政の立場から、待遇に関して特例を設けるのはむずかしいことを述べている。

祭祀ノ事デアリマスガ、近頃皇室祭祀令ニ依リマシテ、神社調査会ノ議ヲ経、勅令ヲ以テ神社祭祀令トシテ発布セラレタノデアリマス、即チ大祭中祭小祭ト斯ウ分ツテ、ツマリ申スト皇室ヨリ官幣ノ出マスヤウナモノヲ大祭、神社限リノモノヲ小祭、其中間ニ位スルモノヲ中祭トスルコトニ致シマシタ、又紀元節天長節モ是マデ遙拝式ニ過ギナカツタノヲ完全ナル祭日ト致シマシテ、新シイ意義ニ依ツテノ御祭ヲスルガ宜シカラウト云フノデ、サウ云フコトニナリマシタ、ソレニ付帯シテ祭式ト云フモノモ制定セラレ、此四月一日カラ実施ニナツタノデアリマス、ソレニ依ルト大祭ニハ単ニ宮司ノミナラズ、幣帛《へいはく》供進使ノ役ヲ勤ムル者モ祭ニ参加シ、又従来官幣社ノ例祭ノ外幣帛供進使ノ祝詞《のりと》ヲ読ムト云フヤウナコトハナカツタノデアリマスガ、ソレヲサセヤウト云フヤウナコトニシテ色々工夫ヲ凝シタノデアリマスガ、大体ハヤハリ昔カラ伝ツテ居ルノニ依ツテ居ルノデアリマス、今特ニ明治神宮ガ出来タカラト云フテ、其祭式ヲ大ニ変更スルト云フ必要ハ事実ニ於テナカラウト思ハレマス、尚其ノ祭祀令及ビ祭式ニ関スル例規ナドモ御覧ヲ願ヒタイト思ヒマス、神宮ノ祭祀祭式ハ別ニ御裁可ヲ経テ定ツタモノガアリマスガ、伊勢ヲ除ク外官国幣社ハ同ジ祭祀令ニ依ルモノデアリマスカラ、明治天皇ノ神官ダケ特別ニスルト云フコトハ如何デアリマセウカ、尤モ勅使ノ参向ガアルトカ文武百官其他特別ナル人ガ参列スルトカ云フコトハ、多少他ノ官国幣社カラ見ルト違フカモ知レマセヌガ、儀式ノ本体ヲサウ此ノ神宮ニ限ツテ異ナルヤウニスルト云フコトハ如何デアラウカト云フ当局者ノ考デアリマス、参列者ノ便ナドハ十分参酌《さんしゃく》シタイト思フノデアリマス、神職其者ノ便否ノ問題ハ先ヅ此案デモ不便ハナイ、尤モ神職ノコトハ余リ御考ナク御研究ヲ願ヒタイ、神職自己ノ方ノ意見ハ寧《むし》ロ其方ニアルノデアリマス。

（井上友一『神社奉祀調査会特別委員会々議録（第二回）』二七〜二八頁）

*59この計画の表参道は、本章図4・5に示されているものだが、実施案とは異なる。第二章第一節で述べるように、表参道をどこに設けるかは神社奉祀調査会特別委員会でもとりあげられており、大正三年五月一日に同特別委員会がはじまった時点では、実施案とほぼ同じ経路で考えられていたが、途中でそれが青山四丁目からに変わったらしい。しかし、最終的には現在のように青山六丁目から水無橋《みずなしばし》あたりに向かって直線でとられることになった。

*60『神社奉祀調査会経過要領ノ一』神社奉祀調査会、四〜五頁

*61この宝物殿は、明治天皇と昭憲皇太后の御物を納めるととも

に一般に拝観させるもので、大正三年六月付の「(神社奉祀調査会)特別委員会報告」の「十二　神宝ニ関スル件」という文書に収録され、「境内ノ一部ニ御物殿ヲ建設シ勅許ヲ得テ祭神御在世中ノ御物等ヲ奉安スル」(『阪谷芳郎明治神宮関係書類第八部』所収、明治神宮蔵)ことが求められている。その著者は三上参次(一八六五〜一九三九、神社奉祀調査会委員、東京帝国大学文科大学教授・日本史)なので、彼がその主唱者で、この時点ですでに特別委員会で承認を得ていたということだったのだろう。なお、そのタイトルにあるように、神社奉祀調査会では、当初「御物殿」と呼ばれ、この頃に「神宝殿」と名称変更されたらしい。なお、「神宝殿」は、宝庫とまぎらわしいということで、大正三年一一月三日の第八回神社奉祀調査会で「宝物殿」になった(「神宝殿ヲ宝物殿ト改称ニ関スル件決定」、『神社奉祀調査会経過要領ノ二』七三頁)。

*62『神社奉祀調査会経過要領ノ二』には、造営予算について一覧表がある。それは「明治神宮御造営諸費予算ニ関スル件決定」と題され、その中に「明治神宮御造営諸費予算額」「工事費内訳書」「神宝装飾及祭典費内訳書」「事務費内訳書」がある。このうち「工事費内訳書」に社殿ごとの数量(規模)・単価・金額が記されており、たとえば「本殿」は二九坪五八五(実施案と同じ)、単価三、九八三円六六八で、予算一一七、八五六円八三〇のように、具体的に挙げられている。ここに示された造営費予算総額は三、〇二八、九〇六円〇〇〇(大正三年六月の神社奉祀調査会特別委員会の決定額と同じ)で、内訳が工事費二、五八五、六三七円〇〇〇(同前の神社奉祀調査会の決定額より二、六七〇円七四三増額)で、その工事費内訳が、社殿以下建物費一、五九四、二五一円三四三(前回提案より二、六七〇円七四三増加)、境内地費八七九、四三六円三二八(同前決定額より八、四六〇円六七二減額)、仮設物及工事雑費一一一、九四九円五〇〇(同前決定額より一、七二〇円一〇〇減額)、神宝装飾及祭典費九二、三八一円〇〇〇(前回提案より九六八円〇〇〇増額)、事務費三五〇、八八八円〇〇〇(同前決定額より九六八円〇〇〇増額)、境外道路補助費三〇〇、〇〇〇円〇〇〇、代々木練兵場補償費一二八、四七三円〇〇〇で、それらの総額が三、五四七、三七九円〇〇〇(同前決定額より一二八、四七三円〇〇〇増額)である。『阪谷芳郎明治神宮関係書類第八部』(明治神宮蔵)に、大正三年六月の日付がある神社奉祀調査会の「特別委員会報告」があり、その「十四、御造営費ノ見込ニ関スル件」によれば、「臨時御造営費」が三〇二万八、九〇六円二〇〇で前掲の額と同じなのに、そのうち「御垣内諸殿舎費」の合計が一〇二万四、八二一円一〇〇である。最終案と比べると、総額が同じであるのに建築費が増えており、神宝装飾費が減っているなど、総額を変えずに、費目ごとの調整をしたことがうかがえる。またこの時点(大正三年六月)では、本殿は、規模が三〇坪〇〇〇で、坪単価三、〇〇〇円、計九万円〇〇〇など、大雑把に設定されていたのが、先掲のように、同年一一月三日の時点では、より明確に設定されているので、六月から一〇

月末までの間に、社殿計画の詳細を詰めていたことが見てとれる。おそらく、その間に基本設計のようなものをつくったうえで、予算見直しを図っていたとみられる。

＊63『神社奉祀調査会会議録』を見ると、「現在ノ官国幣社等ニ就テ比較調査ヲシテ見マシテ、最モ完備致シタ規模ニスルニハ、ドレダケノ建物ガ要ルカト云フコトヲ式典ノ上カラ考ヘマシテ調査ヲ致シタノデアリマス」（第六回、四三頁、伊東忠太の発言）のように、官国幣社のデータを参照していたことがわかる。それは内務省神社局の支援がなければできないことである。調査会に示された参考資料（全国の「社殿屋根葺方ノ例」や「祭神二座以上ノ神社ノ例」など）は『神社奉祀調査会経過要領ノ二』に付録として掲載されている。

＊64「明治神宮奉建概要」（『阪谷芳郎明治神宮関係書類第二部』、明治神宮蔵）に「八、御造営費予算　神宮内苑ニ係ル一切ノ費額ハ、総額参百四拾五万七千参百七拾九円ニシテ、之ヲ御造営費参百〇弐万八千九百〇六円、境外道路補助費参拾万円、土地買収及土工費拾弐万八千四百七拾参円ノ三項トナス。右ハ国庫支出トシテ大正四年度歳入歳出総予算追加案ヲ以テ、第三十五帝国議会ニ提出シ満場一致ヲ以テ可決セラレタル所ナリ（中略）（大正四年五月廿九日記ス）」（九～一〇頁）とある（『官報』第七一五号、大正三年一二月一八日参照）。なお、その後追加予算が組まれた。『明治神宮御造営概要』（『阪谷芳郎明治神宮関係書類第六部』［明治神宮蔵］所収の「明治神宮御造営概要」（表紙に「大正九年十二月二十日記述」のメモ書きあり）に、継続予算の年度割について以下のように記されている。

【御造営工事経費】御造営工事ハ当初大正四年度以降六ヶ年ノ継続事業トシ予算総額参百四拾五万七千参百七拾九円ナリシモ欧州大戦勃発ノ為経済界ニ意想外ノ変動ヲ来シ物価及労銀暴騰シテ予算ノ維持極メテ困難ヲ告クルニ至リシ結果四十議会四十一議会并ニ四十三特別議会ニ於テ夫々追加予算ヲ提出シ其ノ協賛ヲ得継続年度ニ於テ一ヶ年ノ延期ヲナシタリ而シテ三回ノ追加予算総額ハ百七拾六万弐千百八拾四円ニシテ予算総額ハ金五百弐拾壱万九千五百六拾参円トナレリ其ノ年割左ノ如シ

一　金五拾六万五千四百弐拾四円　大正四年度
一　金八拾五万四千参百四拾弐円　大正五年度
一　金七拾四万壱千七百参円　大正六年度
一　金九拾万五千八百八拾七円　大正七年度
一　金百九万九千六百九拾六円　大正八年度
一　金七拾八万九千弐百七拾参円　大正九年度
一　金弐拾六万参千弐百参拾九円　大正十年度（二～三頁）

第二章 内苑の建物

第一節　内苑計画の変遷

内苑に建設された社殿の平面は図1に示すもので、その姿は写真1～13のようなものである。その竣工時の記録が建築学会の機関誌『建築雑誌』に載っている。その大正九（一九二〇）年一一月号に拝殿から中門・本殿を望む写真、社殿全体の配置図や、縦断面図と東側立面図、本殿や拝殿・南神門・第三鳥居それぞれの前から見た立面図があり、同一二月号に、内苑配置図や、本殿の正面・東妻面の立面図と断面図、祝詞舎《のりとや》と中門の立面図、拝殿の正面と西妻面の立面図、便殿《びんでん》の南妻面と東正面の立面図、神庫《しんこ》の正面と東妻面の立面図（そのほかに外苑計画配置図と聖徳記念絵画館・陸上競技場の透視図がある）、そしてその造営経緯を記した「論説　明治神宮紀」（五二七～五三〇頁）と、伊東忠太（一八六七～一九五四）の「明治神宮社殿の建築に就て」（五三三～五四〇頁）が収められ、大江新太郎（一八七六～一九三五）の「明治神宮社殿御造営工事梗概」が同号（五四一～五五二頁）と翌大正一〇（一九二一）年一月号（七～一三頁）に分けて掲載されている。このうちで、社殿の設計趣旨について検討するには、設計の責任者だった伊東が記した「明治神宮社殿の建築に就て」にまず目を向けなくてはならない。そこには設計の経緯や最終案決定の理由が記されているが、計画当初に彼が考えていたと思われることはこの文面からはあまり見えてこないし、この設計の要点だったと思われること、つまり、「はじめに」で指摘した、天皇や皇后をはじめとする皇族、華族、政府高官から、軍隊や一般大衆まで、世の中のすべての階層が参拝することを最初から想定して計画されたことについては、ごく簡単にしか触れられていないので、伊東が設計開始時に作成したと思われる野帳や、明治神宮に残る内苑計画時の文書や図面をあわせて検討しながら、社殿の設計経緯や、その背景にあったと思われる建築観や神社観について考察する

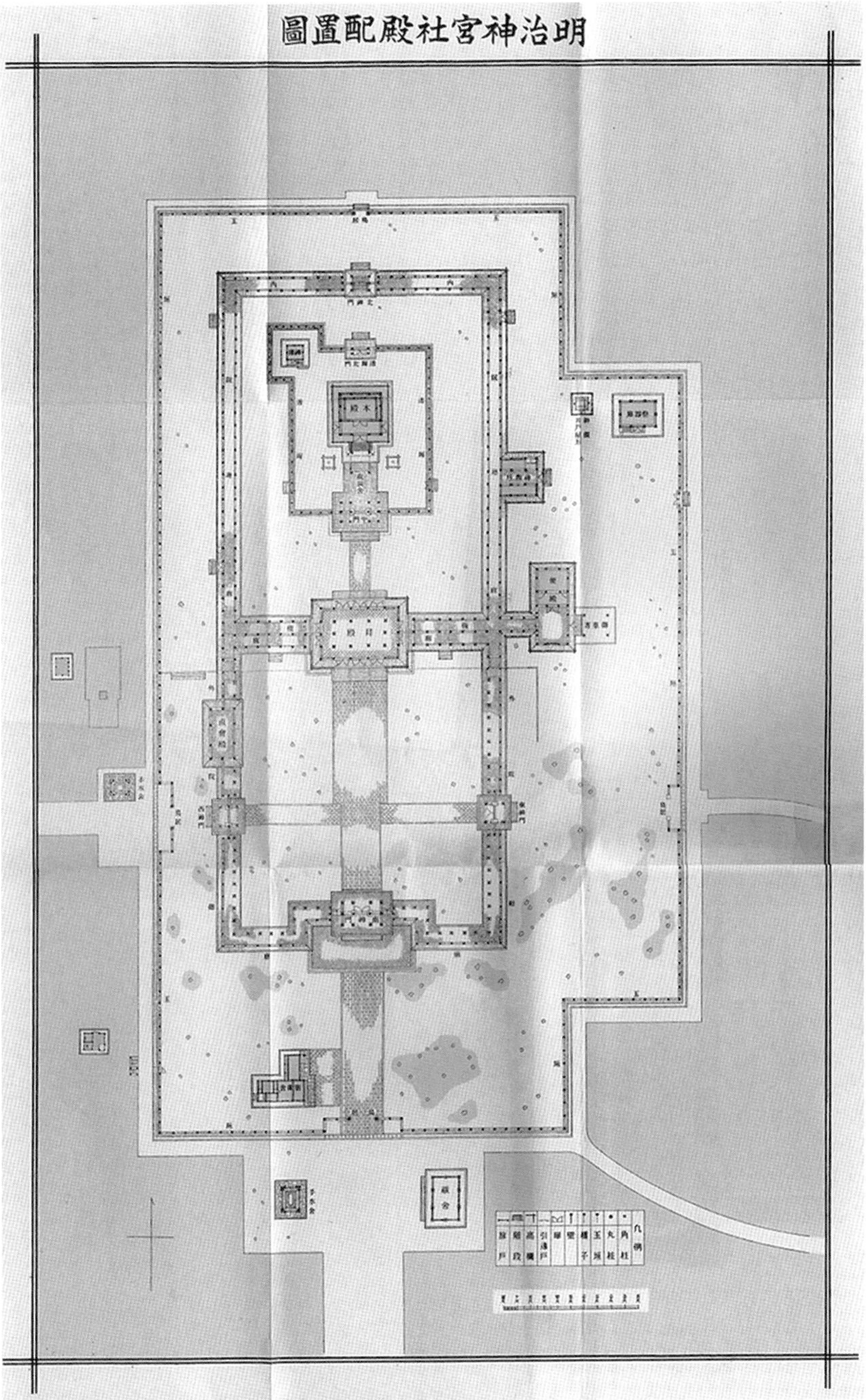

［**図1**］「明治神宮境内平面図」（出典：『明治神宮造営誌』）

［**写真1**］「明治神宮正面全景」（出典：『明治神宮畫集』洪洋社、大正9年）

［**写真2**］「明治神宮宿衛舎」（出典：『明治神宮畫集』）

[**写真3**]「明治神宮南神門」(出典:『明治神宮畫集』)

[**写真4**]「明治神宮直会殿」(出典:『明治神宮畫集』)

ことにしたい。

この「明治神宮社殿の建築に就て」で伊東は、一、神宮造営の経過　二、敷地　三、一般配置　四、建築様式　五、材料構造　六、結尾、の順に、内苑の計画について語っている。このうち、三章から五章が建築に関係する章で、そこで彼が述べていることを、日本建築学会建築博物館蔵の伊東忠太野帳三九「明治神宮設計並諸神社」に描かれた彼のスケッチと照らしあわせつつ、章を追いながら見ることにしよう。

まず「三、一般配置」だが、伊東が「今日の社殿及参道の配置が確定せらるゝに至る迄は随分複雑なる経緯があつた」[*1]と述べているように、内苑の配置計画は簡単に決まったわけではない。その理由はまず、内苑が広大で、そのどこに本殿を置くか、そしてそこに向かう参道をどう計画するかが問題になったからである。事実上ほかの適地はなかったと見られるとはいえ、神社奉祀調査会が立ち上がった頃には、現在の内苑の南端部は代々木練兵場の一部で、南豊島（代々木）御料地には含まれておらず、原宿駅が今より少し北にあり、その駅舎東側のあたりは窪《くぼ》地で、もし原宿駅側から主参道を通そうとすると、山手線の下をくぐらなければならなかったからである。その後、主要参道の計画は、南北両広場からはじまり（南からのが主）、それが合流するところから西進するようになり、さらに実施案では、社殿の建設位置を北方に移して、南北の参道が落ち合うところで正参道になって西進したあと、桝形のところから北進するように変わったが、伊東が「社殿の南面と云ふことは最も望ましい条件である。現今の官国幣社の中には南面でない例が少くないが、夫《それ》は地形上已むを得ないからである」（五三四～五三五頁）と考えており、本殿を南に正対させることを社殿配置計画の基本方針にしたことが[*2]、参道計画を制約したとみられる。

彼が明治神宮計画時に作成したスケッチやメモを記した野帳「明治神宮設計並諸神社」に、明治神宮計画のスケッチと見なされるものが一三枚ある。その多くは大正三（一九一四）年初頭、遅くとも同年四月九日の昭憲皇太后崩御よりも前に描かれたと考えられる。そう考えられるのは、そこに示された本殿の平面形式や規模が合祀《ごうし》を想定したものではないと見られるからであり、また、後述のように、大正三年五月一日開催の神社奉祀調査会第一回特別委員会では、このスケッチとはまったく異なる、実施案に近いものを伊東が披露しているからでもある。つまり、この一連の計画はごく初期のもので、すぐに放棄されたとみられる。

その中で、本殿が描かれているものは一一点（この史料には、後につけられた五桁の数字によるページ打ちがあり、それで記すと、三九〇〇七、三九〇〇九、三九〇一一、三九〇一二、三九〇一三、三九〇一五、三九〇一七、三九〇一九、三九〇二三、三九〇五一、三九〇八六）［図2〜12］あり、参道のとりつき方から判断して、そのすべての図で、実施案と同じく、本殿が南面するという条件で計画されていると見なせる。ほかの社殿の配置や参道の計画はさまざまだが、本殿が南面することだけが不変で、それが彼にとっての配置計画の出発点だった。

ちなみに、これらの図に描かれている本殿にどのような様式が想定されていたかはよくわからないが、少なくともそのうちの五案で本殿・権殿《ごんでん》並立で平入《ひらい》り正面階《きざはし》つきの形式を採用していることと、それらのスケッチに記された本殿と権殿の面積が「一二、〇坪」と小規模であることから、賀茂《かも》別雷《わけいかずち》神社（上賀茂神社）や賀茂《かも》御祖《みおや》神社（下鴨神社）の本殿と権殿を念頭に置いていたと考えられ、この時点ですでに伊東が流造を想定していた可能性は高いと思われる。

本殿が南面すれば、祝詞舎や拝殿などはその南に位置することになり、参道は少なくとも拝殿の南にとりつくのが望ましいことになる。しかし、伊東忠太が検討をはじめた頃には、主参道は代々木のほうから、つまり北東側からとられることになっていたし、大正三（一九一四）年五月一日からはじまった同会特別委員会で表参道を青山七丁目からとることが提案されたときには原宿駅から山手線の下を潜って境内に入ることが想定されていた。[*3] 同年七月六日の第七回神社奉祀調査会で南からの参道を主参道にすることが決まったあとでも[*4]（［第一章図3、本章図13］参照）、その主参道は境内の東側に南北に延びるように配されて、社殿には東から向かうことになっていた。東からの経路が想定されていたことは、その約一〇か月後に刊行の『建築雑誌』大正四（一九一五）年五月号に宝物殿の設計競技募集要項が掲載されたときの付図「明治神宮境内予定略図」［図14］において、東側の参道から西に向かい、東神門から廻廊内に入るようになっていることからも確認できる。つまり、少なくとも明治神宮造営局が大正四年四月三〇日に設置された頃までは、社殿には東から参進することになっていたのである。そのような前提があったので、その経路に対応して社殿をどう配置するかが問題になった。伊東はその経緯を以下のように記している。

> さて之に関連して起る難問題は参道である。余は当初東北から表参道を通ずるの考案であつた。即ち今の裏参道、即ち代々木駅に近い、千駄ヶ谷街道から通ずるものを主道とし、敷地内に入てS字形の曲線を描いて社殿の東に出で、社殿の第一神門は東に向て開くこととし、神門を入て折れて北に向て拝殿に達するの計画を立てた。併し第一神門が東面するのは適当でない、矢張り南面するのが本当であると云ふ説が認められたので、更にS字形を延長して螺線形に迂回し南より参進するの工夫を試みたが、地勢上これは甚だ無理であるので、其後評議の結果表参道は南から通じ、北よりするものを裏参道とすることに改訂したのである。余は参道は曲線の方が適当であると主張したが、直線の方が森厳《しんげん》であるとの主張が認められ、終に今日の形に決定されたのである。[*5]

実施案では、南参道が北参道と落ち合うところに建つ第二鳥居から正参道が西進し、桝形のところから北上して第三鳥居や南神門（楼門）に向かうようになった。鎮座祭の頃の御名代（東宮）や天皇や皇后の参拝経路については、当時の『社務日誌』（明治神宮蔵）や新聞から詳細を確認することはできない。馬車や車で南参道から便殿《びんでん》に向かっているのは確かだが、その途中の経路は記されていない。しかし、正参道が正規の参拝経路なので第三鳥居を経て便殿車寄に向かった可能性が高いと思われるし、昭和四（一九二九）年一一月一日に昭和天皇が、参拝後に明治神宮競技大会臨席のために便殿から外苑に向かう際に、わざわざ第三鳥居を経て北参道に向かっていることから、行幸の際に便殿に向からのに第三鳥居を通るのが決まりだったと考えられる。[*6]つまり、馬車や車で南参道・正参道を経て、第三鳥居から東の廻廊と外透塀の間を抜けて便殿の車寄に進むことになっていたということである。第三鳥居までは他の参拝者と同じ経路だが、便殿を東にとってあるので、第三鳥居から便殿まで、そしてそこから拝殿までは、天皇・皇后専用の動線を用意できていたことになる。なお、後述するように、この社殿では廻廊が動線分離に重要な役割をはたしている。

伊東のスケッチには「二殿①東南ノ東入、社務所左」［図

明治神宮社殿計画案(伊東忠太)[図2〜12]

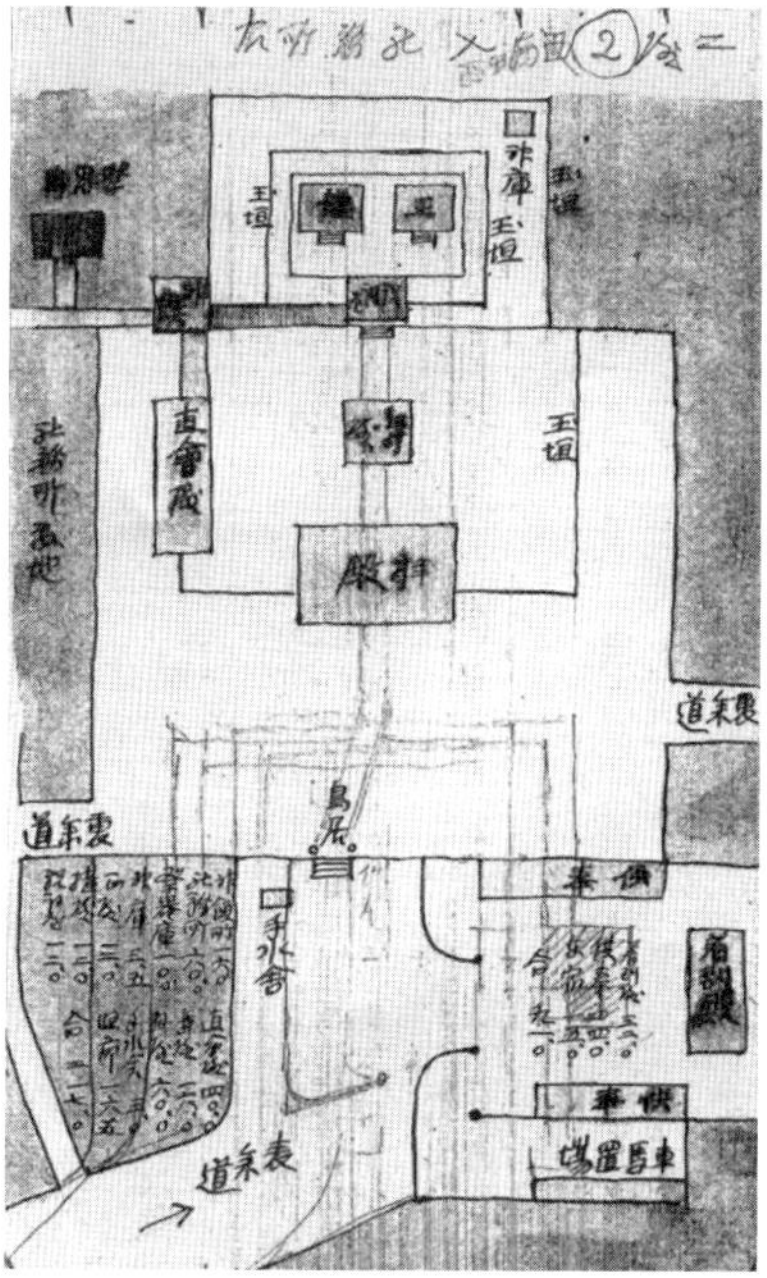

[図3]

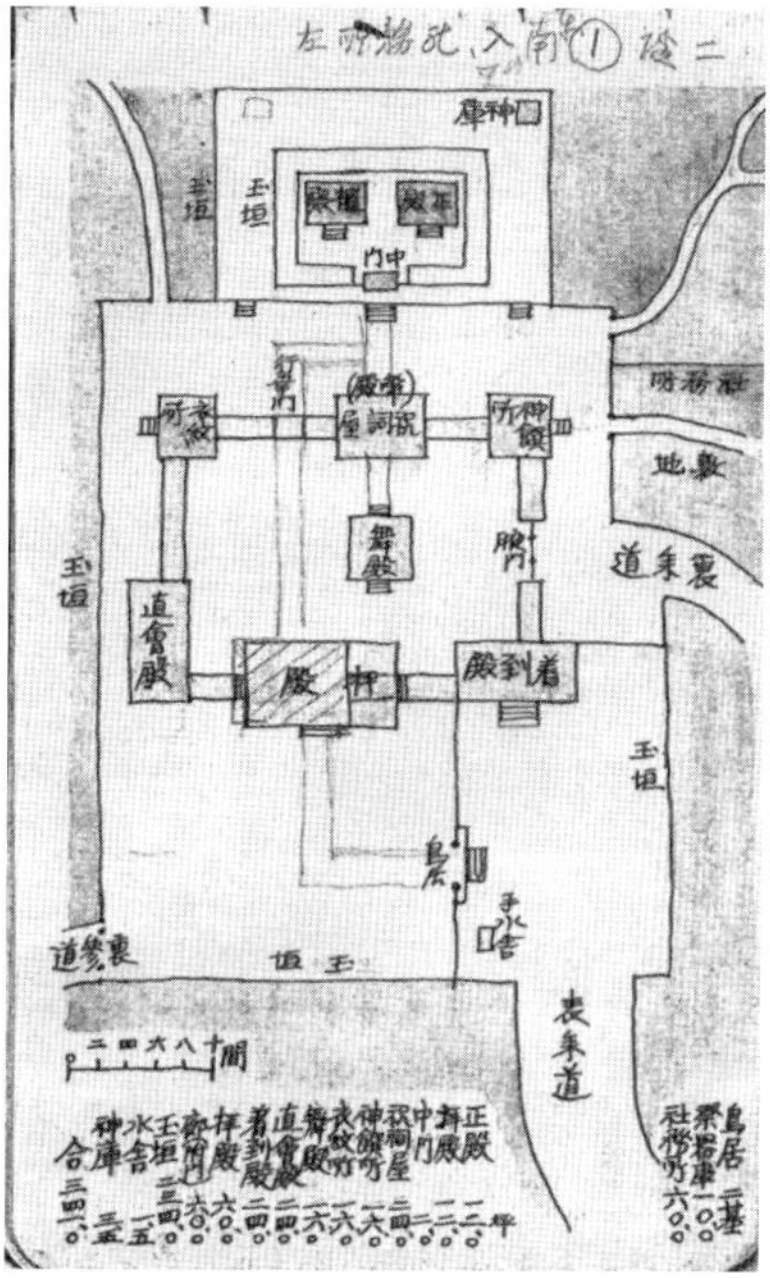

[図2]

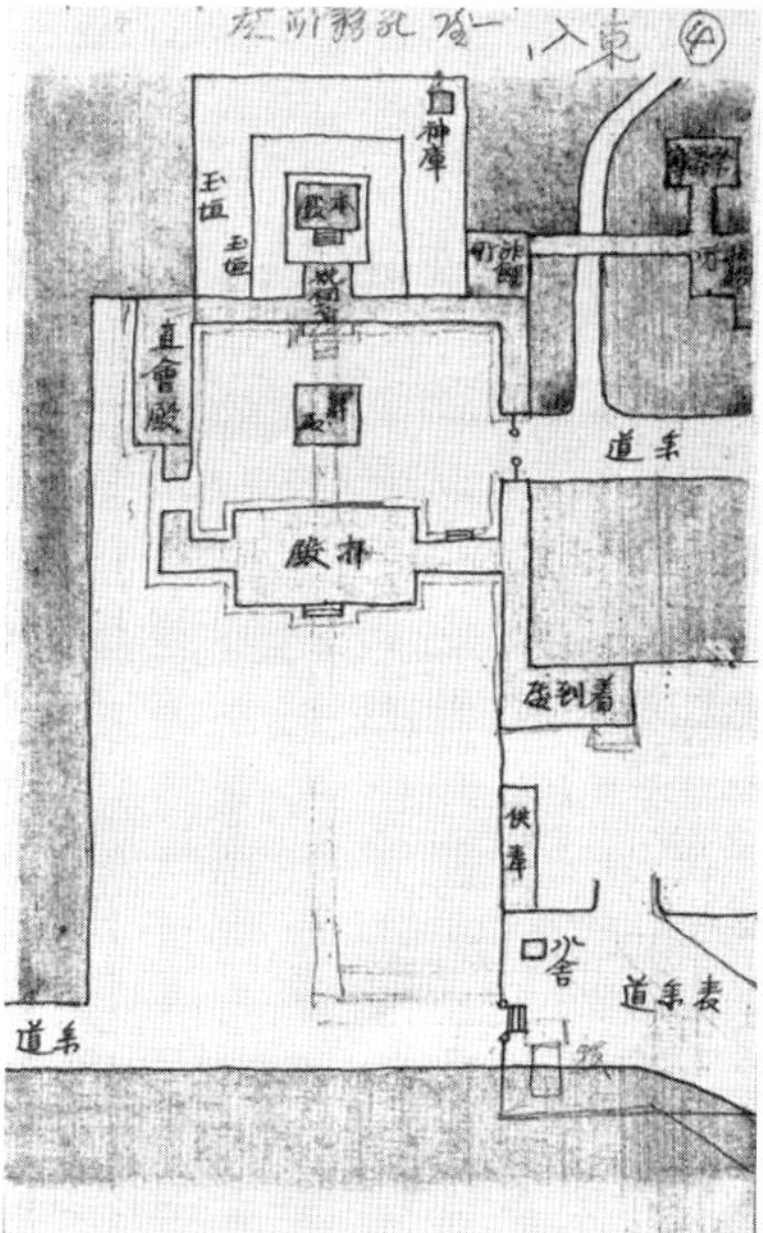

[図5]

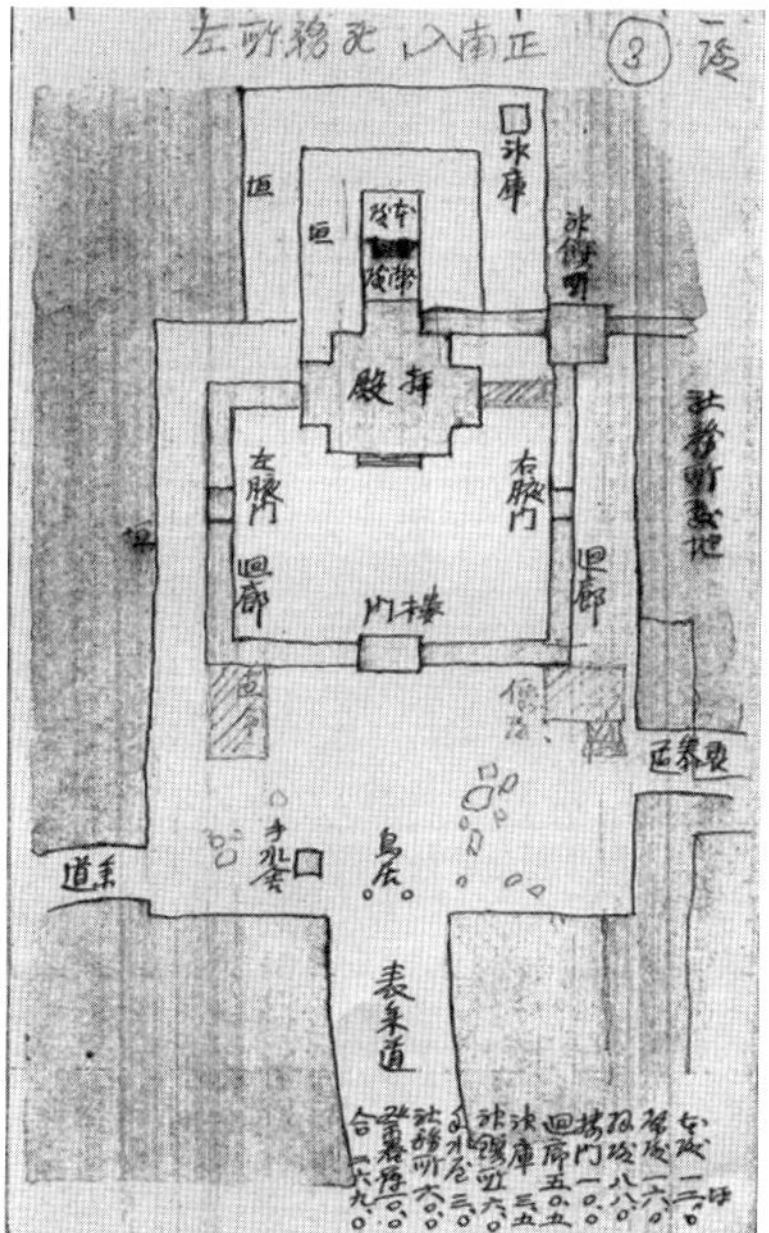

[図4]

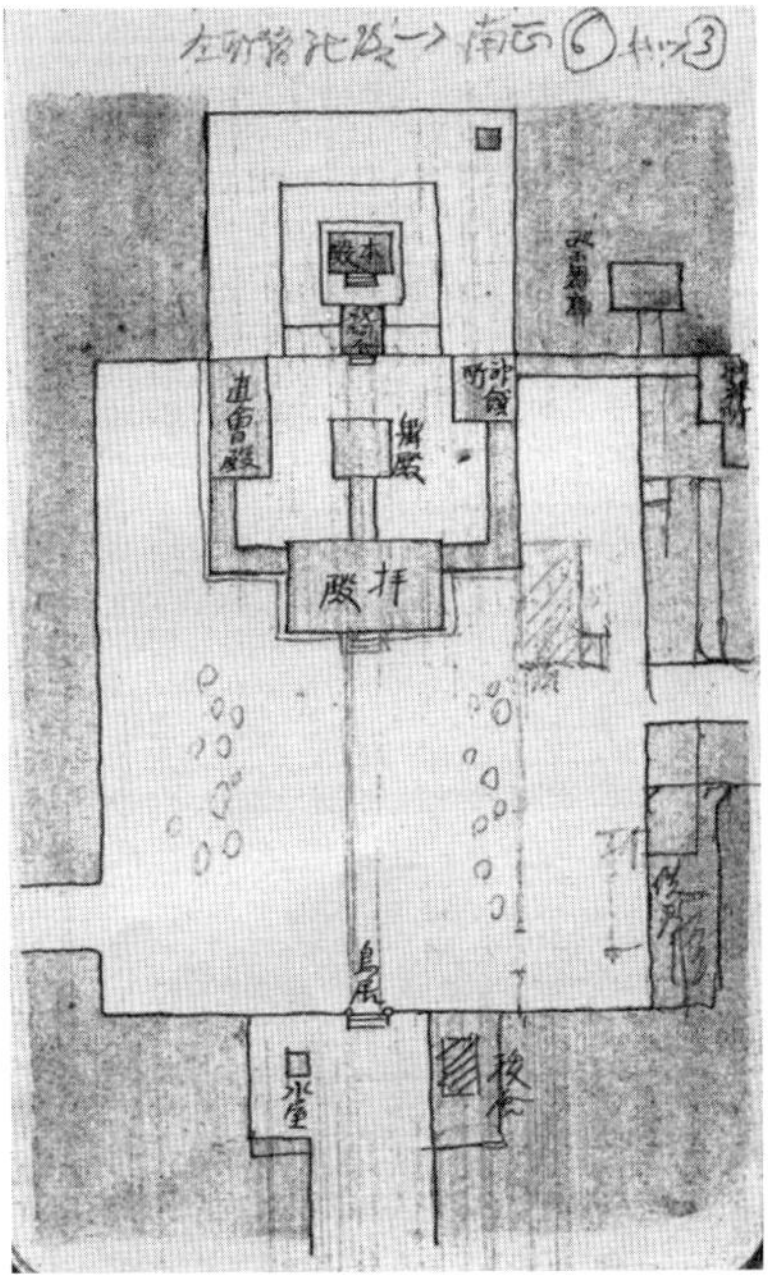

［図7］

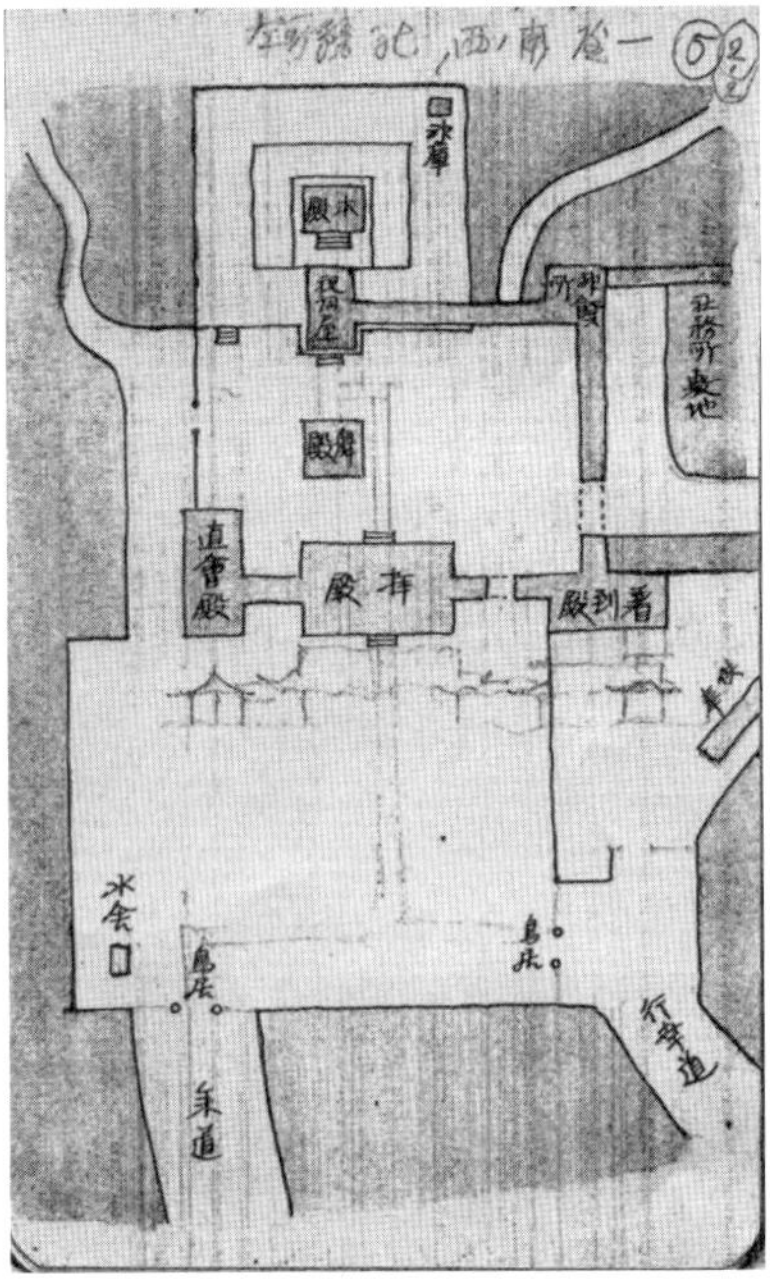

［図6］

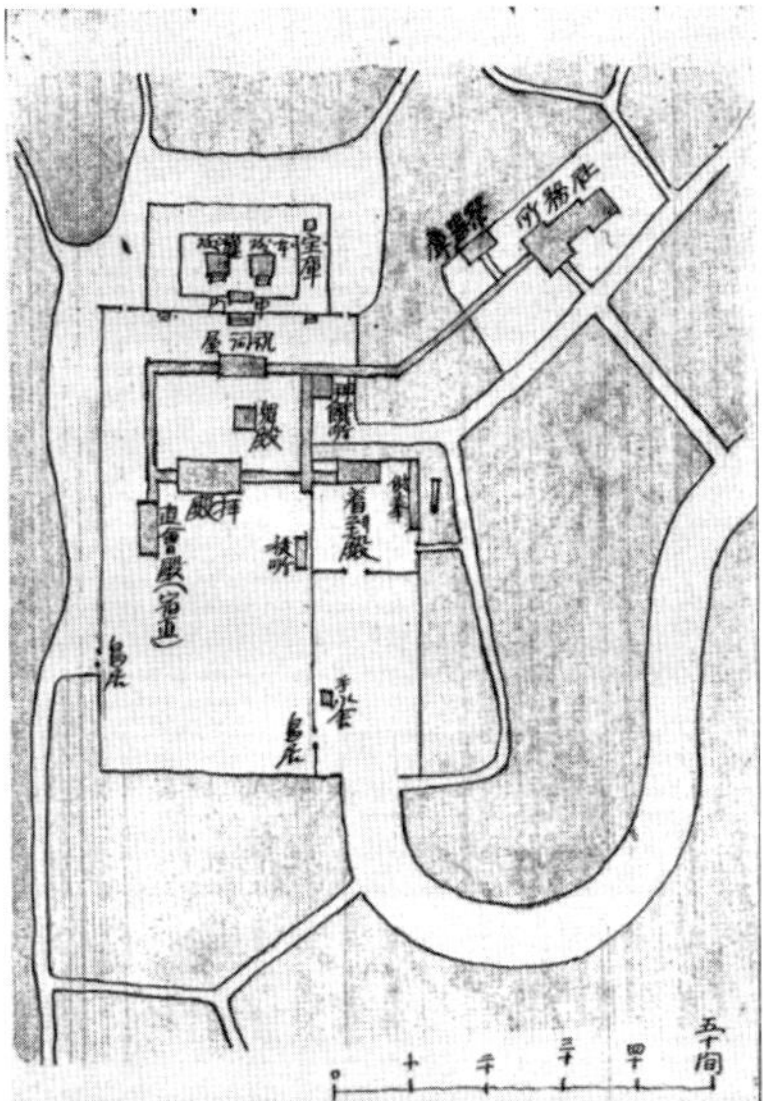

［図9］

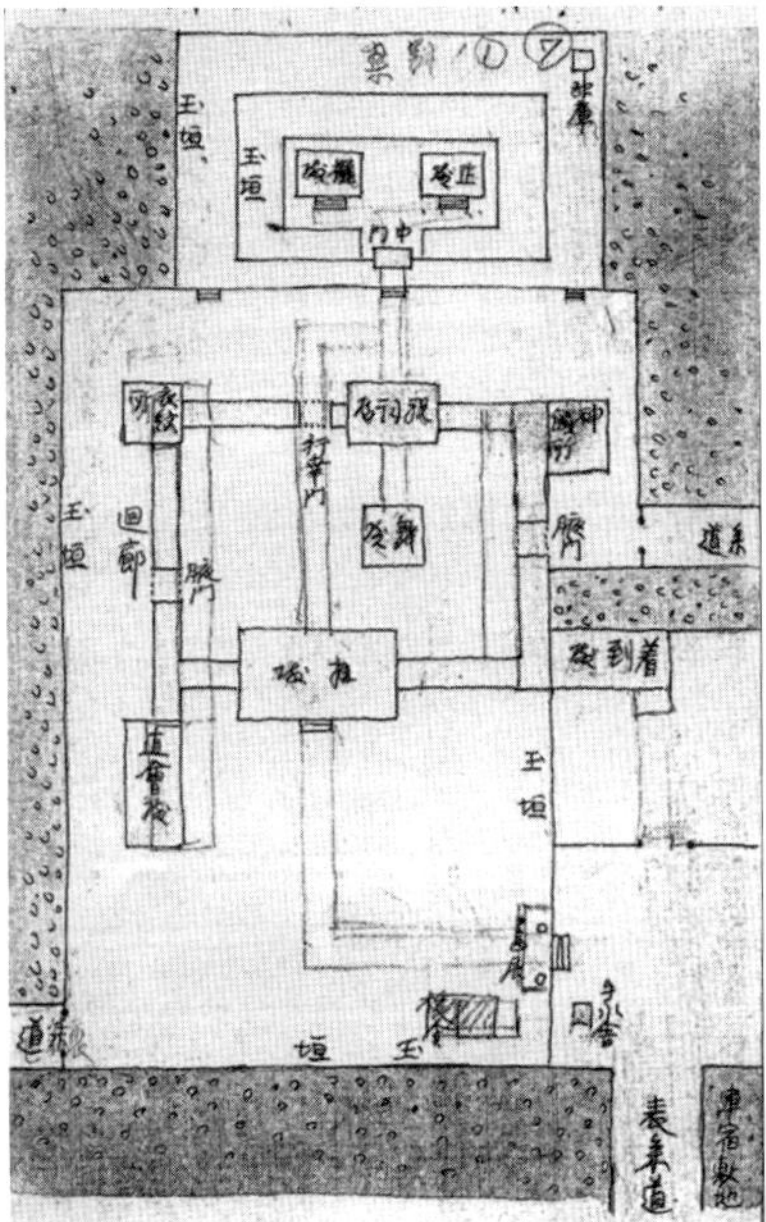

［図8］

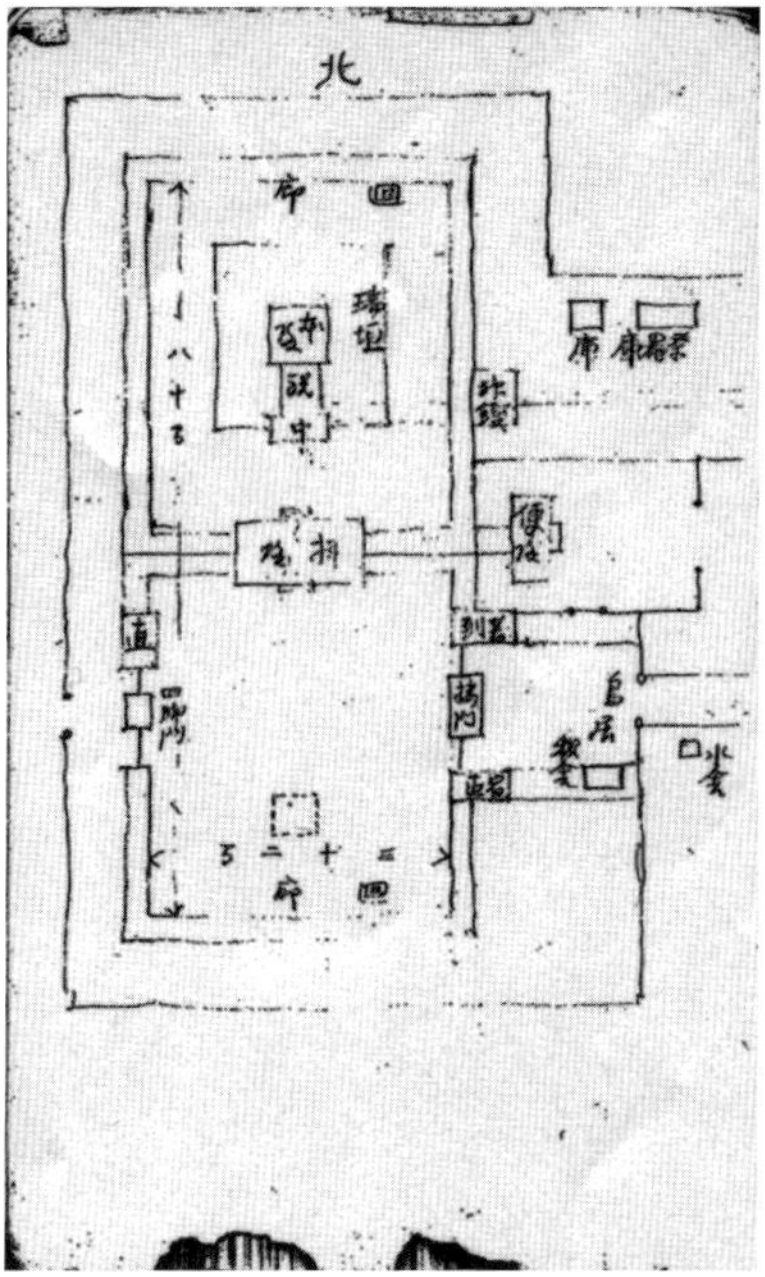

［図11］

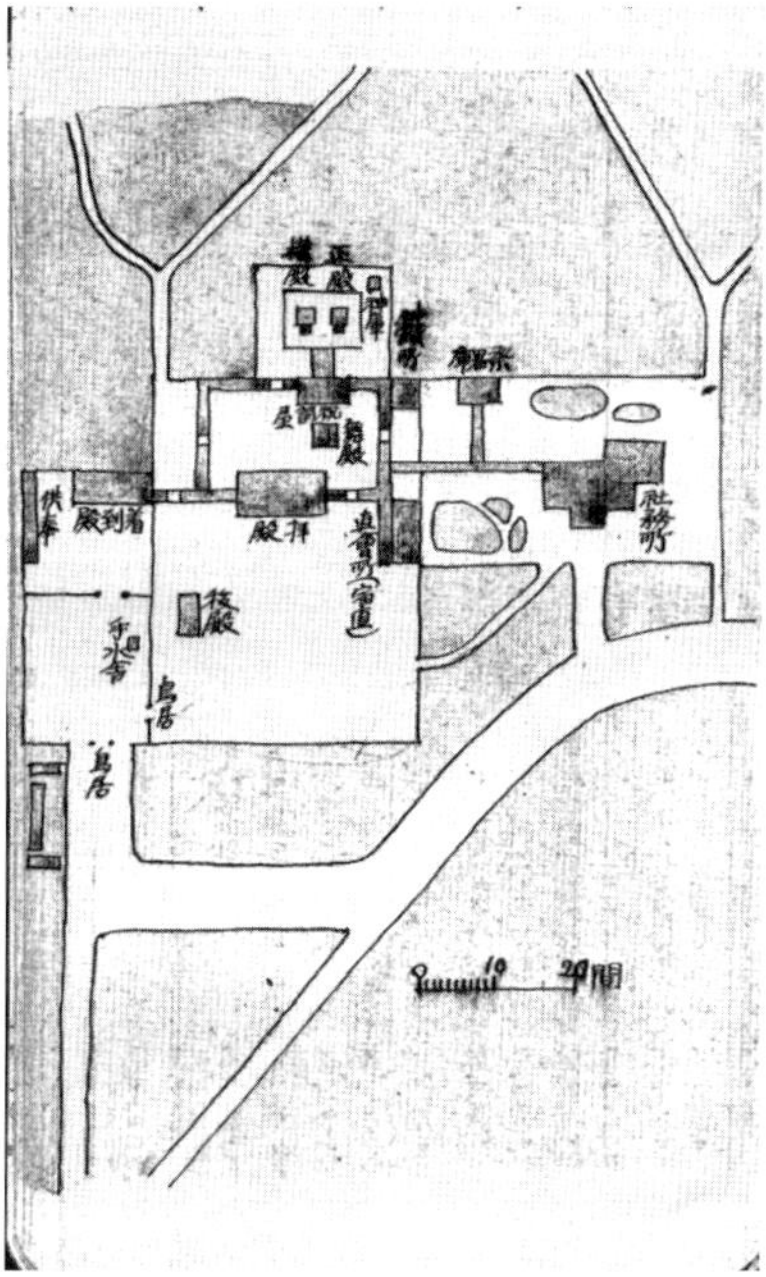

［図10］

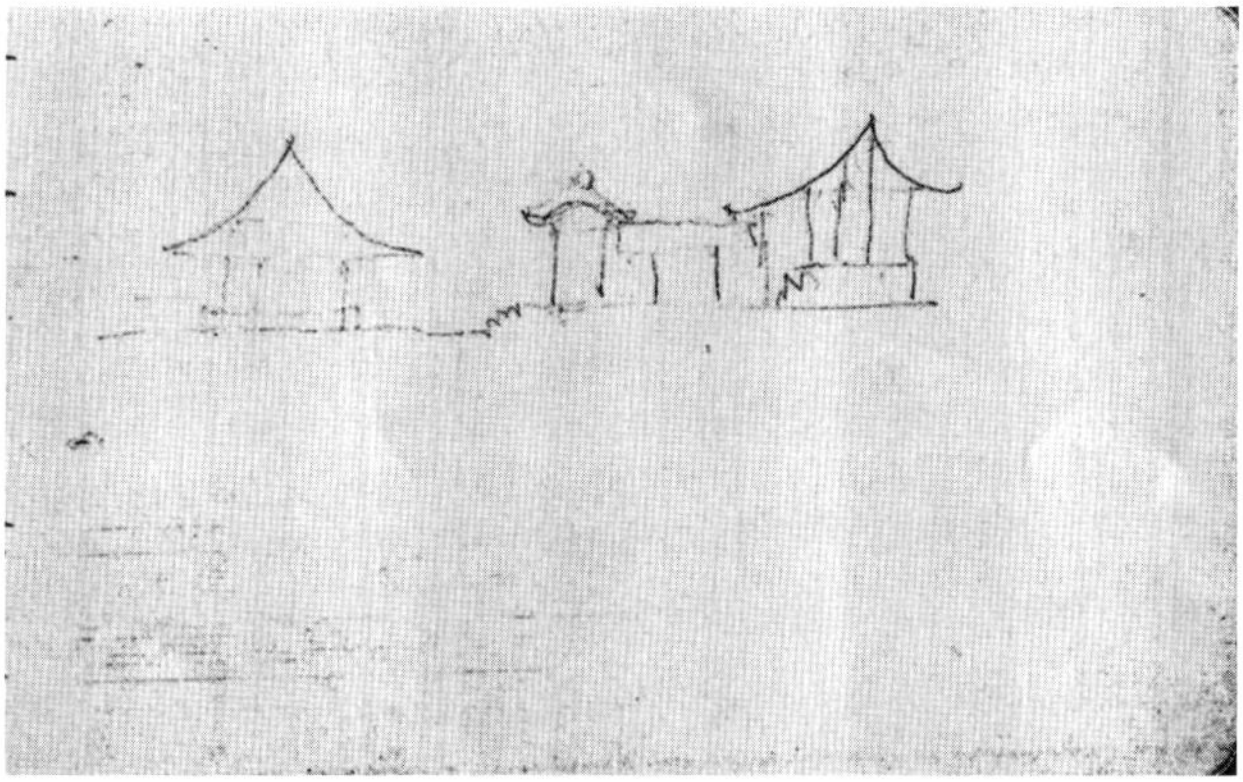

［図12］

［図2〜12］
（出典：伊東忠太資料、野帳第39巻「明治神宮設計並諸神社」日本建築学会建築博物館蔵）

2」とか「一殿③正南入、社務所左」［図4］、「④東入、一殿社務所左」［図5］のようなタイトルがつけられたものがあるので、権殿の有無や参道のとりつき方、社務所の位置を意識して伊東が社殿配置を検討していたらしいことがうかがえる。[*7]

まずこれらのスケッチに「着到殿（便殿）」が描かれているのが注目される。当時の官国幣社では春日大社以外には見られない施設で、伊東が、第一回神社奉祀調査会特別委員会（大正三年五月一日）で「ソレカラ細殿ト書イテ置キマシタガ、此図ニ著到殿ト書イテアル建物カ之ニ当リマスノデ、陛下ガ行幸ニナリマス場合ニ、先ヅ此細殿ニ御著ニナツテ、ソレカラ廻廊ニ依ツテ神殿ニ御進ニナルト云フ風ニナリマス」[*8]と述べているように、天皇や皇后の行幸啓を想定した便殿《びんでん》のことである。そこに至る経路は一般参拝者とは区別しなくてはならず、そこから拝殿や祝詞舎への経路にも同様の配慮が必要になる。伊東のスケッチのいくつかに、祝詞舎西側の廻廊に「行幸門」が描かれ、拝殿からそこに至る動線が用意されているので、天皇や皇后が拝殿から奥に進み、本殿前で参拝するように計画されていたことがうかがえる。たとえば、「二殿①東南ノ東入、社務所左」（三九〇〇七頁）［図2］を見ると、正殿と権殿が東西に並び、その間の南北の軸線中央手前に中門が建っている。その軸線上の南に祝詞舎や舞殿《ぶでん》が並んでいるが、拝殿はその軸線より西にずれて配されている。これはその東に着到殿があるためと、中央に舞殿があるので、拝殿のやや西寄りから行幸門への通路がとられ、それが中門前まで続いているためである。つまり、天皇や皇后が参拝のために拝殿を経て本殿前まで参進しての参拝を想定しているために、拝殿を西にずらさざるを得なくなっているのである。一方、左右相称の配置にするために、幣殿を介して拝殿を本殿のすぐ南に置いた「一殿③正南入、社務所左」（三九〇一一頁）［図4］では、着到殿から拝殿までの距離が長くなってしまい、拝殿に至るまでに右腋門《わきもん》を横切らなくてはならないという問題が生じている。また、これらの計画では、原則として舞殿を透塀や廻廊内に設ける想定になっていたが、それが動線計画をむずかしくしていることも否めない。[*9]

天皇と皇后専用の動線を用意するのに伊東が苦労していることは、三九〇五一頁のスケッチ（タイトルなし）［図10］からもうかがえる。この案では、その動線を他の参拝者と完全に分けるべく、西側から拝殿や祝詞舎に行けるように

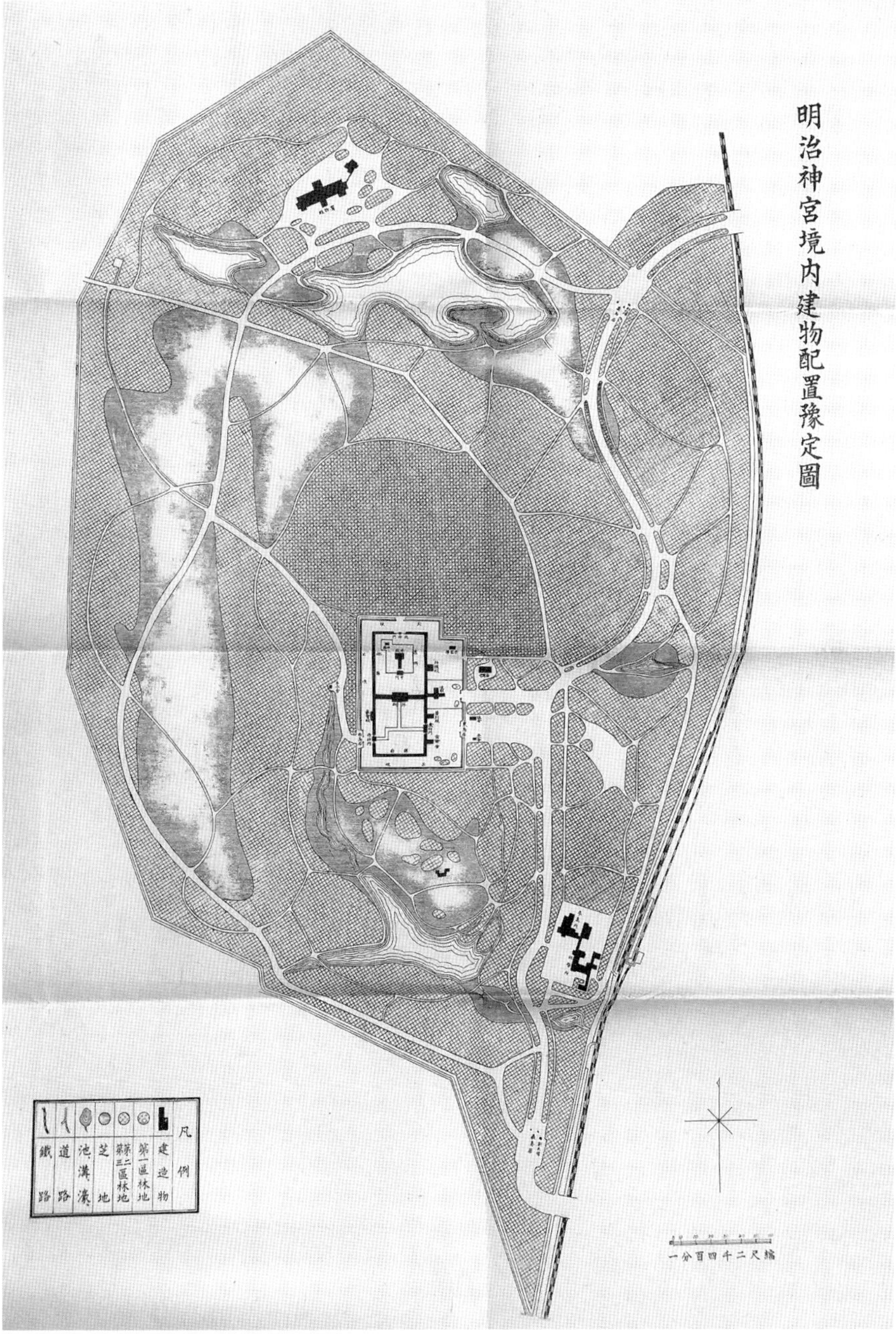

［**図13**］「明治神宮境内建物配置予定図」（出典：『神社奉祀調査会経過要領ノ二』）

するために着到殿を西側に置いているが、そのために東側からの参道をわざわざ社殿の南側を迂回させて西側まで延長するという、かなり無理な計画になっている。先述の引用に「さて之に関連して起る難問題は参道である」[*10]とあるように、本殿の南面を前提にしての動線処理は、たしかに難題だったのである。それは、後述のように、正参道が社殿の南側にとられ、第三鳥居からの天皇・皇后の動線を別に用意することで、また廻廊で神域を囲み、天皇・皇后、参列者、神職の動線をそれぞれ別の廻廊に割りあてることによって解決できたとみられる。

なお、明治神宮創立時の拝殿は高位者が参列しての儀式のためのものであり、「一般公衆は拝殿の階下まで参進することを得ること丶なつて居るので、外院の中には可成多数の公衆を収容することを得る様に、又軍隊等が列を作つて参拝し得る丈《だ》けの広さを取つたのである」[*11]と伊東が記しているように、一般の参拝者は拝殿下で参拝することになっていて、軍隊などの集団参拝も想定して、拝殿前には広場が大きくとられた。

伊東は「明治神宮社殿の建築に就て」で、「社殿の配置に就ては可なり研究が重ねられた、当局に於て全国の主要なる官国幣社の配置図を徴し、比較研究して長を取り短を捨て、幾度か考案を訂正改竄《かいざん》して終に今日の定案を得たのであるが、その根本条件として第一に如何なる種類の殿舎を具備するか、第二に如何なる程度の大さにするか、第三に如何にせば祭儀及公衆の参拝に最便利であるか、と云ふ様な問題が研究されたがこれは同時に其材料構造が檜の素木造であり、様式は流れ造にすることを考への中に入れて置ての話である」[*12]と、配置計画決定に際して既存の官国幣社を調査したことを記しているが、天皇・皇后をはじめとする皇族、華族、政府高官の参拝を前提に計画された神社は、靖國神社のほかにはなかったといっていいだろう。しかし、その靖國神社の本殿は明治五（一八七二）年、拝殿は同三四（一九〇一）年竣工なので、参考にするにはやや古すぎたとみられる。むしろこの引用の後段のほうに注意すべきで、皇族や華族、政府高官らが参拝することを想定して、備えるべき社殿の種類と配置や、身分の異なる参拝者の動線の仕分けを考えることこそがこの社殿計画の要点で、そのために各社殿の関係や規模をどうするかが問われたと考えられる。ちなみに、先掲文中の「様式は流れ造にすることを考への中に入れて置ての話である」は、権現造《ごんげんづくり》のような、

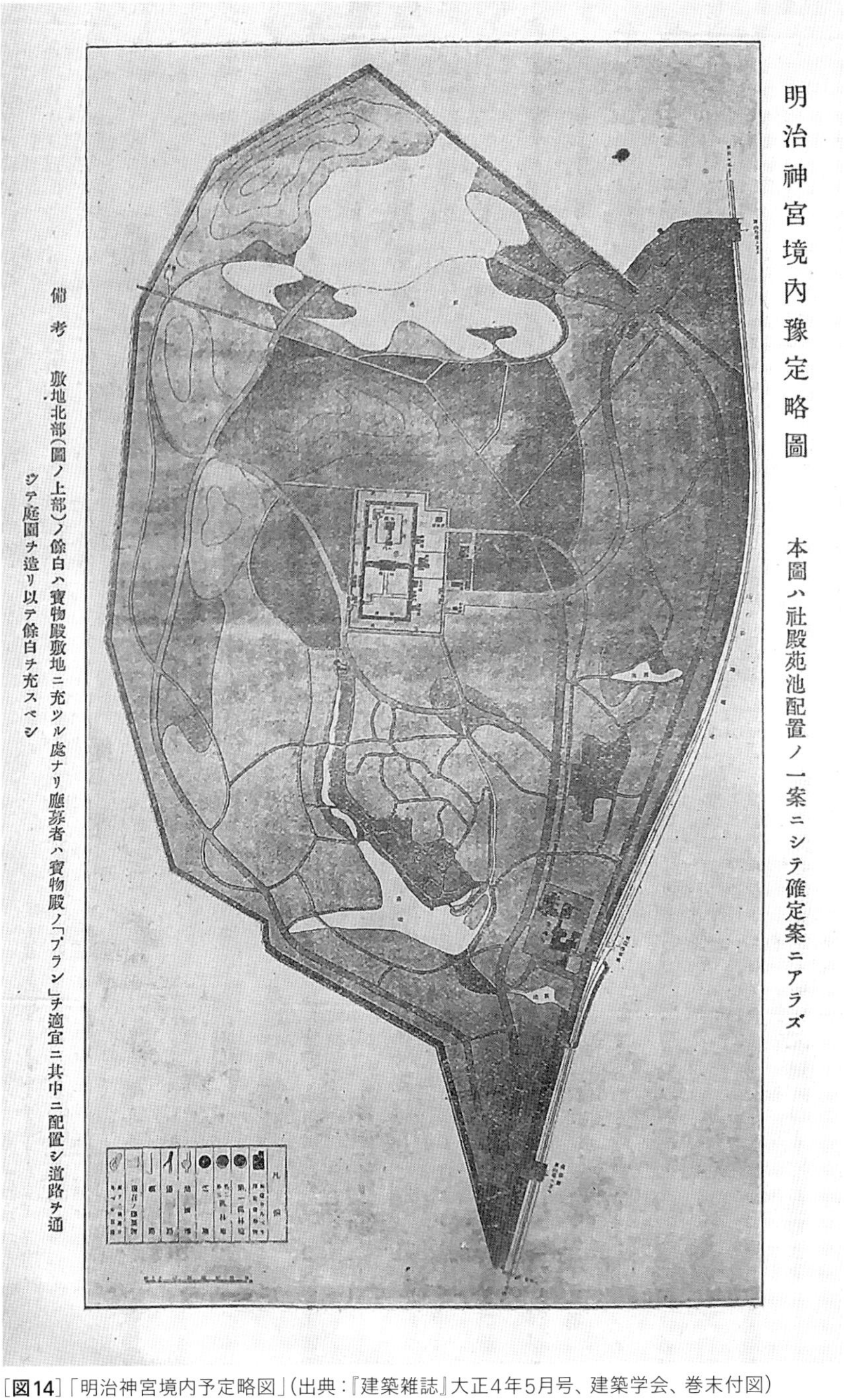

［図14］「明治神宮境内予定略図」（出典：『建築雑誌』大正4年5月号、建築学会、巻末付図）

本殿と拝殿が一体化した、複合機能を収める大規模社殿ではなく、単一の機能ごとに別々の社殿を用意するという意味と理解され、そうであればこそ、各社殿の関係が重要になったわけである。[*13]

ちなみに、彼の野帳「明治神宮設計並諸神社」から、ほかの神社奉祀調査会特別委員会委員とともに、伊東が日光東照宮や香取神宮・平安神宮・北野天満宮などの官国幣社を巡って調査したことがわかる。そこにはいろいろな神社を訪れた際の伊東の感想が記されているが、その記述からうかがえるのは、彼が各社殿の関係に注目していることである。たとえば、北野天満宮では「本殿付属物の一画は頗《すこぶ》る堂々たるも自余の各字は散漫にしてプランの緊縮なく、且つ余りに器械的にして趣味に乏し」（二九〇三三頁）と記し、香取神宮では「本殿流連造《ながれづくり》優秀なる建築なり、但敷地と建物との関係ハ散漫にて緊縮セず社務所、奏楽所等の位置頗る悪し」（三九〇六一頁）と、本殿の意匠を称賛しつつも、社殿配置には問題ありとしている。要するに、各社殿の関係が「散漫にて緊縮」していないのを問題と見ているわけで、それは明治神宮計画で解決すべき課題だったということである。彼は「明治神宮社殿の建築に就て」でも「各字《かくう》の調和」[*14]に言及している。『神社奉祀調査会経過要領ノ二』の「明治天皇昭憲皇太后奉祀神宮ニ於テ撰マント欲スル所ハ其ノ殿舎ノ徒ニ尨大ナルニ非ス殿舎敷地ノ徒ニ広濶ナルニ非ス只其ノ大サニ於テ当《まさ》ニ其ノ宜キニ適センコトト殿舎門廊互ニ大小広狭ノ権衡《けんこう》ヲ失ハサランコト之ナリ」（二〇頁）にある、「互ニ大小広狭ノ権衡」を重視するというくだりも、同様の趣旨にもとづくものだろう。

以上から、明治神宮社殿の設計では社殿同士の関係、いいかえれば、動線計画と、複数の社殿で構成される神社景観が重視されていることが見えてくる。これらは、敷地全体を秩序立てて計画するということで、そこにうかがえるのは近代合理主義的な設計姿勢である。そして、明治神宮造営計画では、権現造のような一体型ではなく、社殿が独立して建つことになるので、それをつなぐ廻廊が重要な役割を果たすことになった。社殿の屋根の連なりと、廻廊によって構成される景観は、デザインの見せ場にもなる。伊東の初期のスケッチでは、社殿をつなぐ廻廊があっても社殿全体は玉垣で囲われることになっていたが、廻廊で全体を囲い、内院と外院を区画しつつ、社殿を廻廊でつなぐことにして、ようやく社殿の配置計画や動線処理に対応できる道が開けたとみられる。廻廊で囲うことにしたことこそが、明治神宮社殿計画の重要な転回点だったのである［図1］。「明治神宮社殿の建築に就て」で、廻廊に関して伊東は以下のように記している。

> 楼門廻廊の制は男山八幡宮、鶴岡八幡宮等にあるが彼と是とは全く趣を異にする。拝殿複廊の制は寧ろ大内裏《だいだいり》宮室の俤《おもかげ》を偲《しの》ばしむる。中門から本殿に至る配置は最普通なる制度に拠るもので何等の奇もない。要するに此配置の由て生ずる所は主として祭典及参拝の利便に重きを置いたものである。（中略）外院廻廊は是等の群衆が雨及盛夏の炎暑を避くる為の用に供する積りである。拝殿に連る東の複廊は陛下行幸の際便殿より拝殿に出御の際その北側を通御の為であり、左右均斉の為に西にも同形の複廊を設けたのである。神饌供進の便利の為に神饌所《しんせんじょ》を内院廊に接続せしめ、仮廊を以て之を祝詞舎に連続したのである。[*15]

つまり、廻廊（複廊）でまず「内院《ないいん》」（本殿を中心とする最も神聖な区画）と「外院《げいん》」（拝殿の南から南神門までの参拝者用の区画）に区分し、その境界に拝殿を配しつつ、廻廊に沿って高位者用の経路を用意することによって動線の問題がうまく処理できた。そのうちでも筆者が秀逸な対応策と見るのが、拝殿東側に複廊を設けたことである。複廊は廻廊の一種で、梁間方向の柱間が二間（柱の本数は三本）で、中央の長手方向の柱列が、連子窓《れんじまど》などで隔てられているものである。つまり中央が連子窓などで隔てられた二列の廊ということで、明治神宮の場合、天皇や皇后の参拝の際に、外院からの目に触れることなく、東側の便殿から複廊の本殿側を通って内院に出御できるようになった。廻廊を設置して内院と外院を区分し、その境界線上に拝殿を配してその両脇に複廊を設けたのは、天皇・皇后から一般人まで、身分の異なるさまざまな人たちが参拝するという、明治神宮特有の条件に対応した、巧みな配置計画であり、伊東が「斯《か》くの如き配置は現存の神社に未だ類例を見ないのである」[*16]と誇らしげに記しているのもうなずける。

東の複廊だけでなく、外院廻廊、特に西の複廊は神職と政府高官らの参列者の動線として機能したと考えられる（伊東はそれをあまり意識していなかったようだが）。外院西廻廊の西神門の北方に直会殿《なおらいでん》があり、その先の矩折《かねお》りの位置、つまり拝殿西に接して西複廊があるので、祭祀の際には、神職は南神門から入り、西神門北から直会殿、西側複廊を経て拝殿に至る経路をとったはずである。政府高官らの参列者も、同様の経路を通って、拝殿に着席することになる。要するに、天皇や皇后の動線とは違う経路を設定できるわけである。

なお、大正四（一九一五）年七月二日の神社奉祀調査会に提案された時の内苑計画では、参道は社殿の東側にあり、そこから西進して便殿や楼門に向かうようになっていた。それは「明治神宮境内及付属外苑之図」甲案・乙案〔第一章図4・5〕や、「代々木御料地境内、社殿竝付属建物配置図（第一案）」〔第一章図3〕、「明治神宮境内建物配置予定図」〔図13〕、そしてそれらの案の後につくられた「明治神宮境内予定略図」〔図14〕に示されているとおりである。これらの図のうち、造営局でつくられた図14以外では、細部が異なるものの、東廻廊に隣接するところが南北方向に三つに区画されている。その中央のものが便殿に向かう天皇・皇后専用で、その北が内院の神饌所に向かうもの、一番南が一般参拝者用である。図14では、それらの区域を隔てる塀の代わりに段差があるようで、この図だけからではよくはわからないが、便殿に向かうには、一般参拝者用の参道の鳥居の中まで入り、そこから階段を上がっていくように見える。いずれにしても、東廻廊に接するところで、動線を三つに分けるという計画だったわけである。天皇や皇后は、便殿から複廊を通って拝殿、そして中門に進むように想定され、神職は東神門（楼門）から西神門、西廻廊、西複廊を経て拝殿に至るように計画されているようなので、ここでも廻廊が動線を分ける役割を担っていることになる。

また、主要部が廻廊で囲まれ、主参道が廻廊に達するところに門がつくことになれば、それを楼門にするのは自然のなりゆきといえる。先掲の図2〜9にみるように、当初の伊東のスケッチには、楼門を想定したものは一例しかない。①から⑧までの番号がふられた計画案のうち、「一殿③正南入、社務所左」（三九〇一一頁）〔図4〕に楼門が記されているだけで、他の案では神域の出入口はすべて鳥居だけで、そこから玉垣が巡るように計画されていた。

楼門の設置を最初に主張したのは伊東ではなく、東京帝国大学教授で建築史学者の関野貞とみられる。それは、第二回神社奉祀調査会特別委員会において、伊東が社殿の種類や規模を説明したのに続いて、関野が「私ハ楼門ヲ加ヘ

[**写真5**]「明治神宮拝殿斜面」(出典:『明治神宮畫集』)

[**写真6**]「明治神宮拝殿側面」(出典:『明治神宮畫集』)

タイト思ヒマス、楼門ハ寺ノ真似デハナク御所ニ真似ルノデス」[*17]と発言しているからである。関野がわざわざ「寺ノ真似デハナク」と述べたことにうかがえるように、この特別委員会では、明治神宮の社殿に関して仏教建築との差異化が意識されていたので、楼門が中国起源であることが問題になった。[*18]それに関連して、伊東はのちに『神社奉祀調査会経過要領ノ二』で「廻廊楼門ノ採用ニ関スル意見」を記し、そこで廻廊や楼門設置の理由を次のように述べている。

殿舎ヲ連結スルニ廻廊ヲ以テシ随《したが》ッテ表神門ハ質実荘重ナル楼門ト為スヲ最適当ナリト認ム（中略）只廻廊楼門ハ仏寺ヨリ出タリトスルノ感念深ク一般人士ノ脳裡ニ印セラレ、為ニ之ヲ忌避セントスルノ傾向アルカ如シ、然レトモ廻廊楼門ノ起源ハ未タ俄《にわか》ニ仏寺ニ在リト断定スヘカラス（中略）要スルニ初期仏刹《ぶっさつ》ノ廻廊楼門ハ著シク支那的色彩ヲ帯ヒタルモ、第二期宮室ノ廻廊楼門ハ既ニ著シク日本化サレタルモノヽ如ク、第三期神社ノ廻廊楼門ニ至リテハ殆ト全ク漢臭ヲ脱却シテ、純乎《じゅんこ》タル日本趣味ノ建築トナリタルモノナレハ、之ヲ以テ純日本ノ建築ナリト称スルモ毫《ごう》モ妨ナク、今其起原ノ漢土ニ在ルヲ憂フルノ必要ナカルヘク況《いわん》ヤ之ヲ以テ仏刹ヨリ出タリトシテ之ヲ嫌悪スルハ蓋《けだ》シ妥当ナル見解ニ非サルヘシ（二九〜三〇頁）

要するに、楼門や廻廊は中国起源で、まず仏教建築に使われたものの、京都の御所に用いられ、やがて神社に適用されるようになった頃にはその意匠が日本化されたので、「純乎タル日本趣味ノ建築」と見なせるという論法である。かなり苦しい説明ではあるが、ここにも国民国家システムの反映が見られる。つまり、仏教建築（中国起源）との違いを強調することが大事で、それによって日本のアイデンティティを示せることになるというわけである。

また、このようないい方からは、明治初年の神仏判然令（神仏分離）の趣旨がこの頃にはかなり浸透していたことが感じられる。阪谷が第二回特別委員会で「成ルベク仏臭クナイ方ガ宜シイ」[*19]と述べたように、『神社奉祀調査会特別委員会々議録』からは「仏臭い」のを避けて、仏教建築との差異化を図りたいという意識が見てとれる。神社建築は簡素であるべきだという思想は、神社奉祀調査会特別委員の

［**写真7**］「明治神宮拝殿内部詳細」（出典：『明治神宮畫集』）

［**写真8**］「明治神宮西廻廊外観」（出典：『明治神宮畫集』）

大多数が共有していた。それは、神社奉祀調査会の議事のまとめである『神社奉祀調査会経過要領』（大正三年）にもうかがえる。その『経過要領ノ二』に、先にも引用した「要スルニ社殿ノ偉大ナルモノ必スシモ全体ノ規模ニ於テ大ナラス全体ノ規模ノ広大ナルモノ必シモ社殿配置ノ妙ヲ得タルニアラス今　明治天皇昭憲皇太后奉祀神宮ニ於テ撰マント欲スル所ハ（中略）只其ノ大サニ於テ当ニ其ノ宜キニ適センコトト殿舎門廊互ニ大小広狭ノ権衡ヲ失ハサランコト之ナリ即チ其ノ本殿ハ建坪約三十坪ニシテ拝殿ハ約六十坪、以下諸殿舎ノ規模ハ之ニ適ヒ、総建坪約六百五十坪ニ達シ玉垣内総地積ハ約六千坪ノ見込ナリ[20]」と、規模を大きくすることを求めないというくだりにそれがうかがえる。

次は「四、建築様式」について、つまり本殿の様式についてである。

明治神宮の本殿は三間社流造《さんげんしゃながれづくり》で建てられた［図1・15、写真11］。床面積は二九・五八五坪である[21]。その本殿のデザインについて、流造のような従来の神社様式を採用するのではなく、明治時代を体現する新様式でやるべきだとする意見があったことが知られている。そもそも、日本建築史の泰斗であり、神社奉祀調査会特別委員会で流造をよしとしていた伊東忠太や関野貞も、以下に記すように、当初は新様式で建てるべきだと主張していた。

明治神宮を造営し奉る事は私も非常に賛成である只此国民一致の希望が若し実現せられる暁には如何なる様式の神殿を造営し奉るべきかこれは研究を要する大問題であらうと思ふ抑々《そもそも》日本の神社建築は古代から今日まで形式の上に大変遷を来して居る（中略）こんな風に古来各時代に夫れ〴〵特種の建築が出来て居る此歴史に鑑《かんが》みても明治時代には新らしい様式がなければならぬ（中略）後世の人をして明治時代の観察を遺憾ならしめん為めに形や構造や装飾の上に現代の芸術の最善を尽した明治新型の建築を実現したいものである[22]

次に形式は何か新らしい明治時代を現はしたものにしたい、と云つて明治のきまつた形式はないのだから、これから創り出さねばならぬ。日本の神社建築も各時代で変化して伊勢神宮の神明造《しんめいづくり》や出雲の大社造《たいしゃづくり》から幾多の形式を経て徳川時代の権現造まで出来たので、明治は丁度新しい形式が出来てもいゝ時代であると思ふ[23]。

[**写真9**]「明治神宮中門」(出典:『明治神宮畫集』)

[**写真10**]「明治神宮祝詞舎屋根裏詳細」
(出典:『明治神宮畫集』)

この時点では彼らに当事者意識はなく、建築史研究者という立場で、神社建築の様式は時代によって変わってきたのだから、明治時代にふさわしい様式があってしかるべきだと述べていた。

新しい様式の提案は、現実には不可能だったといわざるを得ない。これまでにない意匠をといわれても、簡単に応じられるはずがないからである。そもそも、そこでいう「新しい」が何を意味するかも不明で、それを望んだ側に「新様式」の具体的なイメージがあったわけではないから、明治時代を体現する新しい意匠にしたいという漠然とした思いを吐露していたにすぎない。

ちなみに、何らかの過去の「様式」を適用して建築の立面を整えるのが当時の建築設計のやり方だった。それは、建築史では歴史主義（俗に「様式建築」）と呼ばれるもので、古代ギリシア、古代ローマ、ロマネスク、ゴシック、ルネサンス、バロックなどの過去の建築様式を用いて立面を整えるやり方のことである。その用い方は恣意的ではなく、たとえば官庁や博物館・美術館には古代ギリシア・ローマのような古典様式を、学校建築や教会にはゴシック様式を、劇場にはバロック様式を、というように、おおまかな規準があった。つまり、建物の種類（「ビルディングタイプ」という）に応じて様式を使い分けるということで、それによってその建物の目的や用途、その建物が建つ場所の特性（場所性）を表現しようとしたのである。たとえば、官庁や博物館・美術館は規範を示すことが求められるビルディングタイプなので、西洋でもっとも規範的とされる古典様式（古代ギリシア・古代ローマ様式、または古代ローマの復興をめざしたルネサンス様式）を適用するとか、大学の建物には、中世の修道院が知の集合体だったことにちなんで、中世のゴシック様式を用いるというようなやり方である。

なぜそのような過去の建築様式のリヴァイヴァルが起こったかというと、近代になって国民国家が成立し、その円滑な運営のために議会や官庁、警察署、裁判所が、国民の啓蒙のために大学・博物館・美術館・図書館などが、資本主義の発展のために株式取引所やオフィスビルなどが、そして近代技術の進展とともに駅舎などが新たに必要になったことが、つまりビルディングタイプが急に増えたことが関係している。当然ながら、そのような新しいビルディングタイプには倣《なら》うべき先例がない。しかし設計者としてはその新しいビルディングタイプにふさわしい意匠をまとわ

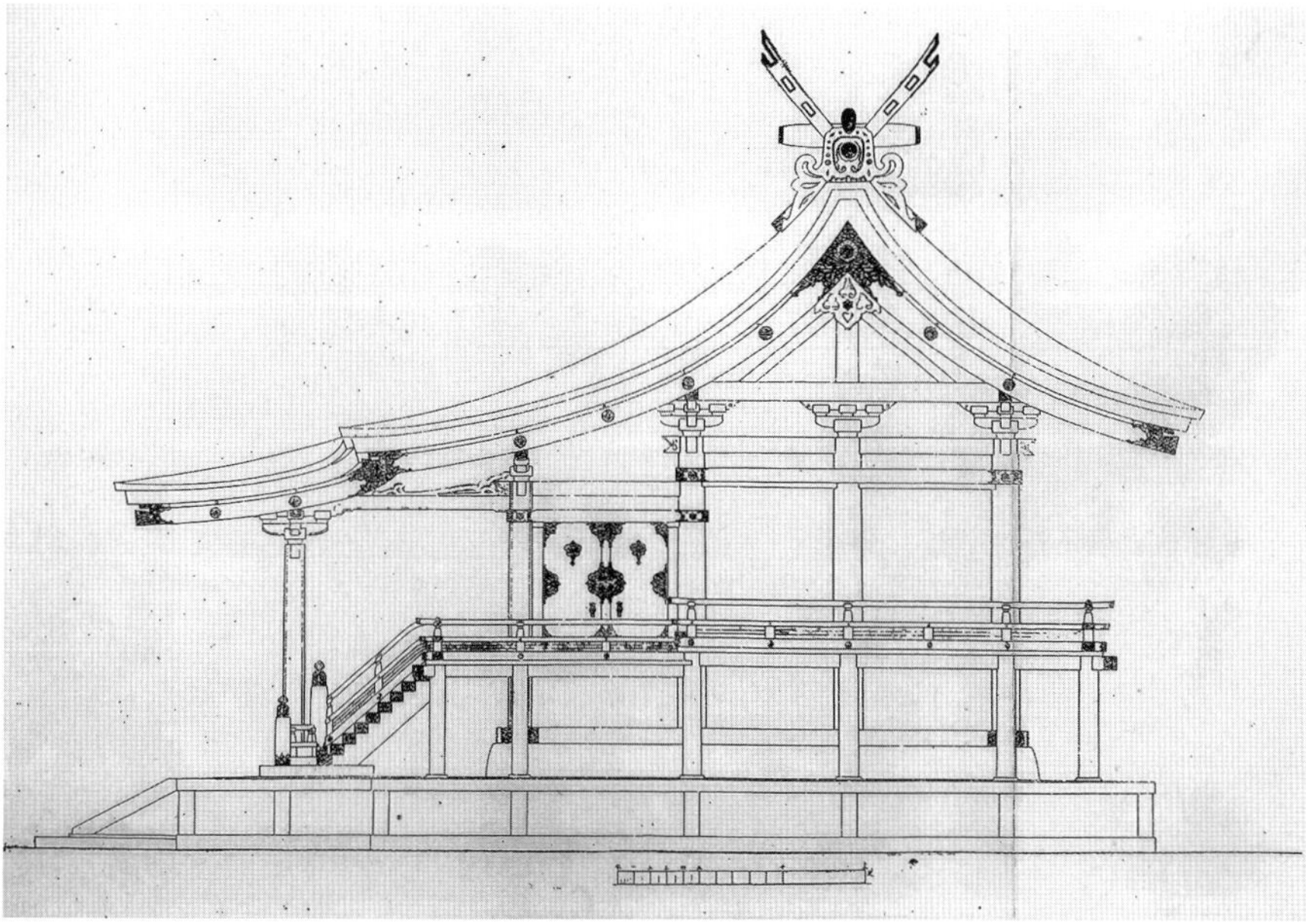

［**図15**］明治神宮本殿東側面図（出典：『建築雑誌』大正9年12月号、巻末付図）

［**写真11**］「明治神宮本殿及中門全景」（出典：『明治神宮畫集』）

せたいということで、過去の建築様式に何らかの意味を重ねて、その様式からの連想で建物の機能や場所性を表現することにしたのである。それまでにない意匠をすぐに考案することなどできるはずはなく、ましてや建物の目的や場所性に一対一に対応する形など、あるはずがないので、過去の様式のリヴァイヴァルで対応したわけである。

ここで、「様式《スタイル》」が近代になって学術用語に格上げされた概念であることを確認しておきたい。過去の建物の意匠は多様で、漫然と眺めるだけではそこから意味を汲みとることができないので、それを理解可能にするための枠組みが必要になる。近代になって成立した美術史や建築史は、「時代精神」や「空間」のような概念とともに、「様式」という概念を適用して、そのままではカオスにすぎない過去の意匠を分類し、意味づけするようになった。歴史主義はその成果のうえに築き上げられた設計法ともいえる。しかし、ここでの「様式」はあくまでも過去の意匠を分類するためのツールであって、将来の意匠に適用できる概念ではない。念のためにつけ加えれば、昔の建物の設計者には、後世の人間が古代ローマ様式とかゴシック様式と名づけたような様式で設計するという意識はまったくなく、彼らがいいと信じるやり方を試みていただけである。この意味での「様式」は過去に遡及するときに限って有効で、あくまで後づけの概念である。明治神宮社殿への新様式の提唱者は、「様式」という概念の適用範囲が限られていることを認識していなかった。当時の建築界では「様式」が今でいう「デザイン」とほぼ同義でも用いられていたことも関係しているだろうが、先の引用に示された伊東や関野の建築観は歴史主義のもとで形成されていたために、その概念を未来に援用しようとして、その適用範囲を超え出てしまったのである。つまり、新様式の待望論は、建築史や歴史主義の枠組みで意匠の問題を考えようとしていたことを示すにすぎないということで、実はそれ自体が当時（近代）の状況を反映している。

なお、当時の日本の建築界では、「様式」を規定する要素として、地理や気候・材料・政治・宗教・国民性・外国の影響があげられていた。気候風土や材料、国民性などが「様式」を規定するという共通理解があったからこそ、西洋の直写ではなく日本独自の「様式」が求められたわけだし、材料や構造に鉄骨や鉄筋コンクリートが使われはじめたからこそ、「様式」（デザイン）も変わるべきだとされたわけである。[*24]

その一方で、明治末期はその歴史主義が揺らぎはじめた時代でもあった。一九世紀末の西欧でアール・ヌーヴォーという、過去の建築様式を使わない新しい意匠が登場し、日本の建築家もその変化を認識していた。明治末期から、日本ではウィーン版のアール・ヌーヴォー（「セセッション」と呼ばれる）が流行しはじめていた。しかし、当時の日本の建築界ではその適用範囲は限られており、それを明治神宮の社殿に用いるという選択肢は、当時の建築界の常識に照らしてあり得なかったことである。[*25]ましてや、神社建築では式年遷宮などを繰り返しつつ、古式を踏襲することを旨とすることが多かったのだから、なおさらである。

さらにいえば、既存の神社様式を採用するというのも歴史主義的な発想といえる。神社建築には「大鳥造《おおとりづくり》」のような慣用的な分類があったが、その分類を学問的な観点から定義し直して学術用語に格上げしたのは日本建築史である。その日本建築史が成立したのは明治中期で、伊東や関野が語っているのは、その近代の知で解釈し直された本殿の様式である。

その一方で、建築においては多くの場合、意匠の「新しさ」や「独創性」は「新しい形の発明」のうちに求められるものではなく、「過去の意匠の再解釈」や「既存の要素の組み合わせの新しさ」にあるのだから（「形」は「発明するもの」ではなく「発見するもの」だから）、過去の神社建築のモチーフや手法を採用した場合であっても、そこに「新しさ」を込めることは可能である。明治神宮社殿の設計は、その点で「新しかった」ともいえる。

その過程で流造が採用されたわけだが、伊東自身が以下の引用で認めているように、それはあくまでも「消極的方便」だった。

> 明治神宮に適する様式の撰定は到底議論丈けでは解決し難い、何となれば既往に於ける様式は各一長一短があり、明治神宮に適当であると云ふ積極的道理は一つも無く、又現代に於て適当なる新様式は作り出すことが出来ない。然らば寧ろ欠点の少なくして実行に便であり《ママ》。且つ一般国民に最も親みの深い流れ造を採用するのが最適当であると云ふ消極的方便を取るより外に仕方がないと思ふ。[*26]

伊東によれば、神社奉祀調査会特別委員会では、本殿の様式に関して、大社造、神明造、流造、そして新様式の採用という意見があった。[*27] 伊東は流造を支持しつつ、他の様式がそれに比べて問題が多いことを説いている。大社造は「抑々《そもそも》出雲大社は大国主命《おおくにぬしのみこと》の住ひ給ひし住宅であつて、その様式は寧ろ出雲地方に行はれたる地方的のもの」[*28]で、「純正なる神明造は伊勢の両宮にのみ限つて適用さるべきもの」で、「神代ながらの老杉矗々《ちくちく》として聳え幽邃森厳《ゆうすいしんげん》なること太古の如くにして始めて意義がある」[*29]とし、新様式待望論に対しては、「我国民の神に対する観念は古今渝《かわ》らぬと云ひ度い。祭祀の式典も古今大なる相違はないと思ふ。然らば如何にして神社建築の様式が変り得やうぞ」[*30]というのがその否定の理由だが、かなり強引な論法といわざるを得ない。その一方で、流造採用の根拠を「流れ造りは平安朝に入て成立したもので進歩せる大陸的の建築であり、且純日本趣味を発揮したものである。流れ造りの形式は神社として国民の間に最も親密の感を以て迎へられて居るは偶然でない」[*31]ことに求めている。しかし、それも説得力が乏しい。というのも、「進歩せる大陸的の建築であり、且純日本趣味を発揮したもの」で、神社建築でもっとも一般的な様式だからということだけでは、明治神宮にふさわしいことの理由にはならないからである。

伊東は、計画当初から流造をよしとしていた。それは先に紹介した『神社奉祀調査会特別委員会々議録』や「明治神宮設計並諸神社」からうかがえる。第二回神社奉祀調査会特別委員会（大正三年五月四日）で、彼は「本殿ノ様式ハ流造トシ其他ノ殿舎ハ之ニ調和スベキ形式ヲ取リタイ」（三五頁）と述べている。また、先述のように、「明治神宮設計並諸神社」の彼のスケッチでは賀茂別雷神社や賀茂御祖神社に倣ったと思われる本殿・権殿（いずれも一二坪）が示されており、そのうちの「④東入、一殿社務所左」に並んで描かれた社殿側面スケッチ（三九〇―一二頁）［図12］に見られる本殿は流造である。

それに関連して注目されるのが、関野の大規模流造の主張である。関野も特別委員会で流造をよしとしていたが、「是マデノ社殿ノ形式ニ於テハ、ヤハリ流造ナドハ最モ適当デアラウト存シマスケレドモ、原案ニ出テ居リマスノハ三間社ノ流造デアツタカト思ヒマスガ、モウ少シ大キク五間社以上ノモノニシタラ如何デアリマセウ」[*32]と規模を大きくすることを提唱している。特別委員会の会議録から、楼門の設置を主張したことを含め、関野が一貫して、社殿を荘厳でモニュメンタルにすることを求めていたことがわかる。ちなみに、彼が本殿の面積として望んだのは「丁度三十五坪位」[*33]だった。彼は本殿を壮麗にすべきとも主張している。それは「流造ニシテモ千木堅魚木《ちぎかつおぎ》ヲ入レタイ、昔ハソレガアツタケレドモ後世に失クナツタモノダラウト思ヒマス」[*34]のように、千木と堅魚木を棟に載せて屋根を賑やかにすることを求めていたことにもうかがえる。

関野のこのような主張に対しては、「坪数ヲ極メルノハ大キイノガ荘厳ダト云フヤウナ漠タルコトデナク、御祭ヲスルニドウ云フ式ニ拠ルカト云フコトニ依ツテ極マルコトヽ思ヒマス」[*35]とか、「本殿ノ大小ハ要スルニ祭祀ノ儀式ノ必要カラ割出スベキモノデ、唯大キケレバ大キイ程荘厳ダト云フヤウナコトデハ、見当ガ付キマセヌガ、必要ト云フコトカラ考ヘルト、二十坪ハ決シテ小サ過ギルト云フコトハナイト思ヒマス」[*36]、「大キイ宮ヲ造ツタノハ、神仏混淆《こんこう》以後ト思フ、仏家ノ方デハ寺ノ建物ヲ無暗《むやみ》ニ荘厳ニスルト云フコトヲ努メルガ、神社ノ方ハ清浄ト云フコトヲ貴ブノデアルカラ神殿ノ大キイノガ必ズシモ立派ダトハ思ハレヌ」[*37]のような反論が出されたが、五間社以上という要望以外は、彼の提案が受け入れられたように見える。それは、本殿の規模について、第二回特別委員会で「二十坪以上三十坪以下ト云フヤウナコトニ漠然御極メヲ願ツテ置キタイ」[*38]と伊東が発言していることや、実施案では本殿が二九・五八五坪になり、その屋根には千木や堅魚木がつけられているからである。注意しなくてはならないのは、この特別委員会の時点では、関野以外の委員は一致して本殿の規模を拡大することに否定的だったということで、規模の壮麗さではなく、仏教建築との差異化を重視して、清浄で簡素な本殿を望んでいた。関野の壮麗なものをという考え方と、それ以外の委員の神社らしく簡素にという考え方の違いは、明治神宮をどのように位置づけるかについての見解の違いでもある。それは明治神宮が、神社らしくあることと、モニュメントであることという両義的な性格を帯びるものとして構想されていたことを示すものと思われ、本殿計画の経緯を見ると、本殿の位置づけは計画開始から実施案に至るまでに、より壮麗につくる方向に推移したといえる。関野が示唆したような、内苑もモニュメンタルにという意識は実施案にもうかがえる。それは、参道幅や鳥居の高さ、表参道の幅員が、計画時よりも実施案のほうが大きくなっていることに示されている。*39

実施案で本殿の規模が大きくなったのには、別の理由を考えるべきだろう。それは昭憲皇太后が同殿合祀されることになり、祭神が二座になったことにあると考えられる。このことは、実施案の本殿が、三間社流造の中でも、苗村《なむら》神社西本殿（鎌倉時代後期、国宝）や園城寺新羅善神堂《おんじょうじしんらぜんじんどう》（室町前期、国宝）などに代表される、中世にはじまる外陣つきのもの（賀茂別雷・賀茂御祖両社の流造とは異なる）になっていることからうかがえる。合祀にともなって平面の規模を大きくする必要が生じ、あわせて二祭神への奉祀の便のために外陣を増設することにしたと見られるからである。この場合、外陣がつく分だけ屋根が下がってくるので、階《きざはし》の上に勾配の緩い向拝《ごはい》（または「こうはい」）がつくことになる。創立時の明治神宮本殿では、このタイプの流造の通例に倣い、外陣床が内陣より一段低くなっているだけでなく、外陣・縁境の柱列のものだけが角柱（ほかは丸柱）になっている。これは明治中期にはじまる日本建築史研究の知見をもとにした意識的な設定で、近代の知をもとに採用された手法と見たほうがいい。ここで日本建築史が計画を規定していることに、あらためて注意をうながしたい。明治神宮の計画では、昔からのやり方を無批判に踏襲するのではなく、日本建築史の知見を設計の根拠にして、つまりなぜそのようなデザインにしたかの根拠を示せるようにしていたということで、一見過去を志向しているようで、実は近代の知を適用して細部が決められているわけである。

なお、この規模拡大にともなって、庇《ひさし》から向拝先端までの化粧垂木の曲線が通常の流造よりも長くなるために、庇と向拝の二軒《ふたのき》の化粧垂木の間にもう一本化粧垂木を入れて、五段の化粧垂木でその曲線を構成するという、技巧的な納まりになっている［図16］。

ちなみに、『建築雑誌』大正九年一二月号掲載の「明治神宮社殿御造営工事梗概」の本殿建物の説明に「内陣は丸柱、外陣及向拝は角柱大面取」の次にわざわざ「総て澎《ふくら》み付」（五四一頁）と記してあるのが目を引く。これは、伊東が彼の法隆寺論で古代ギリシア神殿との関連で注目した柱のエンタシス（柱中央部の膨らみ）に似た手法を明治神宮に適用したことをうかがわせるからである（この「澎み」は、創立時の明治神宮の他の社殿の柱にもつけられている）。このことは、細部にまで伊東忠太や安藤時蔵らの美意識が込められていたことをうかがわせる。また、角柱や、その上の

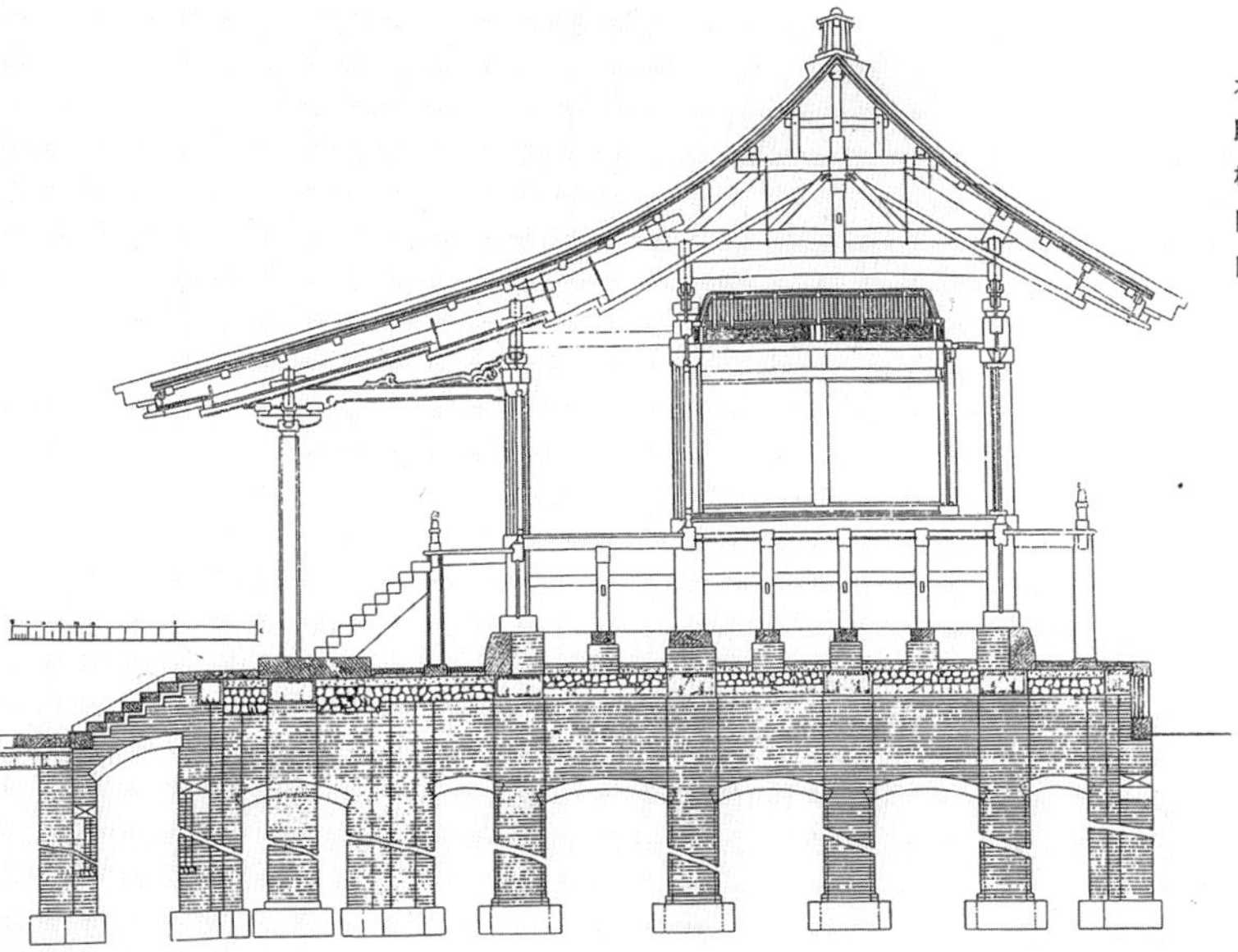

［**図16**］明治神宮本殿断面図（出典：『建築雑誌』大正9年12月号、巻末付図）

肘木《ひじき》や梁・桁・垂木の角の大面取り［写真15］も、優美さを感じさせるのに効いている。細部に少し手を入れるだけで、見た目の印象を大きく変えることができるのが、日本建築の要諦のひとつである。

　このような優美さ重視の姿勢に関連して、「明治神宮社殿の建築に就て」の「五、材料構造」に、「且特筆して置き度いことは屋根が玉垣を覗く外全部檜皮葺《ひわだぶき》であることである」（五三九頁）とあるように、屋根を檜皮葺にしたのも注目される。大正三（一九一四）年七月二日の第六回神社奉祀調査会で「五、社殿ノ様式及ビ材料ニ関スル件」が承認されたときには、防火に配慮して社殿は銅板葺にすることになっていた。[*40] しかし、伊東は「若し銅葺にすれば折角の社殿建築の調子が全然破壊され、所謂九仞《きゅうじん》の功を一簣《いっき》に欠くことゝなる。火災の防備は別に相当の施設を竭《つく》しても是非檜皮葺にしたいと云ふのが余輩の主張であつた。（中略）要するに社殿建築の正格正式ならんが為には多少の物質上の不利益は之は忍ぶと云ふ覚悟でなければならぬ。（中略）既に木造を是認する上は檜皮葺をも是認して差支はない」（同前）として、檜皮葺に変更したのである。これは耐久性や防火上の弱点になり得るが、意匠の観点からすると、より優美でシャープな線を持つ屋根がつくれるわけで、ここにも優美さへのこだわりが感じられる。

拝殿も、この造営事業で新しい対応が求められた社殿である。それは皇族や華族、政府高官らが参列しての祭儀の場としてつくられることになったからである。実施案では、その面積は五八・七七坪である。なお、「明治神宮設計並諸神社」のスケッチで拝殿の面積が記されている三案ともほぼ同じで、「六〇、〇坪」が二案、「八八、〇坪」が一案である。おそらく収容人数から割り出した面積と見られる。その点では、「明治神宮社殿の建築に就て」で伊東が「本殿の大さは実際必要なる最小限度に決定されたので其面積は約三十坪となつたのである。拝殿は本殿との釣合ひから割出し、且祭典の際に差支なき程度のものとしたので其大さは約六十坪である」（五三五〜五三六頁）と記しているのは、やや正確さを欠く。彼の野帳からわかるように、当初彼が本殿を一二坪で計画していたときでも拝殿を六〇坪で想定していたという事実があるからである。実施案においてそれよりも重要だったのは、規模が大きくなる拝殿に対してどうやって本殿を際立たせるかということだったように思われる。

なお、この社殿計画は第六回神社奉祀調査会（大正三年七月二日）の時点でかなり固まっていたと見られる。それは、このときに示された社殿の種類やその規模（面積）が、楼門の位置や参道の経路を除いて、実施案と大差ないからである。たとえば、『阪谷芳郎明治神宮関係書類　第八部』（明治神宮蔵）にある「特別委員会報告」（「大正三年六月」の日付があるもの）の「四　社殿竝付属建物ノ種類及坪数ニ関スル件」に記された社殿は、「1）本殿　2）祝詞舎　3）中門　4）拝殿　5）廻廊　6）神饌殿　7）舞殿　8）直会殿　9）着到殿　10）宿衛屋　11）祓舎　12）手水殿　13）内外玉垣　14）東神門　15）西神門　16）鳥居　17）神庫　18）参集所　19）社務所　20）祭器庫　21）制札場　22）車馬舎　23）社号標」で、大規模神社ならば当然備えるべき施設とはいえ、7）と18）、22）以外は実際に建設されている。ちなみに、神社奉祀調査会では大正三（一九一四）年六月の時点で上記の社殿の規模（床面積）や予算を出しているが、同調査会の最終会合（第八回、大正三年一一月三日）に示されたものは、規模が少し異なり、実施案の各社殿の規模とほぼ同じになっている。[*41] つまり、建設すべき社殿やその配置については大正三年六月には決まっており、同年一一月にその規模や予算を少し修正したものを同調査会の結論としたということである。

大正三年六月の時点で社殿計画の骨格が決まっていることは、この計画が短期間にまとめられたことを意味する。というのも、先掲の伊東のスケッチに見るように、この年のはじめ頃の時点ではまったく異なる案だったのが、五月一日の特別委員会のときには実施案とほぼ同様の方針が示され、その翌月にはその案が神社奉祀調査会で承認されているからである。成案を得るために、神社奉祀調査会では、専門家を集めた特別委員会に具体案を検討させ、社号から、林苑・建築・土木の計画、神宝に至るまで、明治神宮内苑・外苑計画を速やかにまとめさせた。先述のように、内苑が国費を投じて国家事業として行われる関係上、帝国議会の承認を得る必要があり、それは年一回の開催で、毎年一二月にはじまることを踏まえてのことである。つまり一一月末までに予算算定の前提となる計画の具体案をまとめておかなくてはならなかったということである。明治神宮を少しでも早く立ち上げたいという意識が関係者の側にあったということでもある。

ちなみに、明治神宮創立時の本殿まわりの配置計画、特に本殿の前に祝詞舎・中門があり、中門から延びる透塀で本殿まわりを囲うという配置には、明治時代の内務省の営繕事業を規定していた「制限図」[*42]の影響が見られる。

「制限図」は、明治新政府が官国幣社の営繕を管理するために導入したもので、明治六（一八七三）年三月一〇日の太政官指令「官社建物ノ制限ヲ定ム」にはじまるといわれる。この指令には図が添えられていた。この指令に対して教部省が、制限対象になる社殿を増やすこと、社殿や境内地に社格に応じた規模制限を設けること、特別の由緒をもつものは別に扱うことを主張したらしい。しかし、式部寮が神饌所や神庫以外の社殿に関しては教部省の意見に賛同せず、大蔵省案を基本に決定されたというのが「制限図」成立の背景だったようである。その一か月後の四月二〇日に、摂社や手水舎に至るまで制限を加えることが大蔵省伺として提案され、太政官指令として同月二二日に出された。この指令にも図が添付されていた。國學院大學図書館蔵の『官国幣社造営制限図』にはそれと同様の図［図17］が載っており、その巻末に「右官国幣社制限之者明治八年春内務教部両省ニテ遂熟議為内規定置シヲ己請得テ写置者也　明治十年十二月於山形県常世《とこよ》長胤《ながたね》」とあるから、「制限図」と呼ばれる制度は明治八（一八七五）年春に内規として定め

［写真12］「明治神宮本殿」（出典：『明治神宮畫集』）

られたことがわかる。そこには、大・中・小社別に本殿、拝殿から、社務所、宝庫、玉垣、鳥居、井戸屋形に至るまでの配置と規模が、平面図や立面図とともに示されていた。それらの図面から浮かびあがる境内の姿は、流造の本殿の前に切妻起《むく》り屋根妻《つま》入《い》りの中門が建ち、その両脇から延びる透塀が本殿を囲み、中門の前に吹き放ちの舞殿風拝殿が建つというものである。これは、京都や滋賀によく見られる社殿配置で、「制限図」はそれを念頭につくられたということだろう。

ここで確認すべきは、「制限図」は何を「制限」したのかということである。明治時代につくられた官国幣社の社殿にこの図によく似たものが多いことから〔写真14〕、「制限図」を、意匠（社殿の姿）の制限と見なす建築史研究者がいるが、その主旨は規模制限にあったと筆者は考えている。それは、明治二二（一八八九）年九月一六日の内務省訓第六四二号に「官国幣社新設建物従前官営箇所ニ属スル分ハ別冊制限図ノ坪数ニ超過スルコトヲ得ス」[*43]とあることによる。官国幣社を管轄した内務省は、年度予算の計上項目のひとつである営繕費を抑制することを意図していたわけで、官僚的な発想でつくられた制度である。

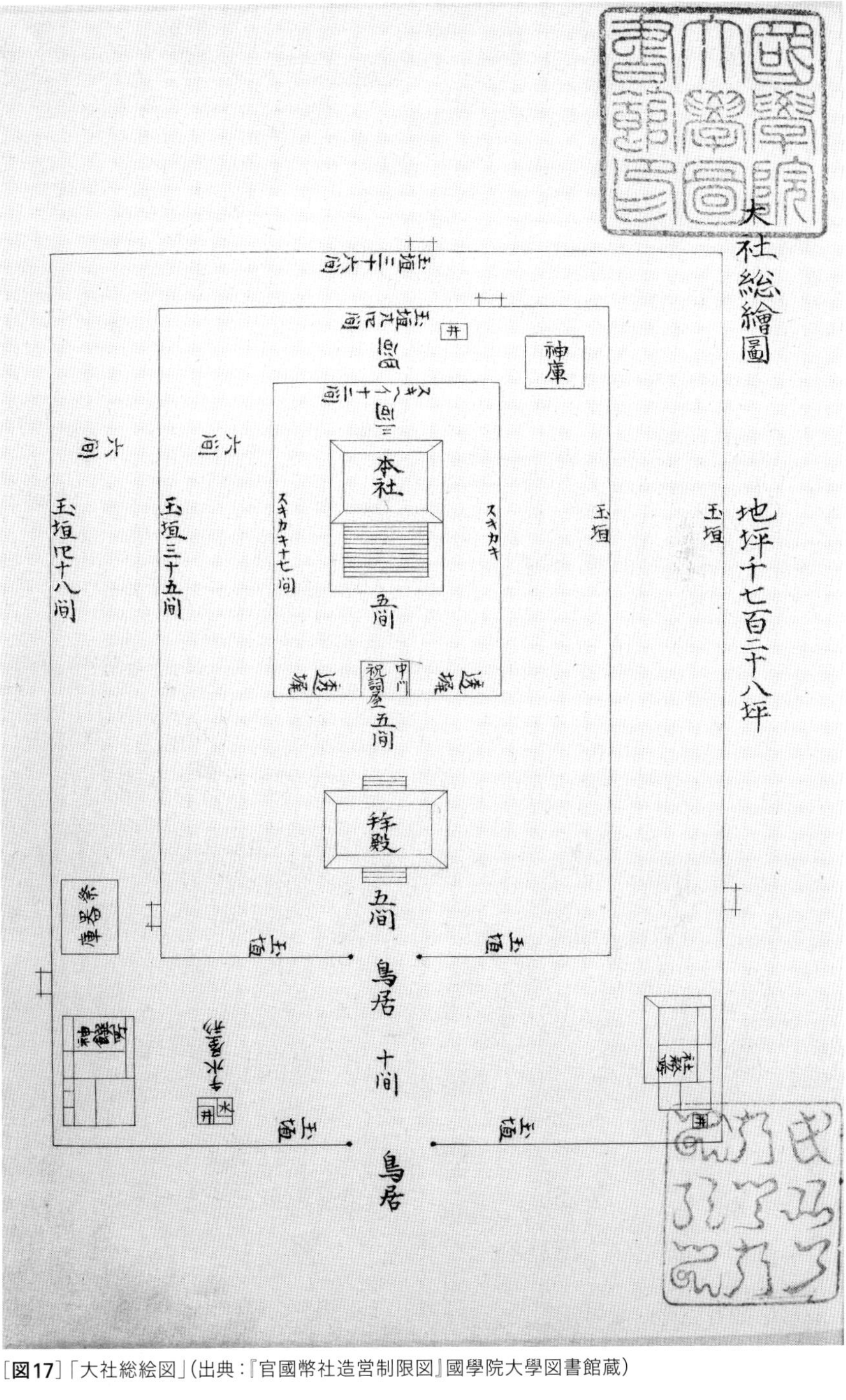

［**図17**］「大社総絵図」（出典：『官國幣社造営制限図』國學院大學図書館蔵）

「制限図」の付図に似た社殿が明治時代にたくさんつくられた理由は、神社の新増改築に際して内務省がこの図を各府県庁に下げ渡していたことにあり、[*44]営繕の実務を担う府県の技師にとっては、それを踏襲するのが規模制限を守るのにもっとも確実な方法だったからと見たほうがいい（その細部意匠は異なるので、府県の技師はそこに創意を込めていたことがうかがえる）。なお、「制限図」が指定する規模を超える社殿をつくる場合は、超過分は神社負担とされた。たとえば、氷川神社（さいたま市、武蔵一宮）は明治三八（一九〇五）年九月に社務所改築を願い出たが、内務省が「制限坪ニ比シ著ルシキ超過ニ有之」として却下したので、同社は「官営箇所」以外の工費を神社負担に変更して再願し、許可されている。[*45]

以上に示したように、「制限図」は神社の意向に沿うものだったとはいいがたい。それは、旧内務省文書「府県別官国幣社土地建物台帳」（神社本庁蔵、官国幣社各社の社殿ごとの諸元を記したリストで、この名称は筆者がつけたもの）からもうかがえる。同台帳掲載で、明治一〇（一八七七）年から四五（一九一二）年までに新増改築された社殿のうち、制限坪数を守っていたのは、本殿においては造営数の七六パーセントだが、拝殿ではそれが二五パーセント、社務所では二四パーセントにすぎず、多くが規模制限を超えていたことがわかる。これは拝殿や社務所の制限坪数（たとえば大社の拝殿が一五・七坪、社務所が二一坪）が実態を反映したものではなかったことを意味する。[*46]

その一方で、神社にとって制限図は、官国幣社が備えるべき社殿の種類を示したものとも見なせる。明治初期には拝殿や社務所をもたない神社は珍しくなかったし、神仏判然令によって境内が歯抜け状態になった例もあった。拝殿をもたなかった氷川神社（先掲）では、本殿が建設されてから二〇〇年以上を経て「雨漏梁桁野路迄尽ク朽損シ」という状態に至っていたことから、明治一二（一八七九）年一二月一一日付で内務卿宛てに「官幣大社氷川神社大破ニ付御再建御改造願」を出し、「官幣大社相当ノ御社殿御再建御改造相成候様」[*47]要望した。同社は、明治八（一八七五）年三月二八日の「賀茂御祖神社以下十二社ノ建造制式ヲ定ム」[*48]で「上代ノ遺制ナルヘク存候事」とされ、官社坪数制限の適用外の神社だったが、「官幣大社相当ノ御社殿」での再建を要望したわけで、内務省もそれを容れて、「制限図」に則った本殿・中門・透塀・拝殿が明治一四（一八八一）

［写真13］「明治神宮便殿斜面」（出典：『明治神宮畫集』）

［写真14］建勲神社（明治13年京都・船岡山麓に造営、同43年同山頂に移築）

年に建設された。これは「制限図」の影響を示す象徴的な事例といえる。

「制限図」の制度は明治末年に廃止されたが、その理由は、近代における神社のあるべき姿を示そうとしたものではなかったことにあると見てよい。

創立時の明治神宮の本殿、その前の祝詞舎と中門、そしてその中門から延びた透塀が本殿を囲うという配置、そして流造の本殿は、その「制限図」を思わせる。そのために、後に角南隆《すなみたかし》がそれを次のように批判したわけである。

大正4年から明治神宮創建の計画はたてられたのだが、その衝に当った方々は、建築の面だけで言えば、当時の最高の学者諸先生と古社寺修理に堪能な人たちであった。まだ神社がないのだから専任神職は定められていない。こうした、学者と技術者と役人の常識をまとめながら進めてきたのであるから、はっきり言わせて貰うならば、神社で真剣に苦労してきている人が一人もなかったと言い得る。さればこそ制限図の内容を、そのまま採り入れてあるのである。[*49]

なお、第一鳥居に通じる表参道は、神社奉祀調査会では高樹町《たかぎちょう》通り（現・骨董通り）からはじまる、現在のものとほぼ同じ経路で計画されていたが、先述のように、一度青山四丁目の角、つまり外苑の表門の近くからはじまるように変更され、実施案では青山六丁目からはじまるものに代えられた。ほぼ当初案に戻ったということである。[*50]

先に紹介したように、内苑の二二万坪の敷地境界線は南豊島（代々木）御料地と同じではなかった。それを確認するには、図18の「明治神宮境内原形図」（『明治神宮造営誌』）と、図14の「明治神宮境内予定略図」や図19の「明治神宮境内地形変遷図」を比較すればよい。その変更の主な理由は境内地を整えるためで、特に南参道がはじまる南東端の敷地を確保し、西に隣接する陸軍の代々木練兵場との間に森をつくること、その練兵場からの砂塵の影響を軽減すること、旧御苑南池の水源を確保することが主目的だった。『明治神宮造営誌』によれば、代々木練兵場（陸軍省所管）とそれに接する民有地あわせて一万四、〇〇〇坪を境内地に組み込み、さらに代々木練兵場から一、九一五坪を編入し、代わりに宮内省から陸軍省に五、五八一坪を渡すことになった。その後陸軍省からさらに二〇五坪を得て、計一万六、五九三坪を取得し、陸軍省には買収地から五、二一二坪を渡し、最終的に内苑敷地は二一万八、八九三坪になった（一二九～一三二頁）［図19］。

なお、代々木練兵場敷地の南東端を明治神宮に編入したことに関しては、関野の提案がきっかけになったかもしれない。それは、大正三（一九一四）年五月四日の第二回神社奉祀調査会特別委員会で南からのものを主参道にすることが議論されたときに、「モウ少シ南ノ方カラ参リマスト、鉄道ノ下ヲ潜ラズニ行ケルヤウナコトハ出来マスマイカ、又丘モアリマスケレドモ、其丘モ道ノ付方ニ依ツテハ都合好ク道ガ付キハシマスマイカ、其辺ヲモウ一ツ御踏査ヲ願ヒタイト思ヒマス」と発言しているからである。[*51]

参道計画がなかなか決まらなかったことはすでに触れた。神社奉祀調査会結了の時点では、社殿東側に南北に連なる主・副参道がとられ、そこから西に向かって東神門に至るという計画だったし、それは大正四（一九一五）年四月三〇日の明治神宮造営局設置の時点でも変わっていない。造園の専門家としてこの計画に関与していた上原敬二の回想『人のつくった森――明治神宮の森「永遠の杜」造成の記録』（東京農業大学出版会、平成二一年、初版は昭和四六年）に、伊東忠太が東側に参道を設けることを、つまり東側から社殿にアプローチすることを願っていたことが記されている。それは、社殿群が南北に連なることを、そしてその複数の屋根による華麗な景観を伊東が見せたいと強く望んでいたことを示すものである。

> 御敷地建物の配置は南北に並ぶものが主要のもの、仮に中心に南北線を引いて見ると南から鳥居、神門、拝殿、中門、本殿、廻廊の順となる。これらの高さは違う。この側面の姿を今日の東参道に正面参道をおき、参拝の時目に入れるようにしたいと望んだのが伊東参与の原案であったが、間接に聞くところによれば大熊会長初め不賛成の人も多かったので現在のように正面参道を設けるよう変更になったという。（七九頁）

つまり、伊東忠太は、社殿が連なる華麗な姿を参拝者に見せるため、東からのアプローチを望んでいたが、大隈重信会長らの反対で退けられたということである。そうであれば、社殿に南からアプローチする参道を決めたのは伊東ではないことになり、この内苑計画も合議制で進められて

［**図18**］「明治神宮境内原形図」（出典：『明治神宮造営誌』）

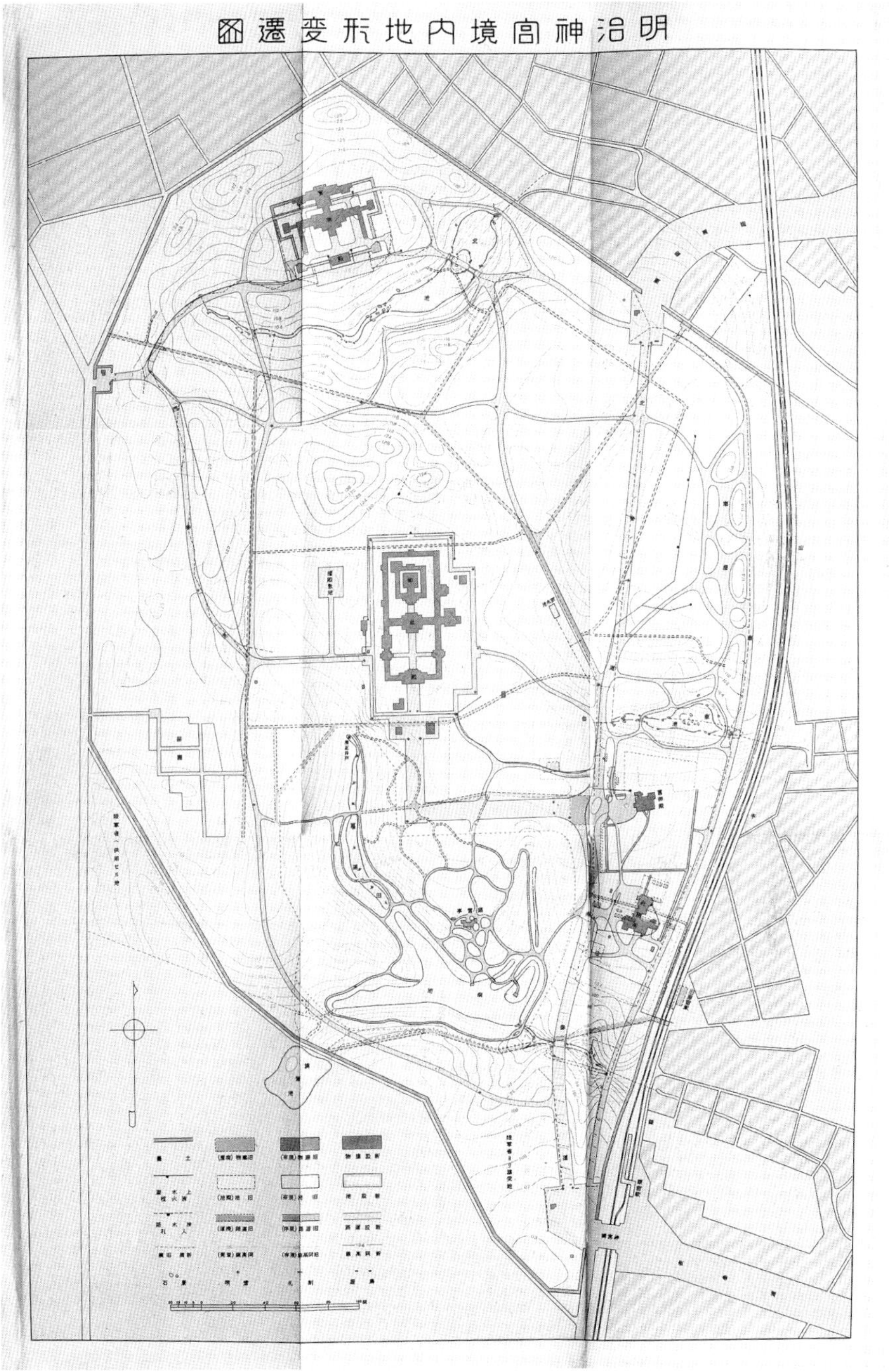

［**図19**］「明治神宮境内地形変遷図」（出典：『明治神宮造営誌』）
右の図18が旧状を示す。図19の南端の三角形の土地と、南西端の三角形の土地が変換されたのがわかる

いたことがうかがえる。
その参道計画に関しては、桝形の導入を含め、明治神宮造営局技師・大江新太郎の意見が採用されたらしい。それは上原の先掲書に以下のように記されているからである。

道幅に片側一間（一、八m）ずつの差をつけたこと、曲りを九〇度としないで八八度としたことは大江技師の提案によって決定した。道わきの排水溝（殊に正面参道）の構造については地表からでは見えないが牧博士の苦心の設計がものをいって決定した。（傍線筆者）（四五頁）

参道工事についても同様、何回か現場打ち合わせ会が開かれた。『明治神宮造営誌』に示されているような調査会当時の工法は改められ、現在のような単純な形式がとられた。道幅は南参道八間（一四・四m）、正面参道一〇間（一八・〇m）、北参道六間（一〇・八m）、西参道四間（七・二m）。特に正面参道西側の緩衝地帯の意味をもつケヤキ並木の植栽案などは異議なくまとまった。参道一般について道幅、勾配、排水路、左右の法肩などの細部、正面参道の桝形新設などについては大江技師が他の官国幣社の実例を挙げて力説したことは協議のまとまりを促し、筆者にとって大江技師がいかに多くの神社を実際に調査しているかの実証となり教えられるところ多く、後年筆者が神社、陵墓等をさらに徹底して調査することの必要性を認めさせてくれた。[*52]（傍線筆者）（七五頁）

ほかにも、大江の関与が推測されるのが「明治神宮御造営概要」（『阪谷芳郎明治神宮関係書類　第六部』明治神宮蔵）の「殿舎廊門ノ配合体裁ヲ考ヘ本殿ヲ中心トシテ第一匝《く》ニ籬垣《まがき》ヲ繞《めぐ》ラシ第二匝ニ廻廊ヲ繞ラシ更ニ第三匝ニ玉垣ヲ繞ラシ中門拝殿以下適宜ニ之ヲ分布シテ以テ全局ノ規模ヲ整ヘタリ」が示唆する設計手法である。この「第一匝」「第二匝」「第三匝」は、神聖度に応じたゾーニングを意味し、「第一匝」が中門から延びる透塀で囲われた区域、「第二匝」が廻廊で囲われた内院・外院で、「第三匝」が外透塀で囲われた区域を示すと解される。境内を入れ子状にゾーニングによって秩序立てて計画するというこの手法には、大江が大正一三（一九二四）年に、神社の境内を神聖度に応じて「神聖区域、神厳区域、清厳区域、清雅区域、自由区域」という入れ子状の五区域に分けて設計することを提唱したのと同様の姿勢がうかがえる。[*53]

そのような眼で見れば、参道においても同様のゾーニングが見てとれる。南北の参道が出会ったところから西進し、ついで北進する正参道は一番幅広かつ直線で、もっともフォーマルに仕立てられている。神域に近づくにしたがって、参道の荘厳さの度合いを高めているわけで、そこにも上記のような秩序だった設計方針が感じられる。

ちなみに、参道の主要経路が実施案のように決まったのは、大正四（一九一五）年一〇月頃らしい。それは、以下のような記述による。

大正四年四月境内地形の測量、林況の調査、西参道付近一帯及び樹木移植地の整理をなすと共に、樹木の移植に著手し、参道は自然の森林を開通せるが如き築造となし、就中《なかんずく》南参道は、神宮橋を渡り、広場を過ぎ、鳥居を入るの順序にして、御橋下を流るゝ水流には、小瀑を設けて自然の渓流化し、社殿敷地内盛土部分の赤松は之を他に移植し、二重の樹林を以て社殿を繚繞《りょうじょう》せしむることゝせり。

七月、境内の植樹、築山、池水の配置等、旧御苑内の維持保存並に境内造成の計画を立て、敷地内測量、設計等の調査をなし、樹木の植栽を始む。十月境内大椋樹下にて西向し、玉垣に入る参道は、旧御殿前にて南北参道と相会し、西折して更に北向せしむることに変更し、又社殿後方に仮山を築き、境外数町の外にある瓦斯《ガス》タンクの展望を遮蔽することゝせり。[*54]（傍線筆者）

それに関連して注目されるのが、「大正四年九月廿九日受　明治神宮造営局」という手書きのメモが添えられた「明治神宮林苑大体計画図」（明治神宮蔵）〔図20〕である。この図では、南北参道とその交差点から西に延び、次に北に折れる参道の経路がほぼ実施案と同じだが、西参道は実施案とはかなり異なっているので、参道すべてが実施案のように確定したのは大正四年一〇月よりあとである可能性がある。

参道計画がなかなか決まらなかったのは、建築だけでなく、土木や林苑関係の専門家も関わるので、その意見の一致を見るのがむずかしかったためと見られるし、大正四年秋の時点では宝物殿の設計は手つかずだったのだから、そこへの経路はまだ計画できなかったはずである。社殿のように、建築関係者を中心に決められるものについては意志

［写真15］明治神宮東廻廊角柱・肘木
角柱だけでなく、肘木や桁・垂木まで大面取りになっている。

決定が速やかにできたのだろうが、複数の専門分野がからむところでは、合意形成に時間がかかったということで、それが明治神宮造営事業の特徴のひとつといえる。つまり、内苑の配置計画に関しては、設計者を一人か少数に特定することはできず、関係者の合議によって設計が決まったと見るべきで、その決定事項を前提に、各分野の専門家が担当のところを設計したというのが実態だったと考えられる。

　創立時の社殿の実施設計は、伊東の下で、安藤時蔵（一八七一～一九一七、東京美術学校絵画科明治二八年卒）と大江新太郎が担当した。それに関して大正九年出版の『明治神宮』（庭園協会編、嵩山房）で、伊東が以下のように記している。

　只茲に故技師安藤時蔵君が献身的努力を以て、其能力を傾倒して実施設計図を完成せられ、巧に内廊殿舎の権衡を調製せられたる偉功を感謝し度い。又現技師大江工学士が安藤君の後を襲ぎ、この豊富なる意匠を竭して安藤技師が尽さゞりし処を補ひ、微に入り細に亘りて漏す所なく、終に空前の大神社の工を竣成せしめられたるの殊勲を特筆し度い。現場監督の重任に当たられたる木村技手以下多数の従業職員諸氏の多年の辛労は明治神宮と共に長へに世に伝ふべきものと信ずるのである。*55

伊東が「明治神宮社殿の建築に就て」で、「大体の調子は平安時代の最優美なる形式を取る方針で」（五三九頁）と述べているように、創立社殿は平安時代のものをモデルにしていると見てよい。それは優美な屋根だけでなく、大面取《おおめんと》りの角柱や肘木にも見てとれる［写真15］。本殿や拝殿・神饌所の脇の間、宿衛舎に隣接する神符《しんぷ》守札《しゅさつ》授与所に、平安時

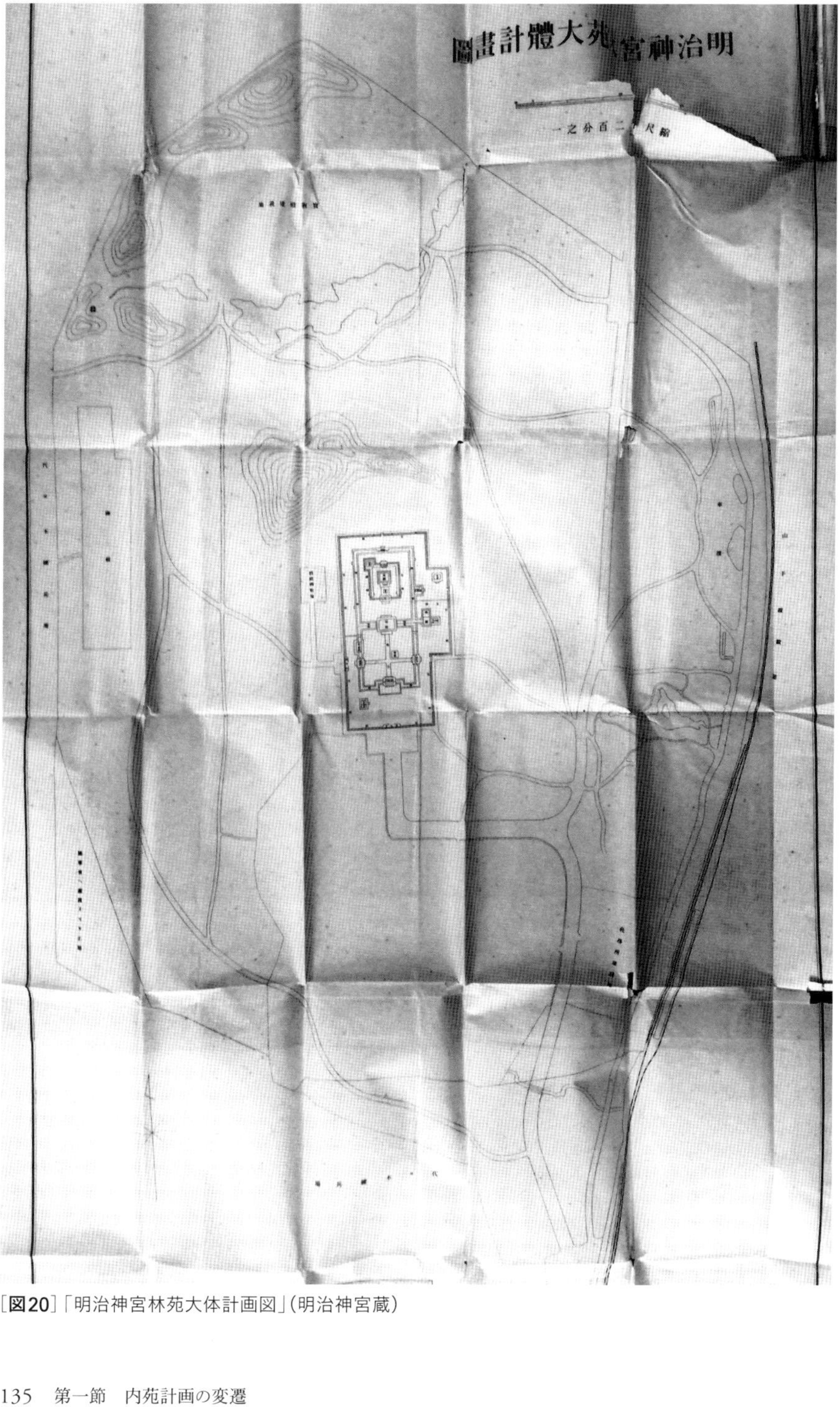

［**図20**］「明治神宮林苑大体計画図」（明治神宮蔵）

代にはじまる蔀戸《しとみど》を配したのも、同様の趣旨によるものだろう。[*56] このような姿勢は過去に寄り添っているように見えるかもしれないが、あくまでも意図的な選択であることにあらためて注意をうながさなくてはならない。日本建築史によって過去の建築が時代区分と様式という概念で整理され、リスト化されていたからこそ、状況に応じて設計者がその中から取捨選択できるようになったのである。近代の和風建築は、多かれ少なかれ、日本建築史の知見の上に組み立てられているということである。

安藤と大江が設計に関わったことは、後年角南隆が次のように回想していることからも確かめられる。

> 旧社殿は最初から安藤時蔵氏が担当技師として立案し、実施しておられたのであったが、八分通りできたところで安藤氏が逝去され、宝物殿担当の技師であった大江新太郎氏が兼務して完成されたのである。したがってエレベーションの骨格を定め、大きなコンポジションをまとめたところまでは安藤技師の案である。そして一部の彫刻・建具・飾金物などは大江技師の案であって、例えば残っている四方の神門などにも両技師の合作の跡が残されている。[*57]

なお、内苑造営事業は、大正四年度以降六か年の継続事業として予算三四五万七、三七九円ではじまったが、第一次世界大戦にともなう物価騰貴などのため、途中で三回予算を追加して、五二一万九、五六三円で竣工した。[*58]

第二節　社殿の設計趣旨——秩序重視の空間構成と近代技術の活用

創立時の社殿は、本殿が流造、南神門は楼門であるなど、江戸時代までの神社の意匠を踏襲しただけのように見える。しかし、そこに示された設計手法は決して伝統墨守ではない。

まず、権現造のような社殿一体型のものは別として、個別の機能に対応する社殿が並ぶという配置の官国幣社のなかで、明治神宮に先行して内務省による営繕事業が行われたもののうち外院と内院で構成され、そのすべてを廻廊で囲い、さらにその外周に外透塀を配しているのは、明治神宮だけである[*59]〔図1〕。つまり、過去にそのような前例はないのである。このようなやり方をとったのは、社殿配置をゾーニングで整えるためと、神聖度に応じて地盤面の高さを変えるための境界としての役割を廻廊に与えるためと考えられる。

廻廊によるゾーニングは、神聖度の高い内院と一般参拝者が入れる外院を区別していること、そして内院では、それに加えて「内透塀」(「透塀」と呼ばれていたが、檜皮葺の屋根や腰壁を備え、廻廊風の設《しつら》えになっている)で本殿を囲っていることに見られる。また、廻廊を地盤面の高さを変えるための境界にしていることも見のがせない。内院・外院の区画に対応して、外院の地盤面は廻廊の外よりも二尺五寸(約七五・八cm)高く、内院の地盤面は外院のそれより三尺(約九〇・九cm)ばかり高くなっており、中門から延びる内透塀で囲まれた聖所ではそこからさらに四尺(約一・二一m)高くなり、本殿がその高い地盤面から立ち上がる四尺の基壇の上に建っているのも注目すべき点で、神聖さが増すにつれて地盤面を四段階にわたって上げているわけである〔図21〕。

高さで神聖度を表現するという秩序重視の設計姿勢は、社殿ごとの棟高の設定の仕方にもうかがえる。それは、本殿

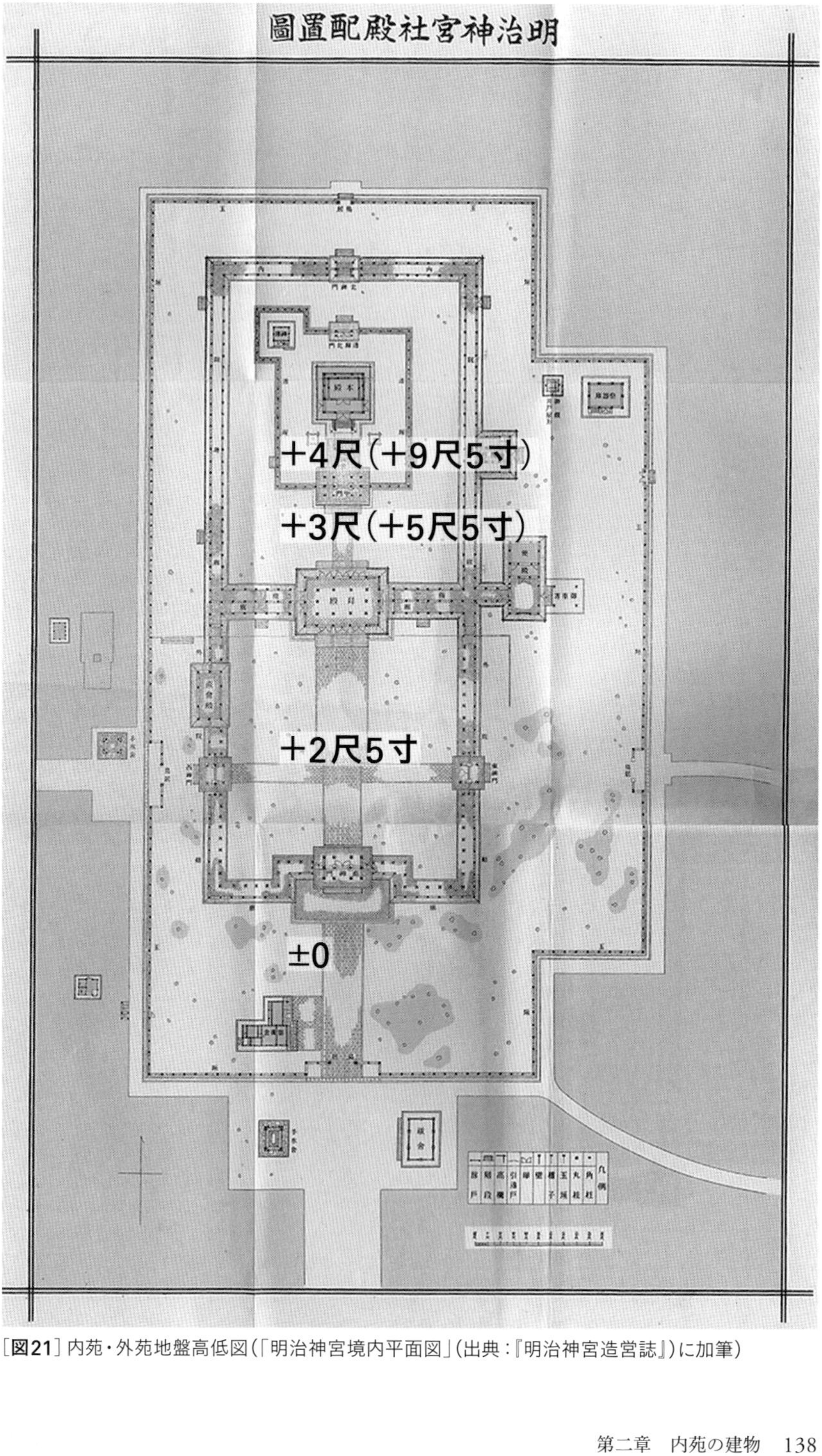

［**図21**］内苑・外苑地盤高低図(「明治神宮境内平面図」(出典:『明治神宮造営誌』)に加筆)

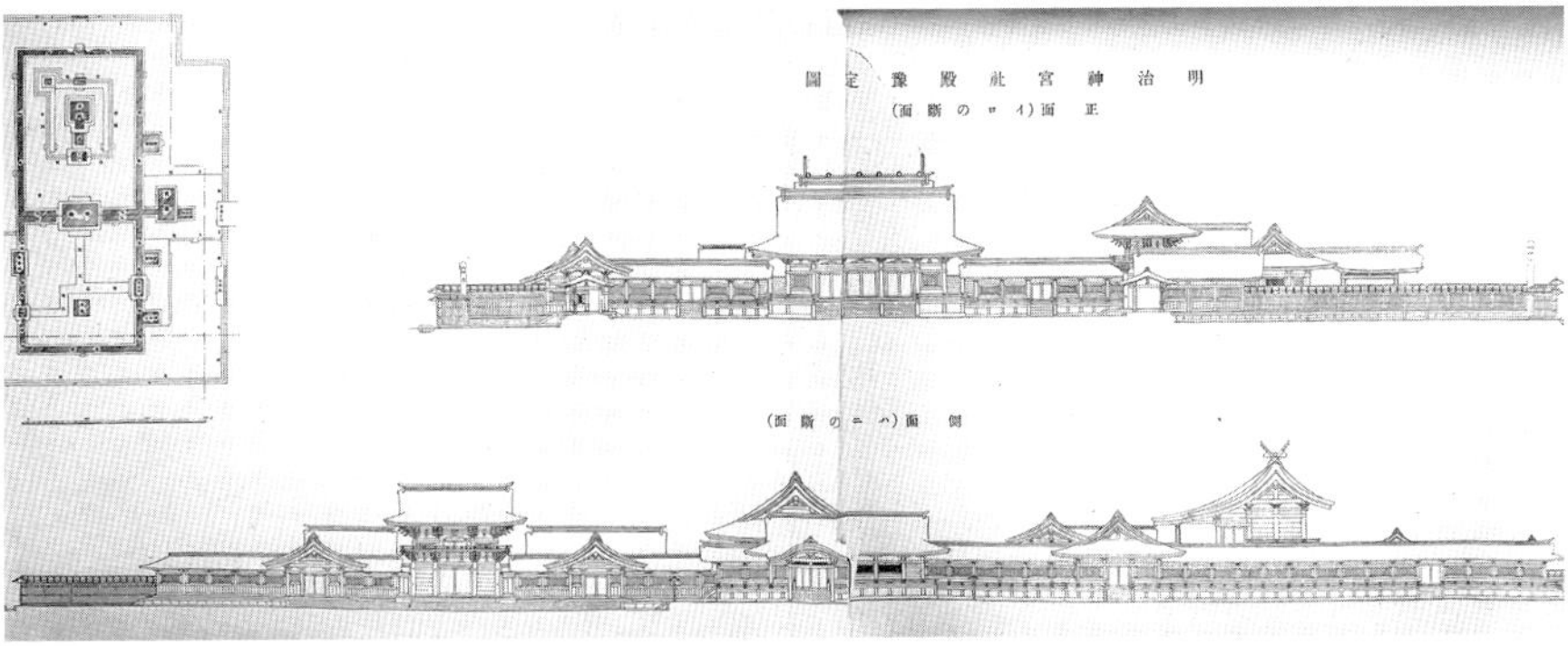

［**図22**］明治神宮社殿計画案東側面図・断面図
（出典：「明治神宮宝物殿競技設計募集要項付図」『建築雑誌』大正4年5月号）

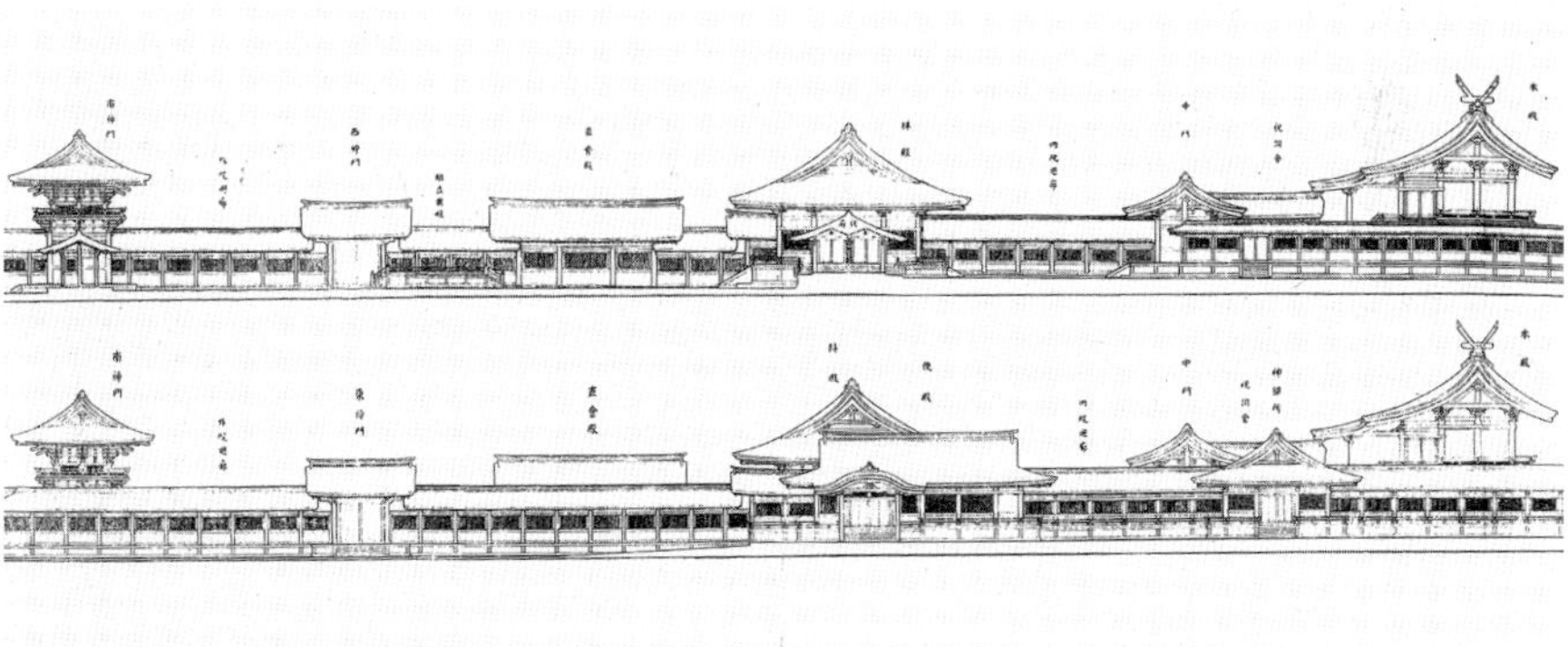

［**図23**］明治神宮社殿東側面図・断面図
（部分、出典：『建築雑誌』大正9年11月号、巻末付図）

が建つ基壇の高さを高く設定して、その棟高を、本殿より規模が大きい拝殿や楼門の棟高より高くし、神域で一番高くなるように整えていることである。この方針は、先掲の『建築雑誌』大正四（一九一五）年五月号に掲載されたときの付図［図22］にすでに見られるし、実施案でもそうなっている*60［図23］。神聖度に応じて地盤面を上げつつ、本殿の棟高が神域で最も高くなるようにするという緻密な設計になっているわけである。廻廊内をその外の地面より高くするだけでなく、その中においても、複廊や内透塀で、さらに細かくゾーニングし、それが囲われた区域の地盤面を細かく変えている。

その廻廊は、参拝者の動線分離の役割も担っている。先掲のように、東複廊は天皇・皇后専用で、西神門から北の廻廊と西複廊が拝殿昇殿者と神職の動線にあてられている。一般参拝者は拝殿前の石階下で参拝した。ゾーニングや動線分離の役割を廻廊という伝統的な要素に見出しているわけで、姿は伝統的でも、その意味づけは新しい。

廻廊によるゾーニングや、格の高い空間の床《ゆか》を上げるとか、流造本殿の外陣・縁境の柱だけ角柱にするというやり方は、昔からのものである。しかし、それに意味を見て、明治神宮社殿に求められた要件に対応するようにそれらを組み合わせるというのは、意識的な選択である。そこでは、伝統的な要素が近代の知（日本建築史の知見）によって解釈し直され、位置づけ直されている。「建築の新しさ」を「新しい形の発明」にではなく、「既存の形やモチーフの新しい組み合わせや意味づけ」に見るならば、創立時の社殿は「新しい」（後述の復興時社殿も同様）。

「新しさ」は伝統的なモチーフをモダンにアレンジしているところにも見てとれる。南神門の蟇股《かえるまた》はあまり見かけないもので［写真16、口絵14頁上］、横に引き延ばされたような板《いた》蟇股《かえるまた》で、大江らしい華麗な意匠である。横に長く延びる板蟇股は、東福寺月下（月華）門（鎌倉時代）や三千院朱雀門（江戸時代）［写真17］などに見られ、特に南神門のものは三千院のそれによく似ているが、その細部の処理の仕方はより華麗で、モダンな感じになっている。錺金物《かざりかなもの》［写真18、口絵14頁右下・写真19］も大江のデザインで、フラットな銅板にアール・ヌーヴォーのような華麗な自由曲線の文様が打ち出されているというユニークなもので（創立時には金メッキが施されていた）、大江がかかわった神社以外にはほとんど見られないものである*61。四つの小さな猪目《いのめ》を円弧状に組

[**写真16**] 明治神宮南神門蟇股

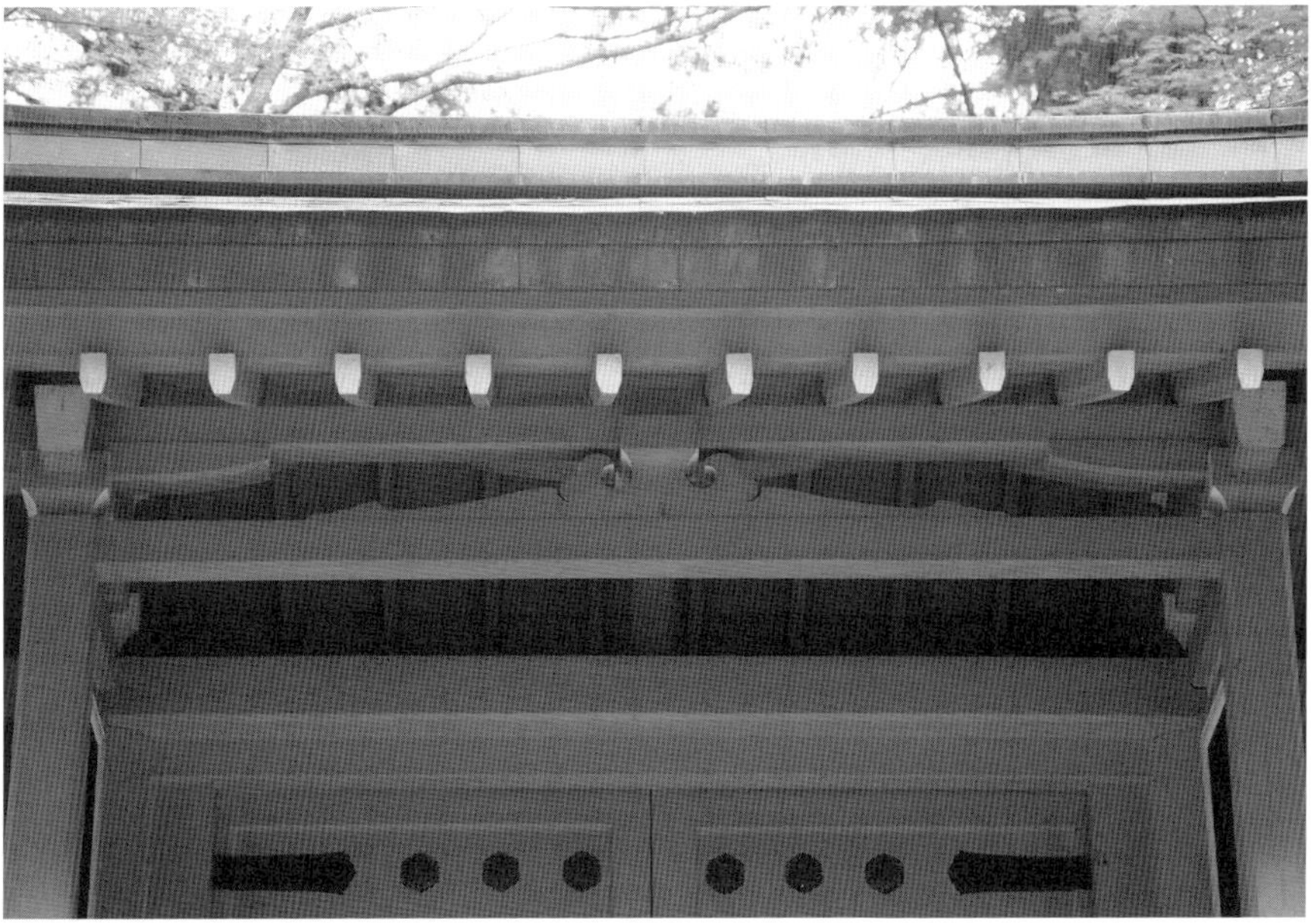

[**写真17**] 三千院朱雀門蟇股

み合わせたり、一列に多数並べた錺金物も見られる［写真20、口絵14頁左下・写真21］。猪目というモチーフ自体は伝統的でも、このようにたくさん並べるのはめずらしい。モチーフの扱い方が新しいということである。

伊東も、安藤や大江も、日本建築史に通じていた。伊東はその泰斗であり、安藤は、伊東の指導を受けて滋賀県などで特別保護建造物の古社寺の修理を担当していたし、大江は栃木県技師として日光東照宮の修理を担当していたので、時代によって細部の意匠や適用された技術が異なることは熟知していたはずである。それを敷衍すれば、彼らの時代の感性を込めて細部を決めていいことになるので、明治神宮社殿は、彼らにとっては「現代建築」だったわけである。

［写真18］明治神宮南神門軒先錺金物

神社の本殿は祭神だけのための建物なので、もっとも重要かつ神聖な建物であるにもかかわらず、その規模が小さく、目立たなくなりがちである。特に明治神宮では、拝殿は政府高官らが参列しての儀式の場なので、その規模が大きくなるのに比例してその棟高も高くなる。そこで、本殿を目立たせるために高く持ち上げたと考えられる。創立時の社殿群では拝殿が約六〇坪と、面積が最大の建物だが、先述のように、本殿の棟高を拝殿や楼門のそれより高くして、神域で最も高い建物として位置づけている。その意味で千木と堅魚木をつけたのは、本殿であることを際立たせる点でも意味があったといえるし、昭憲皇太后を合祀することで本殿の面積を約三〇坪に拡大することができたのは、棟高を高くするためにも好都合だったとみられる。

先に、本殿の流造の屋根が手前に大きく延びるところに五本の化粧垂木を配するという技巧的な納まりになっていることを述べたが、その断面図［図16］を見ると、それらの化粧垂木が金物で吊られているのがわかる。また下には高

［写真19］明治神宮南神門連子窓錺金物

［写真21］明治神宮西神門扉錺金物

［写真20］明治神宮東神門破風錺金物

さ三m以上のレンガ基礎が配されている。

このように、流造とはいえ、細部を見ると、本殿もけっして古式そのままではない。伊東が流造擁護の根拠のひとつとして「流れ造は厳重な型が無いから自由自在に意匠を施すの余地がある」[*62]と述べているのは、このようなことを踏まえてのことだろう。

創立時の社殿に近代技術が活用されていることは、他の社殿にも見てとれる。たとえば南神門の小屋組には、吊り金物や水平筋違、束柱を両側から挟む振れ止めなど、洋風小屋組の手法［写真22］が随所に見受けられるし、大きく張り出した軒は鉄筋で吊られている［写真23］。設計者（安藤時蔵）が思い描いた理想の日本建築を当時の最新技術を活用することによって実現できた、ともいえるかもしれない。

なお、図16にも見られるが、創立時の社殿群の下には大きなレンガの基礎がつくられた［写真24〜27］。そのさらに下には割栗石《わりぐりいし》を敷いた鉄筋コンクリート造のフーチングが配されている。これらの写真に見るように、このレンガ基礎は人の背よりも高い。それを見るだけでも、社殿の建設にいかに手間をかけていたかがうかがえる。というのも、それは、社殿の建設予定地全体を約四mの深さで総掘りしてそこにレンガ基礎を設け、それを埋め戻したうえで、レンガ基礎の上に木造社殿を建てたことを意味するからである。パワーショベルなどない時代で、すべて人力に頼る仕事だったはずだから、これらの写真を見るだけでも、創立時の社殿の工事が工期と工費をかけた、ていねいな仕事だったことがうかがえる。

見えないところにも手間をかけていることは、境内全体が無電柱化されていることにもうかがえる。先にも触れたが、参道に立つ灯籠の照明のための電線は地下化されている［第一章写真11］。また、鉄筋コンクリート製の下水管も暗渠になっており、敷地全体の水勾配を調整して、参道両側の取水口から暗渠の下水に入り、それが渋谷川や北参道入口の下水に流れるように計画されている。また南北参道の両端には、砂利を敷いた放物線断面の排水溝があり、そのところどころに鋳鉄製のグリルが配されて、雨水を下水管に流すようになっている［第一章写真10］。姿は一見伝統的だが、それを成り立たせるために当時の最新技術が惜しみなく投入されているわけである。

明治以降は西洋のやり方が導入されたために、その「洋風」に対して従来のやり方が「和風」として相対化された。

［**写真22**］
明治神宮南神門小屋組
吊り金物や洋風小屋組に用いられる振れ止めが見える。この写真には写っていないが、隅部には大断面の水平筋違が配されている。

［**写真23**］明治神宮南神門軒裏吊り金物端部

[写真24] 明治神宮本殿レンガ基礎(出典:『明治神宮造営誌』)

[写真25] 明治神宮拝殿基礎(出典:『明治神宮造営誌』)

［写真26］明治神宮外院レンガ基礎（出典：『明治神宮造営誌』）

［写真27］明治神宮本殿・内院廻廊レンガ基礎上の鉄筋コンクリート造基礎（出典：『明治神宮造営誌』）

それまでは、「和風」以外のやり方があるとすれば「中国風（唐風）」だけだったが、近代技術を背景にした西洋の圧倒的な文化的影響力の前に、「和風」は選択肢のひとつになった。つまり、伝統的な形や手法を採用することは意図的な選択であることを意味し、結果が似ているとしても、それを適用する側の意識は江戸時代までとは異なるということであり、その適用の仕方は、日本建築史の知識や機能性重視の姿勢など、近代の建築思想に裏打ちされているということである。この意味で、明治神宮社殿はまぎれもなく近代の産物である。平安神宮（明治二八年）のように境内の地盤面を徐々に上げた先例があるとはいえ、明治神宮は、社殿の配置計画を含めて、近代における大規模神社建築はどうあるべきかという問いに正面から応えようとした、事実上はじめての試みといってよい。

以上に示した創立時社殿の設計趣旨には、理念重視の姿勢と、優美さを旨とする美学が合体したさまを見ることができる。南北の軸線に沿って、ヒエラルキーを重視しながら整然と並べられた社殿群は、設計者が、明治天皇と昭憲皇太后を祀るにふさわしい、理想的な神社形式と考えたものの具現化と考えられる。それを可能にしたのは、明治時代にはじまった日本建築史の知見である。それによって神社建築が様式という概念で整理され、時代ごとの特徴別にまとめられていたことが本殿の様式選定などの根拠になっているし、廻廊や楼門の新たな意味づけも可能になった。そして、そのような形式に、優美さや華麗さを重視する美学が重ねられているわけである。前例に頼れなかったことにともなう苦労があったとはいえ、当時としては巨額の国費を投じて、天皇・皇后を祀る神社を国家事業として造営するということで、彼らの理想はかなりの程度まで実現できたとみられる。

明治神宮で提案された、神聖度に応じたゾーニングや、軸線上に整然と社殿を配しつつ、本殿の棟高を境内で一番高く設定し、そこに千木や堅魚木を載せて一番枢要な建物であることを明示するという設計手法は、そのあとの内務省の神社営繕に継承された。その点で、明治神宮の造営は、近代の神社営繕事業の画期になったといえる。本殿まわりに「制限図」の影響が残るとはいえ、その後の神社営繕のモデルになったことはまちがいない。

第三節　拝殿の使われ方

明治神宮の拝殿［図24、写真5〜7］は、木造平家、面積五八・七七坪の建物で、花崗石張りの基壇の上に載っている。[*63] この拝殿でまず注目すべきは、石張りの土間床になっていることである。そもそもこの拝殿は高位者や政府高官らが参列しての祭祀用で、一般参拝者は昇殿できず、石階下で参拝することになっていた。公式の儀式の場として設えられたということである。その儀式では、皇族は当然洋装の正装であり、参列者も原則として、大礼服や軍服のような洋装で昇殿することが想定されたはずだから、椅子に着座することになるので、土間床を採用したとみられる。[*64]

管見によれば、官国幣社で土間床の拝殿を持つ最初の例は平安神宮（明治二八年）である。平安神宮は大内裏をモデルとし、拝殿は大極殿《だいごくでん》を模してつくるということで、中国風の土間床にしたと見られる。それに次ぐのが札幌神社（現・北海道神宮、大正二年）で、土間床採用の理由はよくわからないが、その設計者は、明治神宮と同じ安藤時蔵である。

明治神宮は創立ということで、鎮座直前まではその神職は任命されていないので、[*65] 拝殿の使い方を含め、祭祀のやり方については詳細な検討はなされず、神社設計の経験がある伊東忠太と安藤時蔵が内務省と相談しながら設計したと見ていいだろう。当然ながら、彼らは参拝者の動線や祭祀のやり方などを想定して設計していたはずだが、鎮座後にその想定どおりに使われたとはかぎらない。

『社務日誌』を追っていくと、拝殿の使われ方や参拝の仕方が徐々に変わっていくのが見てとれる。たとえば、大正一〇（一九二一）年一〇月八日に崇敬会代表者に、そして大正一四（一九二五）年一一月一五日には、七五三の参拝者に昇殿を許している。[*66] また、初詣の際に特別な便宜を図ることもあった。たとえば、昭和二（一九二七）年から祈

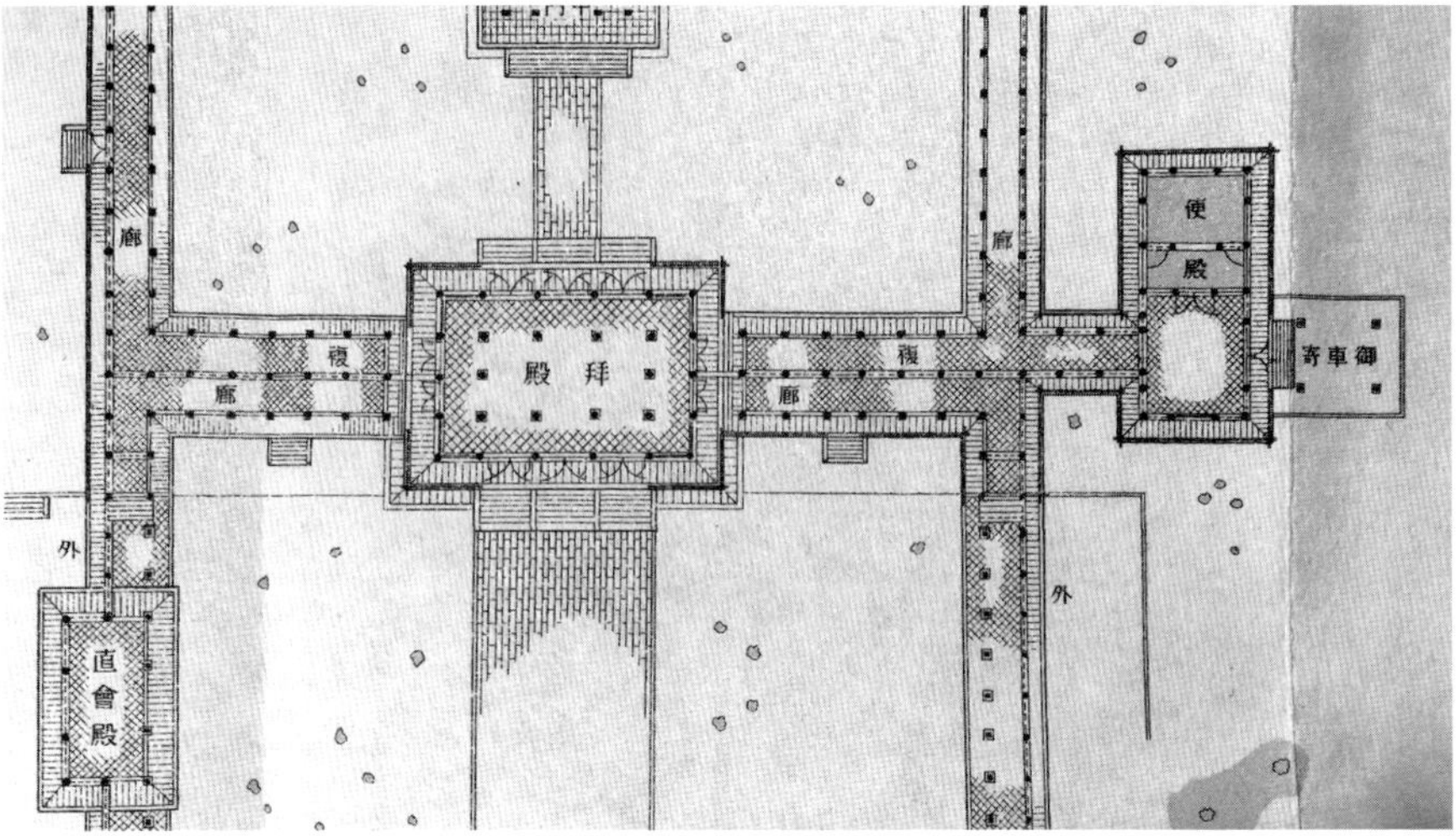

［**図24**］明治神宮拝殿まわり平面図（「明治神宮境内平面図」部分）（出典：『明治神宮造営誌』）

願を希望する者を昇殿させ、玉串奉奠《ほうてん》の便を与えている。*67

大きな変化が見られるのが昭和一二（一九三七）年七月の日中戦争勃発後で、出征兵士に対して昇殿参拝を認めることになった。その大前提として、明治神宮のような官幣社の場合、内務省が定めた神社関係法令に従う義務があったことを念頭に置かなくてはならない。つまり内務省の指導によって、祭祀の仕方が変わりうるということである。たとえば、昭和一二年八月二一日付で内務省神社局総務課長から下記の通牒が出ている。

各官国幣社宮司殿

神社奉務ニ関スル件照会

北支事変勃発ニ付官国幣社以下神社神職ノ奉務ニ関シテハ曩《さき》ニ神社局長ヨリ地方長官宛ニ依命通牒《つうちょう》ノ次第モ有之夫々適切ナル方途ヲ講シ遺漏ナキヲ期セラレツヽ有之候コトヽ存候ニ付テハ其ノ実況承知致度候条御社ニ於テ実施セラレツヽ有之候施設竝ニ方法等詳細取纏メノ上来九月十日迠《まで》ニ御報告相成度*68

軍人の参拝に丁重に対応することを求めているわけであ

る。その後明治神宮では、軍人の昇殿参拝を認めただけでなく、正式参拝を中門石階上で行う便宜を図る例も見られるようになった。[*69]

その一方で、戦争未亡人の団体が昇殿参拝を願い出た際には、国が定めた制服を着用していないという理由でそれを認めなかったものの、複廊で参拝させるという対応をしている。拝殿に準じる場として複廊を位置づけていたことを意味するものでもある。[*70] 拝殿での昇殿参拝規則の適用範囲の線引きがむずかしい場合もあったことをうかがわせる例とも見られる。以上を通して感じられるのは、当初の昇殿参拝規則の適用範囲を徐々に拡げるという傾向があったことで、規則を遵守することを原則にしながらも、内務省の意向や参拝者の要望を汲んで、参拝の仕方を少しずつ変えていたことがうかがわれる。

第四節　社務所に見られる特徴

社務所は、社殿に続いて大正九（一九二〇）年に竣工した。木造平家で、構造材には木曽ヒノキと扁柏《へんぱく》（台湾ヒノキ）、サワラを、造作材《ぞうさく》には農商務省進献の屋久杉や小笠原村進献のクワ、タマナ（テリハボク）を使用していた。建坪は二一六・一一五坪である。[*71] 当時の官国幣社に一〇〇坪を超える社務所を持つ例は稀だったので、[*72] 明治神宮の社務所は際立って大きかったことになる。屋根は切妻と入母屋で、石綿スレート葺きで、玄関車寄には唐破風が載っていた。建具は、襖は鳥の子紙張り、緞子《どんす》覆輪《ふくりん》等欄間、そして繁戸《しげど》、蠟色《ろいろ》塗り框《かまち》のほか、明かり障子、杉戸、ガラス戸が嵌められていた。

この建物は、事務室・参籠所・勅使の間の三つのゾーンに分かれていた。南寄りに玄関車寄があり、その東側に事務室五室（宮司室は南西端）、応接室が二室あって、その東側に商人控室や小使室・宿直室・炊事場・倉庫・便所が並んでいた。その事務棟の北方に接して、参籠所《さんろう》五室（畳敷き）と付属便所があった。参籠所の北方に棟続きで勅使館（畳敷き四室に付属便所）があり、専用の車寄がついていた［図25、写真28・29］。

この社務所で注目すべきは、先に触れた規模の大きさのほかに、社務所事務室がリノリウム（練皮《ねりかわ》）張り床だったことである。つまり土足でも上がれる設定になっていたことである。また平面図［図25］を見ると、社務所南東端の三つの便所のうち、真ん中のものは洋風便器になっていたらしい。これらの設《しつら》えは、皇族の立ち寄りを想定してのことだろう。

この社務所は官国幣社の中でもっとも大規模だったにもかかわらず、すぐに手狭になったようで、その南に接して、大正一二（一九二三）年一〇月に木造平家九四・四二坪が増築された（奥本五市設計）［図26］。この増築部分に事務機

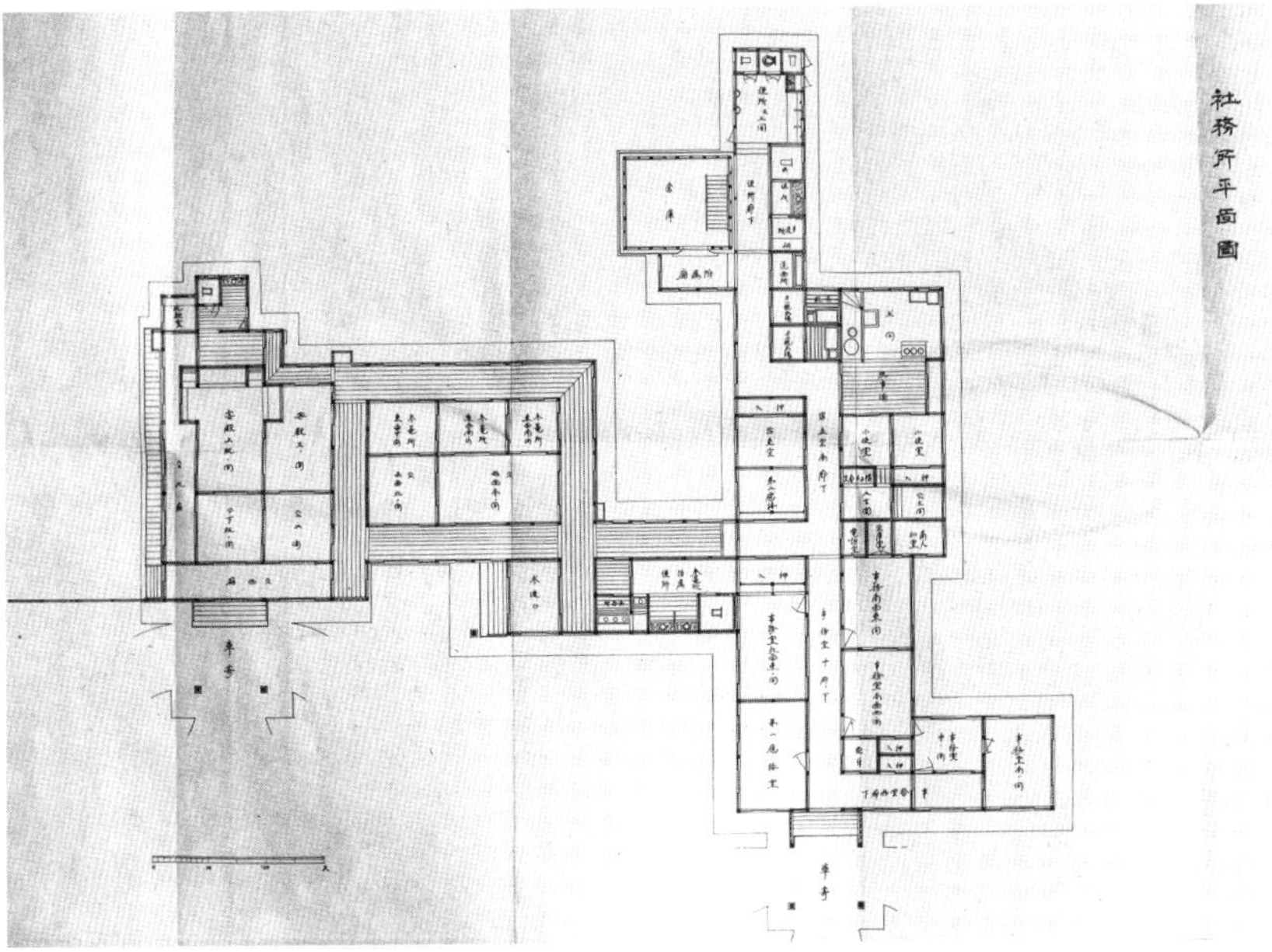

［**図25**］明治神宮勅使館・社務所（創建時）平面図（明治神宮蔵）

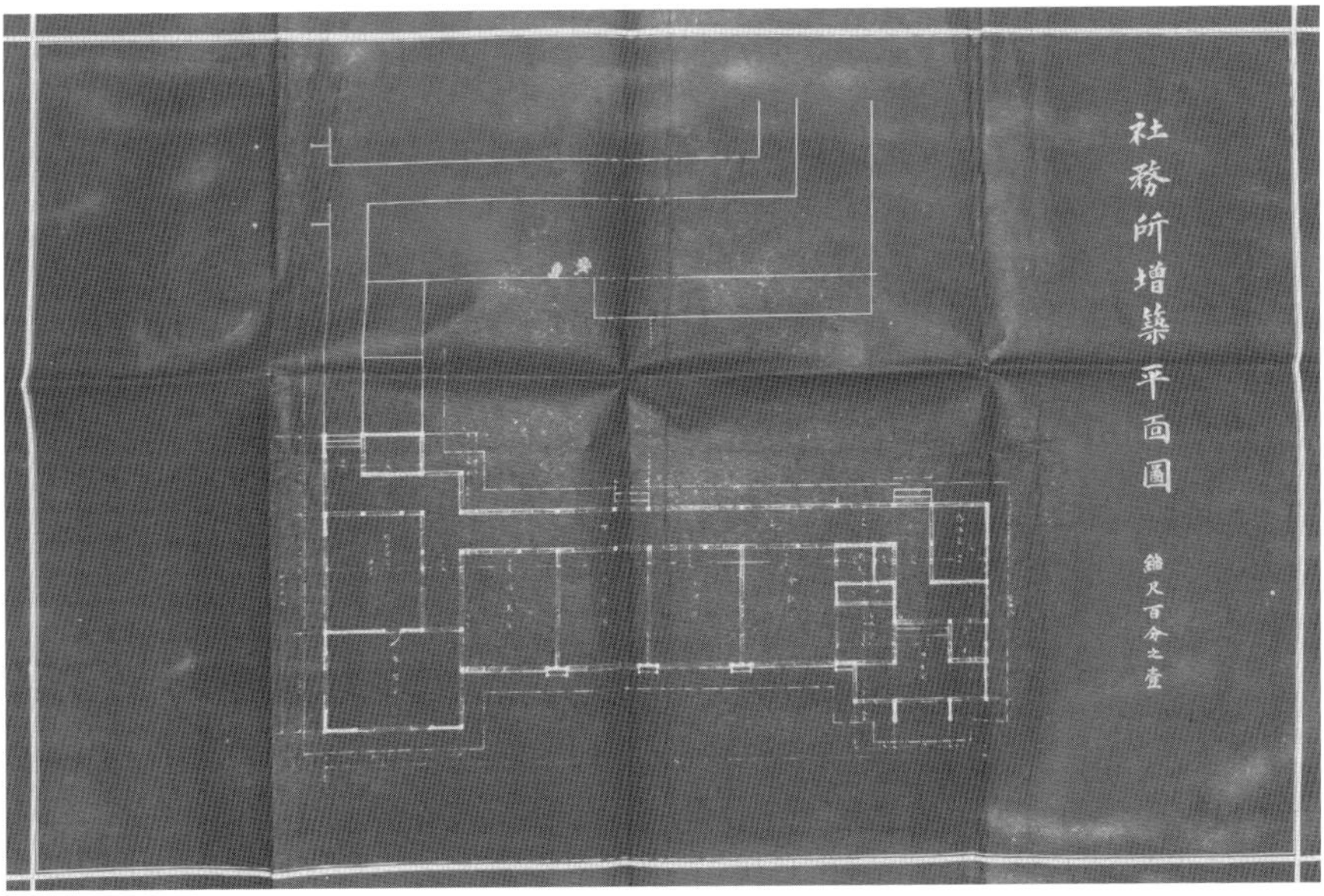

［**図26**］明治神宮社務所増築部平面図（出典：『神社明細帳』明治神宮蔵）

能が移り、旧事務室部分は職員食堂に模様替えされた。

昭和一〇年代前半には、社務所の改築計画もあった。それは『阪谷芳郎奉賛会日記』（明治神宮蔵）[*73]の昭和一一（一九三六）年一〇月二六日の項に「〇十月二十六日（中略）秋岡権宮司ヨリ申出ノ社務所拡張設計図ヲ伊東忠太氏ニ依頼ノ件五千円ヲ限度トシテ承知ス」と記されたもので、伊東忠太が設計することになっていた。[*74]昭和一二（一九三七）年一月二〇日の『社務日誌』によれば、改築の理由は「社務所狭隘《きょうあい》ヲ来シ使用上不便寡《すくな》カラサルヲ以テ改築ノ必要アリ」ということだった。その設計費五、〇〇〇円を奉賛会が寄付することになっており、伊東がその費用の請求を昭和一二年四月七日付で出しているので、[*75]その時には設計が完成していたとみられる。明治神宮には、その設計図二四枚と仕様書・予算書が残っている。

その設計図を見ると、平面は左右相称で、光庭を左右にとり、中央軸線上には貴賓室とその付属室、大会議室があり、南側に事務機能、左側に会議室や図書室、倉庫が配されている［図27］。立面はそれに対応して中央部と左右翼部にそれぞれ入母屋屋根を架けるというもので、中央の大会議室に対応して、中央部の屋根が一番大きく、棟高も一番高くなっている［図28］。外見は和風だが、そのプランニングや立面の構成法は西洋建築風である。洋風の構成に和風意匠を重ねるというのは、伊東忠太らしいやり方だが、図面を描いたのは彼の配下の金子清吉らしい。それは、『社務日誌』に彼の名が以下のように担当者として散見されるからである。

一、午前十時頃ヨリ第一応接室ニ於テ社務所新築設計ニ関シ会議ヲ開キ秋岡権宮司、多田禰宜《ねぎ》、宮崎大塚課長（守屋課長ハ欠）列席金子氏設計案ニ基キ修正ヲナシ略ホ成案ヲ得タリ
（『社務日誌』昭和一二年二月二三日）


木造平家の建物だが、南東隅地下のボイラー室と北東隅の二階建て倉庫は鉄筋コンクリート造で計画されていた。この社務所計画は、延床面積が四三八・六九坪という巨大なものだった。

この計画でさらに注目されるのは、中央部の貴賓室と大会議室に床暖房を採用することになっていたことである［図29］。これは皇族の来訪を想定してのことと思われ、貴賓室

［写真28］「明治神宮社務所正面全景」（出典：『明治神宮畫集』）

［写真29］明治神宮勅使館玄関（出典：「明治神宮社務所客殿玄関」『明治神宮畫集』）

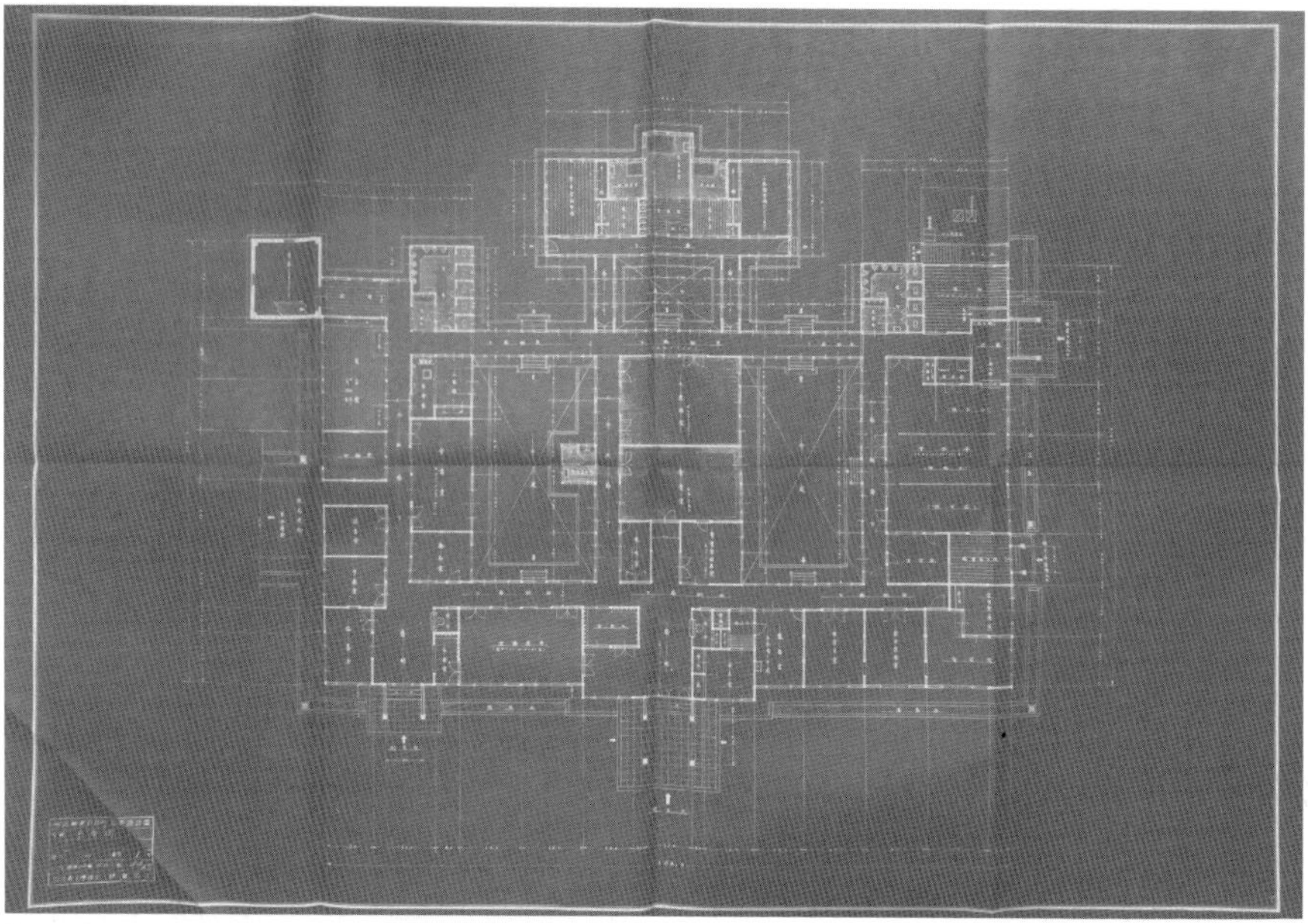

［**図27**］明治神宮社務所改築平面図（明治神宮蔵）

［**図28**］明治神宮社務所改築立面図（明治神宮蔵）

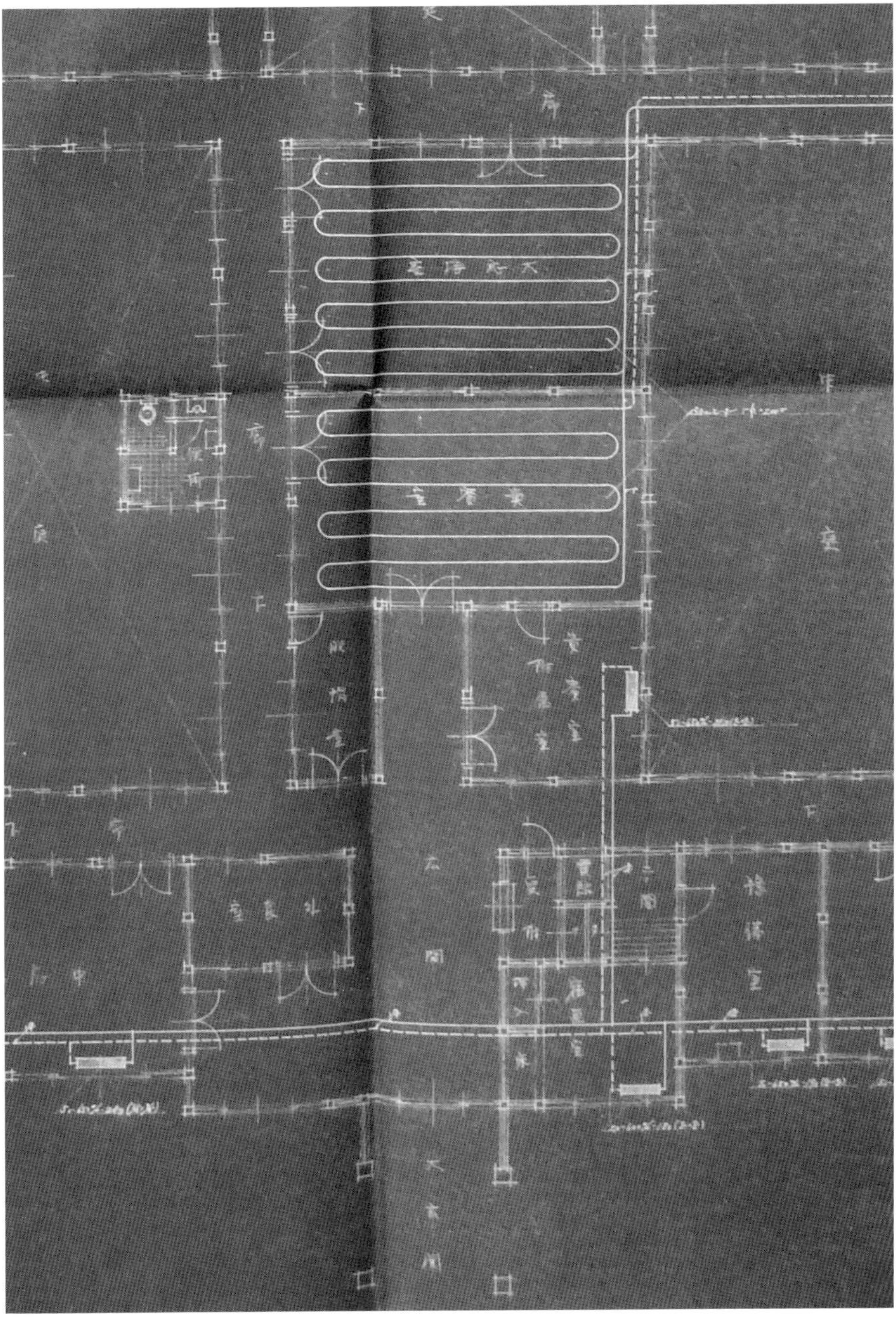

［図29］明治神宮社務所改築設備図（部分、明治神宮蔵）

脇の便所に洋風便器が描かれているのも同様の理由によると見られる。ここにも明治神宮の特異性が示されている。つまり皇族の参拝が当然のこととされているということである。その熱源は南東隅の地下に設けられるボイラー室からの蒸気で、他の室にはラジエーターを設けることになっていた。

『社務日誌』などの明治神宮の史料を見るかぎり、この計画を実行に移そうとした形跡は見られない。おそらく紀元二千六百（昭和一五）年、および明治神宮鎮座二〇周年の記念事業のひとつとして計画されたのだろうが、その実施には多くの予算を要することが想定されるし、設計ができてから三か月後には日中戦争がはじまったので、そのまま自然消滅になったのかもしれない。

第五節　旧御殿・隔雲亭・貴賓館

南豊島（代々木）御料地が内苑に決定した時に、そこにいくつかの建物が建っていた。[76] その中の主なものは、旧御殿と隔雲亭《かくうんてい》である。

旧御殿は井伊家下屋敷にあった建物の遺構である。木造平家瓦葺の建物で、宮内省から移管された時点での面積は九二・三四一坪だった。[77] その車寄は西側の参道寄りにあった。その平面図と立面図は図30のとおりで、写真30がその庭側の写真である。明治一九（一八八六）年一月一九日の、近衛師団演習天覧の際に明治天皇の駐輦《ちゅうれん》の場所にあてられたときに、この平面図の、南側広縁と入側に隣接する床棚つきの室が御座所になったということで、玉座の間と呼ばれるようになった。

この建物が建つのは南北参道が出会うところで、社務所北方の近傍に位置するという利便性のゆえか、御休所《ごきゅうしょ》や、会議、講習会などに利用されている。『社務日誌』を見ると、たとえば、皇族参拝の際の御休所にあてられているし、[78] 神職の講習会や献詠《けんえい》披講式、献茶会、謡《うたい》奉納、顧問会議や職員会議などの会合などに使われているのがわかる。また、旧御殿南側の芝庭は、弓初《ゆみぞめ》式や記念撮影の場になり、団体が弁当を食べる場所にもなっている。[79] ただし、それらの会合などにおいても、玉座の間は使われておらず、聖蹟として大切にされていたように見受けられる［写真31］。この旧御殿は昭和二〇（一九四五）年五月二四日の空襲で失われた。

隔雲亭は昭憲皇太后ゆかりのお茶屋で、御苑内の南池北東方の小高い場所に建っていた。明治二〇年代に明治天皇が皇后の健康を気遣い、静養の場として設けられたといわれる。[80] 木造平家二五・三六坪[81] の建物で［図31・写真32］、大正四（一九一五）年四月八日に宮内省から内務省に移管された。この建物は、昭和二〇年五月二六日の空襲により焼失した。

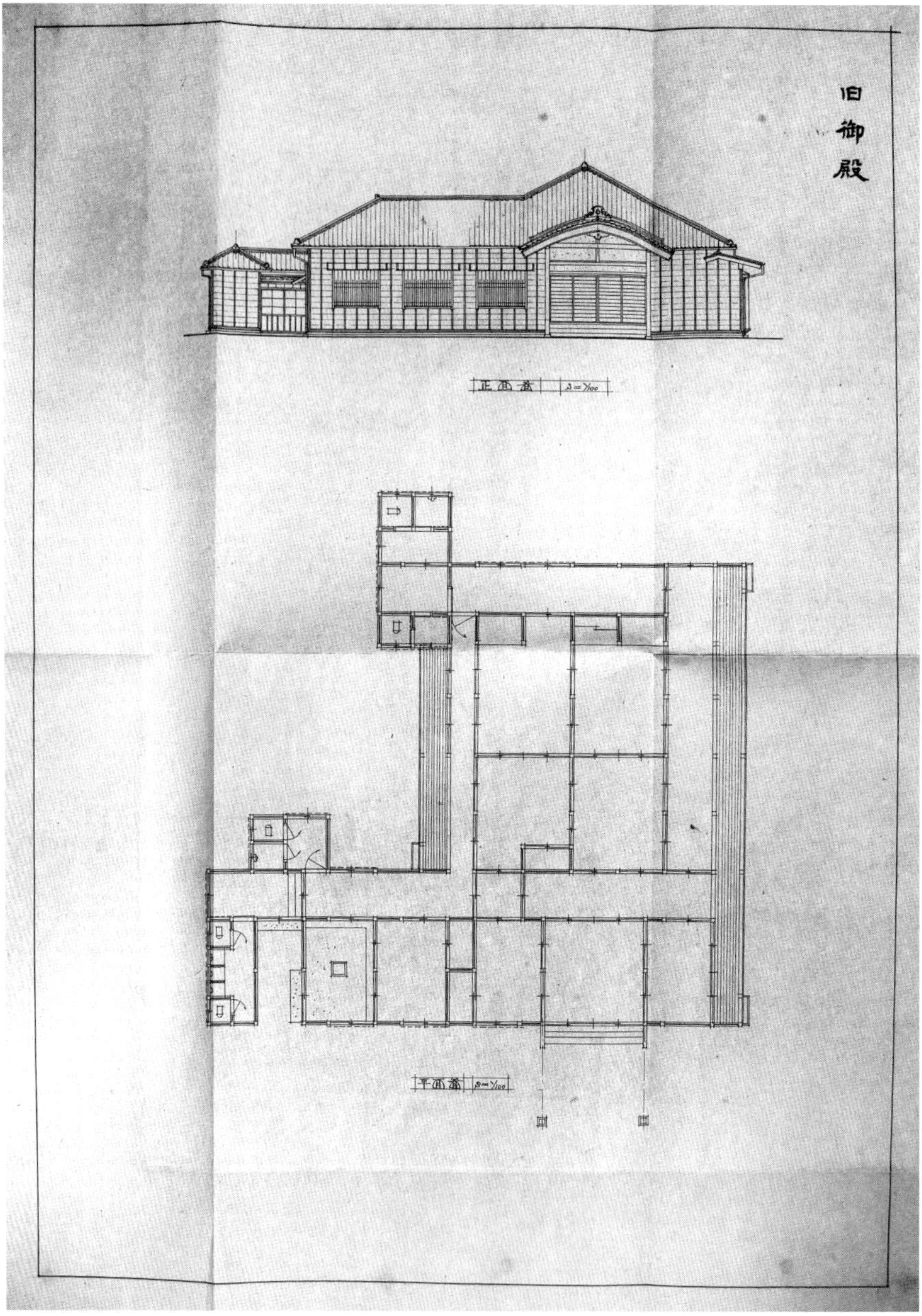

［**図30**］明治神宮旧御殿平面図・立面図（出典：『神社明細帳』明治神宮蔵）

［**写真30**］明治神宮旧御殿庭側外観（出典：明治神宮旧御殿絵はがき、門崎泰輔氏蔵）

［**写真31**］明治神宮旧御殿内部（出典：明治神宮旧御殿絵はがき、門崎泰輔氏蔵）

内苑には、皇室ゆかりの建物がもうひとつ建てられた。それは貴賓館と呼ばれたもので、青山御所に表御座敷として明治一〇（一八七七）年一二月に建設されたものである。宮内庁宮内公文書館蔵の『青山御所沿革誌二』によれば、この建物は下記のようなもので、総工費一万六、五五八円九九八で建てられた。ガラス障子（工費一二三円四五三）が縁《えん》の外側に入れられていることや、[*82]内法高《うちのりだか》が六尺一寸（一八五cm）、天井高が一一尺一寸一分（三・三七m）と高いことを含め、近代の皇室関係の和風建築の特徴を備えたものだった。

五ノ間土蔵曳建　桁行八間梁マ四間　二階建
御車寄新築　拾坪八合
溜ノ間　五十四坪五勺
表御座敷竝御厠取合廊下共新規　七十六坪四合一勺
能舞台橋懸リ後座并後廊下　二十六坪九勺
同所鏡ノ間楽屋共新築　四十八坪九勺

同史料によると、その後「御厠」への通廊下増築（明治一一年）や、車寄と昇降口にガラス障子と舞良戸の建て入れ（明治四三年）、張付壁の取り替え（または修理、明治四二年）が行われるなど、何度か手が入れられている。

　青山御所の地はかつて紀州徳川家の中屋敷だったが、赤坂仮皇居が手狭であることを慮《おもんぱか》った紀州徳川家当主の徳川茂承《もちつぐ》（一八四四〜一九〇六）が明治六（一八七三）年七月に皇室に献上し、青山御所と称されることになった。同年一二月には英照皇太后の御所となり、明治三〇（一八九七）年一月の同皇太后崩御の翌年二月に青山離宮と改称され、東宮御所（現・迎賓館赤坂離宮）造営事業着手にともない、明治三一（一八九八）年一二月に仮の東宮御所にあてられた。

　なお、この建物は、明治二三（一八九〇）年一一月に世《せ》伝御料《でんごりょう》が勅定されたときに、それに編入されている。大正天皇即位後の大正元（一九一二）年九月に御在所となり、大正二（一九一三）年六月に宮城に遷御になった後には昭憲皇太后の御所になった。同皇太后が大正三（一九一四）年四月に崩御ののち、大正五（一九一六）年四月から昭和五（一九三〇）年一〇月まで澄宮《すみのみや》（後の三笠宮崇仁親王）の御殿として使われた。なお、大正一二（一九二三）年の関東地震と翌年の地震で建物が傾くなどの被害を受けている。こ

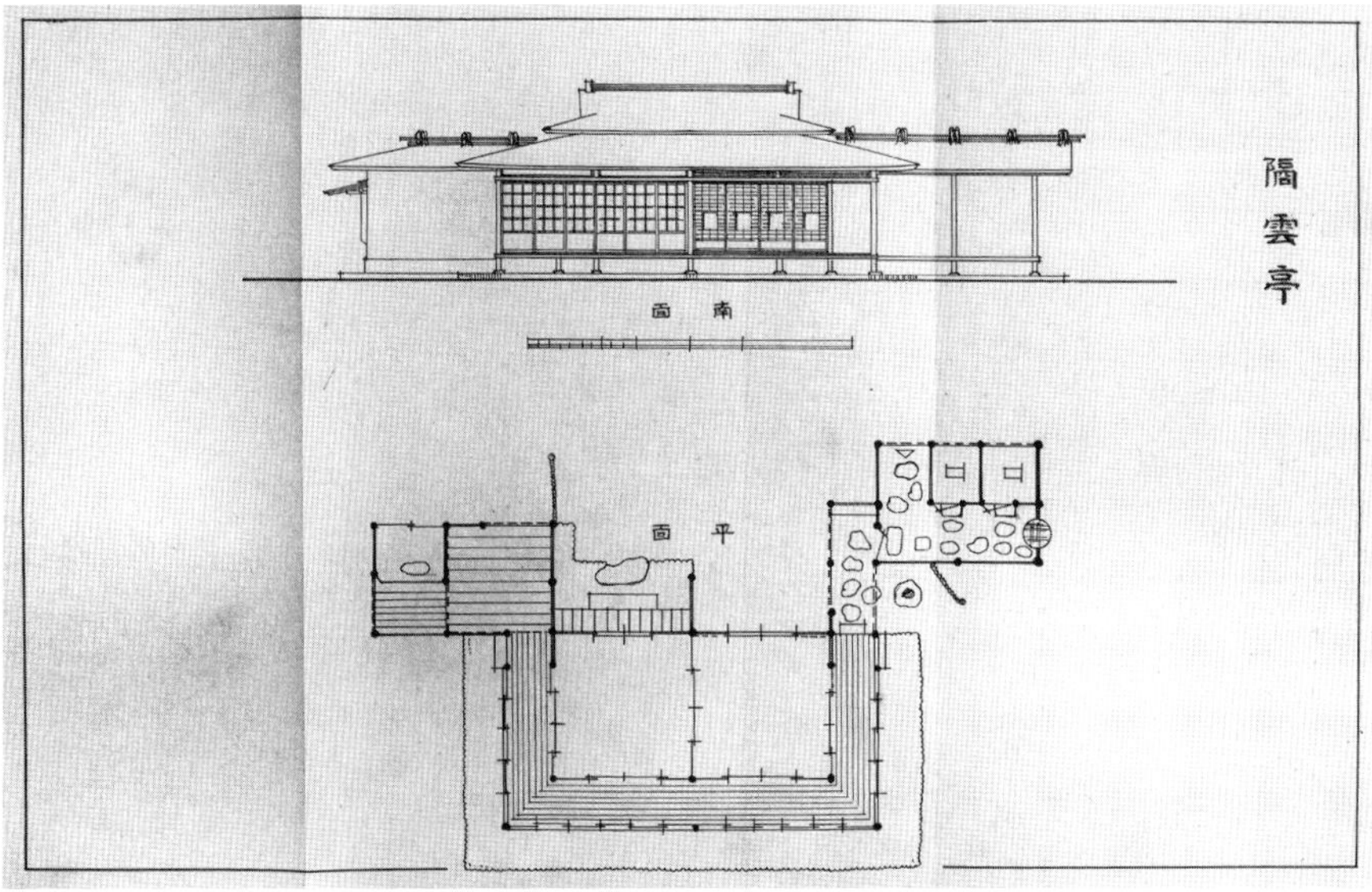

[**図31**] 明治神宮隔雲亭平面図(出典:『神社明細帳』明治神宮蔵)

[**写真32**] 明治神宮隔雲亭絵はがき(門崎泰輔氏蔵)

の震災の被害や時世の変化にともない、この建物が使いづらくなったこと、そして正門前を市電が通るなど、周辺が繁華な場所になったため、昭和一四（一九三九）年七月二五日に世伝御料解除（その面積は一、五九二・六九二坪）になった。そして昭和一五（一九四〇）年三月一五日付の各紙に、表謁見所（表御座敷のこと）などが明治神宮を含め、一〇団体に下賜されることが発表された。

明治神宮の『社務日誌』にこの下賜についての記述が見られるのは、以下に示す昭和一五年二月二〇日のものが最初だが、上記の経緯に鑑み、宮内省からの打診がその前にあったと考えたほうがいいだろう。

二月二〇日：中島権宮司ハ参道ノ舗装其ノ他ノ件ニ付折下顧問宅ヲ訪問シ一旦帰庁午後二時ヨリ下賜建物ノ件ニ付外苑管理署及内務省ニ赴ク」（傍線筆者）（二月二〇日）

二月二一日：明治神宮へ御下賜予定ノ青山御所内能楽堂、天覧室等御建物ノ拝見差許サレタルニ依リ中島権宮司ハ午後零時四十分ヨリ白根禰宜、武藤外苑技手、矢尾板教務官、中岡内務技手同行宮内省佐野吉延両属ノ案内ニテ拝見ス（傍線筆者）（二月二一日）

同年二月二八日の『社務日誌』には、考証官の宮地直一にその使用方法について意見を求めたことが記されている。そこで宮地は「旧御殿北側ニ移築スルヲ可トセン、御座所ハ其ノ侭保存シ之レニ続ク間ハ修養道場トシテ使用ノ場合ハ静座ノ程度トシ控ノ間二間ヲ講堂等ニ使用スル程度」を了解している。

『社務日誌』から、この下賜に関連して、明治神宮が宮内省から「青山御所御車寄及表謁見所実測図」一七枚を同年三月八日に受け取っていることがわかる。[*83] 宮内庁宮内公文書館にはその原図と見られるもの一四点が残っている［図32～34］。この実測図の作成は昭和一〇（一九三五）年四月で、その時点での当該建物の様子を記したものと考えられる。当初、能舞台も下賜されることになっていたようだが、それは実現していない。

明治神宮では、この下賜建物の移築に際し「貴賓館新築工事許可稟請《りんせい》書」を提出した。移築費用として七万五、五三五円が見込まれたが、当時は日中戦争時で、資材統制がかかっていて、五万円以上の工事には大蔵省と商工省の許可を必要としたため、「敷物工事及玉座ノ間暖炉復旧工事費

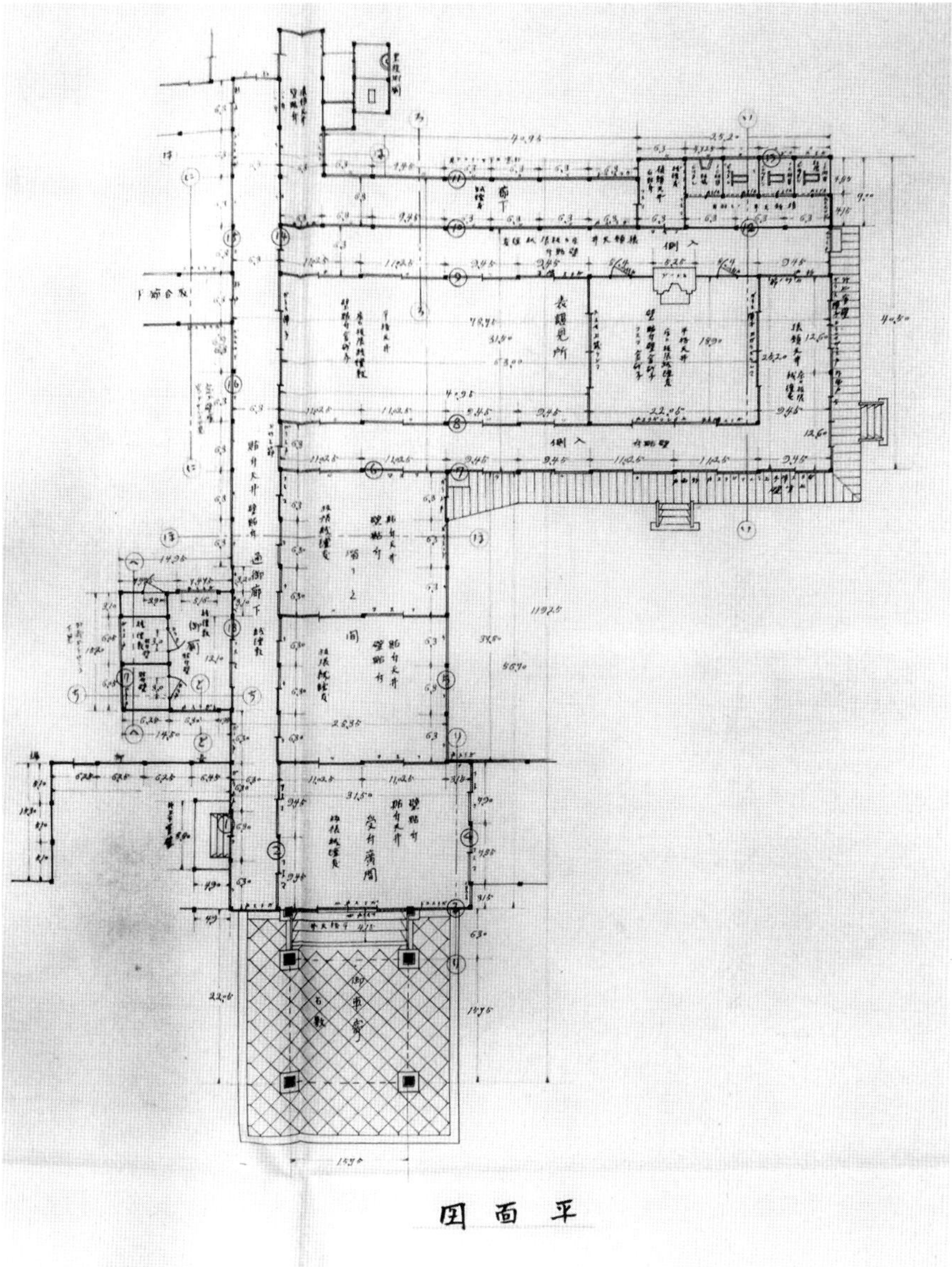

［**図32**］青山御所車寄表謁見所実測平面図（出典：「青山御所実測図」宮内庁宮内公文書館蔵）

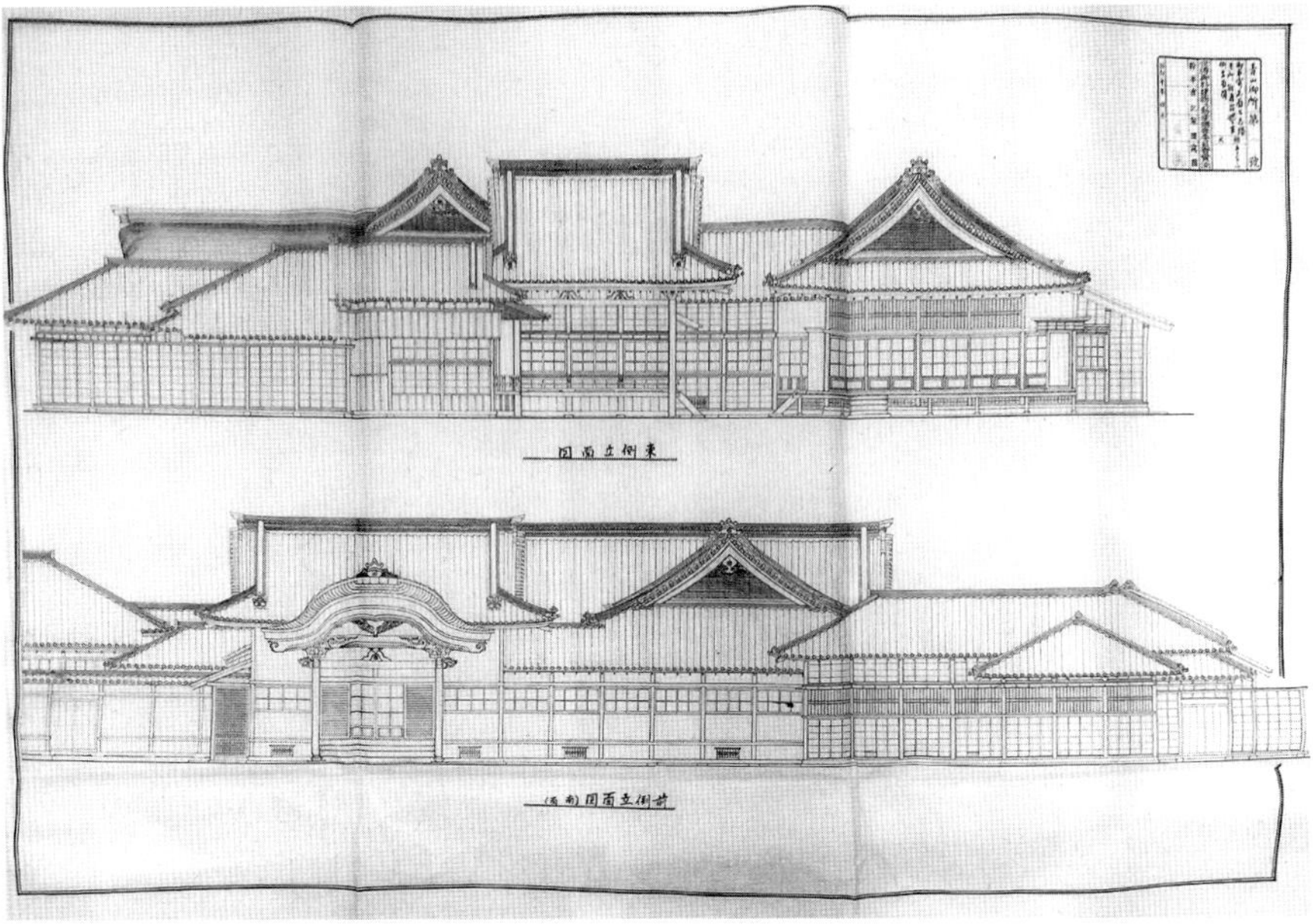

［**図33**］青山御所車寄表謁見所実測立面図（出典：「青山御所実測図」宮内庁宮内公文書館蔵）

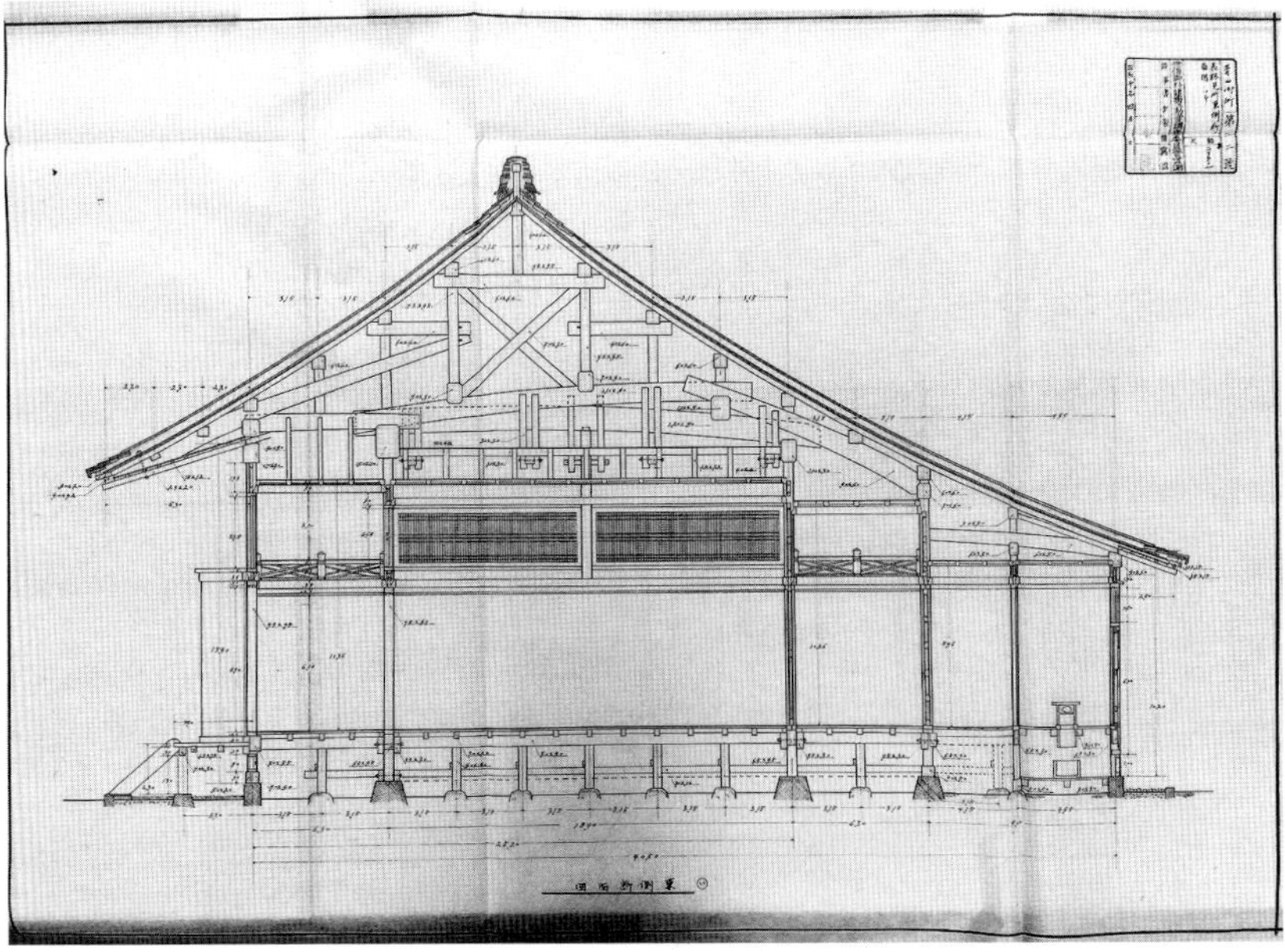

［**図34**］青山御所車寄表謁見所実測矩計図（出典：「青山御所実測図」宮内庁宮内公文書館蔵）

［**写真33**］明治神宮貴賓館内部（明治神宮蔵）

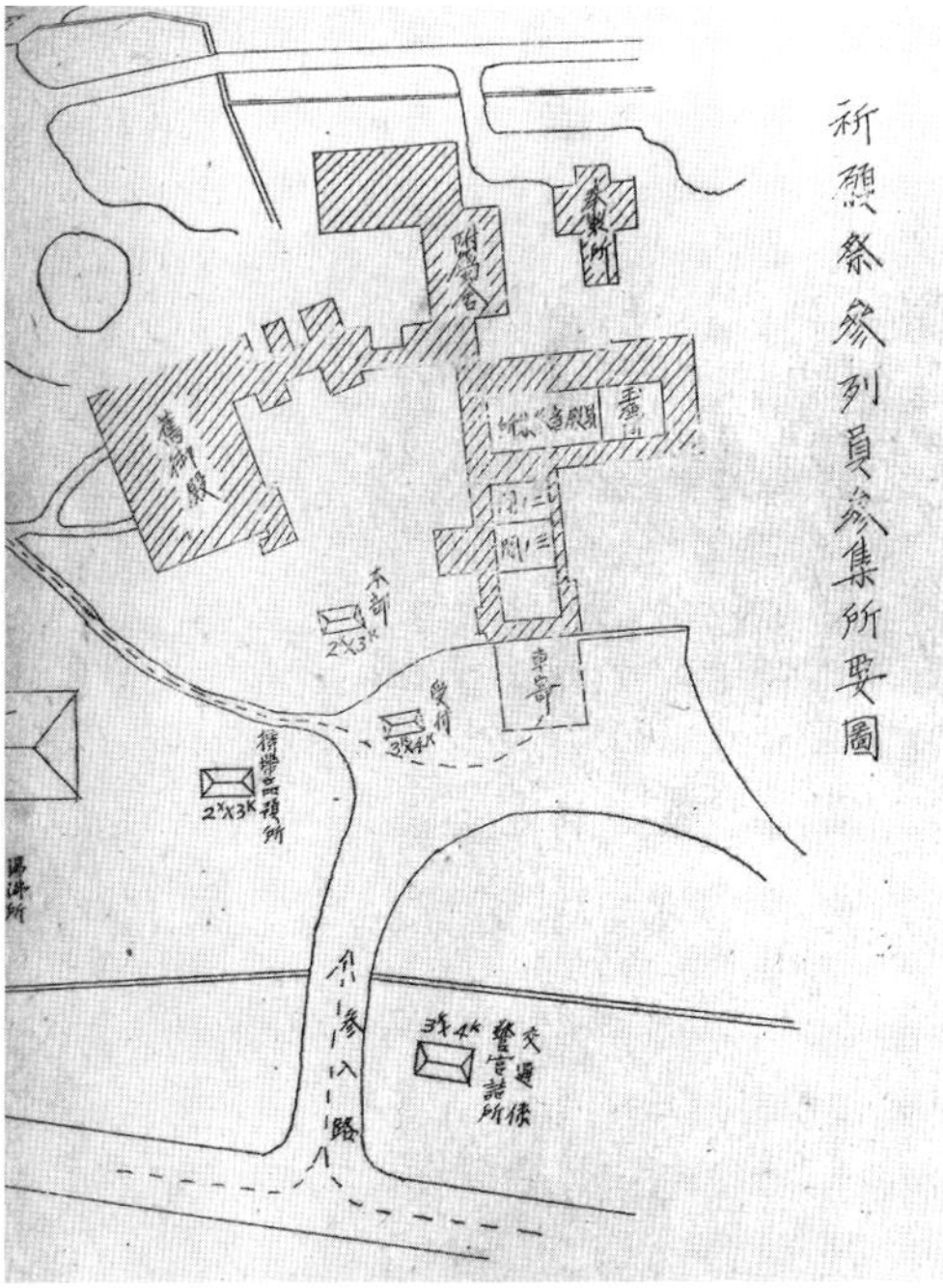

［**図35**］
旧御殿・貴賓館まわりの配置略図
（出典：『社務日誌』
昭和20年1月5日、付図）

ヲ付帯工事トシテ別ロニ計上スルコトトシ四万九千余円トシテ更《あらた》メテ申請スルコトヽナリ」[*84]、内務省と宮内省にその許可を得ている。この建物の移築に際しては、松下幸之助から昭和一五（一九四〇）年三月二五日に内務省に対して七万六、〇〇〇円の寄付があった。

移築された建物は「木造瓦葺（一部銅板葺）平家建坪壹《いち》百五拾壹坪二号四勺四才」[*85]で、四月八日に下賜建物を青山御所で六業者（うち四つは宮内省出入り業者）が参加しての現場見学、四月一三日に入札を行い、四万一、三〇〇円（内訳：新築費三万五、八〇〇円、取解工事費四、三〇〇円、煖房設備費一、三〇〇円）で赤羽組が落札した。

昭和一五（一九四〇）年四月二四日に内務省に角南隆技師（工営課長）を訪問して建設場所を決め、四月二九日に起工奉告式を行った（解体工事は同年五月末に完了）。なお、角南技師の紹介で、貴賓館に付属する建物の設計を雑賀駒三郎に依頼した。七月二二日に上棟式、一〇月二八日に竣功祭を行った［写真33］。この建物は旧御殿近傍に建てられ、渡り廊下でつながれていた［図35］。

なお、この工事に関連して、旧御殿北側更衣所を東神門鳥居外格納庫東側に移築し、倉庫にして折り畳み椅子などを格納することにした。また絨毯（和室だが、椅子式で使うため）や調度品、照明器具は宮内省から拝領している（表謁見所のものかどうかは不明）[*86]。

貴賓館と祭神との由緒としては、明治一一（一八七八）年七月五日に明治天皇が英照皇太后と能を天覧になったことがあげられる[*87]。

『社務日誌』によれば、移築後にこの建物は、天皇・皇后・皇族参拝の際の御休所や、例祭の参集者のうちの拝殿着床者の参集所、神職講習会、直会などに使われている。

この建物は昭和二〇（一九四五）年五月二五日の空襲で失われた。

＊1伊東忠太「明治神宮社殿の建築に就て」『建築雑誌』大正九年一二月号、五三四頁

＊2神社の本殿は南面すべきというのは、明治神宮造営計画において、伊東忠太がはじめから原則にしていたことである。著名な神社を含め、本殿が南面していない例はかなりあるので、それが本当に神社建築の原則だったかどうかは議論の余地があるが、第三回神社奉祀調査会で「原宿ノ停車場ヘ連絡シタラ便利ト思ヒマス、若シ斯ウロヲ付ケマスレバ、此処ガ一番高イ所デス、三十二米突《メートル》、是ダケガ高イ所デ、コチラヘ下ツテ居リマス、サウシテ樹木モ此処ガ一番多イ、尤モ此処ニアリマス松林ガ一番立派デスガ其側ヘ持ツテ行ケナイノデス、此処ガ隙《す》イテ居リマスカラ——之ヲ背景ニシマスト南向デ一番宜イヤウニ思ヒマス」（『神社奉祀調査会会議録　第三回』二八頁）のように、伊東がそれをよしとしていたのは事実である。白金弾薬庫跡が鎮座地にふさわしくない理由のひとつとして、伊東が「強《しい》テ南面ニサセヤウトスルト此辺ニ建テルヨリ外ナイデス、洵《まこと》ニ都合ガ悪ウゴザイマス」（同書、三二頁）と述べていることにも、同様の考えが示されている。阪谷芳郎もそれを受けて「其位置ハ南面致シマスルノガ式デゴザリマスサウデ」（『神社奉祀調査会会議録　第六回』三頁）と述べている。南面をよしとした理由は神社奉祀調査会関係史料には見出せないが、伊東が、下記のように、鹿島神宮の本殿が北向きなのを批判する理由として腐朽しやすいことをあげているので、少なくともそれがひとつの理由らしい。

この社殿正しく北面セリ、北方鎮護の意なりと云ふ、地形より云へば東方太平洋に向ふか、西方大湖に向ふべし、南面また不可なし、北面ハ最不可なり、況《いわん》や永久日光に向ハさる多免建築の腐朽を促す（傍線筆者）

（伊東忠太「明治神宮設計並諸神社」日本建築学会建築博物館蔵、ページ番号三九〇五七）

＊3第二回神社奉祀調査会特別委員会（大正三年五月四日）で安藤時蔵（嘱託）が参道計画の見通しについて以下のように説明していることから、この時点での境外表参道についてのアイデアがわかる。また、大正三年六月一九日の時点で決定した、青山四丁目からはじまる表参道計画について、安藤が否定的だったこともわかる。

○安藤嘱託（中略）一昨日踏査シマシタノハ先ヅ予定線トシテ、青山ノ五丁目六丁目ノ間即此筋ヲ見テ参ツタノデアリマス（中略）此道路（筆者註：境外表参道のこと）ヲ造リマスニハ、此踏査シテ見マシタ青山五六丁目ノ間カラ這入リマシテ、従来ノ道路ヲ利用シテ坂路ニ懸リマシテ、此所ハ急勾配デスカラ三丁位ノ所ヲ坂路ニ取ラナケレバナラヌ、ソレカラ低地ニ依リマシテ此線路ノ所ニ来マスト三間程線路ガ高イモノデスカラ、ドウシテモ下ヲ潜ラナケレバナラヌ、潜リマスト又更ニ低地ニ出マスカラ、其低地ヲ伝ツテ神殿ノ予定地ノ方ニ道ヲ取リマスト、両方ガ高イ極ク風致ノ佳イ所ヲ通ルコトガ出来ル。

（『神社奉祀調査会特別委員会々議録　第二回』二～三頁）

（中略）

○阪谷委員長　参道ハ鉄道ノ下ヲ通ル訳デスナ。

○安藤嘱託　左様デス、是ガ此谷間ノ地盤ヨリ三間乃至三間半位高クナツテ居リマスカラ、其上ヲ乗越スト云フコトハ到底出来ナイノデアリマス、ソレカラ三間以上モ高イ所ニアル鉄道線路ヲ下ゲルト云フコトモ不可能ダラウト思ヒマス。（中略）

○安藤嘱託　青山四丁目カラ這入ル道ヲ審査シテ見マシタガ、此道ハ丁度御殿ノ真裏アタリニ来ルノデスカラ境内トノ取付ガ悪イノデス。

（同書、六頁）

＊4南からの参道を主参道にすることになったのが、本殿の南面という伊東の方針によるものであることが、以下の阪谷芳郎（特別委員会委員長）の発言から見てとれる。そこでは、裏になる北東から主参道をとるのを避けることにしたこともうかがえる。また、ここには、表参道を青山四丁目からとることになっている理由が、明治神宮や代々木練兵場への行幸道路として好都合でもあることが示されている。

ソコデ御社殿ノ位置ガ定ツテ代々木ノ方ヘ南面致シマス事ニ就キマシテ、茲ニ新タニ起リマシタ問題ヲ御報告申上ゲマスノハ、前ニ御付託ニナリマシタ場合ニハ、南面北面ト云フ方ノ事ハ別ニ御話ガ出テ居リマセヌノデゴザイマシタカラ、御社殿ヘ参リマスルトコロノ参道ト云フモノガ、青山ノ練兵場カラシテ――権田原方面カラ既ニ元博覧会ノ為ニ買上ゲタ地所ガゴザイマシテ、連絡致シテゴザイマス、其方面ヘ参道ヲ造ツテ然ルベシト云フ事ニ考ヘラレテ居リマシタノデゴザイマスガ、神社ガ代々木ノ方ニ向ヒマシタニ就キマシテ、権田原ヨリ這入ルトコロノ道ガ裏道ニナリマス、裏道ノ方カラ丁度御社殿ノ後ヘ這入ルヤウニナリマスノデ、表道トシテハ適当デナイ、殊ニ所謂俗説ニ申シマスト、ソレガ鬼門ニ当ルト云フヤウナ事ガゴザイマシテ、併シ特別委員ノ中ニハ鬼門説ヲ信ジタ人ハナイノデアリマスガ裏ノ方カラ這入ルト云フ事ハ洵ニ此御社殿ノ位置ニ対シテ面白クナイ、ソコデ表ノ方カラドウシテモ参道ガ要リマスノデ、其位置ヲ段々研究致シマシタトコロガ、今ノ青山ノ御所ノ前ヲズツト渋谷ノ方面ニ向ケテ参リマスト、青山四丁目ト云フ所ヘ出マス、電車通デス、其青山四丁目ノ角カラ代々木ノ練兵場ノ方ヘ向ヒマシテ水無橋ト云フ橋ガゴザイマスガ、其水無橋マデノ所ヘ線ヲ引キマスト、丁度南ノ方即チ表口ノ参道トシテ適当ナル一ノ道ガ得ラレマスノデス、此道ハ此度ノ問題以外ニ、既ニ陸軍省デ練兵場ヘ陛下ノ行幸ニナル為ニ一ノ道ガ必要デアツテ、現ニ陸軍省ト東京府ノ間ニ行幸道路ニ就テ取調中ニ属シテ居ルモノガ一線ゴザイマス、ソレト全然一致スルト云フ訳ニハ参リマセヌケレドモ、青山ノ四丁目カラ水無橋ト申ス即チ練兵場ノ出口マデ参リマス道路ガ出来マスレバ、自然陛下ガ観兵式其他ノ為ニ練兵場ヘ御出ニナルニモ此道ヲ御通ニナルノデアリマスカラ、独リ神宮ノ為ニ参詣道トシテ必要デアルバカリデナク、又既ニ練兵場ヘ行幸ニナル道路トシテモ必要ノアリマス道ダサウデアリマス、ソレデ委員会ニ於キマシテハ表参道トシテ、青山四丁目ヨリ水無橋ニ至ル線路ヲ撰定スルコトヲ適当ナリト認メマシテ、其通リ報告致シテゴザイマス、即チ表参道ハ青山四丁目ヨリ入リ、裏参道ハ今ノ青山旧練兵場、即チ権田原ノ方面カラ入ルト云フコトニナリマス（傍線筆者）

（『神社奉祀調査会会議録　第六回』四〜六頁）

＊5伊東前掲「明治神宮社殿の建築に就て」五三五頁

＊6　天皇陛下ハ（前略）御拝礼ヲ了セラレ便殿ニテ御小憩御勲章ヲ一個ニ改メサセラレ午前九時　分便殿御出御第三鳥居ヨリ北参道ヲ経テ外苑明治神宮体育会ニ向ハセラル午前十時五分外苑御着ノ報アリ（傍線筆者）

（『社務日誌』明治神宮蔵、昭和四年一一月一日）

鎮座直後の明治神宮の『社務日誌』の記述はあまり詳しくないので、大正天皇のご参拝については、大正九年一一月一一日の条で、便殿を経て、内院廻廊から本殿階下で玉串奉奠《ほうてん》拝礼があったことがわかる程度だが、一一月二日の皇太子（天皇御名代）の参拝については、新聞にかなり詳細な記載がある。たとえば『東京朝日新聞』大正九年一一月三日朝刊三面の「御名代御参拝」と題された記事にある、明治神宮創立の一一月二日に天皇御名代（皇太子）が皇族や政府高官を従えての参拝の時の記録から、身分ごとの動線や着座の例を知ることができる。このとき御名代は、馬車で南参道から便殿に至り、廻廊を経て中門を通り、本殿下の浜床で玉串奉奠を行い、便殿で休憩をとった後に神宮をあとにしている。このときに皇族や高官らは中門前の広庭と拝殿に控えていた。

そのほかに、リアルタイムのものではないが、「明治神宮絵詞」（明治神宮編『明治神宮叢書　第二十巻図録編』国書刊行会、平成二年）には、御名代と大正天皇の参拝の様子が、絵入りで示されており、たとえば、御名代が南参道から便殿車寄まで馬車で出御、便殿御小憩の後、東複廊で手水ののち、拝殿中央から中門を経て、本殿階下に進み、玉串奉奠する様子が描かれている。

＊7これらのスケッチではすべて、社務所が、実施案と異なり、社殿近くに置かれている。わざわざタイトルに社務所の位置（本殿との関係）を記しているように、使い勝手のうえから（特に神饌所《しんせんじょ》や祭器庫《さいきこ》との関係から）、社務所の位置に配慮していたことがうかがえる。実施案では一の鳥居から社殿までの距離が長くなるため、表参道の途中に社務所を置くことになった。

＊8『神社奉祀調査会特別委員会々議録　第一回』三一頁

＊9実施案では常設の舞殿はつくられず、外院広場中央に組み立て式でつくられることになった。

＊10伊東前掲「明治神宮社殿の建築に就て」五三五頁

*11同前、五三六頁

*12同前、五三五頁

*13神社奉祀調査会特別委員会では、参拝者の便を考えて社殿をまとめたほうがいいという意見もあった。それは三上参次の発言に見られる。

本殿ハ別物トシテ二十坪デモ宜シイ。其他ノモノハヤハリ大キナ棟ニシテ、雨ノ時ニモ参拝ノ時ニモ便利ヲ得テ、而モ崇厳ト云フコトモソレデ希望ガ達セラレルヽヤウニスル、ソレガ一ツノ私ノ議論デス（中略）神社ナドモ固ヨリ一時ハ変ニ思ヒマスケレドモ、小サナモノヲ一ノ大キナ建物ニスルナドヽ云フコトハ、此際考ヘテ見ルコトハ出来ナイカト云フ疑問ガアルノデス。
（『神社奉祀調査会特別委員会々議録　第一回』三五頁）

私ハ是マデノ祭典ノ方法ヲ変ヘルト云フヤウナ問題ハ暫ク措《おい》テ、是マデノ祭典ノ方法ニ準拠シテ、サウシテ此中デ取捨ガ出来ハシナイカ、別々ナ建物デナクテモ、大キナ建物ノ中ヲ仕切ツテモ宜カラウ、私ノ希望ハ此廻廊ガ余程大キイコトヲ希望スル、祭典ガアツテモ多クノ参列者ガ廻廊ニズツト収マル位ノコトハ少ナクトモアリタイデス。
（同書、三九頁）

*14伊東前掲「明治神宮社殿の建築に就て」五三九頁

*15同前、五三六頁。廻廊の機能や意味については、井上友一も第一回神社奉祀調査会特別委員会で述べていた（第一章註53参照）。

*16同前

*17『神社奉祀調査会特別委員会々議録　第二回』二四頁

*18同前史料で、萩野由之から「楼門ハ支那ノ模倣デスカラ、結局仏ト云フコトニナリマス」（二五頁）とか、阪谷芳郎から「成ルベク仏臭クナイ方ガ宜シイ」（二五頁）というような疑念が示されたが、三上参次の「是ハ廻廊ガアリマス以上ハ、楼門ノ方ガ釣合ガ宜クハナイカト云フ感ジガシマス」（三一頁）のような擁護論が出て、伊東も「楼門ガ宜ウゴザイマセウ」（三一頁）ということで設置することになったようである。

*19同書、二五頁

*20『神社奉祀調査会経過要領ノ二』二〇頁

*21『明治神宮造営誌』一七五頁

*22伊東忠太「明治神宮の建築」『国民新聞』大正元年八月五日、二面

*23関野貞「明治の正倉院を作れ」『読売新聞』大正元年九月五日、五面

*24藤岡洋保・青砥真裕「日本近代の建築界における『様式』観」『日本建築学会大会学術講演梗概集F-2』平成二六年九月、六四七〜六四八頁

*25日本にセセッションを導入した建築家のひとりである武田五一が、「世界に於ける建築界の新機運」（『建築世界』明治四五年四〜五月号、建築世界社）でヨーロッパのアール・ヌーヴ

ォーやそのウィーン版であるセセッションを詳しく紹介している。武田は、その流行の最中にヨーロッパに留学し、当時の日本の建築家の中ではその実例をもっともよく見ていた建築家である。その同誌五月号で、武田は国ごとのアール・ヌーヴォーの特徴を表で示し、セセッションには彫刻を使った装飾が少なく、外部も内部も色彩が「淡泊」で、適用されている建物の種類として、「官衙、商業建築、住宅、学校」を挙げている（同誌五月号、七頁）。ここでビルディングタイプに注目していることが注意点で、セセッションには、適用するのにふさわしいビルディングタイプがあると彼が考えていたことを示唆している。つまり、歴史主義の枠組みでセセッションをとらえていたということで、大正時代の日本のセセッションの実例を見ても、いくつかの官庁建築で用いられた以外は、商業建築や学校への適用例が多く、それを神社に使うという選択肢は、当時の建築界の常識に照らして考えられないことである。

＊26伊東前掲「明治神宮社殿の建築に就て」五三九頁。ちなみに、『明治神宮』（庭園協会、嵩山房、大正九年）で、伊東と大江が流造採用の理由を記している。伊東の主張は『建築雑誌』大正九年十二月号の「明治神宮社殿の建築に就て」と同様なので、以下に大江の擁護論を示す。

　細しく言へば、大陸との交通以後平安朝の初期に至る迄盛に輸入された外国の文物が、本来向上進取的なる我邦の国民性に依つて遺憾なく咀嚼され消化されつゝ進み来つた間に、一方遣唐使の廃止は、益々国内文化の醸成充実を遂げて、茲に燦然たる平安朝文芸美術の黄金時代を現出した時、宮殿は内裏造となり、貴族の住宅は寝殿造となり、神社は流れ造となつたのである、さればこそ、其後鎌倉時代、室町時代、桃山時代と各時の神社建築には、それ〳〵形式上の特色はあつたにしても、此流造程我邦上下の趣味好尚に適合して、能く其国民性をあらはした優美な神社建築はなかつたのである。（大江新太郎「神宮の建築に就て」四八〜四九頁）

伊東と同様に、大江も、中国文化を摂取・日本化したのが平安時代で、その時に成立した流造が日本人の国民性をよく示すものであることを流造採用の根拠にしている。しかし、それが直ちに明治神宮本殿にふさわしい理由になるわけではないので、やはり消去法で流造を選択したと見るべきである。ちなみに、彼らがここで言及している「流れ造（流造）」は、一般に流造といわれるものについての説明であって、明治神宮本殿に、中世にはじまる、内陣・外陣の二室形式の流造を採用した理由を述べているわけではないことにも注意しなくてはならない。

＊27同前

＊28同前

＊29同論文、五三七頁

*30同前

*31同論文、五三八頁

*32『神社奉祀調査会特別委員会々議録　第一回』四九頁

*33『神社奉祀調査会特別委員会々議録　第二回』二〇頁

*34同書、三二頁

*35同書（萩野由之）、一四〜一五頁

*36同書（山田準次郎）、一五頁

*37同書（阪谷委員長）、一七頁

*38同書、二一頁

*39参道の幅は、神社奉祀調査会特別委員会の報告書（『阪谷芳郎明治神宮関係書類　第八部』大正三年六月）で南参道・北参道とも幅六間だったが、実施案ではそれが八間になり、それが合流して西進する正参道は一〇間幅になった。鳥居（計画時には参道が違うので、実施案との位置づけが異なる）は、大正四年四月三〇日の造営局設置以降の「一、明治神宮御造営概要」（同書）で一番高い「表鳥居」が三〇尺、それに次ぐ「裏鳥居」が二七尺だったが、実施案では南北参道が合流するところの第二鳥居が三九尺六寸、それに次ぐ第一鳥居が三三尺三寸、北鳥居が二八尺八寸（前掲『明治神宮造営誌』一八六〜一八七頁）と、全般に高めになっている。また表参道は、神社奉祀調査会特別委員会の報告書（『阪谷芳郎明治神宮関係書類　第八部』）では幅員一二間（このときは青山四丁目からの計画）だったが、実施案ではそれが二〇間幅になった。

*40『神社奉祀調査会会議録　第六回』に、以下のような井上友一神社局長の説明がある。

○井上委員（中略）ソレカラ御屋根ノ問題ハ能ク出ル問題デアリマスガ、実ハドウカシテ檜皮葺ニ致シタイノデアリマスガ、何分ニモ万一ノ事ヲ恐レテ、甚ダ遺憾デアリマスケレドモ銅板葺ト云フコトニ致シタノデアリマス、随テドウ云フ宮ガ既ニ銅板葺ニナツテ居ルカト云フコトハ、参考ノ二トシテ掲ゲテ居リマス通デゴザイマシテ、洵《まこと》ニ遺憾ノコトデアリマスケレドモ、今日ノトコロデハ先ヅ銅板ト云フコトニナツテ居ルノデアリマス

（四八〜四九頁）

*41たとえば、『神社奉祀調査会経過要領ノ二』に記された本殿は二九・五八五坪、拝殿は五八・七七坪、便殿四一・九二五坪など、実施案とほとんど同じである。

*42「制限図」に関しては、以下の文献を参照。藤岡洋保・石橋剛「制限図の適用のされ方とその影響」『日本建築学会大会学術講演梗概集F-2』一一五〜一一六頁、平成一二年九月、および藤岡洋保『近代の神社建築行政に関する研究　科学研究費基盤研究（C）報告書』平成一二年二月

*43内務省社寺局編『現行社寺法規』報行社、明治二八年、一五七〜一五八頁。なお、明治三六年一〇月二六日内務省訓令第一〇号にも「第二条（中略）官営建物ノ再築、改築、増築ハ別記制限図ノ坪数ニ超過スルコトヲ得サルモノトス」とあり、従来の「制限図」とまったく同じ図が添付されている。

*44たとえば、『太政類典　第二編二五八巻』『教法八・神社六』の「建勲神社ヲ別格官幣社ニ列シ社殿新建　四條」の「八月十四日（九年）建勲神社本社拝殿社務所ヲ新築ス」に、「社格制限建物図面夫々同府へ下ケ渡右ニ照準経費取調可差出旨相達置候処（筆者註：年代は明治九年で、「同府」は京都府のこと）」とあり、同二五八巻の「出雲神社再営」には、当時拝殿がなかった同社からの拝殿建設願いに対し、明治一〇年一一月一五日付の大蔵省への達に「本年五月中建物制限図下渡置候処」とあるので、「制限図」がその制定直後から下げ渡されていたことがわかる。

*45「氷川神社社務所改築ニ付再願」「氷川神社社務所改築許可並ニ官国幣社共通金支出ノ件」『埼玉県行政文書（社寺編）』埼玉県立文書館蔵

*46藤岡前掲『近代の神社建築行政に関する研究』参照

*47「氷川神社再建」『太政類典　第四編三十八巻　教法九（明治）』、「十三年四月廿一日」の項

*48『法規分類大全　第二十六巻　第一編社寺門』内閣記録局、原書房、昭和五四年、三七六頁

*49角南隆「明治神宮の復興計画について」『新建築』昭和三四年三月号、四二頁（原文は横書き）

*50本章註4参照

*51『神社奉祀調査会特別委員会々議録　第二回』一一頁

*52参道計画に関しては、次のような回想も残されている。それによれば、折下吉延も伊東忠太の東参道案に反対していたことがうかがえる。

御本殿始め社殿配置の御垣内《みかきうち》は境内のほぼ中央と早くから計画決定したが、御垣内に到達する各参道のルートには最も議論が集中した。大体、南、北、西の三参道を設定することは意見の一致した所であるが、このうち論義の焦点となったのはいわば最も重要な表参道である南参道にあった。当時は、現在の神橋（御橋）の所以北が御料地で境内地となるべき地域であって、ここから参道が発したのでは原宿口からの取付けがうまくゆかないので、この以南の代々木練兵場の一部を境内地に編入する必要が生じ、数次に亘り陸軍省と交渉の結果、旧御料地以南の隣接地一六、五九三坪八を境内地に編入、その代りこれに隣る西北の区域、即ち境内地予定の世伝御料地五、五八一坪二五を陸軍に返還して練兵場区域に当てたのである。このことは先生単独の主張努力によるとはいい難いが、その主張の急先鋒ではあったのである。

さて、現在の神橋を越えた所、即ち陸軍より所管替した練兵場敷地より、旧御料地内に到着させるという案が強調されてきた。それは、清正井を自然の御手洗《みたらし》として利用し、代々木御苑の変化ある地況風景を利用して参道の景趣をして変化を多からしめようとした思い付きとしては一応考えられる所であって、殊に清正井を自然の御手洗とすることについてはかなり賛成者もあったという。しかし、この案

に率先反対したのは先生であり、原先生も同意見であった。代々木御苑の歴史的名勝的価値と御祭神との御縁故を尊重して、この清境を破壊するが如き挙に出ることは以ての外であり、殊に、清正井を御手洗とすることは、付近を模様替えするとしても区域狭小にすぎ、大衆の参拝に際しては到底適宜な施設が出来がたい、例えば伊勢の内宮における五十鈴川の清流を御手洗とする古例とは比較しうべくもない、というのがその論拠で、遂にこの原案を廃したのである。

仮りに、清正井を御手洗とする原案が通ったとすると、この付近の大幅の模様替えは避けられず、且つ御垣内より地盤の低いこの井えの取付往復路は極めて複雑となり、切角の名井清正井の旧態の保存維持さえ不可能となり、且又、御苑の旧景を破壊することにもなるのである。先生の原案反対の主張は正しかったというべきであろう。故に後年に至り、先生は、神宮の直会などの時、よくこの話を持ち出して自慢ばなしの一つとされた程であった。（田阪美徳氏筆記）（傍線筆者）

（前島康彦編『折下吉延先生業績録』折下先生記念事業会、昭和四二年、三八〜三九頁）

なお、溝口白羊《はくよう》『明治神宮紀』（日本評論社出版部、大正九年）には、参道計画の変遷について以下のように記されている。

最初の計画では、御社殿の御敷地は、現在の地点よりも更に南方にあつて、旧御殿の御門と殆ど東西相対する所に参入口が開かれ、参拝者は南参道旧御殿前まで進むと、直ちに左折して東玉垣鳥居より東神門を入つて参拝する事に成つてゐたのであるが、実測の結果、現在の御敷地が域内の最中心点であると共に、其背景には風致ある松林があり、域内にも疎松が点在して居る外、海抜百十二尺と云ふ内苑中第一の高地である事が明かに成つたのと、今一つには、元来神社が南面して門戸を開くのが正則であるのに、それが東側面から入つて行くやうに成つてゐるのは変則であると云ふ議論が出た為とで、遂に現在の如く其予定計画を変更されたのであつた。（六〇頁）

＊53藤岡洋保・今藤啓・伊東龍一「大江新太郎の神社建築観」『日本建築学会大会学術講演梗概集F-2』平成四年八月、一〇五七〜一〇五八頁

＊54前掲『明治神宮造営誌』二四三頁

＊55伊東忠太「明治神宮の社殿に就て」（『明治神宮』庭園協会編、嵩山房、大正九年、六二頁）

＊56これらの社殿の脇の間などに蔀戸が配されていることは、『建築雑誌』大正九年一一月号・一二月号や『明治神宮紀』（溝口前掲）掲載の写真や立面図で確認できるし、『建築雑誌』大正九年一一月号の大江新太郎「明治神宮社殿御造営工事梗概」の社殿ごとの仕様一覧にも記されている。

＊57角南前掲「明治神宮の復興計画について」四三頁

＊58前掲『明治神宮造営誌』九六〜一〇〇頁

＊59『神道大辞典』（全三巻、平凡社、昭和一二〜一五年）に掲載されている主要神社の配置図から確認できる。明治神宮の戦後復興では、内院の廻廊は不要として、再建されなかった（焼失しなかった北廻廊はそのまま存置された）。また、明治神宮戦後復興の計画立案のための「復興準備委員会」（昭和二七年一〇月二〇日）で、角南隆が「私自身の考へは楼門廻廊の形式の御社殿には玉垣が無いのが普通であって明治神宮のみが二重に囲った形式をとってゐる」と、内院・外院全体を外透塀を廻廊で囲うのは他に例がないと述べている（『復興準備委員会議事録』明治神宮蔵）。

＊60前掲『建築雑誌』大正九年一二月号付図から、実施案でも本殿の棟高が一番高いことがわかる。本殿棟高は聖所の地盤面から約四〇尺で、それに次ぐのが南神門の約三八尺五寸で、それに加えて内院の地盤面は外院のそれよりも二尺五寸高くなっている。また、拝殿の棟高は約三七尺なので、本殿をもっとも神聖な建物として際立たせようとしているのが見てとれる。

＊61筆者の知るかぎり、大江がかかわった神社で同様の金物が見られるのは、武田神社（甲府、大正八年）と神田神社（東京、昭和一〇年）で、それ以外には、伊東忠太設計の上杉神社（米沢、大正一二年）や旧軍人会館（川元良一設計、現・九段会館、昭和九年）の旧儀礼室の神殿や屋上の小社にも見られる。それらに大江がかかわったかどうかは不明だが、角南の証言にあるように、先に完成した明治神宮の金物が大江のデザインなので、伊東のほうが大江のやり方に倣ったと見るべきだろう。

＊62前掲『建築雑誌』大正九年一二月号、五三九頁

＊63前掲『明治神宮造営誌』一七八頁

＊64洋装での参列では、参拝の仕方が立式を前提にしたものに変わる。天皇・皇后も参拝の際は洋装の正装なので、本殿石階下で起立して、玉串奉奠や拝礼することになっていた。それは神社奉祀調査会特別委員会第二回で、萩野由之が、橿原神宮でも階下での参拝になることを述べ、「今デハ洋服ヲ御召ニナリマスカラ階下デナイト御都合ガ御悪イダラウト思ヒマス」（『神社奉祀調査会特別委員会々議録　第二回』一五頁）と述べていることからうかがえるし、天皇・皇后の明治神宮参拝の際にそのような参拝のやり方だったことは『社務日誌』や当時の新聞記事から確認できる。

＊65宮司と権宮司の辞令は大正九年一〇月八日付で、一三日から内務省の一室を仮事務所として社務を開始した（『官報』第二四五七号（大正九年一〇月九日）、および「明治神宮記録」（明治神宮編『明治神宮造営誌』明治神宮叢書　第十二巻造営編（1）平成一二年、七頁）。また「明治神宮記録」に「翌一四日（筆者註：一〇月一四日）に「一條宮司鈴木権宮司大木清人代々木工務所へ出向（中略）権宮司宮内省に出頭就任の挨拶かたがた祭典に関して種々打合せするところあり　それより代々木の神宮に至り清祓式《きよはらいしき》新殿祭及び鎮座祭に関する打合

せをなす荻野宮地両参事も会合す」（一〇～一一頁）とあるので、一條宮司と鈴木権宮司、宮地直一考証官、荻野仲三郎との間で清祓式新殿祭及び鎮座祭に関する打合せがはじまったのは、そのときからである。

なお、第五回神社奉祀調査会（大正三年四月二九日）の席上で、大隈会長が神社奉祀調査会特別委員会委員の人選について、「又此神職ノ方面ノ人ニ委員ヲ嘱託スベキ然ルベキ人ハ無イデアラウカト云フコトデ、多少詮議ヲ試ミタノデアリマスガ、先ヅ以テ内務省ニアリマストコロノ神社調査会委員ノ中ヨリ、多年神社ノ事ニ研究ヲ積マレテ居ラレ又現ニ女子高等師範ノ教授デアリマストコロノ荻野文学士ヲ煩ハスコトニナリマシタ」（六頁）と述べているほどだから、明治神宮の社殿計画について神職の発言権はあまりなかったわけである。ただし無視していたわけではなく、以下の引用にあるように、内務省神社局は神職から意見を聞いていた。

○井上委員　是ハ今神職ヲ集メテ細目ノコトハ尚ホ評議致シテ居リマスノデアリマスガ、御便殿ニ変形ヲ致スカモ知レマセヌ

（『神社奉祀調査会会議録（第六回）』大正三年七月二日、四七頁）

*66 一、小石川崇敬会員四十余名こゝに御参拝あり、本日より新例による取扱を為し、拝殿に於て代表者七名をして玉串を奉奠せしめ、一同を列拝せしめたり

（『社務日誌』大正一〇年一〇月八日）

一、本日ハ七五三ノ祝日ナレバ早朝ヨリ参拝者多ク、午前十時ヨリ午後三時マデノ間ハ殊《こと》ニ社頭殷賑《いんしん》ヲ極メタリ。社務所ニテハ参拝者ニ対シテ出来ウル限リノ便宜ヲ計リ宿衛舎ニ受付ヲ設ケ、直会殿ニテ修祓《しゅうばつ》ヲナシ、特ニ拝殿ニ参入玉串ヲ奉奠セシメ、神酒《みき》、鯣《するめ》ヲ授与セリ

（同書、大正一四年一一月一五日）

*67 一、本日ヨリ神恩奉賽ノ意ヲ以テ祈願ヲ乞フモノニハ拝殿内ニテ祝詞ヲ奏シ、後玉串ヲ奉奠参拝セシム

（同書、昭和二年一月一日）

また『社務日誌』昭和六年一月一日の項に「一例年ノ通リ大晦日午前零時ヲ合図ニ拝殿上ニテ参拝セントシ」とあるように、初詣の時には拝殿石階上で参拝させていたこともわかる（ただし、その上でのあまりの混雑のため拝殿に参拝者があふれ出る事態になり、昭和九年に廃止された）。

*68 同書、昭和一二年八月二五日

*69 一、午前十時今般任命セラレタル左記上海派遣軍司令官以下三十五名（未発表ノ侭）ハ正式参拝ノ為メ来庁ス　宮司、権宮司共ニ不在ノ為メ多田禰宜挨拶ヲナス次テ一同玄関前ニテ手水ヲ終リ多田禰宜ノ先導宮崎課長付添ニテ参進シ直会殿ニテ修祓ヲ受ケ松井司令官ハ中門石階上ニ他ハ石階下ニ整列司令官ノ玉串奉奠ト同時ニ列拝セリ

（同書、昭和一二年八月一九日）

＊70（因記）軍事保護院ヨリ交渉ノ際未亡人一同ハ女教員ノ制服ナルヲ以テ全員昇殿ヲ願出テタルモ府県制定ノ制服ニテハ拝殿昇殿ノ資格ト認メ難キヲ以テ之レヲ謝絶シ特ニ複廊ニテ拝礼セシムルコトヽセリ
（同書、昭和一五年七月五日）

＊71大江新太郎「明治神宮社殿御造営工事梗概」『建築雑誌』大正九年一二月号、五四九～五五〇頁

＊72旧内務省文書「府県別官国幣社土地建物台帳」（神社本庁蔵、この史料には栃木県のデータが欠けている）によれば、明治神宮社務所が竣工した大正九年に、床面積一〇〇坪以上の社務所を持っていた神社は一三社で、賀茂御祖神社（一一八坪、大正七年）や北野神社（一七八坪、明治六年）、稲荷神社（一五二坪、大正五年）などの参拝者が集まる神社や、熱田神宮や橿原神宮（一四三坪、大正六年）など神宮号を持つ例が多い。そのうち明治神宮のものより大規模な社務所を持っていたのは、金比羅宮（約五五〇坪、万治二年）だが、その事務室（大正七年）は約四六坪だけで、ほかは江戸時代に建てられた書院造であり、「社務所」に含められているものの、実態は客殿というべきもののようだから、明治神宮のものが当時最大級の社務所だったのはまちがいない。

＊73罫線つきの用箋に筆書きの文書で、明治神宮蔵。その表紙に「大正元年八月ニ初ル　明治神宮奉賛会日記并神社奉祀調査会　忠孝吾家之宝本書所記載封　皇室余報恩寸志也」と記されている。

＊74この年（昭和一一年）に、伊東忠太の設計で、万成石《まんなりいし》の灯籠が表参道の始点（青山通りとの交差点）と明治通りとの交差点に一対ずつ建設されている（それぞれ高さ二四尺と二〇尺）。『阪谷芳郎明治神宮奉賛会日記』昭和一〇年四月一九日の項に「c．表参道ニ石灯籠狛犬等設備ノ計画ニ付大江技師ノ考案ヲ示シ赤坂渋谷両区トノ関係ニ付説明ス」とあり、同年五月二五日の項に「秋庭来ル表参道設備設計者ニ付過日内務省ニテ神宮、神社局、等関係者集リ協議ス原設計中唐金灯籠ハ見合其他多少修正アリ同意依テ槇氏ニ報告シ大江氏ニ相談セシムルツモリ云々」とあるので、当初それは大江新太郎の設計で、金属製で計画されたが、大江の逝去（昭和一〇年六月一七日）の前に仕切り直しになったということらしい。

＊75『社務日誌』昭和一二年四月九日分に「一、四月七日付ヲ以テ社務所改築工事設計ヲ擔任シタル伊東忠太ヨリ設計費金五千円支払請求アリ」とある。

＊76前掲『明治神宮造営誌』一二六～一二九頁

＊77同書、一二七頁

＊78『社務日誌』大正九年一一月一五日に記された皇后ご参拝記録など

＊79『社務日誌』に散見される記述による。

＊80前島前掲『折下吉延先生業績録』一九頁

＊81第八章「境内地」第二節「境内地建物等の受領及其拡張付境内地の貸与」（前掲『明治神宮造営誌』一二七頁）参照

＊82宮内庁宮内公文書館蔵の『青山御所沿革誌一』の明治一〇年

一二月の項に「青山御所増築」があり、それに続いて「十二月　表御座敷硝子障子新規出来」とある。皇室建築でのガラス障子導入の先例として、皇居西の丸に明治六年に入れられたものがある。

＊83　一、午後三時ヨリ恵川課長ハ宮内省総務課ニ出頭御下賜予定ノ青山御所実測図十六通二部ヲ受領ス其ノ目録別紙ノ通

(以下略)

(『社務日誌』昭和一五年三月八日)

＊84同書、昭和一五年三月二八日

＊85同書、昭和一五年三月一五日

＊86これら一連の経緯は『社務日誌』の当該日の記述による。

＊87この由緒に関する『明治天皇紀』の記述は以下のとおり。

五日　青山御所狭隘なるに依り、是の歳三月、謁見所・御車寄増築の工を起さしめ、又皇太后能楽を好ませられるゝを以て、仮に能舞台を同御所に造らしめたまふ、尋《つ》いで演能のため皇太后宮大夫萬里小路《までのこうじ》博房等五人に御用掛を、観世清孝・金剛唯一・寶生九郎・梅若實等四人の能役者及び狂言方三宅庄市に御用達を命ぜられたり、既にして舞台竣工せるに依り、是の日舞台開を行はせらる、雨天なれども午後零時三十分騎馬にて外苑より青山御所に幸し、一時より皇太后と倶に天覧あらせらる、皇后又行啓の予定なりしが、御不例にて停めたまふ、幟仁《たかひと》親王・同御息所・嘉彰親王・同御息所・貞愛《さだなる》親王・同御息所・能久《よしひさ》王・故博經親王華頂宮御息所及び大臣・参議、勅任官。麝香間《じゃこうのま》祗候各々総員の三分の一、各部華族各々四人、宮内省勅任官等召に応じて陪覧し、皇族及び典侍・権典侍等は玉座の右側に、大臣・参議以下は玉座の左側に著座す、宮内省奏任官亦拝観を許さる、其の第一回演技は翁・養老・小督・道成寺及び狂言三本柱・棒縛・花子等にして、第二回は正尊・土蜘蛛、狂言千切木等なり、午後十時畢る、尋いで皇太后と同座にて、皇族及び大臣・参議・宮内卿輔・皇太后大夫・典侍に御陪食仰付けられ、自余の者には酒饌を賜ふ、十一時還幸、泥路騎馬に便易ならざるを以て肩輿に御したまふ、翌日皇太后参内あらせらる、是れより先六月、金三千円を装束料として御用達清孝等に賜ひ、又本年六月より五箇年間は演能毎に金八十円を装束賃借の料として給することと為したまふ、但し明治十六年六月以降は、前賜金三千円を以て装束を調製せしむ、是れ能楽再興の始にして、全く皇室の庇護に因る、〇番能録、恩賜録、侍従日記、当番日録、皇后宮職日記、饗宴賜饌日録、青山御所御納戸日記、山口正定日記、嵯峨《さが》實愛《さねなる》日記、橋本實麗《さねあきら》日記

(宮内庁編『明治天皇紀　第四』吉川弘文館、昭和四五年、四三二～四三三頁)

第三章

外苑の建物

第一節　奉賛会の献金募集

第一章第三節に記したように、外苑の設置が決まったのは、大正三（一九一四）年七月六日の第七回神社奉祀調査会においてである。外苑を青山練兵場跡地に設置する件は、東京市（当時）の有志が大正元（一九一二）年九月二六日に総理大臣と宮内大臣宛てに出した「覚書」にも記されていたが、それはあくまでも請願であって、神社奉祀調査会での承認を得てはじめて、その設置と造営場所が決定した。外苑造設地は、広い空き地の国有地であって、内苑と何らかの形でつながっていることが望ましかったはずなので、東京に設けるとすれば、事実上ほかの選択肢はなかったと見られるし、鉄道が近くを通っていることも、建設の際の資材運搬には有利な条件だったはずである。なお、山口輝臣『明治神宮の出現』などに記されているように、旧青山練兵場は、日本大博覧会計画（当初明治四五年に、のちに「明治五〇年」に開催を予定）にあわせて、陸軍省から農商務省の所管になり、博覧会の無期延期が決まった際に内務省に移管されていたことも好都合だったと見られる。

神社奉祀調査会では、外苑につくるべき建物としてさまざまなものが提案されていた。『神社奉祀調査会経過要領ノ二』の「付録」にある「外苑計画考案」によれば、「外苑ニ設備スヘキモノノ中既ニ識者間ノ議ニ上レルモノ左ノ如シ」として、「一、記念館　二、歴史絵画館　三、美術館　四、図書館　五、体育館　六、公会堂　七、植物館　八、奏楽堂　九、競馬場、競技場　十、恩賜館（伊藤公爵ニ賜リタル憲法館）　十一、立像街　十二、泉池　十三、樹林及芝生、花壇　十四、記念門　十五、正門及諸門、柵等　十六、休憩所等」があがっている（三八～四〇頁）。それは委員の希望を列記したリストにすぎず、すぐにつくることを想定したものでもなかったが、[*1]それにあわせて三上参次による「外苑ニ歴史画記念館ヲ設クルノ考案」がつけられているので、

「歴史画記念館」（聖徳記念絵画館に対応するもの）は前記の設置希望の中でも特に重視されていたことがうかがえるし、昭憲皇太后の事蹟も明治天皇のものと同様に示すべきとされていることも注目される。それは、同皇太后の謙徳や功績が敬われていたことの証しで、明治神宮造営事業の近代的な側面がここにもうかがわれるし、「絵画館ハ欧米各国ニ其ノ例多キコトナレハ之ヲ参考シテ外苑ニ相当ナル新案ノモノヲ建築シ」（四一頁）と、西洋を意識した発言があるので、外苑設置要望の基盤になっている「普遍性重視（西洋との価値観の共有）」の姿勢も見てとれる。

第一章に記したように、神社奉祀調査会特別委員会委員長の阪谷芳郎が大正三（一九一四）年六月末に、これらの施設を外苑に配置した試案二つ（甲案と乙案）を神社奉祀調査会委員の有志に見せて意見を聞いていた［第一章図4・5］。この二案は、特別委員会の委員があげた施設を配置した外苑計画の試案として、同委員の伊東忠太が作成したものとみられる。それには予算の裏づけがあるわけではなく、あくまでも机上の案だが、特別委員会委員が抱いていた外苑のイメージを組み合わせて図化したものともいえる。甲案のほうが施設の数が多く、葬場殿址記念建造物のほかに、「紀念館」や美術館・図書館・公会堂・植物館・温室・体育館などが配置されている。そこには国民国家が必要とする施設、つまりまだ日本にはほとんどつくられていないが、西洋と肩を並べるために必要と考えられた施設が列挙されているということでもある。

外苑は献金によって造営されることになっていたから、そのための組織をつくる必要があった。外苑設置の請願は東京市の有志によるものだったので、それを全国組織にするため、大正三年一二月一四日に明治神宮奉賛会創立発企人会が設けられた。同会は、翌大正四（一九一五）年一月九日に、澁澤榮一・阪谷芳郎・中野武營の連名で、全国の関係筋に「明治神宮奉賛会委員承諾願」を発送した。そこには、同会の規程案や外苑計画書などが示されている。その予算として三〇〇万円と三八五万円の二案が示され、建設希望建物として、「聖蹟《ママ》絵画館」・憲法恩賜館・体育館・美術館・施政記念館・葬場殿址保存事業・植物館・図書館・奏楽堂・立像堂・公会堂・能楽堂があげられていた。*2

大正四年三月二日の明治神宮奉賛会の準備委員会で趣意書と規程を決定し（それが確定したのは同年五月一五日）、同年六月一〇日には澁澤榮一から内務大臣宛てに「内務大臣へ奉賛会成立ニ付復申」を送付したらしい。そこには、発企人を約七、〇〇〇名とし、外苑造設のための費用を四〇〇万円と見て、それを献資で集めること、設計工事一切を造営局に依頼する予定であることが記されている。[*3]

同年五月一五日に確定した趣意書の内容は以下のようなものである。

恭しく惟《おもんみ》るに

明治天皇内は維新の宏謨《こうぼく》を決し王政を古《いにしえ》に復し憲法を定め庶政を革《あらた》め外は列国との交を厚くし皇威を八紘《はっこう》に張り開国進取の国是を実にし帝国の光輝を発揚し臣民の福利を増進し以て列聖の偉業を恢弘《かいこう》し給ふ盛徳大業前古に超越し中外皆其の恩頼《おんらい》を仰く

昭憲皇太后坤徳《こんとく》至高　聖業を九重の深きに翼《たす》け仁風を四海の広きに敷き給ひ博愛慈恵の施設文芸美術の事業に至るまで総て庇奨《ひしょう》を蒙らさるなく聖沢《せいたく》恵化深く人心に銘す

是を以て　先帝登遐《とうか》の事あるや期せすして神宮奉祀の悃願《こんがん》をなす者所在相踵《つ》き帝国議会も亦忠誠を捧けて建議を提出し請願と併せて之を政府に致せり

聖上陛下大孝至徳深く国民景仰の衷情を容れさせ給ひ曩《さき》に神宮奉祀の儀を御治定あらせられ尋て　皇太后の晏《あん》駕《が》に会して更に合祀の事を定め給へり政府乃《すなわ》ち　聖旨を奉体して之か計画を立て議会は両院共に満場一致を以て之を協賛し用度支弁の事既に決して当局は今方《まさ》に拮据《きっきょ》造営の事務に鞅掌《おうしょう》しつゝあり

顧みれは我等は明治の盛代に生育して斉《ひと》しく雨露の恩沢に浴し常に　宝算の無疆《むきょう》を祈り奉りしに不幸にして諒《りょう》闇《あん》に継くに諒闇を以てし悲傷極り罔《な》くして追慕禁し難く欽仰の情転《うた》た深くして報効の念愈々切なり

是に於て某等敢て自から揣《はか》らす同志胥《あい》謀りて明治神宮奉賛会を組織し頌徳感恩の微意を以て広く献資を募り之に由りて神宮の外苑を経営し内苑と相俟て宮域の規模を大成せんことを期す冀《こいねがわ》くは普《あまね》く大方の賛襄《さんじょう》を得て此の事を成就し上は以て御追考の　叡旨に副《そ》ひ奉り下は以て国民忠誠の微衷を表するあらんことを

大正四年五月　日　　発企人[*4]

ここには、明治時代が日本の歴史上稀有の時代であって、王政復古や、憲法制定、諸外国との交流、慈善事業、文芸振興などが実現・進展したことに鑑み、それをリードした明治天皇と昭憲皇太后の業績や高徳を顕彰するために外苑を造営することが記されているわけで、日本が「国民国家」になっていった過程を記念し称える場をつくることを意図したものでもあった。

この趣意書にあわせて「明治神宮外苑計画考案」がつくられた。そこには外苑設置の趣旨が次のように記されていた。

　宜シク別ニ一区ヲ設ケテ茲《ここ》ニ広大ナル外苑ヲ作リ先ツ樹林泉地ニ依リ力《つと》メテ天然ノ風致ヲ作リ以テ公衆ノ優遊ニ任セ此ニ頌徳記念ノ為メニスル適当ノ事業ヲ起シ一ハ以テ盛徳鴻業ヲ偲ヒ奉リ一ハ以テ永ク明治大正ノ盛事ヲ伝フルノ方法ヲ講セムトス（中略）仍《よっ》テ先ツ其ノ地域ヲ整理シテ道路ヲ拓キ丘ヲ築キ水ヲ疏《とお》シ幽邃《ゆうすい》ナル樹林ト芝生地ヲ配合スルコトヽシ尚ホ頌徳記念ノ事業ヲ起シ以テ外苑ノ規模ヲ大成センコトヲ期ス是等苑地建造物等諸般ノ設備ニ要スル費用ハ約四百万円トス而シテ一切ノ設計考案ハ之ヲ専門家ニ依嘱シテ慎重調査セシメ尚ホ懸賞競技ノ方法ニ依リ衆智ヲ集メ其ノ適当ナルモノヲ参酌《さんしゃく》セントス*5

つまり、明治時代の偉業を伝える記念建造物と芝生、樹林で構成される外苑をつくること、その建設費として四〇〇万円を想定していること、そして、施設の設計案を衆智を集めてつくるために設計競技（コンペ）を行うことを計画していたわけである。

なお、前掲『阪谷芳郎明治神宮関係書類第一部』に、それにあわせてつくられたと見られる「明治神宮外苑費予算案」「明治神宮外苑費予算案内訳書」「明治神宮外苑ニ設ケラレルヘキ頌徳記念事業ニ付提案中ノ希望概要」が記された文書（印刷物で、欄外に赤字で「秘（当分ノ間公開セサルコト）」）がある。そこには予算案合計が三九九万八、九四〇円で、「建設物費」に一〇〇万円が割り当てられている。その「提案中ノ希望概要」として、以下のような施設が列挙されており、「明治神宮奉賛会委員承諸願」に記された設置希望施設のうちの五つ、つまり「聖蹟《ママ》絵画館」「憲法恩賜館」「体育館」「美術館」「施政記念館」がこの時点で重視されていたことがうかがえる。

広袤《こうぼう》約十八万余坪ニ余レル明治神宮外苑ヲ単ニ林地芝生地ノ儘ニ委セムハ洵《まこと》ニ遺憾ニ堪ヘサル次第ナリ仍《よっ》テ苑内ニ頌徳記念ノ為メニスル適当ノ事業ヲ起サムコトヲ期ス而シテ右事業ニ関シ各方面ヨリ希望ヲ提案シ来リタルモノ少ナカラサルヲ以テ就中《なかんずく》主要ナルモノヲ左ニ掲ク

一、聖蹟《ママ》絵画館

御一代ノ事歴中主要ナル事項ニ付現代ノ名家ヲシテ之ヲ描写セシメ普《あまね》ク衆庶ニ拝観ヲ許シテ祭神ノ鴻業遺徳ヲ景仰セシムルノ一端ニ資セムトス聖蹟絵画館ハ我国ニ未タ曽《かつ》テ其ノ例アラサルヲ以テ此際之ヲ建設スルハ最モ適当ナルヘシ又茲ニ祭神ニ御由緒アル史跡ノ一班ヲモ展覧セシメンコトヲ望ム

二、憲法恩賜館

故伊藤公爵ニ賜ハリシ恩賜館ノ寄付ヲ受クルニ於テハ之ヲ中心トシテ憲法発布前後ニ於ケル貴重ナル材料ヲ蒐集シ之ニ付帯シテ先帝御一代ノ間ニ発布セラレシ主要ナル制度ニ付同様有益ナル資料ヲ此処ニ保存セムコトヲ期ス

三、体育館

諸種ノ国民的武技ヲ挙行セシメテ理想的演武場タラシムルト共ニ普ク体育競技ニ関スル奨励ノ機関ト為シ我国（筆者註：破損箇所あり）育館タラシメムコトヲ期ス

四、美術館

各地ニ散在セル国宝ノ類ヲ始メトシテ其ノ他摸範トスヘキ優秀ナル芸術上ノ逸品ヲ集メテ普ク鑑賞《かんしょう》ニ資シ併セテ現代作家傑作ヲモ網羅シテ美術思想ノ鼓吹ニ勉ムルノ傍ラ一般国民ヲシテ趣味ヲ向上セシムル一端ニ資セムコトヲ期ス

五、施政記念館

教育、産業、自治、民政等諸般ノ事項ニシテ明治聖代ニ発達セシモノ殊ニ御在世中新ニ殖民地トナリタル各領土ノ事業経営ニ付其ノ一班ヲ公衆ニ示シ祭神ノ遺徳ヲ記念シ奉ルト共ニ永ク後人ヲ啓発スルノ資タラシメンコトヲ期ス

右ノ外議ニ上レルモノ左ノ如シ

一、葬場殿址ノ保存

一、植物館

一、図書館

一、奏楽堂

一、立像街
一、公会堂
一、能楽堂

このリストでは、一年前の神社奉祀調査会で示された内苑と外苑の配置図に描かれていた「競技場」が含まれていないなど、設置予定の施設が実施案とはかなり異なっているので、「聖蹟絵画館（後の聖徳記念絵画館）」と「憲法恩賜館（後の憲法記念館）」を除けば、奉賛会発足時には、外苑に建設すべき施設についてはまだ手さぐりの状態だったことがうかがえる。

大正四（一九一五）年六月一四日の奉賛会設立準備委員会で徳川家達《いえさと》を会長に推薦することが決まり、同月一七日には伏見宮貞愛《さだなる》親王を奉賛会総裁に依頼することについての御裁可があった。その他の奉賛会の役員は、副総裁に山縣有朋（公爵）と松方正義（侯爵）、顧問には大山巌（公爵）・徳大寺実則《さねつね》（公爵）・東郷平八郎（伯爵）・大隈重信（伯爵）・土方《ひじかた》久元（伯爵）・波多野敬直《よしなお》（男爵）の元老や天皇の側近、副会長には澁澤榮一（男爵）・阪谷芳郎（男爵）・三井八郎右衛門高棟《たかみね》（男爵）・中野武營といった財界の大物や東京市の有志、理事には、井上友一や市来乙彦らの官僚、紀州徳川家当主の徳川頼倫《よりみち》（侯爵）、大倉喜八郎や藤田平太郎らの財界人ら三四人が名を連ねていた。常務理事は大橋新太郎・柿沼谷蔵・木村久壽彌太・水上浩躬の四名で、[*6]そのうち水上が常務主任として実質的な事務を担当し、その下に会計課長と庶務課長が配された。[*7]この名簿にはそうそうたる人物が名を連ねており、奉賛会の信用度と権威を高めるためのものとはいえ、国をあげての事業という体裁をとっていることはまちがいない。その事業推進の実質的な旗振り役は、副会長兼理事長だった阪谷芳郎である。

なお、同年九月一〇日には、創立準備委員会を解散して奉賛会への事務引き継ぎを行った。その事務所は麹町区三年町御料地内の元拓殖局跡地に設けられた。また、奉賛会は、大正五（一九一六）年九月一六日に財団法人に改組された。外苑の設計・建設を明治神宮造営局にやってもらうためには、法人格を得る必要があったからである。[*8]

こうして体制を整えた奉賛会は、組織的な募金活動を開始した。先掲のように、募金の目標額は四〇〇万円とされたが、澁澤榮一は五〇〇万円を集めることを内々に指示していた。[*9]奉賛会は、発足後の大正四年一一月三日に華族一三〇余名を華族会館に招待して献金を依頼し、同一二月八日には地方長官（府県知事）を華族会館に招待して、地方における募金活動の核になる支部長を委嘱した。[*10] 大正五年三月一日には、宮内省から三〇万円の御下賜金の御沙汰があった。そして「岩崎、三井両氏の各弐拾万円、安田、古河、住友、藤田、四氏の各五万円、川崎、鈴木（岩次郎）大倉、久原諸氏の各三万円、三島子爵、中村雄次郎男爵、鴻池男爵等の各二万五千円、澁澤、森村、髙田、志村、藤田（彦三郎）、川西、近藤郵船社長、藤田徳次郎諸氏の各二万円、村井氏及び毛利島津の二公爵、前田侯爵等の各一万五千円、服部金太郎其他三十名の各一万円等」と、岩崎家、三井家の両財閥から各二〇万円、安田、古河、住友、藤田の各財閥から各五万円、川崎、鈴木（岩次郎）、大倉、久原の各財閥から各三万円のように、大口の献金が寄せられることになった。[*11] つまり、御下賜金を上限として、そこから少しへりくだった額から、財産や格に応じて財閥や華族に献金額を割り当てているわけで、大口の寄付が期待できるところに優先して声掛けし、計画的かつ効率的に献金を求めることにしたのである。そして他宗教の信徒や在外邦人にも献金を求めていることにうかがえるように、全国民あげての募金活動という体裁を重視している。

献金は順調で、払い込み額は大正六（一九一七）年一〇月末日現在で五三四万九、六三五円、大正一一（一九二二）年三月末現在で六七〇万四、四三八円七銭二厘と、見込み額を大きく上回った。収入額総計は昭和一二（一九三七）年四月三〇日の時点で一、一九四万二、九七七円一三銭七厘に達した。なお、外苑建設総工費は、大正一五（一九二六）年一〇月二二日の外苑奉賛式の時点で八三五万円になり、昭和一二年四月の奉賛会解散時には一、一八〇万円という大事業になった。[*12]

先にも触れたが、奉賛会は、施設の設計・工事監理を明治神宮造営局に委託することを最初から希望していた。大正四（一九一五）年一〇月の奉賛会理事会で、造営局宛ての「明治神宮外苑工事設計及実施方一切明治神宮奉賛会ヨリ造営局へ委託ニ付規約」の議案が出ているし、[*13] 大正五（一九一六）年五月一日の奉賛会理事会決議による「財団法人明治神宮奉賛会寄付行為」に「第三条　外苑ノ設計ハ明治神宮造営局ニ委嘱スルカ又ハ其ノ認可ヲ受クルモノトス事業遂行ニ付テ必要ナル事項ハ明治神宮造営局ニ委嘱スルコトヲ得」と明記されている。

当時の決まりでは、民間団体が工事を官庁に委託する際には、その総額を当該官庁に前納することになっていたが、奉賛会では、献金を運用して利子を得るため、造営局に月割りで納めるという便宜を内務省に図ってもらっていた。[*14]そのために、奉賛会の会計年度を同省造営局のそれに合わせていた。つまり、献金による事業ではあったが、外苑施設の設計や建設を造営局が代行し（その実施のために、大正六（一九一七）年一〇月一日に同局内に「外苑課」が設けられた）、奉賛会から造営局への支払い方法に特例を認めるなど、外苑建設にも国（内務省）が全面的に協力していたことがわかる。

第二節　外苑計画の変遷

　前節で、神社奉祀調査会で外苑に設置する施設の要望が示されたことを紹介したが、それはあくまでも委員の希望であって、どのような施設をつくるかを決める主体は奉賛会だったし、奉賛会が発足した大正四（一九一五）年九月の時点でも、外苑施設について明確なイメージがあったわけではない。なお、『神社奉祀調査会経過要領』（大正三年）の付図に「青山外苑施設見込図（第一案）」〔図1〕があるが、幅を徐々に狭めながら、青山通りから葬場殿址に向かう、透視図法を利用した直線道路を主にした道路計画と区画割が描かれているだけのもので、建設用地の例を示したものと見られる。

　その外苑計画検討の動きとして史料から確認できる最初のものは、同会の副会長兼理事長の阪谷芳郎による「外苑設計大体考案要旨」[*15]である。そこには、この「考案要旨」を、大正五（一九一六）年二月二〇日に阪谷が伊東忠太宛てに送ったことが記されている。その作成に際しては日下部《くさかべ》辨二郎《べんじろう》（一八六一～一九三四、当時東京市技師長・土木技師）がサポートしたようで、外苑に建設予定の施設として「葬場殿址記念塔及肖像道・聖徳紀念絵画館・憲法紀念館・御祭典奉納競馬及競技場（スタジアム）・御祭典奉納能楽堂（筆者註：「此堂ハ主トシテ昭憲皇太后ノ御記念トスルヲ目的トス」との説明がある）・広場付奉納音楽堂及御祭典奉納相撲場」があげられている。『阪谷芳郎明治神宮関係書類第二部』（明治神宮蔵）には、阪谷が大正五年一月に専門家の意見を聞いて回ったことを記すメモがあるので、「大体考案要旨」はそれをもとに阪谷がまとめたものらしい。そのメモには、次のように記されている。

○庭園　五年一月八日訪問ス
福羽逸人　小沢圭三郎　林脩己

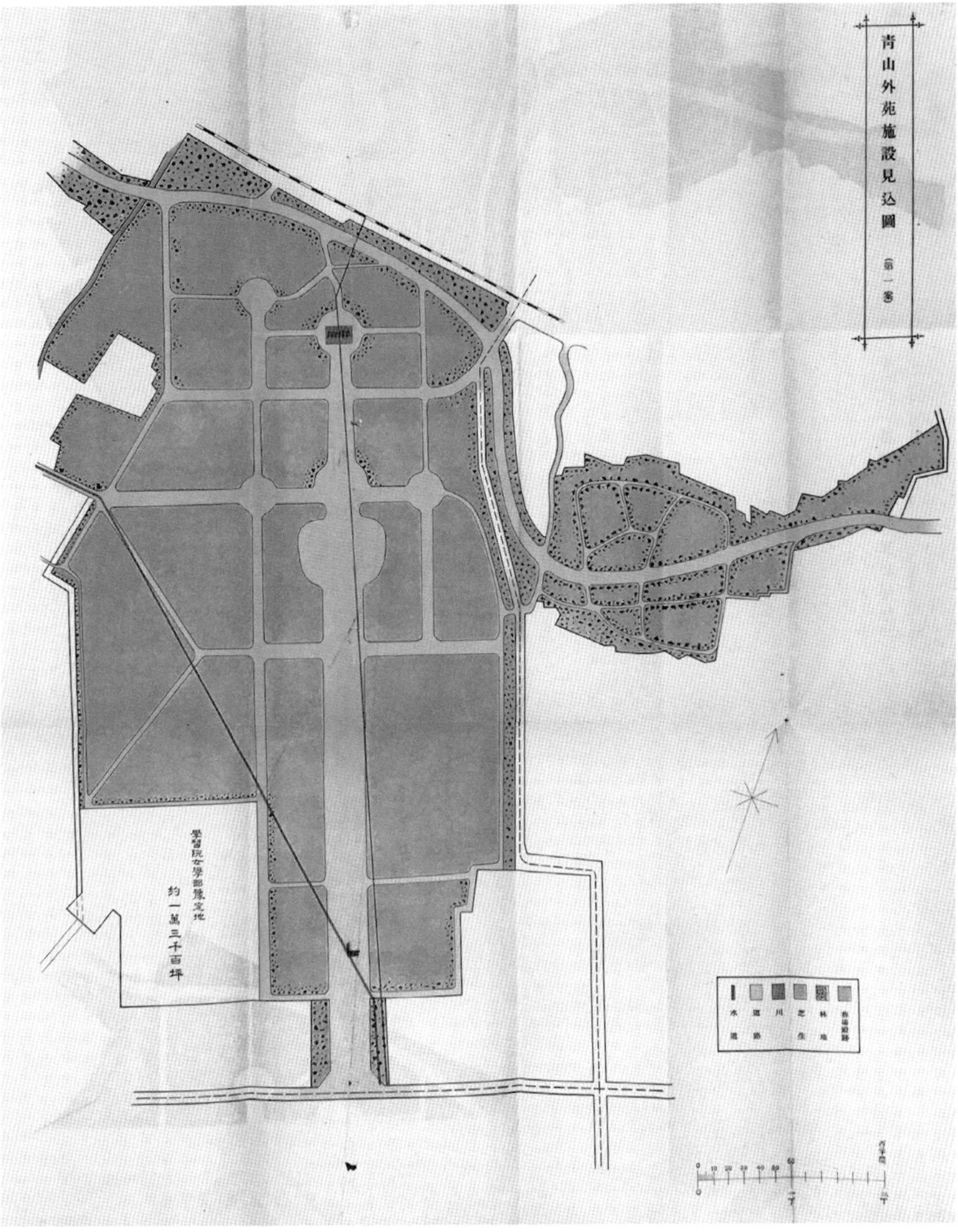

［**図1**］青山外苑施設見込図（第一案）（出典：『神社奉祀調査会経過要領』付図）

○聖徳記念館　五年一月十日訪問ス
金子堅太郎　正木直彦　三上参次　土屋久元　伊東忠太
○憲法記念館　五年一月十日訪問ス
伊東巳代治　伊藤博邦
○オリンピック　五年一月十一日面談ス、同二月八日面談ス
子爵藤波言忠《ことただ》　主馬頭　中将　渋谷在明
五年一月十一日訪問
嘉納治五郎　少将　浅川俊靖　Ｂｒｏｗｎ
○能楽堂　五年一月十日訪問ス
古市公威《こうい》　侯爵蜂須賀茂昭《ママ》

この史料には、阪谷の質問に対する日下部のものと見られるコメントがあり、外苑の設計に関して当事者の間で問題になっている点についての彼の意見として、広場を権田原につくり、青山練兵場跡に葬場殿址記念建造物や聖徳紀念《ママ》絵画館・憲法記念館・能楽堂などをつくること、外苑用地の東側を走る市電経路を信濃町駅まで直進させること、正面入口を権田原側に設けること、葬場殿址に高塔を設け、その下に葬場殿・便殿・轜車《じしゃ》などの模型展示をすること、絵画館を盛土の上につくるべきこと、一〇万人収容の競技場に水泳場を併設するのは支障があることなどが記されている[*16]［図2］。この「大体考案要旨」に対して、伊東忠太が阪谷から手紙で意見を求められたようで、同年三月八日付の返信で予算超過を懸念し、一〇万人の競技場は敷地を占有してしまうと難色を示した[*17]。

以上から、外苑の計画は、阪谷芳郎が音頭をとってはじまったらしいことがうかがえる。そして各分野の専門家の意見を聞いたうえで、土木技師の日下部辨二郎の助けを借りながら、具体案の検討をはじめたということのようである。彼が日下部を頼ったのは、明治四五（一九一二）年七月一二日から大正四（一九一五）年二月二四日まで東京市長だったときの部下だったからだろう。日下部はそれまでに二度欧米を視察しており、先進国の都市計画や道路をよく知る技術者で、「何も好んで欧米の真似をする必要はないが、現下我国に於ける土木と建築は猶頗《なおすこぶ》る幼稚にして改善すべき点も極めて多いと思ふのである」[*18]と述べていた。

日下部のほかに、外苑計画の初期段階で阪谷が頼っていたのは伊東忠太と、伊東が推薦した池田稔（東京帝国大学明治三五年卒、当時は設計事務所自営）で、その二人によ

る外苑の配置計画が複数残されている。その最初のものは「明治神宮境内及外苑之図」と題された絵はがき［図3］に示されるもので、大正五（一九一六）年三月頃につくられたらしい。*19 阪谷と伊東は同年二、三月頃に連絡をとり合っているので、この案は阪谷の意向を汲んだものと見られる。*20 その中心となる施設は葬場殿址記念建造物で、青山通りからそこに向かう幅広の道路が、競技場から距離をとるように弓形に大きくカーブして通され、葬場殿址記念建造物の左手に「聖徳絵画館」と憲法記念館が一体化して描かれており、その後ろに相撲場、絵画館手前の左手に競技場・競馬場、葬場殿址の手前の道路脇に音楽堂が、そして東側の電車線をまたいだ権田原に能楽堂が配されている。それ以外は林泉になっており、逍遥に適した公園のような様相を呈している。この時点では、前節で紹介した奉賛会設立趣意書において、「明治神宮外苑計画考案」などとともに添付された「明治神宮外苑ニ設ケラレルヘキ頌徳記念事業ニ付提案中ノ希望概要」（大正四年五月）に記されたものに競技場が加わり、代わりに体育館が消えている。

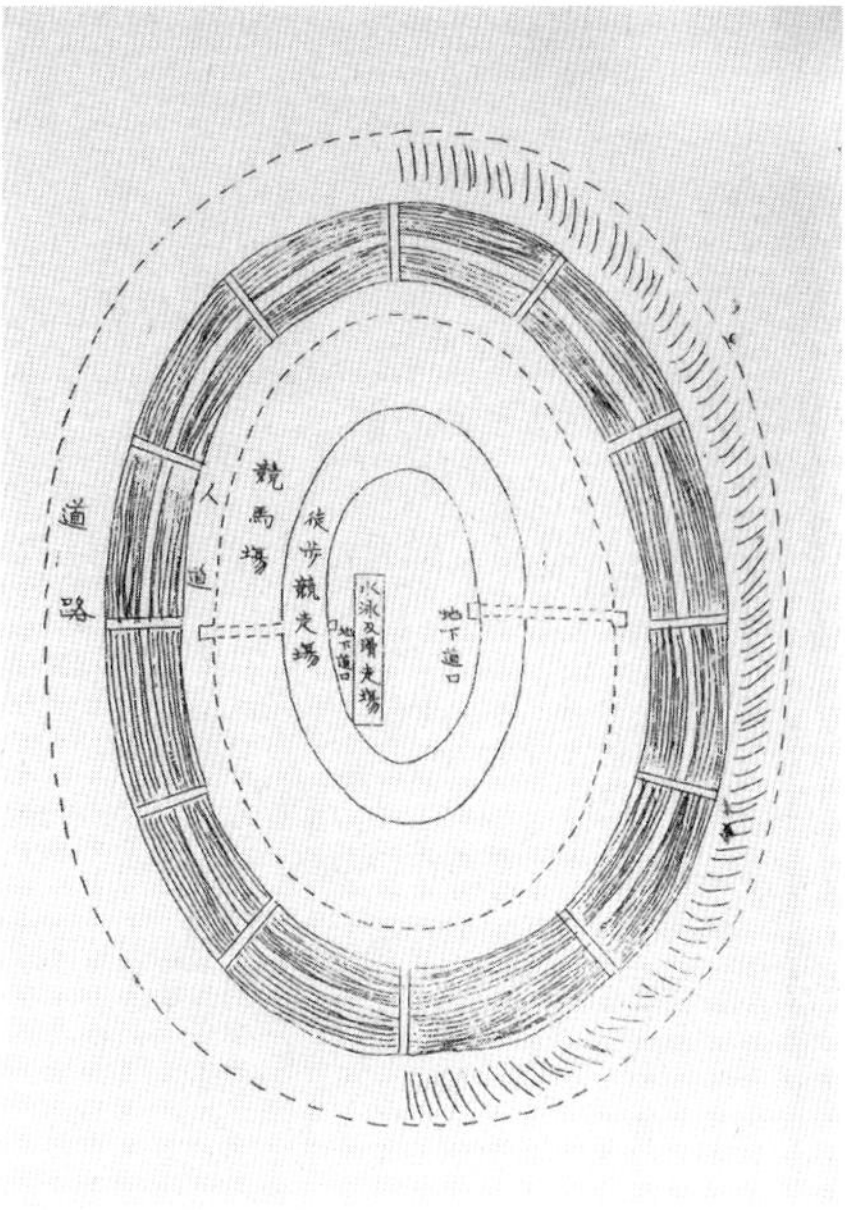

［図2］外苑競技場計画案（出典：『阪谷芳郎明治神宮関係書類　第二部』明治神宮蔵）

　『明治神宮奉賛会通信』一六号（大正六年四月）（『明治神宮叢書　第十九巻資料編（3）』明治神宮編、国書刊行会、平成一八年、一九六頁）には、伊東と池田による別案が示されている［図4］。この案は前年末の大正五年一二月にはできていたとみられる。それは、『阪谷芳郎明治神宮関係書類　第八部（二部）』に、この図と同じものがあり、それに「外苑図説明書」が添付されていて、その欄外に「五年十二月九日受（池田氏ヨリ）」とあることによる。そこには、「一　外苑ハ建築物ヲ主トシ、之ニ樹林、芝生、泉池等ヲ適当ニ配合スルモノトス　二　建築物ハ左ノ如シ」に続いて、この案の趣旨説明が記されている。そこにあげられた施設は、

「葬場殿址ニ於ケル紀念建造物、立像街、紀念絵画館重層トシ、上層ニ明治天皇御事績ニ関スル絵画ヲ陳列シ下層ヲ普通ノ国民美術館トス、憲法記念館、競技場、奏楽堂、事務所、柵・門・休息所・雑舎・便所等」で、その予算は四九八万八、五〇〇円とされている。

この図がその前のものと異なるのは、道路が直線で、青山通りから葬場殿址記念建造物にまっすぐ向かう道と、権田原口からの道が直交し、その交点に円形広場が設けられ、その交点から直線道路がほかに二本、競技場に斜めに向かうものと信濃町駅に向かうものが配されている点である。この「説明書」には、以下のような設計趣旨が記されている。

先ツ葬場殿址ト青山通ヲ連絡セル中央ノ大通路ヲ定メ、次ニ之ト交叉スル権田原道ヲ作リ、ソノ西端ニ東面シテ紀念絵画館ヲ置キタリ、交叉点ニハ広場ヲ設ケ之ヲ全域ノ中心トセリ、競技場ハ西北隅ノ傾斜地ヲ利用スルトキハソノ観覧席ハ西面ヲ築造シ、東面ハ平地ト水平ノ高サトナラシメ得ヘキ便アルヲ以テコノ位置ヲ撰ブヲ最適当トスベシ、広場ヨリ連絡道路入口に通スル道路ハ必然中央広場ヨリ葬場殿址ト競技場ノ間ヲ貫通セサルベカラズ、信濃町ヨリ南下シテ権田原通ニ合スル道路ハ又必然権田原ノ敷地ヲ隔離スベク、コノ敷地内ノ凹部ハ之ヲ利用シテ相撲場ヲ造ルニ宜シク、其付近ニ奏楽堂ヲ置クハ適当ナルベシ、以上ノ関係ヨリ、能楽堂ノ位置ハ葬場殿址ノ東方ニ求ムルヨリ外ニ余地ナシ、憲法紀念館ハ絵画館ノ付近ニ置クヲ可トスベシ

樹林ハ建築物ノ背景タラン事ヲ主トシ、芝生ハ其前庭タランコトヲ要ス、能楽堂等ハ自ラ一区ヲ為スノ要アルヲ以テ泉池ヲ作リ、我固有ノ林泉ノ趣味ヲ発揮スルノ計画ナリ

この計画で予定されている施設は、葬場殿址記念建造物、憲法記念館、絵画館、競技場、奏楽堂（音楽堂）、能楽堂、相撲場で、大正五年三月作成のものと同じだが、その配置が変わっている。特に、競技場を敷地の北西隅に配していることが注目される。その北西隅の多くは民有地で、旧青山練兵場には含まれないものだったが、先掲の外苑計画の甲・乙案でも外苑敷地として想定されているので、買収の必要性は早くから認識されていたと考えられる。[*21] ここでも葬場殿址記念建造物が最重要の施設とされている。それは

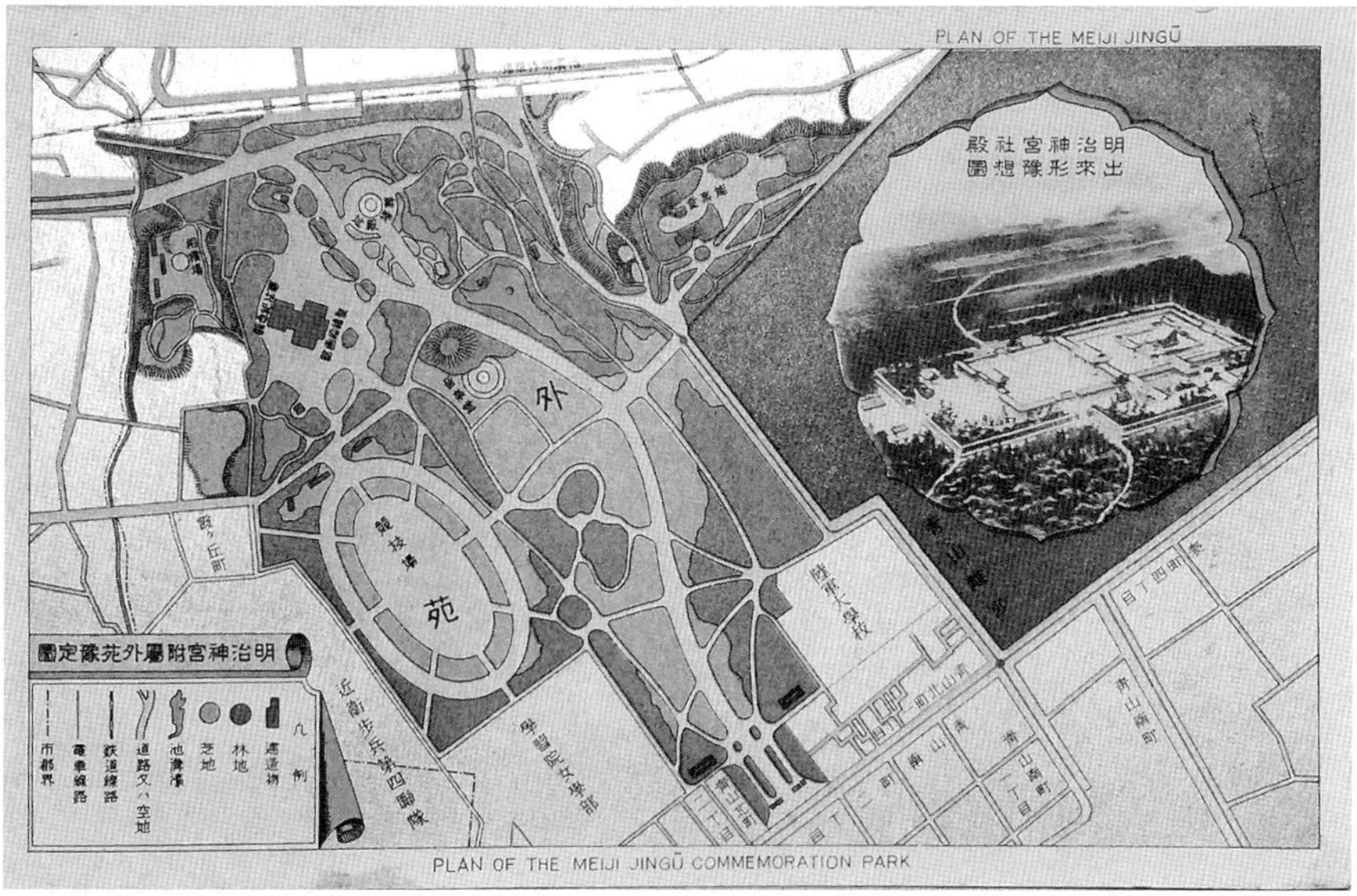

［**図3**］「明治神宮付属外苑予定図」絵はがき（大正5年）

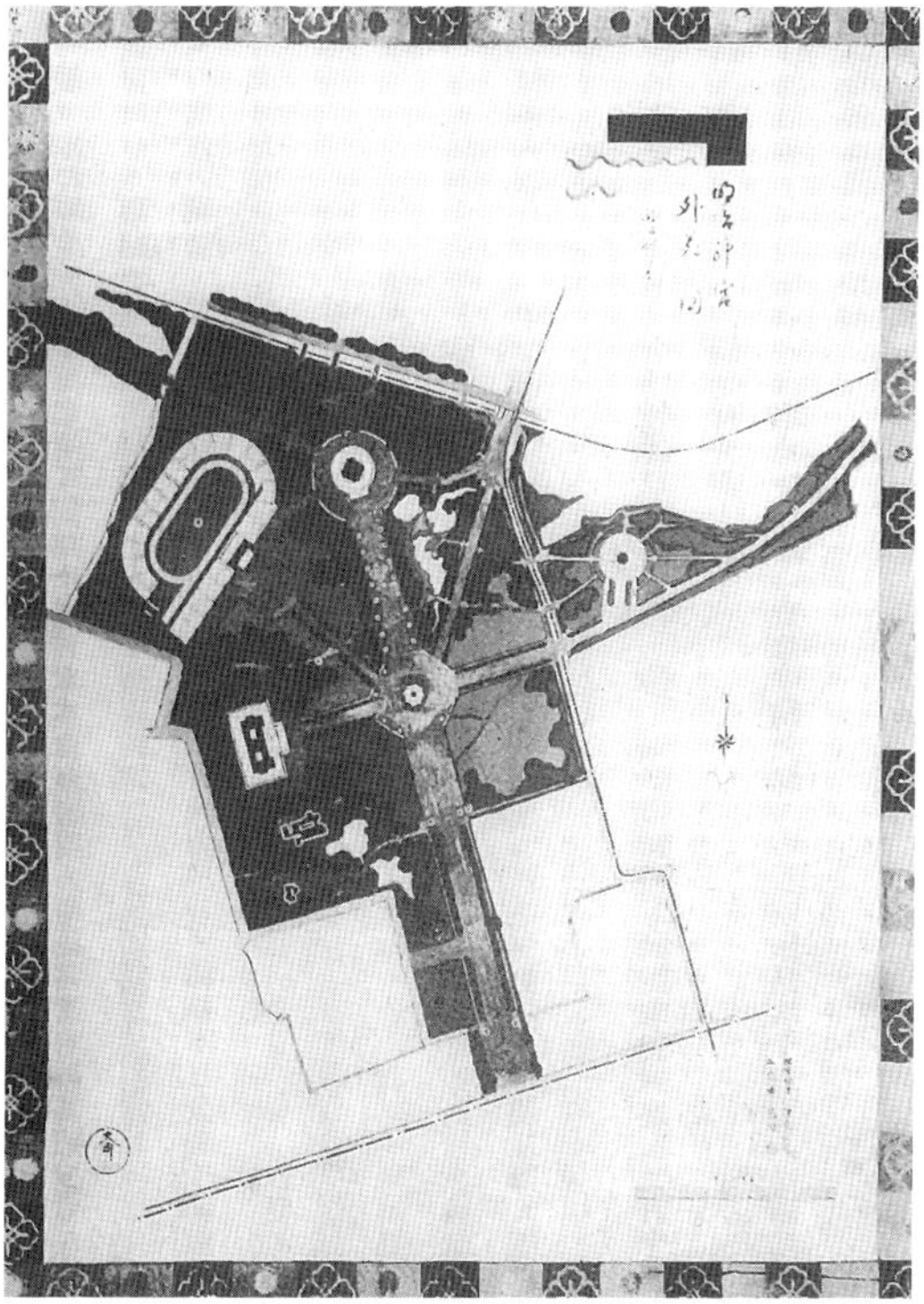
［**図4**］
明治神宮外苑計画
（出典：『明治神宮奉賛会通信』16号、大正6年4月）

青山通りからの主軸線のアイストップの位置に置かれていることに見てとれる。それに準ずるのが絵画館で、権田原側の門から延びる道路の終端に置かれている。そしてその脇に憲法記念館が位置する。そして能楽堂は葬場殿址記念建造物の東方で、相撲場と奏楽堂は権田原に設置することになっている。

この伊東と池田による二案に共通するのは葬場殿址記念建造物を最重要視している点である。それについて伊東は次のように述べている。

明治神宮外苑の設計を立つるに当り、第一の先決問題は葬場殿址を如何にすべきの問題なり、元来青山旧練兵場を以て外苑に充つるの議を生じたる動機は一にして足らざるべきも、その中に葬場殿址あるの事実は蓋《けだし》最重大なる理由の一なりしなり、葬場殿址処理の問題は実に外苑設計の根底となるべきものなり。

要するに、伊東は葬場殿址を外苑計画の要と見ており、それを中心にして、林泉を配する公園として外苑を構想していたわけである。その趣旨は、形を変えながらも、その後にも受け継がれたと思われる。それは、「大正6年7月31日設計及工事委員会承認」というメモがある配置図にも見てとれる［図5］。なお、この図の裏面には「六年八月廿二日受　池田稔氏受付　去ル七月三十一日委員会決定分」という日付が付記されている。この図には実施案につながる周回道路の萌芽らしきものが描かれているが、青山通りから葬場殿址記念建造物に延びる直線道路が最重要であることは容易に見てとれるし、絵画館に向かう権田原からの直線道路がそれに直交し、その終点に聖徳記念絵画館が置かれているのも同じである。ちなみに、ここには競技場や憲法記念館が実施案と同じ位置に描かれているものの、奏楽堂や相撲場らしきものは見られない。また、ここでも道路沿いに樹木を配して、施設が林に囲まれるようにするという意図が感じられる。

実施案は、一連の伊東・池田案とはかなり異なるもので、大正六（一九一七）年一〇月三〇日の奉賛会の「設計及工事委員会」で承認された。この委員会で奉賛会の外苑計画を検討し、造営局がその決定事項をもとにその実施設計をすることになっていた。この委員会は、大正六年五月二一日の第一回から、同年一〇月二九日までの五か月間に一七

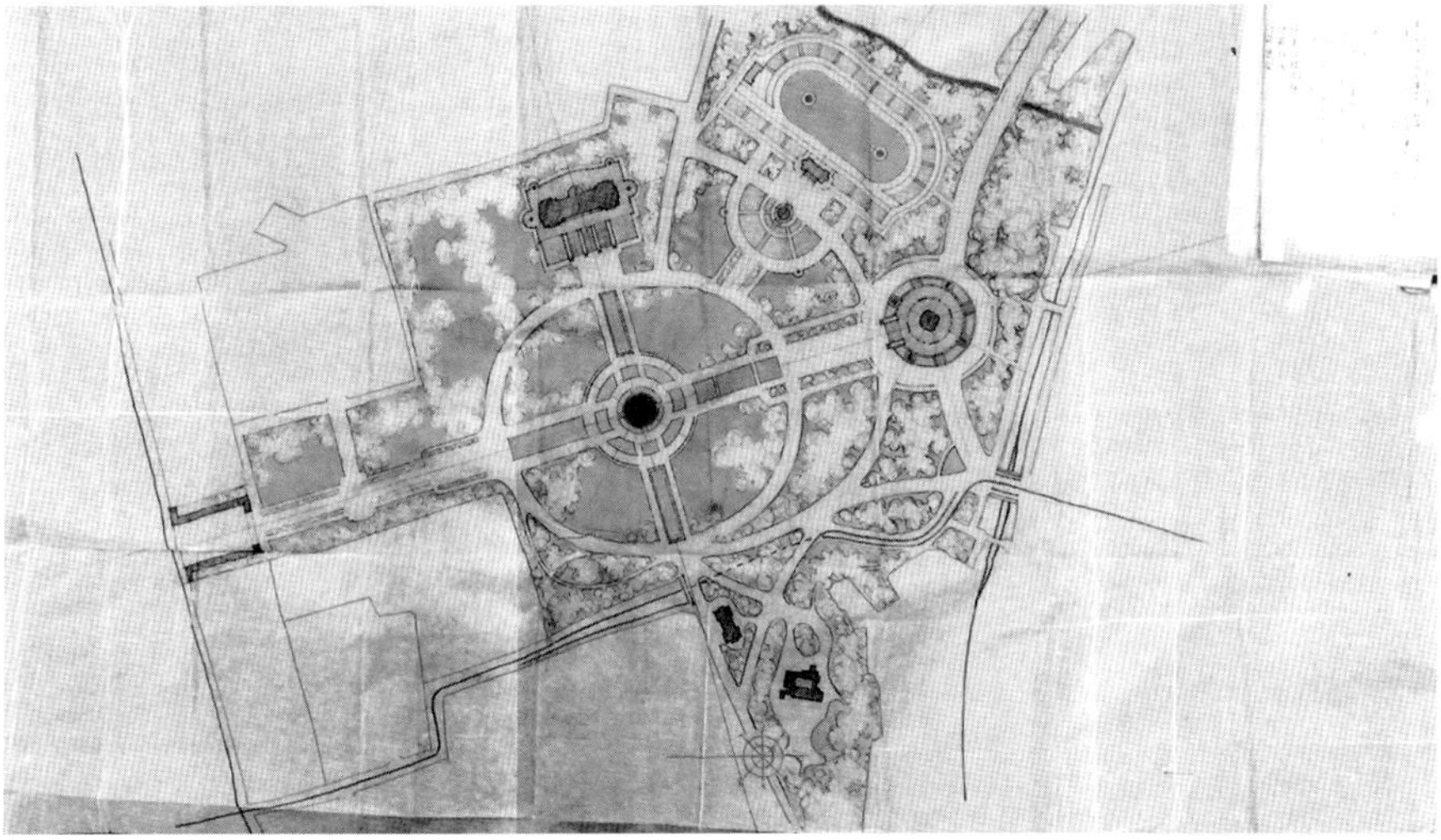

［**図5**］外苑計画案（大正6年7月31日設計及工事委員会承認、池田稔描画、
出典：『阪谷芳郎明治神宮関係書類　第八部』明治神宮蔵）

回も開かれている。詰めの議論がなされたと考えられる一〇月だけでも、五回も開かれている。[*23] 奉賛会は、外苑計画の成案をできるだけ早く得ようとしていたわけである。その委員は、古市公威（委員長・土木）・日下部辨二郎（土木）・伊東忠太（建築）・近藤虎五郎（土木）・塚本靖（建築）・関野貞（建築）・佐野利器（建築）・川瀬善太郎（林学）・本多静六（林学）・原煕《ひろし》（農学）の一〇博士で、「外苑計画綱領」と「工事概算書」をまとめ、参考図［図6］を添えて大正六年一〇月三〇日付で造営局に提出した。設計及工事委員会の委員には内苑を計画した造営局の参事・参与が含まれているし、『阪谷芳郎奉賛会日記』（明治神宮蔵）には、外苑の設計に関して設計及工事委員会で議論されている間に、外苑設計に関連して、奉賛会が少なくとも二回、造営局関係者を招待する会を開いていることが記されているほどなので、実際には、設計及工事委員会は造営局と一体と見てよい。[*24] 外苑の建設が奉賛会の事業ということで、またその設計を造営局に委託するために奉賛会で決議する必要があったために、この手続きが踏まれたわけである。なお、実施案につながる案が承認されたのは、同年九月一七日頃だったらしい。それは『阪谷芳郎奉賛会日記』に「六

年九月十七日設計委員会　記念建物（葬場殿址記念共同一場所ニヲクコト）幷《ならびに》スタジアム位置決定、直線道路モ決定ス」とあることからうかがえる。

大正六年一〇月三〇日に設計及工事委員会で承認された「外苑計画綱領」に記された、外苑計画の概要は以下のとおりである。[*25]

一　外苑ニハ記念建造物ヲ設ケ樹林芝生泉池等ヲ適当ニ配置スルモノトス

二　記念建造物ノ主要ナルモノ左ノ如シ

い　葬場殿址記念建造物

ろ　聖徳記念絵画館

は　憲法記念館

に　競技場

三　葬場殿址記念建造物及聖徳記念絵画館ノ設計ハ左記条件ニ拠ルモノトス

い　葬場殿址建造物ハ殿址ヲ明示スルニ足ルヘキモノタルコト

ろ　絵画館ノ位置ハ葬場殿址ノ前方ニ定ムルコト

は　両建造物ハ連続スルモ分離スルモ可ナルコト

に　両建造物ノ設計ハ之ヲ懸賞競技ニ付スルコト

ほ　両建造物ノ工費ハ相互融通スルヲ得ルコト

四　憲法記念館（恩賜館）ハ権田原ニ移築シ付属図書館ヲ其付近ニ建造スルモノトス

五　競技場ハ西北隅ノ傾斜地ニ築造スルモノトス

六　各主要道路ノ入口ニ門ヲ設ケ又事務所照明装置植物育成室休憩所便所其他必要ノ小建造物ヲ適宜ニ配置スルモノトス

七　主要建造物ハ耐震耐火的トシ其様式ハ健全ナル現代芸術ノ精華ヲ発揮スルモノタルヘシ

八　銅像ヲ建立スル場合ハ絵画館付近ニ於テ拾基以内ニ限リ適当ニ配置スルモノトス

九　主要道路ハ左ノ如シ

い　南方青山通リヨリ葬場殿址ニ向ヒ直通スルモノ

ろ　中央部ヲ周回スルモノ

は　東方権田原ヨリスルモノ

に　北方信濃町ヨリスルモノ

ほ　西北方内外苑連絡道路ヨリスルモノ

へ　西方千駄ヶ谷ヨリスルモノ

一〇　苑内貫通ノ電車線路ハ権田原方面ニ於テ約五拾間ヲ

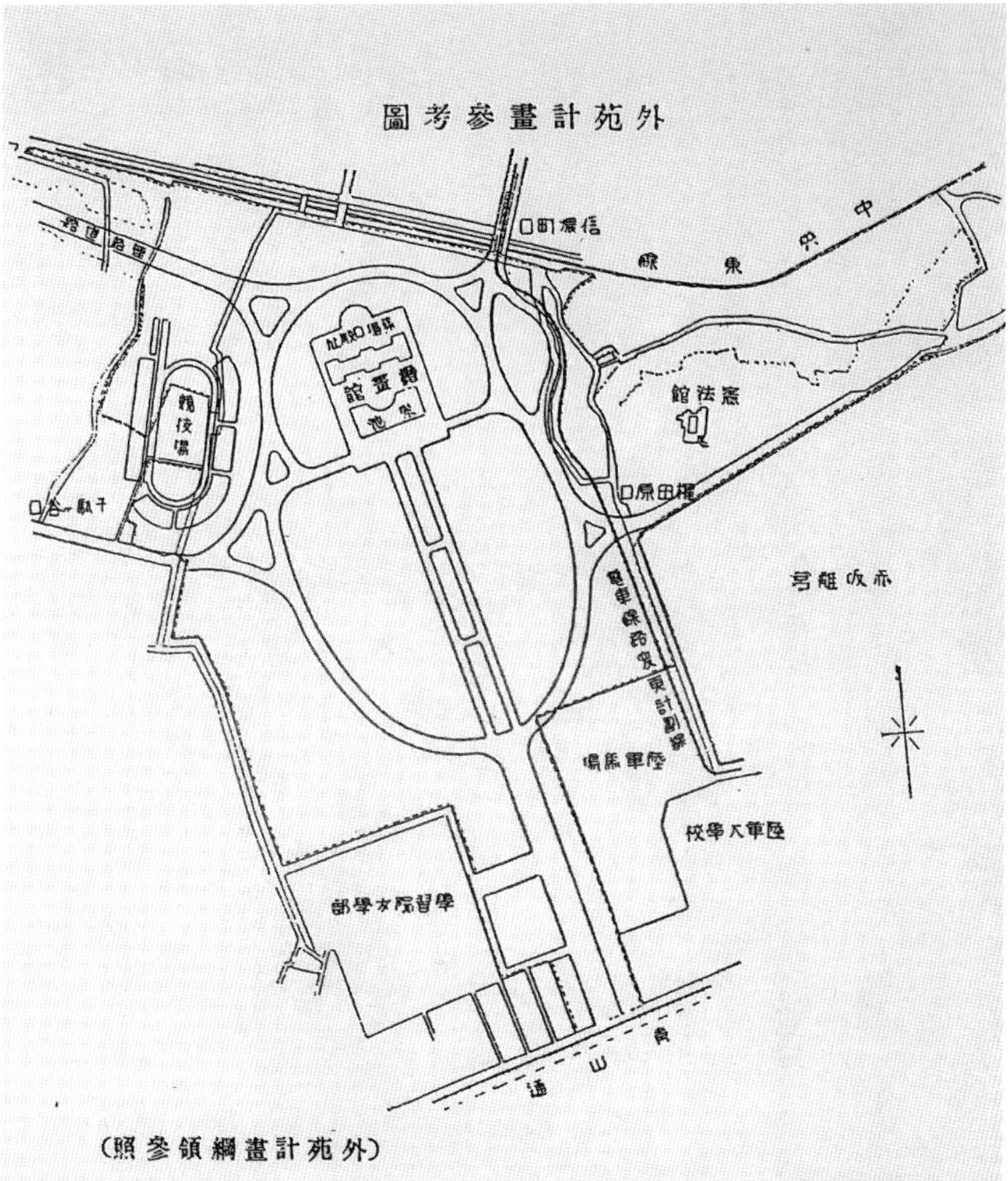

［**図6**］外苑計画参考図（出典：『明治神宮奉賛会通信』24号、大正6年12月）

一　地下線ニ改築スルモノトス
一一　外圍《がいい》境界ニ土坡《どは》ヲ築キ天端ニ植樹シ其外部ニ溝渠《こうきょ》ヲ廻ラスモノトス
一二　苑ノ周囲ハ大体ニ於テ樹林ノ植込トシ中央其他適宜ノ場所ニ芝生地ヲ設クルモノトス
一三　憲法記念館所在地タル権田原一帯ノ地ハ該建造物ニ適応スヘキ広濶《こうかつ》ナル庭園トナスモノトス
一四　権田原ノ一部ニ植物育成場ヲ設クルモノトス
一五　苑地ノ境界線ハ適当ニ整理スルモノトス

この案は実施案にかなり近くなっている。おもな相違点としては、この時点では、葬場殿址記念建造物をつくることになっていたことと、憲法記念館の付属図書館が建設されることになっていたこと、そして「一〇」にある「苑内貫通ノ電車線路ハ権田原方面ニ於テ約五拾間ヲ地下線ニ改築スルモノトス」が、実際には青山地区と同じレベルまで土盛りされ、「地下線」ではなくなったこと、さらには、外園境界の「溝渠」と「土坡」が石積みに代わったことがあげられる。

そして「外苑工事概算書」[*26]では合計金額が四〇〇万円とされ、その予算のうち絵画館が一二〇万円でもっとも多く、庭園の一〇〇万円、競技場の五〇万円がそれに次ぐ。なお、この計画では能楽堂・奏楽堂・相撲場が消えている。ちなみに、憲法記念館は神社奉祀調査会の頃から移築が要望されていたもので、赤坂仮皇居御会食所（明治一四年）だった建物である。明治天皇が陪席しての大日本帝国憲法策定のための枢密院の会議がそこで行われ、伊藤博文（一八四一〜一九〇九）がその議長だったということで、この建物が伊藤博文に下賜され、荏原郡大井の伊藤別邸に移築されて「恩賜館」とされていたのを外苑に移築して「憲法記念館」にすることが、神社奉祀調査会において提案されていた。[*27]

大正六（一九一七）年一〇月三〇日の設計及工事委員会で決まった道路や建物の配置［図6］は実施案とほぼ同じだが、南東に隣接する陸軍大学校との敷地境界はまだ変更されておらず（土地交換がなされておらず）、権田原との間にある市電線路が走る道路はまだ崖下で、権田原へは橋を渡っていくことになっていた。

この新計画でもっとも注目すべきは、葬場殿址に代えて聖徳記念絵画館が外苑の中心施設とされたことである。そして絵画館の前には、相称性を重視した、フォーマルかつオープンで晴れやかな広場がとられ、伊東・池田案で最重要の施設として扱われていた葬場殿址は、青山通りから聖徳記念絵画館に向かう軸線上に位置するものの、絵画館の後ろに置かれ、あまり目立たなくなっている。また、通過交通には聖徳記念絵画館と葬場殿址を囲む周回道路で対応するという、それまでとは設計趣旨が異なる道路計画になっていることも注目で、ここでは、神社奉祀調査会が決めた外苑計画の要点のひとつだったと見られる「公衆ノ優遊ニ任セ」る、「樹林ノ間ニ幽邃《ゆうすい》ナル道路ヲ通シ」*28という趣旨は消えている。また伊東・池田案では、道路は通過交通への配慮は見られるものの、施設に向かう道路が行き止まりになっていた一方で、「立像街」（元老の銅像を並べた道）や公衆が優遊する林泉が重視されていたが、最終案では、フォーマルで晴れやかな広場を中央に配し、通過交通は周回道路でさばくという、よりシンプルで合理的な計画になった。この案とそれまでの案との決定的な違いは、最重要の聖徳記念絵画館とその後ろの葬場殿址を周回道路の中にとり込んだことである。それによって、通過交通への対応がスムーズになっただけでなく、その周回道路を境に、記念建造物（聖徳記念絵画館と葬場殿址）と運動施設（競技場）のエリアの仕分け（ゾーニング）もできることになった。設計趣旨が大きく異なるということで、阪谷の意を受けて外苑の立案を担当し、設計及工事委員としても名を連ねていたにもかかわらず、伊東忠太の意向は、競技場の立地以外は採用されなかったということである。

この最終案を決めるのに重要な役割を果たしたのは佐野利器と考えられる。外苑計画について、佐野が次のように回想している。

伊東さんが一案を出された。それは正面の葬場殿址に天皇の騎馬の大銅像を置き、その一方に明治時代の功臣の像を配置したものであつた。阪谷さんは葬場殿址、記念建造物、即ち御堂のようなものを中心にしたいと言われた。三上氏は明治時代を忍《しの》ぶに足る絵画館をつくり、名画で明治時代の主な出来事を現そうと言われた。塚本氏は明治博物館をつくり、明治時代のものを何でも集めようと言われた。誰でも一致して考えた事は競技場であった。之はその後日本の体育界に非常に貢献した。神社局では天皇の銅像は困るとの意見であつた。結局、葬場殿址、競技場、絵画館の3つが主となつた。（中略）庭の配置計画は自分がやろうと言う人が3人居て仲々決定しなかつた。その3人とは本多静六（林学者だが公園の専門家を以て任じて居た）川瀬善太郎（林学、演習林長を永くした人）原煕（農学者で折下氏の先生）様々の案が此の3人から出され中々まとまらない。とうとう私のつくつたスケッチを皆が承知して呉れて、之が成案となり、角南氏が之を図面に清書して呉れた。*29（傍線筆者）

なお、外苑計画に関しては、『折下吉延先生業績録』（前島康彦編、折下先生記念事業会、昭和四二年）に、折下吉《おりしもよし》延《のぶ》（一八八一～一九六六）の関与について、田阪美徳《よしのり》（一八九五～一九六九）による、次のような回想が記されている。

この綱領の中の主要道路六つは異論のない所として、これらが如何に苑内を通過し周回するかによって外苑全体の造園価値が左右されるのであるから、この取り付け方が論議の焦点となり甲論乙駁《おつばく》、彼此夫々《あれこれそれぞれ》その主張を明らかにすべく熱気をさえおびた賑やかさを呈したといわれるが、結局、苑のほぼ中央を長楕円形に周回し、之に各六ヶ所よりの主要道路を直結させ、長楕円形内の北辺が葬場殿址に当りその前域に絵画館を建設しこれにふさわしい泉池を配し、更にその前面は広幅の道路広場として長楕円形の北半三分の一を占め、南半の三分の二は周囲道路地盤より低下した一大芝生地とし、また青山通りよりする道路が周回道路に達する間は並木道、周回道路に達してからは二条の歩道が大芝生を横断して絵画館正面に向うという案が大多数の賛成を得たのであって、この案は先生の作案であったという。

（五二～五三頁）

この二つの回想は一致しないので、どちらかが記憶違いということになるが、佐野のは伝聞ではなく、当事者本人の回想であることから、より信憑性が高いと考えられる。ちなみに、外苑所蔵史料に外苑の計画図［図7］が残っており、その作成時期はわからないものの、聖徳記念絵画館が葬場殿址前に置かれていることや、周回道路が描かれ、その内側に聖徳記念絵画館と葬場殿址が描かれていることから、大正六年秋頃に作成したものと見られるだけでなく、「ツヽ

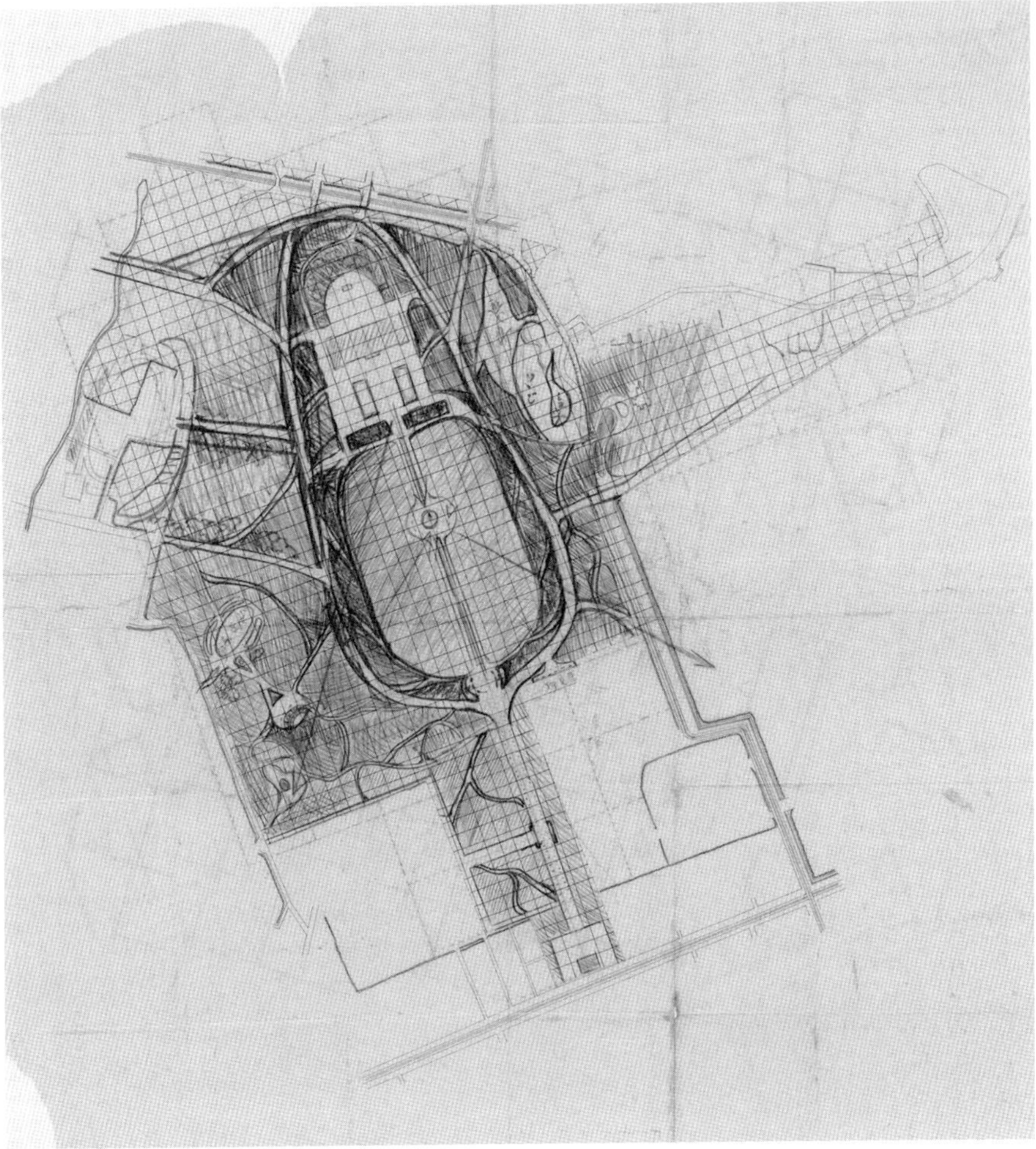

[**図7**] 外苑計画図(作成時期不明、明治神宮外苑蔵)

ジ」や「ショウブ」「柳」のような植物名が記されているので、造園関係者によるものと思われ、これが先掲の回想に対応する折下案なのかもしれない。しかし、その周回道路は、最終案よりも複雑で錯綜しており、最終案が重視している通過交通への配慮はあまり感じられないので、そのような案があったとしても、最終的には佐野の提案で決まったと見ていいように思われる。*30

大正六（一九一七）年一〇月末に奉賛会が造営局に提示した「外苑計画綱領」は、その後造営局で検討され、建物配置や道路計画を示す基本設計案が大正七（一九一八）年一二月三日に奉賛会に示された。*31 図8に示す「明治神宮外苑大体計画図」がそれに該当するものとみられる［本書口絵15頁］。この図は、レタリングや枠の描き方が個性的で、ショー・ドローイングとして見ても全体に華やかな印象がある。そのような特徴から、また先掲の『佐野利器』の佐野の回想に「角南氏が之を図面に清書して呉れた」（二六頁）とあることから、この図を描いたのは角南隆（一八八七〜一九八〇）と考えられる。ちなみに、角南は当時造営局外苑課の技師だった。彼は、のちに造営局から神社局に移り、やがてその工営課長として内務省の、そして神祇院の神社営繕を指揮した。そして第二次世界大戦後には、日本建築工芸株式会社（現・日本建築工芸設計事務所）の社長として、明治神宮の戦後復興社殿の設計を担うことになった。

「明治神宮外苑大体計画図」では、霞ヶ丘町に競技場を収め、渋谷川の東側に道路が通っているが、この道路は実際には同川の西側に建設された（現在の外苑西通りで、詳細は後述）。外苑東側の市電が走る道路は崖下を通り、権田原へは橋を渡っていくことになっているのも実施案とは異なっている。しかし、陸軍大学校馬場との土地交換計画はそこに盛り込まれているし、児童遊園も描かれているので、主要部は実施案と同じといえる。建物の平面の輪郭も、実施案とほぼ同じである。つまり、大正七年一二月には外苑配置計画がほぼ固まっていたことがわかる。

この計画をもとに、造営局は以下のような土地取得計画を立て、奉賛会の許可を得た。*32

（一）競技場予定地西側民有地（四谷区霞ヶ丘町の五、一五一・二坪）と憲法記念館敷地北側崖地の買収

（二）陸軍大学校付属地と外苑敷地の一部交換

（三）女子学習院近傍の土地利用承認

これに先立って、現場監理事務所（青山工務所）の建設

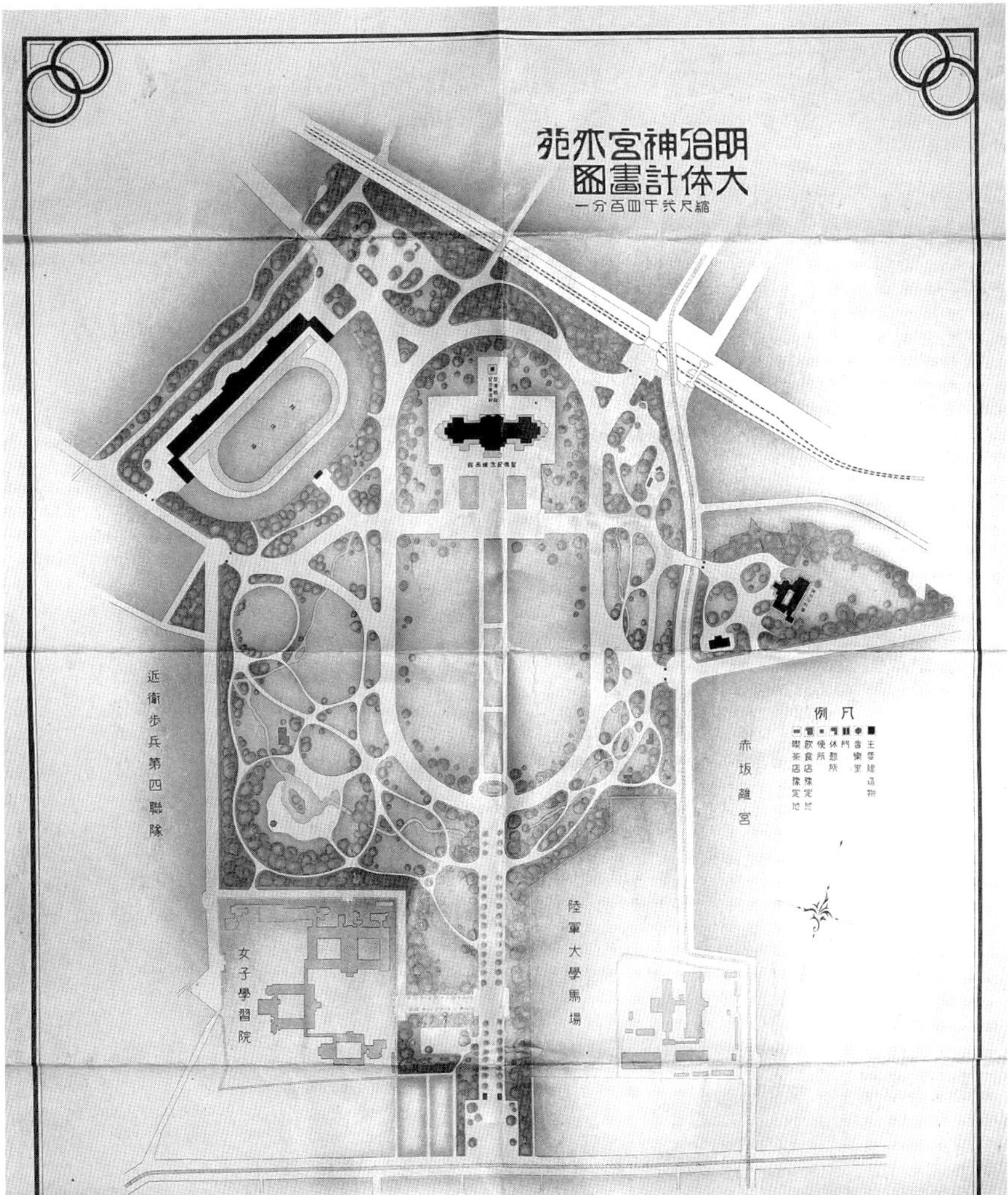

［**図8**］明治神宮外苑大体計画図（角南隆描画）（出典：『明治神宮外苑志』）

が大正七年二月にはじまり、五月二七日から給水工事に着手し、六月一日には地鎮祭が行われた。先述のように、外苑の配置計画の基本設計ができたのは大正七年一二月だから、地鎮祭はその半年前ということになり、奉賛会が早期の完成をめざしていたことがうかがえる。

（一）の土地買収は、外苑敷地を整えるのに必須の手続きだったといってよい。規模が大きい競技場を敷地北西隅の低地に低く構えることは、外苑の景観上、また中央のフォーマルな広場をより開放的に見せるうえでも、非常に重要だったはずである。その土地収容の細目の公告は大正七（一九一八）年四月二七日になされ、同九（一九二〇）年三月二四日に終了した。また憲法記念館が移築された権田原地区の北端は崖で、崩落の危険があったので、その防止工事を行うため、大正一五（一九二六）年二月一〇日に買収を終えて、国有地に編入した。

（二）は、図6に示されるように、計画された周回道路の南東側のカーブが陸軍大学校（現在、青山中学校や北青山一丁目アパートがある場所）の馬場にかかるため、そこを取得し、植林して馬場を見えなくするための土地交換で、大正八（一九一九）年四月九日付で四、八六三・七五坪を同大学校に譲渡し、代わりに四、八〇三・七五坪を外苑敷地に編入した。

（三）は、学習院女学部を外苑敷地の南西部（現在の秩父宮ラグビー場がある場所）に移転する話が宮内省から奉賛会に示されたので、その敷地として一万三、一四六・八二〇坪を貸し出すことになったが、大正六（一九一七）年九月二一日付で、そのうちの三六五・八三坪を道路予定地として引き上げる代償として三五一・〇三坪を追加貸し付けしたものである（同校は、大正七年に移転後「女子学習院」と改称）[*33]。

なお、内苑の工事中に物価騰貴で労賃が高騰したことに関連して、その建設補助に全国の青年団の奉仕を得、その奉仕に対して大正九（一九二〇）年一一月の明治神宮鎮座時に当時の皇太子（後の昭和天皇）から令旨《りょうじ》が下されたことをきっかけに、日本青年館建設の議が起こり、募金によってそれが建設されることになり、その敷地として外苑用地の西端の一部（神宮第二球場の道路を隔てた西側の角地）が充てられることになった。明治神宮造営に際しての貢献にかかわる要望ということで、奉賛会はそれを受けて一、五三八・〇六坪を貸し付けることになり、そこに鉄筋コンクリート造三階建ての日本青年館（小林政一設計）が大正一四（一九二五）年に建設された。[*34] 念のために付言すれば、外苑用地は国有地であり、奉賛会が立ち上がる前の明治神宮奉賛有志委員会の代表澁澤榮一らが、この場所を外苑敷地として確保することについて当時の内務大臣大隈重信と約束を交わしており、そこに建設される施設は献金によることになっていたから、奉賛会は「神聖不可侵の地域と諒解」していた。しかし、明治神宮造営の際の青年団の貢献と、明治神宮と青年団の絆を重く見て、奉賛会が外苑付属地として提供することに同意し、そこに日本青年館が建設されたということである。[*35]

この一連の土地交換や提供にあわせて、周辺道路の整備も進められた。外苑内には周回道路が配されたが、それに接続する幅広の周辺道路が図11のように整備され、通過交通にも対応できるようになった。大正八（一九一九）年に都市計画法が制定され、都市計画への関心やその必要性が広く認識されはじめていたことも関係していると見られるが、外苑計画がその敷地内だけで完結しているわけではないことに注意しなくてはならない。外苑整備にあわせて、周辺道路の付け替えや拡幅などが行われており、なかでも、外苑工事で出た残土を使って外苑主要部と権田原の間の谷地を埋め立てて直線道路を設け、市電の経路を変えつつ、権田原と同一レベルでつないだことは、この地域周辺の交通の便を高めた点で大きな意味があったといえる［図9〜11、口絵16頁］。

外苑工事は大正七（一九一八）年六月にはじまったが、その頃ヨーロッパで続いていた第一次世界大戦（一九一四〜一八年）の影響で物価が高騰し、大正七年中だけでも九月までに物価が三五パーセントも上昇する異常事態になった。[*36] それは資材や労賃の高騰をもたらし、当初予算での建設がむずかしくなってきた。奉賛会は大正六（一九一七）年一一月にはこの事態を憂慮しはじめ、物価が落ちつくまで工事を中断することを、大正七年九月頃から考えるようになった。

造営局が大正七年一二月に先掲の「明治神宮外苑大体計画図」と説明書を奉賛会に示して同意を求めたのに対し、奉賛会は直ちにそれを承認したものの、物価騰貴のため当初予算の四〇〇万円では実現できず、二〇〇万円近い不足を生じることがわかった。[*37] この事態に対して奉賛会は、計画の一部を縮小するなどして、できるだけ経費を抑えること

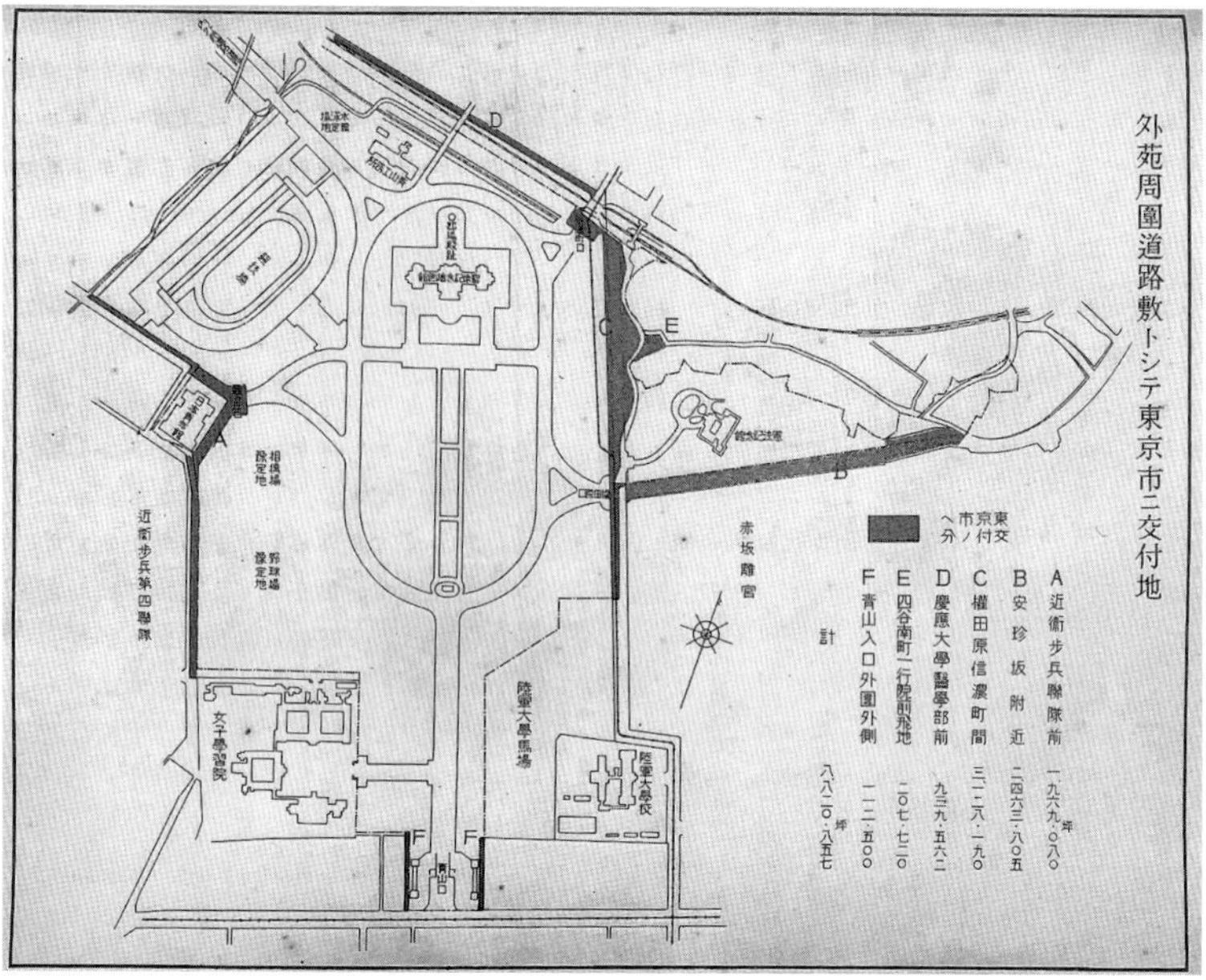

［**図9**］「外苑周囲道路敷トシテ東京市ニ交付地」図（出典：『明治神宮外苑志』）

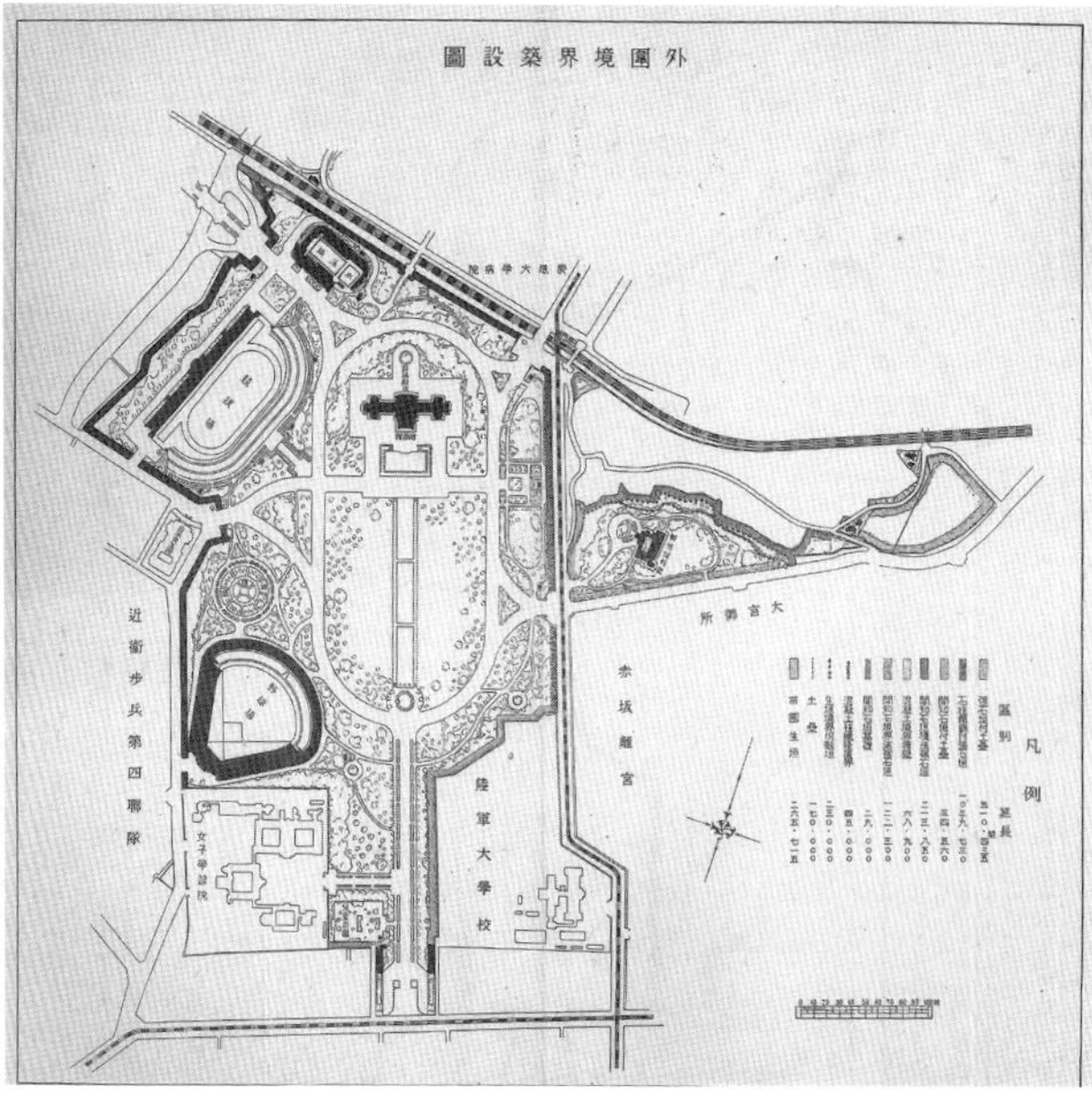

［**図10**］外囲境界築設図（出典：『明治神宮外苑志』）

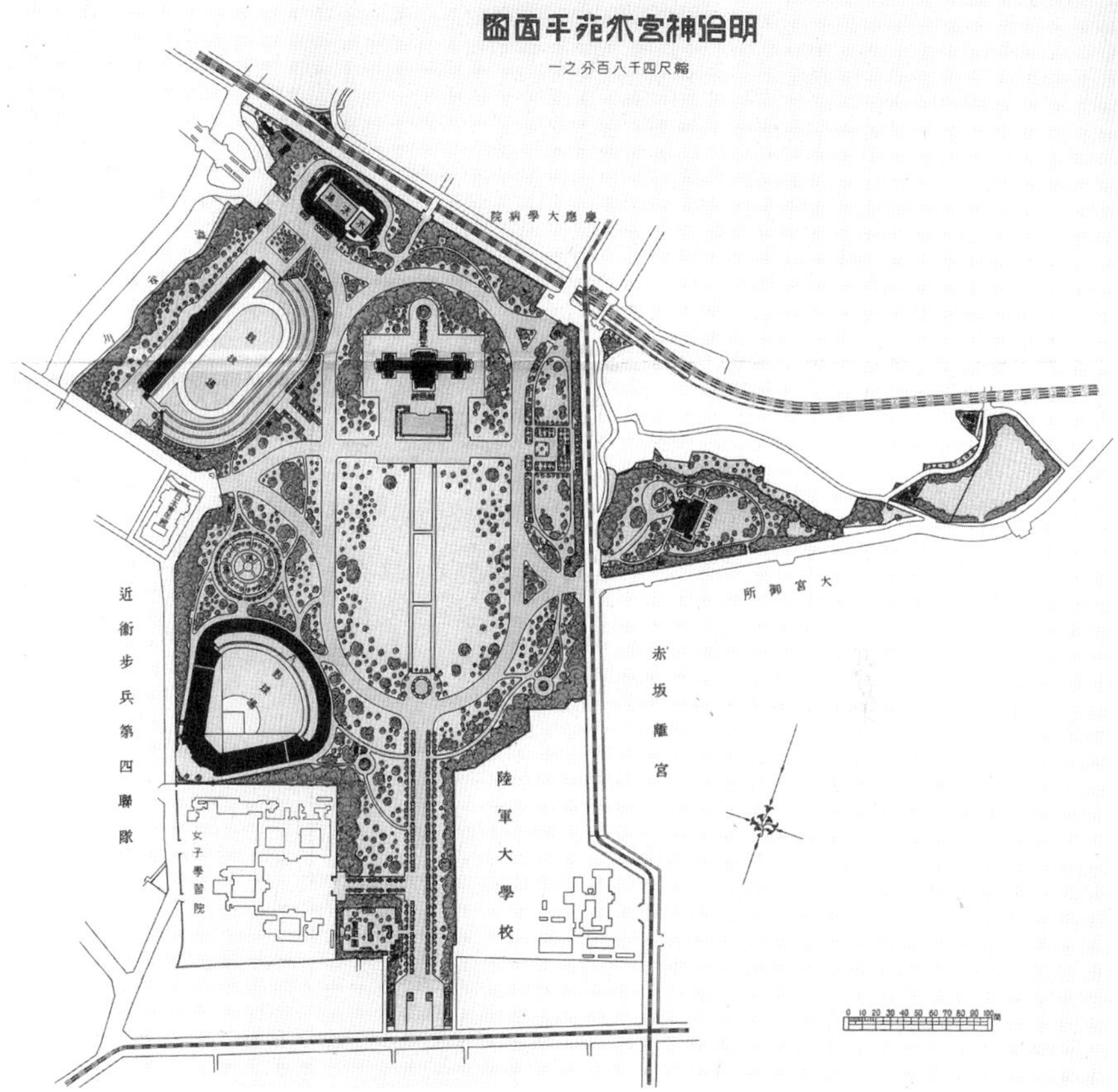

［**図11**］明治神宮外苑平面図（出典：『明治神宮外苑志』）

［**図12**］明治神宮外苑競技場計画案（写真版、明治神宮外苑蔵）
この図の右側に見えるアーチとその右側の塔がとりやめになった

を前提に、大正八（一九一九）年三月一八日に予算を一〇〇万円増額して五〇〇万円にすることに同意する旨を造営局に伝えた。[*38]

大正八年一一月五日付で、造営局から、競技場の予算八〇万円では一〇万円の不足を来すので、西側観覧席両翼に想定されていた塔［図12］の設置をとりやめるなどして工費を減らしたいという提案があり、一一月一二日付で奉賛会が了承した。[*39]予定されていた事業の縮小を検討せざるを得なくなってきたのである。さらに、大正九（一九二〇）年二月には、造営局から、物価の上昇が止まらないことから、三五〇万円近く不足する見込みが奉賛会に伝えられ、同九年六月三〇日に造営局から工事繰り延べが提案された。それを受けて奉賛会は物価が安定するまで、やむを得ないものを除き、工事を中断することを決めた（聖徳記念絵画館工事は大正九年三月一日から中断していた）。[*40]

物価の高騰がとまり、工事再開のめどが立ったのは翌年になってからである。大正一〇（一九二一）年四月二六日の奉賛会第八回常議員会で、造営局から聖徳記念絵画館地階（実際には一階）コンクリート工事、競技場のトラック・観覧席基礎・給排水・道路工事の再開を打診されたことが報告された。この時点での工費の想定額は一度増額決定した予算五〇〇万円を超える六二八万円になり（既済額一五九万円を除く）、ほかに必要となる事務費や絵画費などをあわせ、総計で七四五万円かかることが想定されたので、一一七万円足りないことになるが、物価がさらに下がることが期待できるし、このまま造営局員を遊ばせておくのは士気にかかわるということで、奉賛会は大正一〇年度に九二万円の支出を認め、工事再開に同意した。[*41]ちなみに、『奉賛会通信』第七二号（大正一二年五月）には、外苑事業の当初予算額が七八六万円と記されており、造営局が節約に努めて、それを六〇万円減額して総工七二六万円で完成の見込みとある。[*42]献金では当初の四〇〇万円をはるかに超える額が集まったにもかかわらず、物価高騰がそれを越える勢いを示したので、計画の一部を縮小せざるを得なくなったということである。

工事再開にこぎつけたものの、すぐにさらなる苦難が襲った。それは大正一二（一九二三）年九月一日の関東地震によるものである。外苑で工事中の建物に大きな被害はなかったが、外苑敷地に避難民を受け入れたことにともない、工事が再び中断し、工期が一年あまり延びることになった。

[**写真1**] 憲法記念館正面外観（出典：『明治神宮外苑志』）

[**写真2**] 競技場全景（出典：『明治神宮外苑志』）

［写真3］ 聖徳記念絵画館外観
（出典：高梨由太郎編『聖徳記念繪畫館並葬場殿趾記念建造物競技設計圖集』第5版、洪洋社、大正15年）

奉賛会は、罹災者用バラック建設のために、聖徳記念絵画館の工事足場を供出したり、同館地下を食料貯蔵庫に充てるなどした。[*43] また、麹町区三年町（現在の千代田区霞が関、永田町）の奉賛会事務所が倒壊・全焼し、大日本帝国憲法制定関係の史料が失われたため、憲法記念館付属図書館建設計画はとりやめになった。[*44]

バラック撤去後は、芝や道路の改修などが必要になった。完成していたものが傷んだので、その大幅な補修が必要になったということである（その費用は奉賛会が負担した）。

そのような困難のために工期が大幅に延びたものの、大正一五（一九二六）年一〇月二二日には外苑献納式が行われ、外苑の施設は奉賛会から明治神宮に奉納された。それにともなって、明治神宮造営局も役割を終え、昭和二（一九二七）年三月三一日（大正一五年度末）に廃止された。

そのときまでに建設されていたのは、憲法記念館（大正七年四月移築完了）[*45]［写真1］、競技場（大正一三年一〇月竣工）［写真2］、聖徳記念絵画館（大正一五年一〇月竣工）［写真3］、野球場（大正一五年一〇月竣工）［写真4］、相撲場（大正一五年一〇月竣工）［写真5］で、道路や造園も昭和二（一九二七）年三月末に完成した。なお、野球場は当初計画に

［**写真4**］野球場正面入口（出典：『明治神宮外苑志』）

［**写真5**］相撲場（出典：『明治神宮外苑志』）

［写真6］野球場（増築後）（出典：『明治神宮外苑志』）

はない施設だったが、大正一三（一九二四）年の明治神宮競技大会の成功に刺激されて、設置要望の声が高まったのを受けて建設が決定したものである。[*46] 建設費五三万円のうち、五万円を東京六大学野球連盟が負担していることから、同野球連盟からの要望もあったと見られる。

なお、競技場と同様に、野球場は大規模になるので、景観に配慮し、「建物其他の高さは出来得る限り之を制限して苑内の景観を損せざるやうにし、外野方面には芝生植込等を多く配し、スタンド建築物の外観に美観を添ふることを主眼とし、グランド等の設計に就ては選手の希望を参酌し、管理上の便宜を図りて計画し、其の大さ及各種の設備には種々の新例を聞きたること多かりしなり」と、建物の高さをできるだけ抑え、緑化をあわせて行うという方針で設計された。[*47]

その後もスポーツ施設の建設が続いた。まず野球場は当初三万一、〇〇〇人を収容できるものだったが、六大学野球の人気が高く、観戦希望者に応じきれないということで、すぐに増築計画が持ち上がった。当初内野席の一部が鉄筋コンクリート造で、それ以外は土盛りの芝生席だったが、増築部を鉄筋コンクリート造とし、六大学野球連盟の寄付金

[写真7] 水泳場(第2期工事竣工後)(出典:『明治神宮外苑志』)

[写真8] バスケットコート転用時の相撲場(出典:『明治神宮外苑志』)

五五万円により、昭和五（一九三〇）年一二月に工事に着手し、翌六（一九三一）年四月に竣工した。この増築により、収容人員が六万人になった[*48]［写真6］。

また、水泳場が外苑北西端に建設された。その設置要望が大正末期には示されていたようだが、建設のきっかけは昭和五年五月の極東選手権競技（通称・極東オリンピック）東京大会である。その開催が迫っているということで、とりあえず一〇万円でプールと仮観覧席を建設し、その後さらに一〇万円あまりをかけて観覧席を整備することになった[*49]［写真7］。

なお、相撲場はあまり使われなかったようで、そこに組み立て式のバスケットコートを設置する請願が大日本バスケットボール協会から寄せられた。これは相撲場のうえに木造で仮設のコートをつくるというものだった[*50]［写真8］。

これらの施設が揃った状態を示すのが「明治神宮外苑平面図」［図11］である。

第三節　憲法記念館

以下に外苑の主要施設の建設経緯や特徴について記す。なお、聖徳記念絵画館は最重要の施設だが、設計競技を含め、その建設経緯や建築史的価値についての詳細は、次章で述べることにしたい。

外苑に建設予定の建物のうちで、最初に建てられたのは憲法記念館である。先にも触れたように、この建物は、もともとは明治一四（一八八一）年に赤坂仮皇居御会食所として建てられたものである。旧江戸城西の丸に置かれていた皇居が明治六（一八七三）年に焼失したので、仮皇居が赤坂の旧紀州徳川家中屋敷の地で営まれており、そこに外国公使の謁見や重要な会議のための場として、木造平家で新築されたのがこの建物である。明治二一（一八八八）年に明治宮殿が完成し、翌二二（一八八九）年一月一一日に皇居がそちらに移った後もこの建物は建っていたが、その地で明治三一（一八九八）年九月から東宮御所（現在の迎賓館赤坂離宮）の建設がはじまったのにともない、三三（一九〇〇）年五月に解体され、仮置き場に保管されていた。この建物では、明治二一年六月から一二月にかけて枢密院による大日本帝国憲法制定の会議が開かれたということで、その会議の議長だった伊藤博文に、明治四〇（一九〇七）年一月一七日に「在憲法創始ノ其蹟ヲ永遠ニ銘記セラレ度思《おぼ》召《しめし》ヲ以テ其ノ儘下賜」され、「仍《よって》移築改築費トシテ金弐万壹千円併賜」ことになった。それを受けて伊藤は、大井に別邸として約五、〇〇〇坪の土地を購入したようで、[*51]取り解き材がそこに運ばれて工費二万五、〇〇〇円でほぼ元通りに組み立てられ、「恩賜館」と命名された［写真9〜11］。その場所で明治四一（一九〇八）年二月一一日（大日本帝国憲法制定から二〇回目の紀元節）に「憲政廿年紀念会」が開かれているから、その頃にはほぼ完成していたと見られる。当時の新聞によれば、以下のように、この建物がその

［**写真9**］恩賜館外観（出典：『建築工芸叢誌』第1冊、建築工芸協会、明治45年2月）

時点で使える状態だったことがわかる。

　予報の如く伊藤公爵は十一日の紀元節に当り貴衆両院議員、各大臣並に大官、民間の有力者知己朋友等千余名を同日午後三時より大崎《ママ》村字立会なる恩賜の憲法紀《ママ》念館に招待し憲法制定二十年の大祝典を挙行せり（中略）玄関に登り右折して長き廊下を進めば一段高き室に入る之ぞ曽て陛下が寒暑を厭《いと》はせられず連日の憲法会議を聞召《きこしめ》されたる記念の御部屋なれば特に今日の祝典参列者をして追懐頌徳の情を催さしめぬ東部に在る一室には両陛下の御写真を掲げ其下には此程恩賜されたる置時計花瓶燭台又は御卓御屏風等を当時の儘に羅列し各所には盆栽及椅子を都合よく案排《あんばい》せり御会食所の全部を休憩所、談話所、喫煙所に宛て其前面の広庭即ち憲法記《ママ》念館の後庭全部に大テントを吊り数百の卓子を数条に羅《なら》べて立食所となし（以下略）[*52]

『神社奉祀調査会経過要領ノ二』の「外苑計画考案」に「外苑ニ設備スヘキモノノ中既ニ識者間ノ議ニ上レルモノ左ノ如シ」として「十、恩賜館（伊藤公爵ニ賜リタル憲法館）」

[**写真10**] 恩賜館元玉座の間(出典:『建築工芸叢誌』第1冊)

[**写真11**] 恩賜館元会議室(出典:『建築工芸叢誌』第1冊)

（四〇頁）と記されているように、この建物を外苑に移築することは、神社奉祀調査会ですでに提案されていた。公式には伊藤博文の養嗣子・伊藤博邦からの申し出を受けて移築されたことになっているが、実際には神社奉祀調査会から慫慂《しゅうよう》を受けてのことと見たほうがいい。[*53]

この建物が外苑にふさわしい記念建造物とされたのは、大日本帝国憲法制定が明治時代の偉業のひとつと考えられていたからだろう。当初はこの建物の移築にあわせて、その南西に付属図書館を建設する予定だった。その付属図書館の建物として、東京駅（大正三年竣工）の建設後不要になった旧新橋ステーション（明治五年竣工）の移築が鉄道省から打診されたが、造営局は老朽化などを理由に難色を示し、大正七（一九一八）年四月二二日付で奉賛会から鉄道省に断り状を出している。[*54] 大正一一（一九二二）年一二月二五日の時点では、憲法記念館南西側に、間口五間奥行六間の鉄筋コンクリート造二階建ての図書館が計画されていた。[*55] 奉賛会事務所の倉庫には、その収蔵予定史料として、伊藤家にあった御下賜品や伊藤博文旧蔵の和漢書七、〇〇〇余冊などが納められていたが、翌一二（一九二三）年九月の関東大震災で建物ごと失われてしまったため、この付属図書館計画は立ち消えになった。[*56]

なお、『明治神宮奉賛会通信』第一五号（大正六年三月）に以下のように記されているように、憲法記念館では大日本帝国憲法の議論の場であったことがわかるような展示や、その関係者の資料を収集することが計画されていた。

〇恩賜館移築並ニ紀念図書館建設ノ件

伊藤公爵家ヨリ在大井町恩賜館並ニ故公爵所有図書共献納シ度旨申出アルニ依リ其希望ヲ納レ左ノ方法ニ依《い》リ先帝憲法制定ノ御恩徳並ニ故公爵等輔翼《ほよく》諸臣ノ功績ヲ永遠ニ伝ヘントス

一、恩賜館ハ外苑内適当ノ位地《ママ》ニ移築シ其装飾及周囲庭園ハ現場ノ許ス限リ憲法会議当時宮殿内外ノ実況ヲ偲バシムル様注意設計スルコト

二、曩《さき》ニ故公爵ヨリ寄贈ヲ受ケタル金沢文庫並ニ井上、伊東、金子三子爵家ニ請求シテ憲法制定参考図書ヲ拾集シ紀念図書館ヲ移築恩賜館付近ニ新築シテ之ニ収容保管シ且ツ公衆ノ閲覧ニ供スルコト[*57]

恩賜館の権田原地区への移築工事は、清水組（現・清水

［**写真12**］憲法記念館内部（現状）

建設）の請負で大正六（一九一七）年八月一日にはじまり、翌七（一九一八）年四月二七日に完了した。その解体中の六年一〇月一日に暴風雨に遭遇し、未解体部分が倒壊し、一部の部材が使用不能になったらしい。[*58] なお、この移築の際には一部が改造されたり、仕様が変更されている。[*59]
移築後に起こった関東地震で罹災したとはいえ、[*60]『建築工芸叢誌』第一冊（明治四五年二月）掲載のこの建物の写真［写真9〜11］と照らし合わせると、今でも恩賜館時代の姿をよく留めていることが確認できるので、明治宮殿が失われた今となっては、明治時代の木造宮廷建築の唯一の遺構として貴重な存在といえる［写真12、口絵17頁上］。

第四節　陸上競技場

外苑に建設された陸上競技場の建設経緯やその意味、先進性などに関しては、後藤健生『国立競技場の一〇〇年――明治神宮外苑から見る日本の近代スポーツ』（ミネルヴァ書房、平成二五年）に詳細に記されている。そこでは、スポーツが国威発揚の手段になって、競技場をつくることが国家事業になっていく過程が以下のように述べられている。

世界各国で、国のシンボルとなるような大規模スタジアムが建設されるようになったのは、第一次世界大戦後の一九二〇年代に入ってからだった。

一九世紀半ばにイタリアやドイツに統一国家が樹立され、西ヨーロッパの先進各国で、「国民国家」が成立。政治的エリートだけではなく、労働者や中間層の間にも国民意識（ナショナリズム）が浸透していく。そして、ナショナリズムは第一次世界大戦でさらに強化されていった。しかし、近代国家が登場した第一次世界大戦は前線の兵士だけではなく、一般民衆の間にも甚大な被害を及ぼしたため、戦争が終結すると「こうした悲惨な戦争の再発を避けよう」という意識が高まり、一九二八年にはパリ不戦条約（ケロッグ＝ブリアン条約）が締結され、ヨーロッパには恒久的な平和が訪れたかと思われた。そうした時代に、各国政府は社会の安定、国民の統合のためにスポーツを積極的に利用するようになり、戦争ではなくスポーツの国際試合がナショナリズムをかき立てるようになっていった。スポーツの強化は国家事業となり、オリンピックは国と国との対抗戦と化し、自国選手の活躍が国威発揚に結び付けられるようになっていった。（三九頁）

ここでは、そのような認識を受け入れつつ、明治神宮奉賛会や設計者・小林政一《まさいち》（一八九一～一九七三・東京帝国大学大正五年卒）関係の史料をもとに、建築史の立場から少し補足を試みることにしたい。

外苑のスポーツ施設の中で、競技場［図13、写真13］は神社奉祀調査会の時点ですでに提案されていた。それはスポーツが新たな娯楽として国民の関心を集めるようになったということだけでなく、「遊技」が「競技」になったことの表れでもある。後藤が指摘しているように、国民国家同士が競う場にもなりはじめたということである。

「スポーツの政治化」は、次のような新聞記事にも見てとれる。これは大正六年五月に東京・芝浦で開かれた極東選手権競技大会（通称・極東オリンピック大会）に際して書かれた社説の一部である。

今や大戦の為め一時中断せりと雖も欧米各国が戸外運動に熱心なる其国の内外を論せず時々競技大会を開き以て奨励の一端に供し来れり。嘗て瑞典《スウェーデン》ストックホルム市に於て開催せられたる世界競技大会に於て本邦の選手が優勝の地位を占め得ざりし如き、其事甚だ小なるに似て決して然らず。苟《いやしく》も一等国として立つ以上は総ての点に於て畏敬尊重せらるゝを要す。幸なる哉今回本邦に於て極東オリンピック大会は開催せられ、支那比律賓《フィリピン》等の選手は帝都に来集せむとす。（中略）国際競技の成績は或意味に於て国民の面目国家の体面に関す希《こいねがわ》くは世人が極東競技大会を俟つに無尽の趣味と希望とを以てし、他日万国競技会の開催に際しても我選手をして他に比し毫《ごう》も遜色なからしめむことを。[*61]

「競技」が成り立つためには、つまり記録を競うためには、ルールや競技場の規格が必要になる。要するに、一〇〇m直線コースとか、四〇〇m周回トラックのような国際的な規格が整備されはじめ、統一ルールのもとで各国の選手がタイムや高さ、距離を競うようになり、それが国威発揚や国民の結束を高めるうえで意味を持つようになったということである。外苑に競技場が計画されたのは、まさにそのような時期で、オリンピックなどの国際競技大会で日本のプレゼンスを示すことが、国家にとっても大きな意味があることが認識されはじめたのである。

周知のように、クーベルタン男爵の提唱により、明治二九（一八九六）年にアテネで第一回のオリンピック大会が開かれた。日本がオリンピックに参加したのは明治四五（一九一二）年の第五回ストックホルム大会からである。外苑の競技場もそれと無縁ではない。たとえば、第一回神社奉祀調査会特別委員会（大正三年五月一日）で、阪谷委員長が外苑計画の一環として、「付属（筆者註：外苑のこと）ノ方ニハ『オリンピツク』ノヤウナ建物モ出来タリ」と発言[*62]しているし、外苑計画の具体案の検討がはじまったときに阪谷がそれぞれの専門家からヒアリングしたことを記す史料（第二節で紹介）に「〇オリンピツク　五年一月十一日面談ス」と「オリンピック（筆者註：ここでは競技場を意味する）」を意識していたことがうかがえることや、そのときに嘉納治五郎（一八六〇〜一九三八）から意見を聞いていることにも、阪谷が「オリンピック」を念頭に置いていたことがうかがえる。嘉納は、「柔術」を「柔道」として再定義しつつ、国際的な普及に努めた。明治四二（一九〇九）年に東洋から初の国際オリンピック委員会委員に選任されるとともに、大日本体育協会（現・日本体育協会）会長として第五回ストックホルム大会の日本選手団の団長もつとめたという、当時の日本でオリンピックをもっともよく知る人物だったからこそ、阪谷が頼ったわけである。

ただし、大正三（一九一四）年七月二日の神社奉祀調査会に提出された外苑計画に示された競技場は競馬場を兼ねるもので、トラックも国際規格に則っているようには見えないし、阪谷の意向を受けて日下部辨二郎が描いたと思われる一〇万人競技場計画［図2］も、そうではない[*63]。伊東忠太と池田稔の外苑計画に示されたものも、国際規格に沿ったものとは思われない。しかし、実際に外苑に建設された競技場は、国際規格に沿う四〇〇m周回トラックや直線の一〇〇m走路を備え、フィールド競技も行えるようになっていた。

明治神宮造営局技師としてこの競技場の設計・建設を担当した小林政一は、彼の学位論文『昭和四年九日　明治神宮外苑工事に就て　第一輯・第二輯』（私家版、昭和四年一一月、一二月）で、この競技場建設について説明している。それを見ると、欧米の競技場や日本の先行例を調査したうえで、外苑の競技場を設計・建設したことがわかる。同書によれば、日本でそれまでに周回四〇〇mのトラックを備えていたのは大正一〇（一九二一）年竣工（同書による）の大阪市立競技場（運動場）だけで、外苑の競技場は国際規格のトラックを備えた最初期のものだったことになる。また欧米の競技場の歴史を紹介する項で小林が次のように述

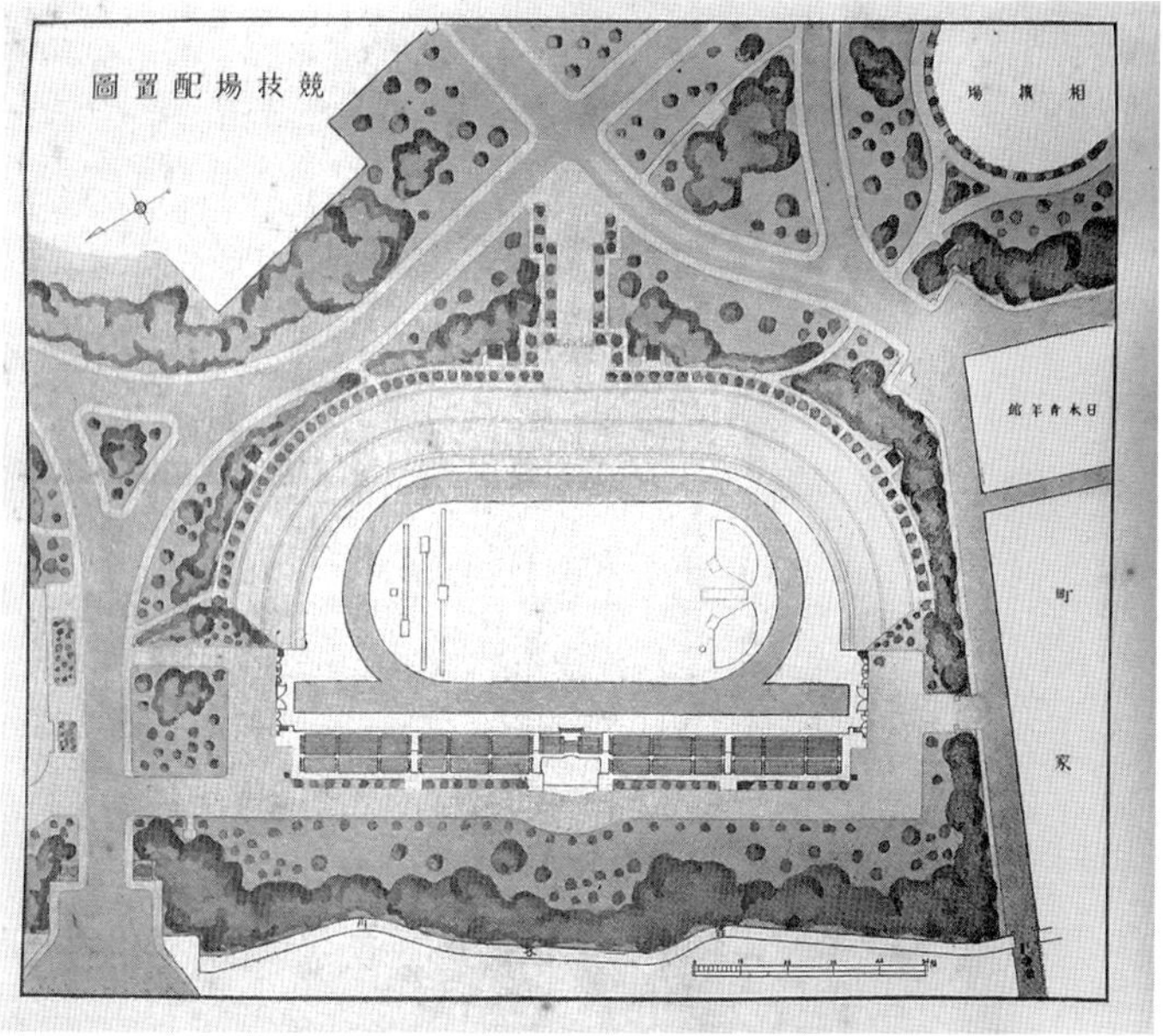

［**図13**］競技場配置図（出典：『明治神宮外苑志』）

［**写真13**］競技場俯瞰（出典：『明治神宮外苑志』）

べているので、世界的に見ても、規格に則った設備を完備した最新の競技場だったことがうかがえる。

次いで一九一二年第五回国際競技会のためストックホルム競技場建設せられ、同競技場はランニングトラックの廻周三八〇米にして、他の競技場に比し面積大ならざれども、其の構造、設備に於て遙かに優れたるものにして、当時非常なる賞賛を拍したるのみならず、今日まで範を示しつゝあり。此の競技場の完成に依り、漸く之に対する研究の気運を興したることも、亦大なる貢献なりと言はざるべからず。

其の後英国には倫敦《ロンドン》市外ウエムブリー公園にエムパイヤ競技場建設せられ、独逸には独逸大競技場を初めとし、ジユツセルドルフ、ゲーテベルグ其の他各地方に、仏国にはコロンボ競技場等建設せらるゝに到れり。独逸大競技場は一九一三年の建設にかゝり、第七回（筆者註：正しくは第六回）国際競技会場に充てられんとし、戦乱のため中止せられたる所にして、最近同競技場に隣接して大体育館（Sportform）建設中なりと言ふ。又米国に於ては一九〇九年ハーバード大学に大なる競技場建設せられたるを初めとし、エール、タコマ、プリンストン、其の他各州大学に建設せられ、主として学校付属として設けられ来りたれども、最近は一般公認のもの現はるゝに到り、本国にては最近十数年間に十数個の大競技場を所有するに到りたりと言ふ。（六六頁）

競技場は外苑西北部の窪地を利用して建てられた。[*64] というのも、競技場は規模が大きいので、中央の聖徳記念絵画館とその前のフォーマルな広場の荘厳な雰囲気や景観を損なわないように、その存在を誇示しないようにつくるのが望ましく、その観点から、窪地の傾斜を利用して芝生の観覧席を設けるのは好ましいやり方だったからである。それに関連して、また接道の関係もあって、鉄筋コンクリート造の主観覧席は青山地区の北西端の、渋谷川沿いの低地に建設された。正面出入口や選手用玄関は、その主観覧席西の長辺側に設けられていた。その正面側の立面は写真14のようなもので、そのデザインの基調は大正時代に流行していたセセッション（その詳細は第四章第三節）である。東側と南側の観覧席は窪地の傾斜地を整備したもので、その上には芝生が敷かれた。敷地面積は約一万坪で、工費総額

［写真14］競技場正面入口（出典：『明治神宮外苑志』）

は一〇五万三、〇〇〇円。収容人員は、西側観覧席の一般席が一万三、四〇〇で、芝生席が約三万だった。トラックやフィールドの仕上げや水はけにも、当時としては最大限の配慮がなされていた。予算削減のために、北東側の塔やアーチをやめて建設されたことは先に記したとおりである。

第五節　競技施設の追加

東京六大学野球連盟の請願を受けて大正一五（一九二六）年につくられた野球場は図14のようなものである。その設計も小林政一である。その正面玄関のデザインもセセッションで、平面性を重視し、幾何学的な文様を要所に配するだけのシンプルなものである［写真15］。後に述べる水泳場を含め、外苑の競技施設のデザインは実用重視で、装飾をあまりつけず、内部も「建物の内部仕上は一般に、実用一方の質素なるものとし[*65]」という方針でつくられている。増築は外苑管理署の設計で、昭和六（一九三一）年四月に竣工し、約六万人収容になった。この時に、内外野の盛土観覧席を鉄骨鉄筋コンクリート造に代えるとともに、外方に拡大した［図15、写真6］。その躯体の主要部分は現在も残っている。

　相撲場［図15、写真5］は、野天の円形平面の施設で、その窪地中央に土俵を設けたものである。大正一三（一九二四）年一〇月三〇日開催の明治神宮競技大会の盛況をきっかけに、相撲関係者の加藤隆世《たかよ》（一八九〇～一九四三）や相撲協会幹部などからの請願を受け、奉賛会が、外苑計画の一部を変更して、野球場とともに建設を決定した[*66]。

　野球場の北側に、直径四五間（約八一m）の擂《す》り鉢状の窪地をつくり、周辺の地盤から一四・九尺（約四・五m）下がる中央部に三間（約五・四m）角、高さ二尺（約〇・六m）の土壇を築き、その中央に直径一三尺（約三・九m）の土俵を設けた。その周囲の斜面に幅一〇尺（約三m）、蹴《け》上《あげ》六寸（約一八cm）の段を同心円状に並べ、その蹴上部分をコンクリート、緩勾配の上面には芝を張って観覧席とした。通路は八本で、放射状に配され、それぞれに入口がつけられた。外周には一・五間（約二・七m）幅の植樹帯を配し、観覧席の中段と底面に排水溝を設置し、下水につないでいた。競技が行われるときにだけ四本柱や支度部屋を

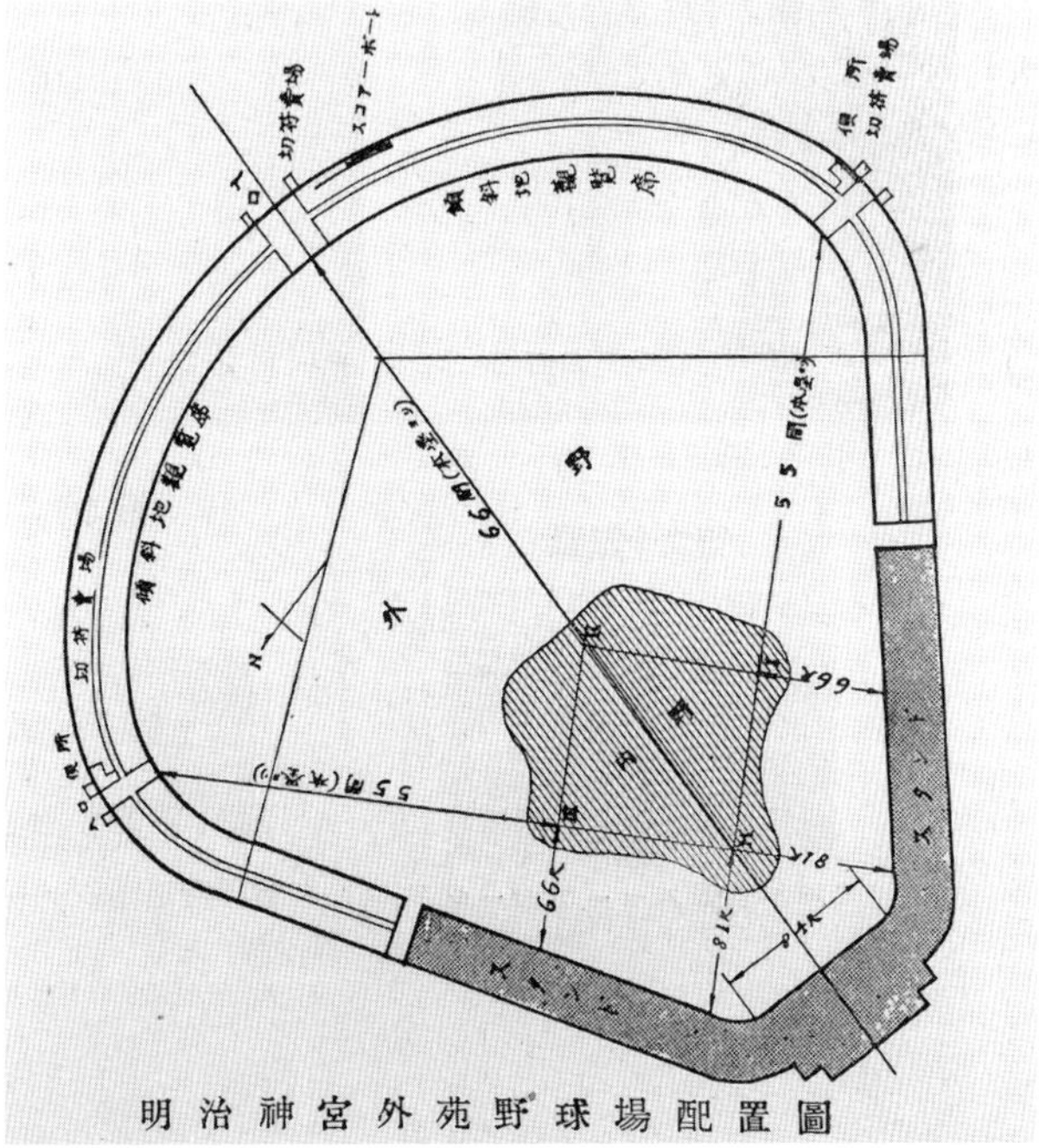

［**図14**］野球場配置図
（出典：小林政一
『明治神宮外苑工事に就て
第一輯』私家版、昭和4年11月）

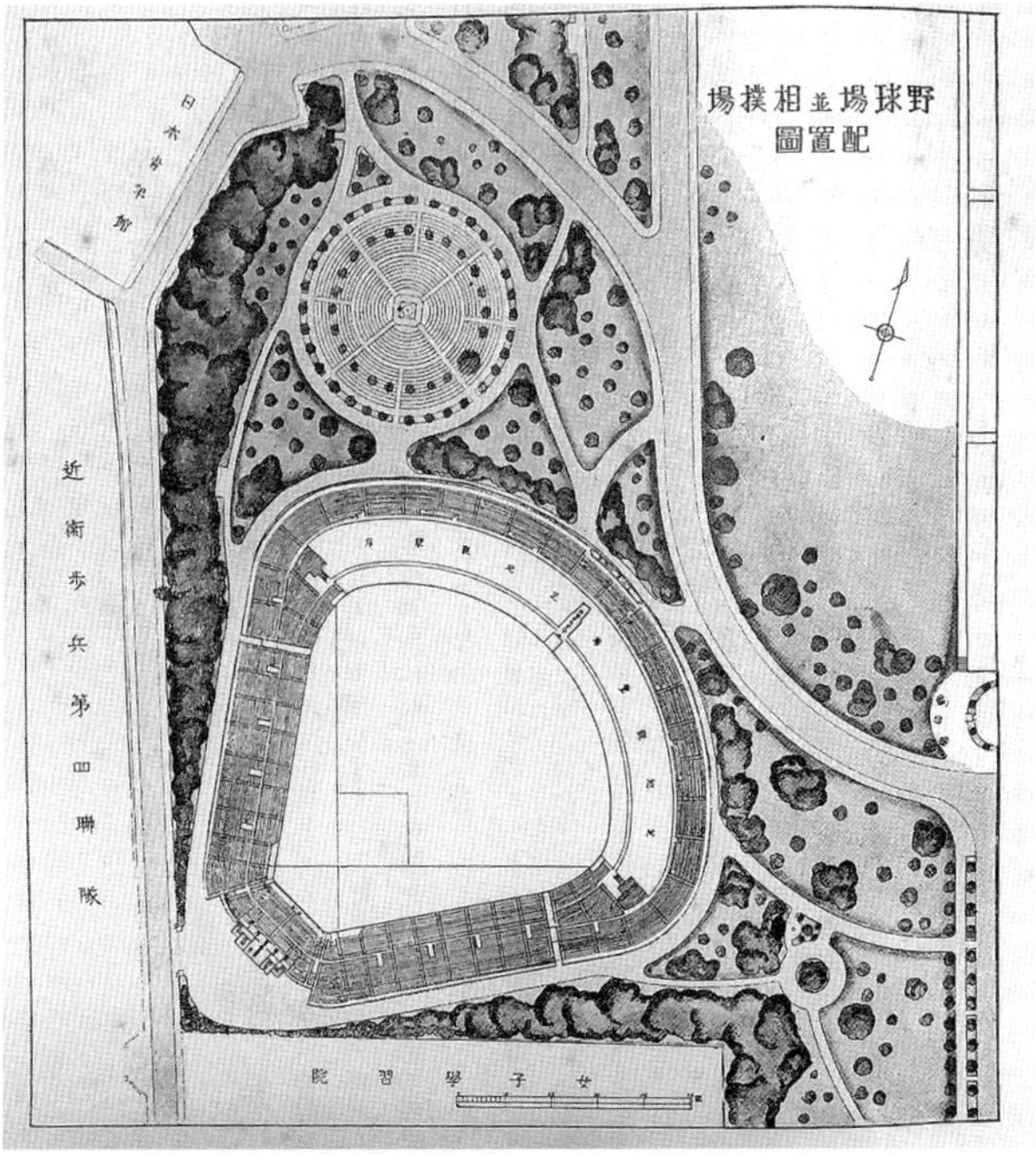

［**図15**］
野球場増築・
相撲場配置図
（出典：『明治神宮外苑志』）

仮設でつくることになっていた。面積一、五〇九坪で、収容人数は一万二、〇〇〇人、大倉土木（現・大成建設）の施工で、大正一五（一九二六）年七月着工し、同年一〇月に竣工した。[67] 工費は一万一、八四〇円だった。外苑事務所に残る設計図によれば、設計者は佐野源太郎である。[68]

先に触れたように、この相撲場があまり使われなかったこともあって、バスケットボール協会から奉賛会に使用願いが出され、奉賛会は仮設のバスケットコートの設置を認めた。その工事は昭和七（一九三二）年一一月にはじまり、翌八（一九三三）年一月に竣工した。工費は九、九八六円四〇銭だった。[69] その構造は「米松丈五寸幅二寸六分長さ十二尺のものを木口縦に竝へ、鉄製ボールトを以て締め合せ、長さ十二尺幅六尺のものを一板とし、之《ママ》を大引上に八十板を敷竝べ、横幅六十尺、長縦百尺、面積百五十坪の平床となし、両端を楕円形とす。板畳下の大引は米松丈五寸、幅六寸のものを真々六尺間に架け渡す」[70] というものだった〔写真8〕。

水泳場建設の要望は早くからあった。たとえば、大正五（一九一六）年一二月七日に、奉賛会事務所で造営局工営課長の伊東忠太や奉賛会理事の水上浩躬らが「外苑内ニ造ルベキ運動ニ関スル設備ニ付協議」したときに、「三、水泳場ニ関スル件」[71] が出ているし、大正一三（一九二四）年一〇月二日に、内務省衛生局長の山田準次郎が野球場と水泳場建設の必要性を阪谷芳郎に伝えている。[72] しかし工費のめどが立たなかったため、実現しないままだったが、昭和五（一九三〇）年に東京で極東選手権競技大会（通称・極東オリンピック）が開催されることになったのを受けて、計画が一気に具体化した。大日本体育協会会長の岸清一と日本水上競技聯盟会会長の末弘厳太郎《いずたろう》がプール建設を奉賛会に請願し、寄付金によることを条件に、昭和五年二月一三日にプール建設に関する覚書を奉賛会と交わすとともに、とりあえず工費一〇万円でこの大会での水泳競技実施に支障がないものをつくり、その後観覧席を本格整備することになった。覚書が必要になったのは、その冒頭に「一、プール建設寄付金ノ金額ヲ明記シ寄付者各自ノ捺印アル内訳書ヲ添へ出願者（岸、末弘両博士ヨリ）ヲ明治神宮奉賛会ニ提出スルコト但シ現金納入ノ期日ヲ記入スルコト」[73] とあるように、その工費が寄付で得られることを念押しするためとみられる。なお、その覚書でこの施設の設計者が「一、佐野工学博士ノ指名ニ依ル二見秀雄」とされており、水泳場

［写真15］野球場正面玄関（出典：『明治神宮外苑志』）

［写真16］水泳場正面入口（出典：『明治神宮外苑志』）

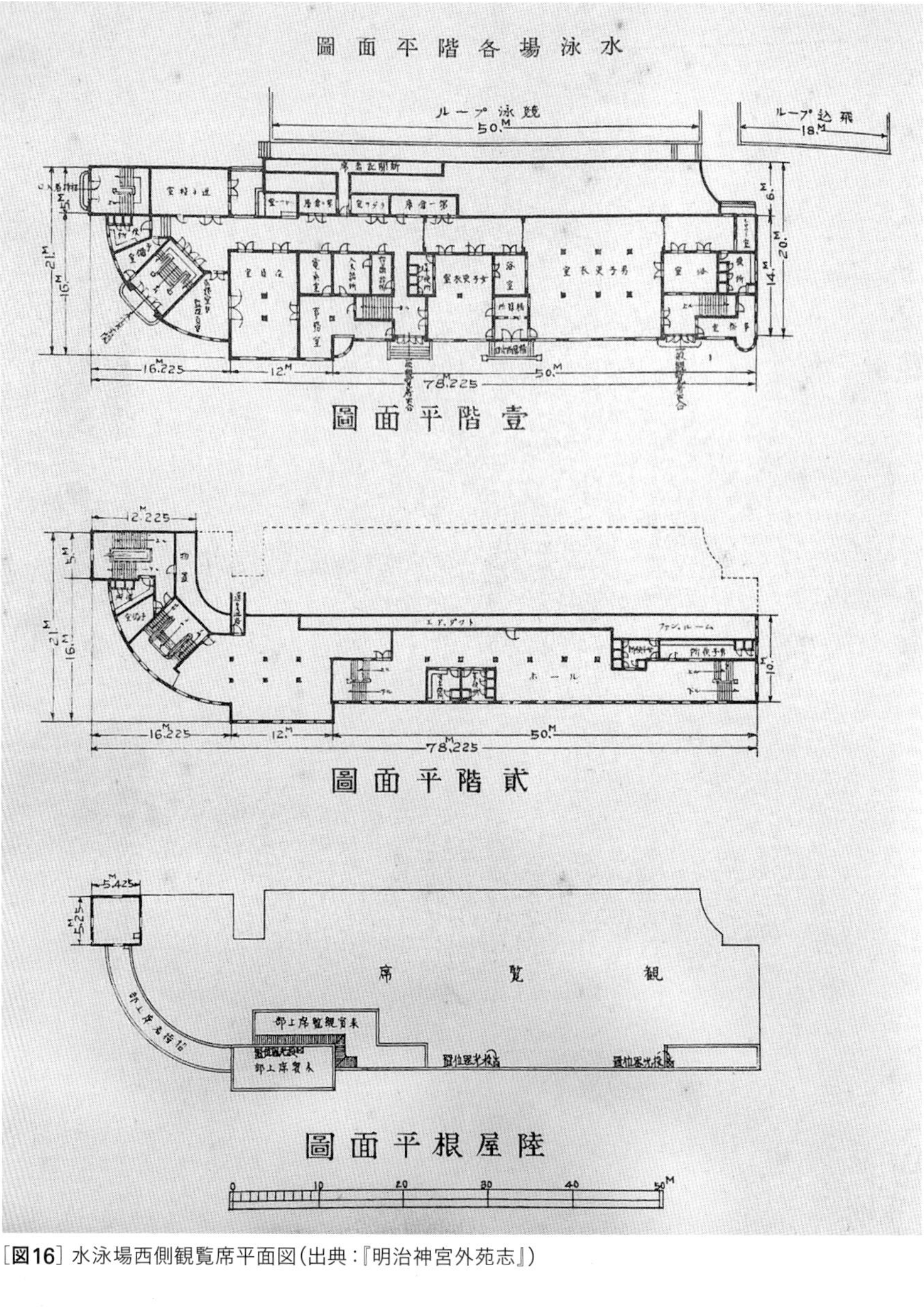

［**図16**］水泳場西側観覧席平面図（出典：『明治神宮外苑志』）

［写真17］水泳場（第二期工事終了後）（出典：『明治神宮外苑志』）

［写真18］水泳場貴賓室（出典：『明治神宮外苑志』）

の建設にも佐野利器が関わっていたことがわかる。二見秀雄（一九〇二〜八六、東京帝国大学大正一四年卒）は当時東京工業大学教授で、専門は建築構造学だった。

この水泳場の建設が決まったのは昭和五（一九三〇）年三月で、同月二〇日に請負業者が大林組に決まり、同年五月の極東選手権競技東京大会前に第一期工事を終えている。工期が非常に短いが、それは同競技大会に間に合わせるため、プール建設のために掘った土を東・南・北側に盛って観覧席をつくり、西側には木造で仮観覧席を設けることにしたからである。この大会終了後に、工費一五万円で西側観覧席を鉄筋コンクリート造で建設する第二期工事に入り、昭和六（一九三一）年五月二一日に竣工した［図16、写真16・17］。その工費は原田積善会の寄付による。[74]

なお、それに先立って昭和二（一九二七）年三月に小林政一が計画案を作成していた。[75] 実施案のほうが小林案より大規模で、収容人員が小林案では三、六八五人だったのが、実施案では一万三、〇〇〇人になっている。実施案の「競泳場」は「長サ五〇米突《メートル》、幅二五米突、深サ一米突五〇ヨリ二米突一〇、鉄筋混凝土《コンクリート》造内側タイル張及人造石研出水中照明装置ヲ施」し、「飛込場」は「長サ二五米突、幅一八米突、深サ四米突ヨリ五米突三〇、鉄筋混凝土造内側タイル張及人造石研出水中照明装置ヲ施ス」など、国際規格に則って建設されており、[76] 水泳も「競技」になっていたことがわかる。ちなみに、小林は『昭和四年九月　明治神宮外苑工事に就て　第一輯』で、「水泳の競技は、古来各国とも各種の流派に依り、独特の形式に従ひ行はれ来りたれども、現今の所謂水上競技の形式を以つて、競技方法の標準と考へらるゝに至りたるは、国際オリンピック競技開設の結果に依るものにして、約二〇年来の発達と言はざるべからず」（一三〇頁）と、水泳が、国際ルールのもとに競技として行われるようになったのは、二〇年ほど前からと記している。

なお、これらの外苑の一連の競技施設には、それに先行してつくられていた国内の競技施設と異なる特徴がある。それは競技場・野球場・水泳場に貴賓室が設けられていることである［写真18］。皇族の臨席が最初から想定されていることは、外苑で行われる競技が国家的行事であることを示唆するものである。

第六節　外苑周辺道路の整備

周回道路を中心に、車道にはコンクリート基礎の上にアスファルト鋪装が施されていた。予算の制約があったとはいえ、「特許ウオーレナイトビチユリシツク型を採用」し、「本工事施行に際して、日本石油株式会社は、其の特許工事の堅牢壮美を期するため、特に米国よりシユメカー及ボールス二名の専門技師を招聘」するなどして建設したものである。*77 また、その地下には上下水道や電線が敷設されていた。つまり電線の地中化、下水の暗渠化があわせて実施されたということで、土木工事にも、内苑と同様に、当時における最新の技術が適用されていたわけである。

先述のように、道路に関しては、外苑内だけではなく、その周辺の道路の拡幅や整備をあわせて行っていることが注目される。それらの道路は以下の四本で、建設後東京市に移管された。

（一）外苑東側から四谷方面への道路

（二）近衛歩兵聯隊東側、日本青年館東から北に接して折れ曲がり、千駄ヶ谷大通りにつながる道路

（三）赤坂離宮裏門から権田原口につながる道路（新設）

（四）中央線と慶應義塾大学医科病院の間の道路

これらの道路を拡幅または新設し、砂利敷き（後に簡易鋪装）とした。（一）では、外苑の掘り取り土で権田原口あたりから信濃町駅までの間を埋め立てて、今日見られるように、その両側の地域（青山地区と権田原地区）と同じ高さの直線道路（現在の外苑東通り）を建設した。（三）の道路も、内外苑連絡道路の一部とされているので、外苑計画では、車の通過交通に配慮した道路計画がされていたことが、ここでも確認できる［図10］。

また、競技場西側に都市計画決定されていた道路の付け替えを提案して、実現にこぎつけたことも注目される。これは、都市計画中央委員会で渋谷川東岸の競技場西辺に沿

う都市計画道路が計画され、大正一〇（一九二一）年五月一三日に内閣認可になっていたものの計画変更を求めたものである。この道路計画は、省線の中央線をまたいで、明治神宮の内外苑連絡道路と平面交差し、競技場の西辺を通るというもので、一部が外苑敷地内（水泳場用地）を通ることになっていた。[*78]

折下吉延がその計画が外苑に及ぼす影響を懸念し、道路の付け替えを提案した［図17］。中央線をまたぐことになれば、かなり目立つ土木構造物になり、外苑の景観上も好ましくないので、その線路下を潜《くぐ》るように変更し、さらに競技場からの距離をとるために、渋谷川の東岸に予定されていたのを西岸に付け替えるようにするというものである。折下は明治神宮造営局外苑課の技師だっただけでなく、関東大震災復興事業を担う復興局の技師でもあったので、この道路計画を知る立場にあり、それが外苑に重大な影響をもたらすと考えて、代案を提案したわけである。それにあわせて、渋谷川の最高水位に計画道路の側溝の底面を設定することで中央線を潜ることができるという調査結果もあわせて示していた。[*79]そして、この道路を内外苑連絡道路と立体交差にすれば、競技場の多数の観衆の出入りにも対応でき、競技場の西にある古木も守れると主張した。[*80]

今でもそうだが、国が一度都市計画決定したものを変更するのは容易ではない。この件について、奉賛会は大正一二（一九二三）年七月九日付で都市計画中央委員会会長宛てに、計画変更を請願したが、回答が得られなかったので、奉賛会は大正一五（一九二六）年六月二四日付けで同様の趣旨の請願を内務大臣、復興局長官、東京府市宛てに提出した。それに対して東京市が内外苑連絡道路のあたりをわずかに変更しただけの提案［図17］をしたので、奉賛会は同年九月六日付で、それでは問題の解決にならないと伝えた。

奉賛会と東京市の対立を調停すべく、同年一二月一六日に内務大臣官邸に関係者が集まって協議し、復興局案（折下案）が承認された。なお、その変更で生じる道路建設費増加分二八万円のうち、東京市が一五万円、奉賛会が一三万円を負担することになった（この件は昭和二年四月八日に公告）。

この改正計画道路（現在の外苑西通り）の建設は昭和二（一九二七）年七月にはじまり、それに立体交差して、カーブ状の斜路でつながる内外苑連絡道路の千駄ヶ谷駅前までが昭和五（一九三〇）年一一月に竣工した。また、当時の

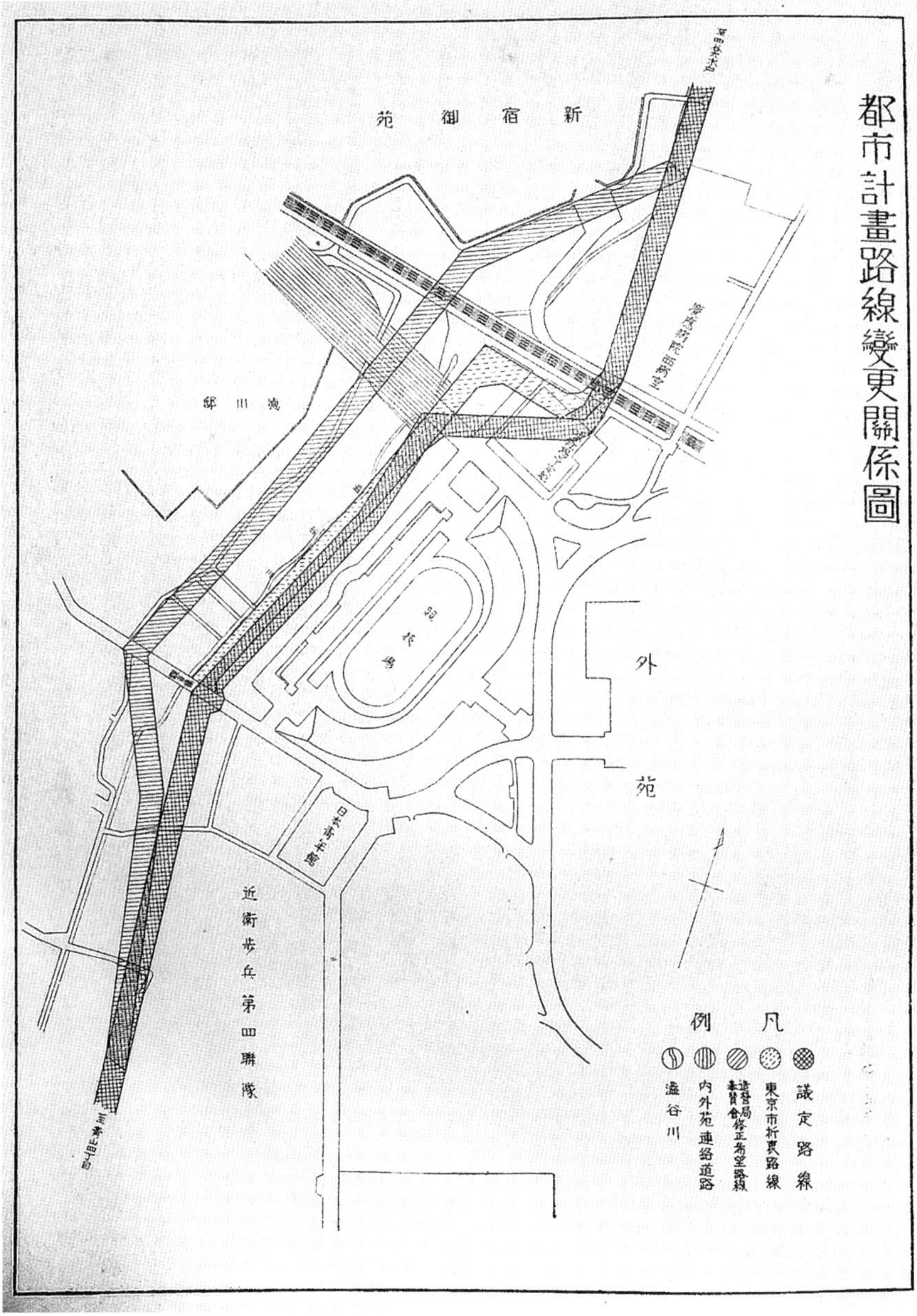

［**図17**］都市計画路線変更関係図（出典：『明治神宮外苑志』）

渋谷川は護岸の崩落がたびたび起きていたので、奉賛会は東京府市にその改善を請願した。その右岸は東京府の管轄で、昭和七（一九三二）年八月から護岸工事がはじまり、同年一二月に終了した。左岸は東京市の管轄で、昭和八（一九三三）年五月起工で、翌九（一九三四）年三月三一日に竣工した。[*81]

この一連の工事で、外苑敷地が守られただけでなく、景観上も好ましい結果になった。その最大の功労者は折下吉延である。明治天皇や昭憲皇太后がらみの計画でなければ、このような変更は実際にはむずかしかったと思われる。

青山通りから聖徳記念絵画館方向に向かうイチョウ並木を左右二列ずつにしたのも、折下の提案によるといわれる。当初計画では一列ずつだったのを二列ずつに変更したのは、彼が外苑建設中の大正八（一九一九）年から九（一九二〇）年にかけて外遊した際の見聞をもとにしたものである。[*82] また、その並木の左手、女子学習院の南東につくられた児童遊園にアメリカ製の遊具を入れたのも折下である。それも外遊の際に見て、わざわざアメリカのフレッド・メダート社（Fred Medart Manufacturing Company）から取り寄せたものである。[*83]

なお、明治神宮内苑・外苑の整備がなったときに、その周囲の道路の境界から一〇間幅の区域が日本初の風致地区に指定されたことも、都市計画の観点から注目すべきだろう。風致地区は大正八（一九一九）年制定の都市計画法にもとづき、都市の美観を整えるための制度である。『明治神宮外苑志』（前出）によれば、復興局長官名で、明治神宮に関して「内外苑連絡道路の工事著手《ちゃくしゅ》を期とし、苑路民有地の風致を害し、延《ひ》いては敬虔の念を傷《そこな》はんことを恐れ、独り連絡道路沿線のみならず、表参道及幡《はたがや》谷参宮道路沿線も都市計画法の定むるところに依り風致地区に指定すべき要あるを以て」（三七四頁）として、風致地区指定の必要性が提唱された。その対象地として提案されたのは以下の場所である。

左記道路及其ノ両側ヨリ拾間ヲ後退セル線トノ間ニ在ル土地

一、赤坂区青山北町六丁目ヨリ渋谷川新架橋ヲ経テ鉄道山手線新陸橋外ニ至ル道路（明治神宮表参道）

二、千駄ヶ谷町字北ノ脇三百三十八番地ヨリ大字代々木八十九番地地先明治神宮ニ至ル東京都市計画トシテ

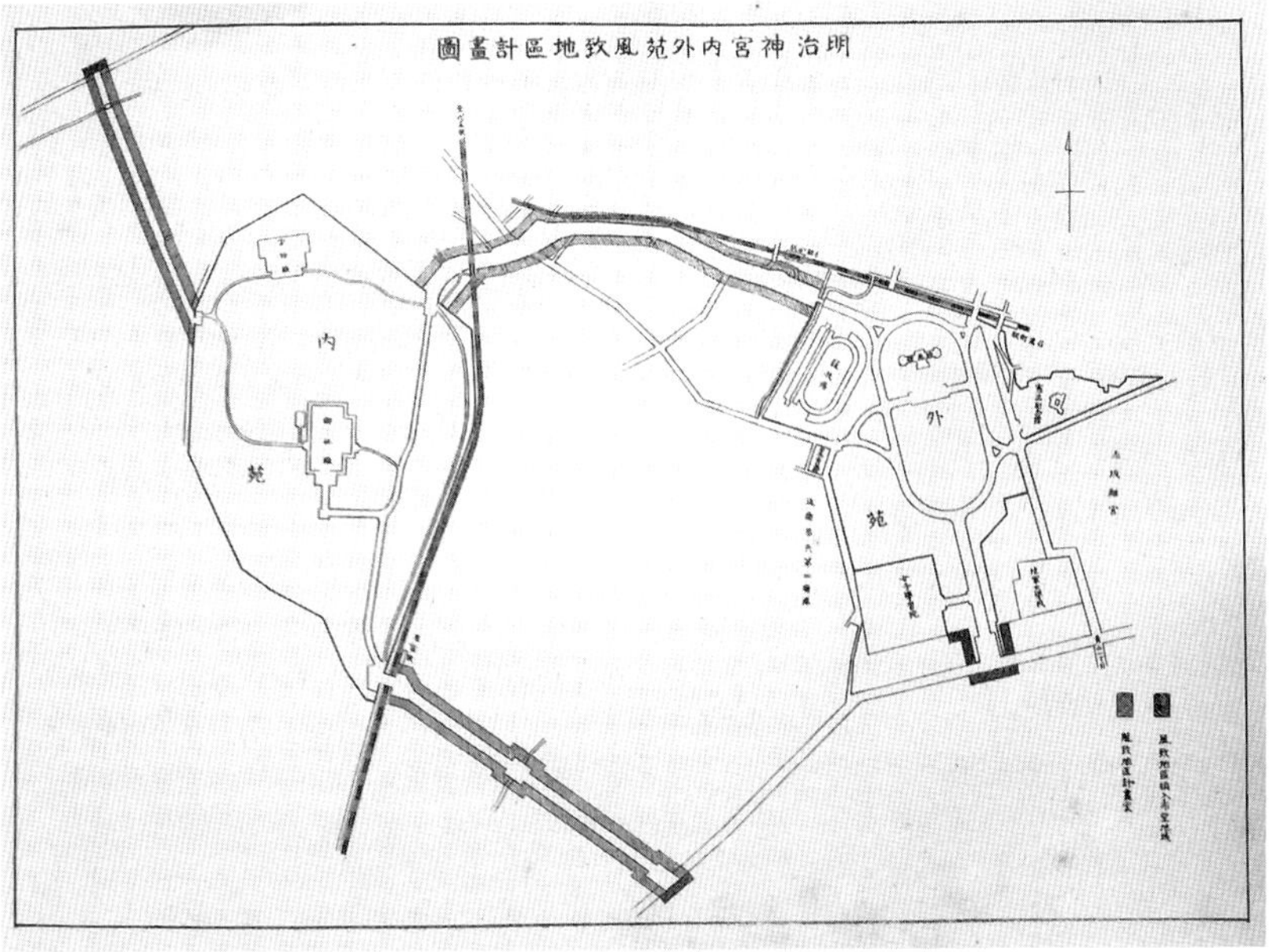

［**図18**］明治神宮内外苑風致地区計画図（出典：『明治神宮外苑志』）

決定シタル道路（明治神宮外苑内苑連絡道）

三、代々幡《よよはた》町大字代々木字新町十七番地ノ三地先ヨリ京王電車線路ヲ横切リ代々木練兵場ヲ経テ明治神宮西ロニ至ル道路（代々幡明治神宮線）」（三七五頁）

明治神宮造営局もそれに賛同し、それにあわせて「外苑青山口入口付近両側竝に入口向側の区域及表参道、代々幡参宮線道路終点向側の区域をも合せて風致地区域に編入せられんことを希望」（三七六頁）し、それを含めた以下のような「東京都市計画風致地区」が大正一五（一九二六）年九月一四日に指定された［図18］。

一、東京市区改正設計一等道路第一類第十一号路線道路及其ノ両側境界線ヨリ奥行各十間ノ区域竝ニ之ニ接続スル部分ノ府県道第一号東京厚木線ノ道路及其ノ南側境界線ヨリ奥行十間ノ区域

二、大正十五年五月十三日内閣認可東京都市計画二等大路第二類第一号路線中千駄ヶ谷町字北ノ脇三百三十八番地ヨリ明治神宮ニ至ル道路及其ノ両側境界線ヨリ奥行各十間ノ区域

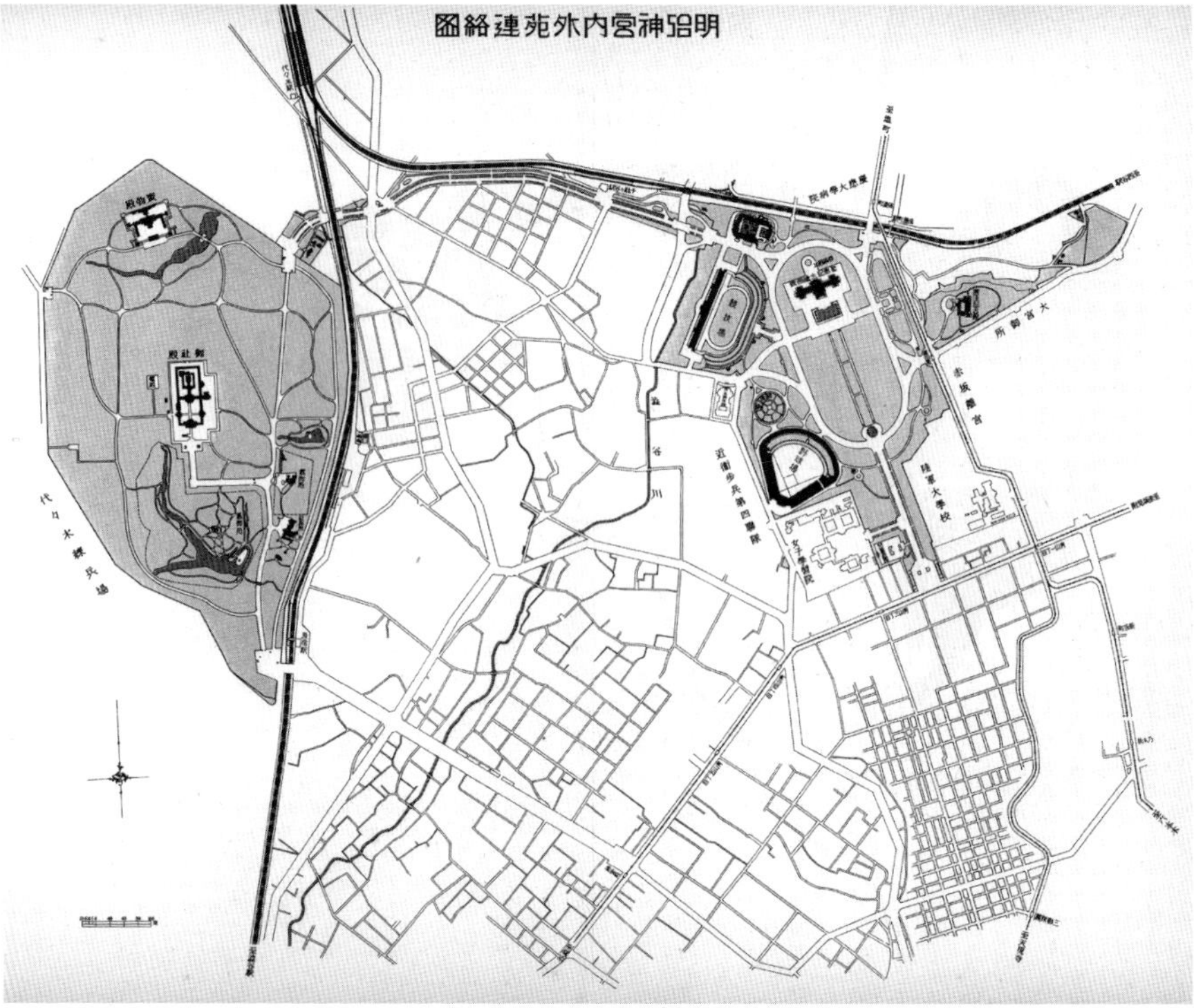

［**図19**］明治神宮内外苑連絡図(出典:『明治神宮外苑志』)

三、府県同第二百二十一号代々幡神宮線ノ道路及其両側境界線ヨリ奥行各十間ノ区域竝ニ之ニ接続スル部分ノ国道第八号路線ノ道路及其ノ北側境界線ヨリ奥行十間ノ区域

四、明治神宮外苑青山口ニ於ケル外苑両側境界線ヨリ奥行各十間ノ区域竝ニ青山口外苑及其ノ両側境界線ヨリ奥行十間ノ区域ニ接続スル部分ノ府県道第一号東京厚木線ノ道路及其ノ両側境界線ヨリ奥行十間ノ区域（三七六～三七七頁）

内苑・外苑だけでなく、その周囲の景観も整備しようという意図の表れで、ここにも都市計画的な観点からの配慮が見られるわけである。明治神宮造営計画がはじまった頃から、周辺の景観整備も意識していたことも確かで、先述のように、大正三（一九一四）年二月一日の第四回神社奉祀調査会で南豊島（代々木）御料地を鎮座地に決定した時に、原敬《たかし》会長が「火葬場ヤ墓地ガ近クニアツテハイカヌト云フヤウナコトニナリマスト面倒デアリマスカラ、其辺ハ能ク一ツ御研究ヲ願ツテ極メタイト思ヒマス」[*84]と発言しているし、神社奉祀調査会特別委員会が同調査委員会に提出した「特別委員会報告」（大正三年六月）に「十　景観保護『取締ノ件』」という章を設けて、「伊勢両宮宮域及神苑地付近家屋建設制限」[*85]を添付して、注意をうながしていたことにそれがうかがえる。

　これらの一連の計画や改良を経て、内苑と外苑、そして内外苑連絡道路が完成した姿を示すのが図19である。

第七節　外苑計画に見られる特徴

以上に記したように、外苑計画の趣旨は、葬場殿址を中心とする林苑と記念建造物・競技場が共存する場から、聖徳記念絵画館（明治時代を記念する建造物）を中心とする晴れやかな広場と運動公園へ、と変化した。それは、逍遥の場から、景観整備をあわせての、車の通過交通のための道路計画を意識した場（周辺の道路整備もあわせた都市計画的配慮）への変化でもあった。

外苑には記念建造物と競技施設が並び建っているわけだが、その二つの異なる性格のエリアをゾーニングするうえでも、周回道路は有効だったと考えられる。中央のフォーマルな広場と聖徳記念絵画館、葬場殿址を周回道路が取り囲み、その外周に並木や林が設けられ、それを隔てて競技施設が配されることになるので、意義や目的が違う両者が違和感なく並び立つようにすることができたわけである。重ねて強調すれば、聖徳記念絵画館と葬場殿址という、外苑でもっとも重要な記念建造物を周回道路の内側にとり込んだことが評価すべき点で、それによって周回道路内を晴れやかな広場として、その外周の区域と区別でき、その外に独立して競技施設をつくれることになった。もっとも、記念建造物とスポーツ施設ということだから、それは近代国家（国民国家）が備えるべきとされたものという意味では共通点が見出せるし、ともに国民統合に寄与すると考えられるものでもある。競技施設を周回道路の西の外側に、つまり競技施設を西側区域にまとめるというゾーニングによって、違和感をあまり感じさせることなく記念施設と競技施設を共存させるというアイデアは、先行する伊東・池田案とは異質のもので、佐野利器の貢献が大きいと考えられる。

外苑は東京市内に位置し、競技（スポーツ）が新たな娯楽になってきたことや、すでに陸上競技場が建設されていただけでなく、まだ施設をつくるスペースがあったことから、スポーツの殿堂としての性格を強めていくことになった。

また、「スポーツの政治化」が同時進行していたことにも留意すべきで、そこでは記録が大きな意味を持つようになり、為政者から国民統合のための有効な手段と認識されはじめていたということでもある。計画当初にはあまり意識されていなかったと思われるが、外苑がスポーツの殿堂としての性格を強めていったのは必然といえる。明治神宮にとっても、維持費確保のために競技施設は重要という側面もあったとみられる。

さらには、内務省もこの競技施設に別の意味を見ようとしていた。心身鍛練の手段として、また国民教化の一環になり得るという意味である。それは、以下に示す、明治神宮外苑競技場で開かれた第一回明治神宮競技大会（大正一三年）での若槻礼次郎内務大臣の祝辞からうかがえる。ちなみに内務省衛生局は、競技場竣工前からこの競技大会を企画していた。

惟《おも》ふに国民の心身を鍛練し興国の精神を発揚する上に於て運動競技に勝るものは極めて鮮《すくな》いのである。由来我国民は尚武の気象に富み其の精華は武士道として発現し、長く国民精神を支配したのである。明治の聖代に至るに及び国際の関係に伴ひ新なる運動競技翕然《きゅうぜん》として勃興し今や国際的にも一大進展を為さんとするの気運に嚮《むか》つてゐる故に斯かる時代において克《よ》く彼の長を採り、我の短を棄て渾然融合せしめて国民を指導すべき新なる一大精神を樹立する事は斯道《しどう》関係者の勉めねばならぬこと丶信ずる。このときに当り毎年明治神宮例祭を機とし明治神宮競技大会を開催し、広く各般の競技を行はんとするのは即ち明治大帝の御聖徳を偲び奉ると共にこの機運を促進し益々斯道の普及を図つて国民の剛健なる精神と身体とを鍛練せんと欲するに外ならぬのである。*86

*1『神社奉祀調査会経過要領ノ二』（神社奉祀調査会）の「付録」の「外苑計画考案」に「先ツ旧青山練兵場ノ地域ヲ整理シテ道路ヲ開キ幽邃ナル樹林ノ裡《うち》ニ専ラ芝生地ヲ劃シ以テ将来建築物ノ位置ニ充テ漸次時ノ宜キニ従ツテ各種ノ工ヲ起シ百年ノ後ヲ俟ツテ其ノ規模ヲ大成センコトヲ期セントス」（傍線筆者、三九頁）とある。

*2ここに記した予算は『阪谷芳郎明治神宮関係書類　第一部』（明治神宮蔵）掲載の「青山練兵場跡付属外苑費見込第一案内訳書」（予算三〇〇万円）と「青山練兵場跡付属外苑費第二案」（予算三八五万八、九四〇円）による。また、建設希望施設は同史料の「外苑計画考案」による。

*3その復申案は以下のようなものである。

内務大臣ヘ奉賛会成立ニ付復申案

曩ニ得貴意候明治神宮奉贊会ノ儀ハ其端ヲ大正元年八月一日ノ有志会合ニ発シ候処大正三年十二月御造営費御確定相成候ニ付従来東京府市ニ限ラレタル有志委員会ハ仝《どう》年十二月十四日ノ会合ニ於テ既往ノ経過ヲ報告シ一旦之ヲ完結シ同時ニ全国ニ渉リタル明治神宮奉賛会ヲ発企スルコトニ決定シ同日創立発企会ヲ開キ創立準備委員ヲ定メ事務所ヲ東京商業会議所内ニ開始致候爾来《じらい》右創立準備委員ハ屢《しばしば》集会審議致シ客月《かくげつ》十五日ノ会合ヲ以テ別紙ノ通リ明治神宮奉賛会趣意書并同会規程ヲ確定致候尚委員代表者ハ閣下ノ御注意ニ依リ本年一月及四月ノ両回内務省ニ於ケル地方官会議ニ出席シ本会創立ノ趣意ヲ演述致置候而シテ本日迄ニ確定セル本会ノ発企人ハ約七千人ニシテ周《あま》ネク全国各地ニ渉リ申候又本会ノ事業ハ東京市内旧青山練兵場ニ明治神宮ノ外苑ヲ造設奉献スルモノニシテ其費用ヲ約四百万円ト概算シ広ク全国民ヨリ寄付金募集ノ計画ニ候但外苑ノ設計并工事一切ハ明治神宮造営局ニ御委託申上候考ニ御座候右大正三年十一月十二日付社第八十号御通達ノ趣ニ依リ此段及復申候也

大正四年六月十日

明治神宮奉贊会創立準備委員長

男爵　澁澤榮一

内務大臣宛（傍線筆者）

（前掲『阪谷芳郎明治神宮関係書類　第一部』）

*4「明治神宮奉賛会趣意書」（『阪谷芳郎明治神宮関係書類　第一部』）。同史料には複数の「外苑計画考案」が収められているが、これが最終のものと見られ、大正四年五月の日付がある「内務大臣ヘ奉賛会成立復申案」に添付されている。

*5『明治神宮奉賛会通信』第一号、大正五年一月（『明治神宮叢書　第十九巻資料編（3）』明治神宮編、国書刊行会、平成一八年、六～七頁）

*6名前の読みは「みなかみ・ひろみ」または「みなかみ・ひろちか」

*7この役員一覧は『明治神宮奉賛会通信』第一号（大正五年一月）（前掲『明治神宮叢書　第十九巻資料編（3）』一七～一

八頁）に掲載

*8 内務省内に明治神宮造営局の設置あり。本会は神宮外苑の設計及施行を之に委嘱するが為めには、組織を法人に改むるの要あり、大正五年五月定款を議決して、財団法人明治神宮奉賛会設立の許可を得

（『明治神宮外苑志』明治神宮奉賛会、昭和一二年、七頁）

*9『明治神宮奉賛会通信』第六号（大正五年六月）によれば、澁澤は、同年五月二四日の支部長会議で以下のように指示している。

▲五月廿日　帝国ホテルニ開キタル内地支部長会議ニ於テ口演セラレタル澁澤副会長ノ希望事項如左（中略）

二、本会ノ外苑経営費ハ約四百万円ノ予定ナルモ之ハ最低限度ナレバ尚壱百万円位ハ何トカシテ集メ度《た》シ故ニ各支部ニ於テモ曽《かつ》テ御依頼申上ゲタル予定額ニ止マラズ其レ以上ノ金額集ルヤウ尽力アリタシ

（前掲『明治神宮叢書　第十九巻資料編（3）』六八頁）

*10『明治神宮奉賛会通信』第一号（大正五年一月）に「○同　十二月八日　華族会館ニ於テ地方長官其他九十余名ニ対シ総裁宮殿下ヨリ賜餐《しさん》、同日支部長ノ嘱託アリテ令旨《りょうじ》ヲ賜ヒ会長ヨリ支部規則其他関係書類ヲ交付ス」とある（前掲『明治神宮叢書　第十九巻資料編（3）』一四頁）。

*11溝口白羊『明治神宮紀』日本評論社出版部、大正九年、一一〇頁

献金の集め方については、大正四年二月一一日に井上友一神社局長から留意点について「発企者又ハ発企協賛者タルコトヲ依頼スヘキ方面考察」という文書が出されており、献金のやり方について内務省神社局の指示を仰いでいたことがうかがわれる（『阪谷芳郎明治神宮関係書類　第一部』に「明治神宮奉賛会ノ件　大正四年二月十一日井上局長ヨリ」というメモがある書類に記載）。その献金の集め方は用意周到で、たとえば御下賜金については、奉賛会のほうから要望して、大正四年六月五日に宮内次官から了承を得ている（「◎六月五日貴族院大臣室ニテ相談　大隈、大浦、徳川、河村金五郎、井上友一、澁沢、中野、余　重要案件ヲ議ス　徳川公会長ヲ承諾ス　御下賜金ノコト河村次官諾ス但賜饌《しせん》ハ宮ヨリノ方可然トノコトナリ」（『阪谷芳郎明治神宮奉賛会日記』明治神宮蔵）。また同年六月一四日の時点で、寄付金見込として「○六月十四日（中略）御下賜金（筆者註：その金額の項は空欄）東京富豪 百五十万円　東京以外富豪 百万円　一般 百万円　海外五十万円　合計 四百万円」（同書）という計画を立てている。それをもとに三井と三菱の二大財閥に大口献金を依頼するために、大正四年一〇月二一日に華族会館に財閥を招いて献金を依頼する前の九月一七日に、阪谷が三井家を、翌日に岩崎家を訪問している（同日記に「○九月十七日三井男ヲ訪フ寄付ヲ談ス」「○九月十八日 岩崎久弥男ヲ訪フ寄付ヲ談ス」とある）。

寄付金募集の広報活動も積極的に行っている。その主なもの

は次のとおり

・大正四年九月二七日：新聞社・通信社の社長を帝国ホテルに集め、後援を依頼
・大正四年一〇月二七日：東京・横浜在住の実業家一七〇人余りを華族会館に集め、献金を依頼
・大正四年一一月三日：華族一三〇人余りを華族会館に集め、献金を依頼
・大正四年一一月三〇日：在外公館に奉賛会成立を報告するとともに献金取扱心得を送付

（以上『明治神宮奉賛会通信』第一号、大正五年一月 前掲『明治神宮叢書　第十九巻資料編（3）』六八頁）

・大正五年一月一〇日：華族九〇〇余名に献金依頼状発送
・大正五年一月一九日：貴衆両院議員に献金依頼
・大正五年一月三一日：神道・仏教・キリスト教の各教派主管に献金勧誘を依頼

（以上『明治神宮奉賛会通信』第二号、大正五年二月、前掲『明治神宮叢書　第十九巻資料編（3）』六八頁）

その後も『奉賛会通信』で、少額ではあっても、誠意のこもった献金を会社で集めたというような美談を折にふれて掲載している。それは以下のようなものである。

▲徳川公爵家ノ美挙　公爵徳川家達氏ヨリハ曩《さき》ニ金五千円ノ献資アリタルガ今回同家ノ家職及使傭人《しようにん》一同ハ頌徳ノ微意ヲ表シ感恩ノ至誠ヲ明ニセンガ為各自申御ハセ夫々ノ醵《きょ》金《きん》ヲ為シ金百円ヲ取纏メ明治神宮奉賛会ニ献金ヲ申込ミ来レリ

▲三田土ゴム会社ノ美挙　明治神宮奉賛会設置セラレ各区ニ委員部ガ設ケラルゝヤ本所区中ノ郷業平町三田土ゴム製造合名会社代表社員タル兄弟土谷秀立、田崎忠恕、田崎長國ノ四氏ハ何レモ此挙ニ感激シ率先シテ各自壱千円宛ヲ現居住地ノ委員部ニ対シ献金ノ申込ミヲ為シタリ其至情ハ誠ニ感ズベキノ至リナリ加之四氏ハ尚会社ノ男女従業員ニ対シ奉賛会ノ趣旨ヲ懇説シタルニ従業員一同モ亦忽チ之ニ賛シ総計八百三十六名ノ従業員ハ一人三十円乃至十四銭ノ献金ヲ申込ミ其額実ニ五百八十二円五銭ニ達シタリ先ニハ富士瓦斯紡績株式会社ハ職員以下授業員一同ニテ六千四百円ノ献金ヲ為シタリ今亦此会社ノ美挙ヲ見ルハ洵《まこと》ニ奇特ノ至リナリ（東京府支部東京市委員部報告）

（『明治神宮奉賛会通信』第四号、大正五年四月、前掲『明治神宮叢書　第十九巻資料編（3）』五八～五九頁）

＊12 前掲『明治神宮外苑志』二七～三四頁

＊13「理事会議案（六）」前掲『阪谷芳郎明治神宮関係書類　第二部』

＊14 前掲『明治神宮外苑志』に以下の記述がある。

是より先大正六年十月、明治神宮造営局に外苑の設計施行を委嘱せりと雖も、従来官庁に委託の場合は其の工費総額前納の慣例なるにもかゝはらず、利殖を計らんがため各工

事の費用に対しては造営局より毎月工事費予算差引表を徴《しる》し、毎月支払ふべき金額は必ず前月に其の予算額の内示を受け、預金（定期）期限到達の範囲に於て其の請求に応ずる事となせり。其会計年度は造営局と歩調を一にするがため政府会計年度に則り、毎年四月乃至翌年三月となし、毎月収支を決算して監事の検査を受け、毎年度末に予算決算を常議員会に提出して其の承認を受け、資産に就いては東京区裁判所に登記し、昭和十二年四月三十日に於ける総支出額は金壱千百七拾八万四千百七拾参円七拾六銭七厘（内支部控除金五拾四万九千参百六拾五円壱銭七厘、振替貯金控除、金弐拾壱円拾九銭）収支差引残額金拾五万八千八百参圓参拾七銭なり。

（二七頁）

＊15 前掲『阪谷芳郎明治神宮関係書類　第二部』。なお、この文書の冒頭に「㊀　外苑設計ハ当事者考案中ニシテ追テハ懸賞募~~集トモ可相成モ何人ニテモ考アル人ハ書面ヲ以テ申出アルヘシ本会ハ喜テ之ヲ受ケ参考トシテ当事者ニ示スヘシ~~
~~但外苑設計（建設物共）最終ノ決定ハ一ニ総裁宮殿下ノ御裁断ニ依ルヘク又献金申込高ノ如何ニヨリテ設計ニ伸縮ヲ来ネヘシ~~
~~今外苑設計ニ付テ~~（筆者註：削除の線は史料に記されたもの）
今其当事者間ニ問題トナリ居レル諸点ヲ左ニ掲ク」とあるので、複数の「当事者」がこの頃計画をすでに相談していたらしい。

＊16 この文書で、日下部は阪谷の質問に答えて、たとえば、「御祭典奉納競馬及競技場」に「観客席ハ十万人ヲ容ルルコト」という競技場の条件について、「観覧席ハ全周囲ニ設ケ凡ソ二十段トス一段ノ高サ一尺二三寸奥幅二尺五寸観覧席ハ御影石ヲ縁ニ用ヒ煉瓦又ハセメントタヽキトス一部分約三十間ヲ貴賓席トシ鉄骨上屋ヲ設ク観覧席ハ馬場ヲ掘下タル土ヲ以テ盛リ上ルニ付十段以下ハ地平線下トナルモ妨ナシ而シテ十段ノ所ニ幅二間ノ通路ヲ設クヘシ観覧席ヲ鉄筋コンクリート等ニテ造ルヲ得ハ其床下ニ遊技器械置場其他ニ利用スルヲ得ン又一部貴賓席ヲ特設シ此部分ハ屋蓋ヲ設クベシ観覧席ハ三十間毎ニ大トン子ル入口ヲ設クヘシ又正面ニハ三ツ若クハ五ツ並ヘ大大々トン子ル入口ヲ設クヘシ馬、其他ノ動物、競技用器械其他用具ノ入口ヲ適当ニ設クヘシ右繋留場其他蔵置場ハ場外ニ設クヘシ場ノ周囲ハ二十間幅ノ道路ヲ以テ取巻ヘシ但シ一方赤坂離宮ニ面スル側ハ山形トシ其外ニ道路ヲ設ク観覧席及場内ノ水吐キ就中《なかんずく》大雨ノ節ノ水吐キヲ充分ニ設ケ殊ニ観覧席ハ水ノ溜マラサル様ニ勾配ヲ注意スヘシ観覧席初段ハ馬場トノ間ニ十間ノ人道ヲ設クヘシ競馬場ヲ二十五間幅トス徒歩競争場ヲ十五間幅トス其次キニ幅五十間ノ競技場平地ヲ設ク右平地ノ一隅ニ幅十間長百二十間深サ五尺ノ水泳場及滑走場（冬期中）ヲ設ク水泳場ヲ平地ノ一隅ニ設クルハ種々支障アルヲ免レス是ハ別ニ適当ノ位置ニ設ケタシ人道ハ競技場トノ間左右二ヶ所ニ地下道ヲ作ルヘシ此場所ハ先帝ノ国民体育ニ御心ヲ注キ賜ヒシコト又乗馬ヲ好マセラレ馬匹《ばひつ》改良ニ御熱心ナ

リシコトナトニ因ミテ設クルモノナリ」のように、建築関係の施設についてもかなり具体的に回答している。

＊17伊東忠太「明治神宮外苑設計に関する意見」前掲『阪谷芳郎明治神宮関係書類　第二部』

＊18日下部辨二郎「欧米再遊所感」(『建築世界』明治四五年四月・五月号)参照。引用文は同誌五月号五頁

＊19藤田大誠《ひろまさ》「青山葬場殿から明治神宮外苑へ」(明治聖徳記念学会編『明治神宮聖徳記念学会紀要』復刊第四九号、錦正社、平成二四年、一一八頁)によれば、この図は大正五年三月にはできていたらしい。そこには内苑の社殿の俯瞰図(完成予想図)も描かれており、それは実施案と同じと見られるので、この頃には実施に至る案(南神門から入る案)になっていたことがわかる。

＊20前掲『阪谷芳郎明治神宮関係書類　第二部』の「外苑設計大体考案要旨」(同名の改訂案がいくつかあるが、その最初のもの)に、日下部のものと思われるメモ「阪谷氏　五年二月二十日伊東忠太氏ニ送付ス」があり、同資料にはそれに対する伊東の返信(大正五年二月八日付)や、伊東から阪谷宛ての大正五年三月八日の日付がついた封筒があり、そこに阪谷のものと思われる「設計ニ付き具体的経費の決定云々」のメモがある。

＊21前掲『阪谷芳郎明治神宮関係書類　第一部』の奉賛会立ち上げ時の書類の中に「明治神宮付属外苑坪数調」(日付はないが、その前後の書類と照らし合わせると、大正四年三月頃と見られる)があり、そこに以下のように「買収地」が想定されている。

一外苑総坪数　拾八万弐千五百弐拾八坪三合五勺
内
旧青山練兵場　拾参万九千弐百七拾四坪六合壱勺
権田原　参万八千弐百七拾四坪六合壱勺
買収地　五千百七拾五坪

＊22伊東前掲「明治神宮外苑設計に関する意見」

＊23『明治神宮奉賛会通信』第一八号(大正六年六月)から第二三号(大正六年一一月号)(前掲『明治神宮叢書　第十九巻資料編(3)』)までの「経過報告」による。

＊24同日記によれば、大正六年七月二三日に「同七月廿三日徳川公晩餐大体設計ニ付協議会　造営局関係者出席」、同年一〇月一五日に「設計委員会　夕刻外苑課諸君ヲ中央亭ニ招待シ演説ス」とあるので、造営局と意思の疎通が図られていたのはまちがいない。

＊25『明治神宮奉賛会通信』第二三号、大正六年一一月(前掲『明治神宮叢書　第十九巻資料編(3)』二八七～二八九頁)

＊26同書、二八九～二九〇頁

＊27『神社奉祀調査会経過要領ノ二』の「付録参考資料」の「二十一号)外苑計画考案」に「(備考)外苑ニ左設備スヘキモノノ中既ニ識者ノ議ニ上レルモノ左ノ如シ」の中に「十、恩賜館(伊藤公爵ニ賜リタル憲法館)」(四〇頁)とある。

＊28「青山旧練兵場跡付属外苑設備ノ説明」『神社奉祀調査会経過要領ノ二』付録三九頁

＊29『佐野利器』佐野博士追想録編集委員会、昭和三二年、一五～一六頁。原文は横書きで、アラビア数字表記。なお、この佐野の回想に記された、外苑の配置計画についての造園学者の確執は、当時の新聞にも取り上げられている。それは、たとえば以下のようなものである。

神苑の設計に参与して居る人は多数あるが林学博士本多静六氏、農学博士原熈《ひろし》氏、林学博士川瀬善太郎氏等の大家を初めとし林千葉県高等園芸学校教授外幾十名が之に与《あずか》つて居る、其中で最も勢力あり何人も一目づゝ置いてかゝるのは本多原の二博士である、所が本多博士がその造詣深い森林学から来た造庭法を以て発案した設計を提げて臨めば原博士も亦其▲蘊奥《うんのう》を極めた農事園芸の知識を傾倒して計画したものを持つて之に対抗する、そして他の人々は大抵両氏の部下だから自然に其師事した人の考案を是として一致主張する、之が為め外苑の設計は却々《なかなか》決定しさうもない、此争ひに就ては又滑稽な話がある、元来神宮造営局には各▲大家を網羅して居るのだが製図の上手に出来る人は一人も居ない之には流石《さすが》の本多博士も弱つたと見江て奉賛会長阪谷男が東京市長であつた関係上東京市と連絡があるので博士は東京市土木課の或る人に製図を頼んだ、其図が又馬鹿に綺麗に出来たので反対派の原博士に属する人々はそれを見て東京市の某氏は屹度《きっと》本多派だらうと骨折つた某氏が却《かえっ》て怨まれたと云ふ事だ、そんな風に事毎に対抗して居るが之に就き局外にある▲某園芸家は語つて曰く「本多派と原派とが相争つて降《くだ》らないと云ふ事は薄々聞いて居るが両氏の設計は根本から異なつて居る筈だから争つた結果両氏のを折衷して採用するのだらう併し夫では日本画と西洋画とを一枚の紙に描いたやうなものが出来上る訳だ、同神苑は東京一の大公園たるのみならず帝国一の公園となるのだから其設計は十分慎重にやらなければならぬ、それには▲二派の対抗があり且一人や二人で考案するよりも其設計を広く天下に募集した方が宣いと思ふ、現に絵画館其他の建築物も懸賞募集に付したのだから神苑も亦広く募集した方が宣いではないか、大体の立案は素人でも出来るし隠れたる園芸家は日本国中には沢山居るから屹度面白い案が出ると思ふ、殊に該神苑は西洋式と云ふ事になつて居る以上外国人にも開放して貰ひたいものである、彼の新宿御苑は佛人の意見を参酌して作つたもので却々宣く出来て居る

（「本多原両博士の対抗　明治神宮外苑の設計」『東京朝日新聞』大正七年一月三日朝刊五面）

＊30外苑の道路計画に関しては、長谷川香博士の論考がある。それは「明治神宮外苑の成立過程に関する研究——軍事儀礼・日本大博覧会・明治天皇御大喪儀」（『建築史学』第六一号、建築史学会、平成二五年、五四～八六頁）や、「明治神宮外苑前史における空間構造の変遷——軍事儀礼・日本大博覧会構想・

明治天皇御大喪儀」（藤田大誠・青井哲人・畔上直樹・今泉宜子編『明治神宮以前・以後』鹿島出版会、平成二七年、二三一〜二六二頁）で、外苑敷地の変遷をていねいに追いながら、明治神宮外苑計画に、それに先行する英照皇太后御大喪儀や日本大博覧会設計競技一等案、明治天皇御大喪儀の影響をみながら、その空間構造の変化を考察した労作である。それに対して、本書では、青山通りから葬場殿址に向かうものや、それに直交する権田原からのもののような道路計画は、この敷地であれば当然想定されるものと見てあまり重きを置かず、むしろ通過交通のための周回道路に注目し、その内側に葬場殿趾と聖徳記念絵画館をとり込んだことに意義を見出すべきことや（ゾーニングの役割を兼ねていること）、外苑敷地周辺を含む、この地区の道路整備に注目すること、また記念建造物と競技施設が共存する意味を国民国家システムの反映と見ることに重点を置いている。

*31『明治神宮奉賛会通信』第四〇号、大正八年四月（前掲『明治神宮叢書　第十九巻資料編（3）』）の「経過報告」に「▲十二月三日　明治神宮造営局副総裁ヨリ明治神宮外苑造設ノ大体計画ニ関シ照会ヲ受理ス」（三九三頁）とある。

*32同書、四〇八〜四一三頁、および前掲『明治神宮外苑志』（一一九〜一二〇頁、一二二〜一二五頁の前の図版まで）参照

*33前掲『明治神宮外苑志』一一九〜一二二頁

*34同書、一一五頁

*35日本青年館のための敷地使用許可については、奉賛会の「第九回経過報告」に以下のように記されている。

○第九回経過報告（中略）

▲四月十四日　日本青年館敷地トシテ外苑敷地ノ一部除却ニ付左記回答ヲ発セリ

局外発第参号ヲ以テ本会会長ヘ宛御照会ノ趣敬承御示ノ御趣旨ハ至極御尤ニ候得共抑《そもそも》外苑敷地ノ儀ハ本会ノ前身タル神宮奉賛有志委員会代表澁澤男爵外二名ト内相大隈伯爵トノ間ニ協定相成候モノニシテ爾来本会役員ハ勿論海内外ニ渉ル無数ノ献金者ニ於テモ神聖不可侵ノ地域ト諒解罷在《まかりある》随テ本職等ハ地域ノ拡張ヲ謀ルハ格別公共事業若クハ境界整理ノ為ニスル場合ヲ除ク外絶対ニ地域ノ縮小ハ不可然ト存居リ候而シテ外苑ノ造設ハ　先帝　先后ノ頌徳記念事業ニ充ツルヲ以テ目的トスルモノニ付日本青年館ノ建設ハ此目的外ナルヤニ被存《ぞんぜられ》候得共青年団ノ成立ハ御申越ノ如キ趣旨ニ成リ且神宮内外苑造設ニ付青年団ノ貢献不尠《すくなからず》尚将来神宮ト青年団トハ精神的ニ関係スル所多大ナルヘクト存候就テハ地域ノ縮小ヲ避ケテ青年団建設ニ差支ヘナカラシムル為地所除去ノ儀ハ御見合相成御来示ノ地点ニ於テ必要不得已《やむをえず》地積ヲ限リ特ニ外苑付属地トシ会館建設ノ為使用ノ儀許容相成候様致度此段及貴答候也

追テ会館建設ノ設計ハ本会ノ施設ト相俟チテ考合ノ必要有之候ニ付決定前ニ本会ニ協議候様御取計相成度此段申

添候

大正十一年四月十四日　明治神宮奉賛会理事長　男爵

阪谷芳郎

明治神宮造営局長　山田準次郎殿

（前掲『明治神宮奉賛会通信』第六八号、大正一一年五月七二七～七三〇頁））

＊36『阪谷芳郎明治神宮奉賛会日記』の大正七年九月一四日の項に「○同九月十四日（中略）物価平均三割五分騰貴ニ付工事年度自然延長ノコト」とある。

＊37前掲『明治神宮奉賛会通信』第三七号、大正八年一月、三九四頁）

＊38『明治神宮奉賛会通信』第四一号（大正八年五月）に以下の記述がある。

三　外苑設計及工事

大正六年十月本会ヨリ明治神宮造営局ニ提出セル外苑計画綱領ニ対シ同局ニ於テ更ニ審査研究ノ上大正七年十二月ニ至リ外苑造設大体計画ヲ決定シ図面及説明書ヲ添付シ本会ノ同意ヲ求メラレタリ此大体計画ハ固ヨリ計画綱領ヲ基礎トシ尚ホ一層精細ヲ加ヘタルモノナルヲ以テ本会ハ直ニ同意ノ旨ヲ回答セリ然ルニ其後右大体計画ニ従ヒ工事費ヲ算定スルニ近時累年昂騰ヲ重ネ来タリタル諸物価ヲ標準トスレハ当初計画綱領付属ノ工費概算金四百万円ニテ支弁シ得ヘカラサルノミナラス却テ殆ト二百万円ニ近キ不足ヲ生スルヲ以テ止ムヲ得ス大体計画中ニ就キ専ラ緩急軽重ヲ案シ多少ノ取捨ヲ加ヘ出来得ル限リ経費ノ節約ヲ行ヒ総額金五百万円ヲ以テ事業ヲ進行シ其予定計画ヲ縮少セル部分ニ対シテハ将来物価ノ低落ニ伴ヒ経費ノ余裕ヲ生スルニ随ヒ復活補足スルノ方針ヲ執ルコトヽシ此際金壱百万円ノ増加ニ同意センコトヲ造営局ヨリ照会セラレタリ此要求タルヤ事実真ニ已ムヲ得サルモノニシテ本会ニ於テモ夙《つと》ニ将来幾分ノ増加ヲ免レサルヘキヲ認メ其財源ニ就キ再応調査ヲ遂ケ専ラ資金ノ利殖ヲ講シ将来支出ノ年割等ニ鑑ミ金壱百万円ノ増額ヲ為スコト敢テ至難ニアラサルヘキ見込立チタルヲ以テ本年三月十八日造営局ニ対シ応諾ノ旨回答シタリ

第五回報告以後造営局ニ於テ施行シタル実地ノ事業左ノ如シ

一　外苑敷地中元所有者ニ土地買戻権ノ発生シタル者ニ対シ買戻権利ノ買収

二　四谷区霞岳町民有地四千七百六拾坪余ノ買収

三　陸軍大学校付属地ト外苑敷地一部ノ交換

四　聖徳記念絵画館敷地内ノ水道鉄管布設換ノ件ニ付東京市ヘ交渉

五　聖徳記念絵画館建築予定地盛土工事

右ノ内一二三ハ略ホ結了シ四五ハ工事進行中ナリ

（前掲『明治神宮叢書　第十九巻資料編（3）』四二七～四

二八頁）

＊39『明治神宮奉賛会通信』第四八号（大正八年一二月）に以下のように記されている。

局外発第一八四号
大正八年十一月五日
塚本明治神宮造営局長
阪谷明治神宮奉賛会理事長殿
外苑内競技場設計ニ関スル件照会
標記ノ件別紙図面證明書ノ通之ヲ定メ工事施行致度候処御意見至急承度候
追而《おって》最近物価暴騰ノ為メ大体計画所定ノ規模ヲ以テ工事ヲ遂行センカ為メニハ予定経費八十万円ヲ以テシテハ約十万円ノ不足ヲ生スヘキ見込ニ付本設計ニ於テハ乍遺憾西側観覧席両翼ノ塔橋ヲ削除シ其他一般ニ工事ノ程度ヲ低下シ以テ予算ノ範囲内ニ於テ工事ヲ遂行スヘキ計画ニ有之候
（前掲『明治神宮叢書　第十九巻資料編（3）』四六六頁）

＊40『明治神宮奉賛会通信』第五五号（大正九年七月）に以下のように記されている。

▲明治神宮外苑工事繰延ノ理由及程度
明治神宮奉賛会ハ大正六年十月青山ナル神宮外苑ニ付事業ノ綱領ヲ確立シ総工費金四百万円ノ予算ヲ以テ其設計及施工ヲ内務省明治神宮造営局ニ委嘱セシガ爾来物価、労銀漸騰ヲ認メ昨年三月造営局ノ交渉ニ応ジテ金壱百万円ヲ追加シ即チ合計金五百万円ト改メタリ依テ造営局ハ来ル十二年度ヲ全部竣成ノ期限トシ右ノ予算ヲ以テ着々工事ヲ進行シ今ヤ外苑事業中ノ最大事業タル絵画館ノ基礎工及之ニ次グノ大事業タル競技場ノ土工ハ殆ド竣成ヲ告グルニ至レリ然ルニ本年二月ニ入リ造営局ヨリ物価暴騰ノ影響ヲ受ケ更ニ金参百五拾万円ヲ追加スルニアラザレバ遂行困難ナリトノ申出ニ接シタリ抑々本会ノ資金ハ御下賜金参拾万円献金約六百七拾万円即チ合計金約七百万円アリ（献金取扱手数料トシテ府県、新領土、米国ノ各支部ニ於テ控除セル金額約五拾五万円ニ及ブモ是ハ定期預金利子ヲ以テ補填ヲ了セリ）本会ハ其内金五百万円ヲ工費ニ充テ残余ノ金弐百万円ヲ絵画費、事務費、維持費ニ充ツルノ方針ナリ万已ムヲ得ザル場合ニハ維持費ヲ以テ工費ノ不足ヲ補填シ別ニ維持ノ方法ヲ講ズルモ或ハ一策ナルベケレ共如斯シテ補填ニ充当シ得ル金額ハ壱百万円前後ナルベク参百五拾万円ヲ追加スルノ余裕ナキハ一目瞭然タリ然ラバ献金再募集ノ挙ニ出デン歟《や》今日ハ募集ノ好時期ニアラザルハ何人モ首肯スル所ナルベシ且ツ物価騰貴ハ已ニ其頂点ニ達シ漸ク低落ノ曙光ヲ認ムルノ際強テ予定工程ニ従ヒテ事業ヲ進行スルガ如キハ事業経済上大ニ考慮スベキ点ナリトス故ニ本会ハ外苑竣成期限ヲ相当延長スルノ見込ヲ以テ一時絵画館、競技場等多額ノ経費ヲ要スル工事ヲ繰延ベ一方物価ノ或ル程度迄低落スルヲ待チ、他方此間ニ資金ノ利殖ヲ謀リ両道相俟チテ予定事

業ヲ完成スルニ決セリ
右決定ノ結果造営局ニ於テ今明両年度ニ施行スベキ事業ヲ
左ノ範囲ニ止ムルコトヽナレリ
一、請負契約済ノ工事及契約済材料ノ購入
二、労力、材料ノ寄付其他特殊ノ事情ニ依リ破格低廉ナル
経費ヲ以テ推行シ得ベキ工事
三、樹木ノ移植、保護、手入、芝ノ養成其他事業ノ性質上
繰延ヲ許サヾルモノ
（前掲『明治神宮叢書　第十九巻資料編（3）』五二七～五二八頁）

＊41『明治神宮奉賛会通信』第六四号（大正一〇年五月）に以下のように記されている。

三、外苑工事及設計
第七回常議員会ニ於テ報告セシ如ク外苑総工費ノ不足額参百五拾万円補填策トシテ工事ノ中止若クハ繰延ヲナスコトトナリ其結果造営局ハ九、十両年度実施ノ範囲ヲ請負契約済ノ工事契約済材料ノ購入及樹木ノ移植、保護、手入、芝ノ養成其他事業ノ性質上繰延ヲ許サヽルモノニ止メタリ
然ルニ今般造営局ヨリ九年度末物価ノ現状ト出来得ル限リノ節約トニ依リ工費ヲ約七百八拾七万円ト概算シ内十年度支出額ヲ九拾弐万円トシ絵画館ニ付テハ地階鉄筋「コンクリート」工事、競技場ニ付テハ「トラック」工事、観覧席基礎工事其他庭園、排給水、道路、外園ニ付或ル程度マテ工事ヲ進捗セシメタキ旨協議ニ接シタリ
右ノ計算ニ依レハ規定総工費五百万円ニ対シ約弐百八拾七万円ノ追加ニシテ昨年ノ追加見込額ニ比シ僅ニ約六拾参万円ノ減少ニ過キス本年三月末ニ於ケル工費ノ既済高ハ約百五拾九万円ニシテ今後支出ヲ要スル高ハ約六百弐拾八万円トナル訳ナリ尤モ此所要額ハ本会ノ現在資産総額（約五百九拾五万円）及其利殖予想高（約六拾参万円）ノ全部即チ約六百五拾八万円ヲ以テスレハ之カ支弁ヲナシ得ヘシトスルモ此外ニ絵画費（予想約七拾五万円内既済約弐万円）及事務費（予想約七拾万円内既済約弐拾六万円）此両費合計約百四拾五万円之カ未済約百拾七万円ヲ要スルヲ以テ之ヲ工費未済額ニ加算スレハ今後ノ所要総額ハ約七百四拾五万円トナルナリ然ルニ財源ハ約六百五拾八万円ニ過キサルヲ以テ約八拾七万円ノ不足ヲ生スル訳ナリ然レトモ右ノ計算ハ八年度末物価ニ対シ八歩強ノ低落ニ過キサル九年度末物価ニ依リタルモノナルヲ以テ今後一割、二割ト漸次低落ノ度ヲ増加スル場合ハ不足額ハ之ニ応シテ減少シ或ハ却テ残額ヲ見ルヘキヤモ計ラレサル次第ナリ、シカモ現在ノ物価ハ嘗テ予想シタル程度ノ低落ヲ見サリシト雖モ其ノ下向ナルハ疑問ノ余地ナク又一方徒《いたずら》ニ必要ノ技術者吏員ヲ倦怠セシムルハ甚タ不得策ナレ

ハ此際造営局ノ希望ニ従ヒ且ツ請負契約等ニ十分ノ経済的注意ヲ加ヘ事業ヲ進捗セシムル為メ本年度支出額約九拾二万円ヲ四月一日理事会ニ於テ議決シタリ
（前掲『明治神宮叢書　第十九巻資料編（3）』六一五～六一六頁）

＊42　二、外苑事業費予算減額
外苑事業当初予算額ハ金七百八十六万円ノ処造営局ニ於テモ鋭意節約ヲ計ルコト丶相成タル結果所要経費ニ於テ金六十万円減額シ総工費金七百二十六万余円ヲ以テ工事竣成ノ見込ナリ
（前掲『明治神宮叢書　第十九巻資料編（3）』八一六頁）

＊43『明治神宮奉賛会通信』第七三号（大正一二年一二月）に以下のように記されている。

三、外苑工事
外苑工事ハ本年五月十日報告（通信第七十二号）見込ノ通着着進行中震災ニ遭遇シ物質上何等記載スル損害ナキモ工事ノ進行ニ付テハ一時停頓ヲ免カレズ即チ競技場ハ避難民ニ絵画館ハ救護班ニ提供シ又臨時震災救護事務局ノ求ニ従ヒ苑内ニ「バラック」ヲ急造シテ避難民ヲ収容シ尚ホ造営局吏員技師手ハ救護事務ノ援助ニ当リ居ル現状ナリ尤モ救護事務ハ近ク一段落ヲ告グベク本務ニ復帰シ工事ヲ続行スルノ日ハ遠キニアラザルベシ
憲法記念館ハ烟突《えんとつ》二本ヲ破壊シタルノミニテ格別ノ被害ナシ目下市内集会堂欠乏ノ折柄公務上、学術上其他公益ノ集会ノ為メ当分ノ内昼間ニ限リ使用ヲ許スベク準備中ナリ
（前掲『明治神宮叢書　第十九巻資料編（3）』八四一頁）

その後も以下のような状態で、工期が延びることになった。

一方絵画館工事ハ既ニ七分通リ進捗シ大震災ニモ既成部分ハ何等ノ影響無之候尤モ避難民救護ノ為メ或ハ足場ヲ撤去シテ「バラック」急造ノ用ニ供シ或ハ館内ヲ食糧貯蔵場ニ充テ居ル状態ニテ工事ノ延滞ハ難免候得共大正十三年度竣工ノ予定ヲ一ヶ年延期ノ十四年度竣工ト見レバ誤リ勿ルベク
（『明治神宮奉賛会通信』第七四号、大正一三年三月（前掲『明治神宮叢書　第十九巻資料編（3）』八六二頁））

なお、憲法記念館は「憲法記念館ハ烟突二本ヲ破壊シタルノミニテ格別ノ被害ナシ」とはいえ「憲法記念館ハ大広間ノ『ストーブ』其他諸所ノ壁及寄木張等ニ破損ヲ生ジ尚建物全体約三寸東方ニ傾斜セリ」（『明治神宮奉賛会通信』第七三号、大正一二年一二月（前掲『明治神宮叢書　第十九巻資料編（3）』八四六頁））だったので、以下のように復旧費二万円で修復されることになった。

歳出増加ノ部（中略）一、憲法記念館震災復旧費ノ款ニ於テ震災ニ罹リタル憲法記念館ノ復旧費弐万円ニテ新タニ予算セリ

（『明治神宮奉賛会通信』第七五号、大正一三年六月（前掲『明治神宮叢書　第十九巻資料編（3）』八八〇頁）

＊44大正五年三月四日に阪谷芳郎が麻布区役所で行った講演「明治神宮奉賛会経過」で、「憲法草案其他の記録が伊藤公爵家にもあり、又子爵伊東巳代治さんの処にもあり、又井上子爵家には憲法起草者たる先代毅さんが密封して誰も見ない書き物がある、斯う云ふ物は差支ない限り憲法紀念館に御寄付を願つて、拝見の出来るやうに致したいと思ひます」（「明治神宮奉賛会通信第四号付録」前掲『明治神宮叢書　第十九巻資料編（3）』一一四二頁）と述べているし、昭和五年一一月一日の明治神宮鎮座一〇周年の際に阪谷がラジオ放送で「又同事務所内ニ保管中ノ憲法記念館ニ付属シタル器具竝ニ伊藤博文公蔵書ヲ焼失シタルハ甚ダ遺憾ナコトデアリマス」と述べている（「明治神宮御造営ノ由来」前掲『阪谷芳郎明治神宮関係書類　第六部』）。

＊45『明治神宮奉賛会通信』第三〇号、大正七年六月（前掲「明治神宮奉賛会通信第四号付録」三五〇頁）による。『憲法記念館略史』（明治神宮蔵）では大正七年五月六日竣工になっているが、それは竣工検査の日である。

＊46野球場設置の理由として『明治神宮奉賛会通信』第七八号（大正一四年三月）に次のように述べられている。

爾来《じらい》時勢ノ進運ハ多少ノ修正ヲ要求スルモノヽ如ク競技場ノ竣工ニ依リテ著《いちぢるしく》敷之ヲ認メ候本会ニ於テモ外苑創立ノ精神ニ悖《もと》ラサル範囲ニ於テ時代ニ順応スルハ又不得已《やむをえず》ノ措置ニシテ競技場ノ一項ヲ綱領中ニ加ヘタルモ此意ニ外ナラス候熟々《つらつら》体育界ニ於ケル内外ノ趨勢ヲ見ルニ野球ハ青少年憧憬ノ標的トナリ該場ノ設置ハ漸次必要ヲ加ヘ候

（前掲『明治神宮叢書　第十九巻資料編（3）』九二二頁）

また、野球場の設計者・小林政一は学位論文『昭和四年九月明治神宮外苑工事に就て　第一輯』（私家版、昭和四年一一月）で「従来東京市内外に、完備せる球場を有せざりしは、斯界の遺憾事とする所なりしが、明治神宮競技大会の開催せらるゝに到り、野球場の造設を要望するの声切実を加ふるに至りしかば、明治神宮奉賛会及同造営局は熟議の結果、大正十四年十月既定計画の一部を変更して野球場及相撲場の造設を追加するに決し、元計画に於ては幽邃《ゆうすい》なる林地となす予定なりとし苑内西南隅一帯の地域を変じて、野球場及相撲場の敷地に充てらるゝことゝなりたり」（九七頁）と記している。

＊47前掲『明治神宮外苑志』一六二頁

＊48同書、一六二〜一七三頁

＊49同書、一七七〜一八九頁

＊50同書、一七五〜一七六頁

＊51「憲法記念館恩賜御沙汰書」（明治四〇年四月一七日に宮内大

臣の田中光顕《みつあき》名で出されたもので、『国民新聞』明治四〇年二月一一日三面にその全文が掲載されている）による。『憲法記念館略史』には、下賜および移築の経緯が次のように記されている。

明治四十年一月十七日　先帝陛下伊藤侯爵ノ功労ヲ録セラレ特旨ヲ以テ本館ヲ同侯爵ヘ下賜セラレタリ
明治四十年四月十日伊藤侯爵本館取解建物拝領同四十年五月東京府荏原郡大井町ノ同侯爵邸内ニ工費金弐万五千円ヲ以テ建築工事ヲ起シ同四十一年四月落成シ之ヲ恩賜館ト称ス

なお、「約五千坪」は、伊藤博文別邸跡（現住居表示では品川区大井三丁目一八番地）の説明板「伊藤博文別邸跡」（品川区教育委員会作成）による。東京法務局品川出張所の土地登記簿「大井山中町」の簿冊の「四千百九十一番ノ二」には、この土地の一部が明治四〇年七月二〇日に伊藤博文名義で登記されていることが記されている。ちなみに、上掲の『憲法記念館略史』では移築竣工が「明治四一年四月」とされているが、本文に記したように、その年の二月にはその工事はほぼ完了していたと見られる。なお、『報知新聞』明治四〇年一二月二〇日朝刊一面に、「伊藤公の新邸」と題してこの建物の写真が載っており、この時点で少なくとも外観はすでに再建されていたことが確認できる。

また、『建築工芸叢誌』第一冊（建築工芸協会、明治四五年二月）の「挿絵解説」の「憲法制定記念恩賜館」（二～四頁）には、この建物の下賜について「大憲発布せられしより満二十年に当れる明治四十二年の紀元節を以て、故伊藤公がその祝賀会を開かんとするや、特別の思召を以て、此の建物及び内部装飾品器具類をも下賜あらせられたれば、公は　聖恩に感泣しつゝ之れを邸内に移して、憲法制定記念恩賜館と命名し、祝宴を此館に開かれたり」（三三頁）とある。この記述からは、明治四二年二月一一日の紀元節の際に大日本帝国憲法制定二〇年記念祝宴を伊藤博文が計画したのに応じて、建物が下賜されることになったように読める。そうであれば、建物移築はその前に完成している必要があったことになるし、建物解体からかなり時を経てからの移築なので、それが下賜の理由だった可能性は高いと考えられる。

＊52『時事新報』明治四一年二月一二日七面。なお、『徳大寺実則《さねつね》日記36　明治四〇年正月～四一年四月』（宮内庁書陵部図書寮文庫蔵）の二月一一日の条に「伊藤公爵今度憲法諮詢会議之宮殿御下賜建築竣工ニ付憲法発布廿二年紀元節ヨリ二十年相当ニ付紀念之大宴会ヲ開キ貴衆議員其他貴顕凡一千二百名餘ヲ招待頗盛会ナリ伊藤山縣演舌アリ」と記されていることからも、「恩賜館」はこの時には竣工していたとみられる。

＊53伊藤博邦からの献納請願書は以下のとおり
　　拙者所有に係る東京府荏原郡大井町三千百三十一番地内に

現存せる恩賜館（木造瓦葺寝殿造建物弐百五拾坪）及同館
内付属器具書籍別紙目録の通貴会を経て明治神宮へ献納願
度候間外苑内に移築方可然御取計相成度別紙図面目録相添
へ此段得貴意候也
大正六年六月十日
東京府荏原郡大井町三千百三十一番地
公爵　伊藤博邦
（前掲『明治神宮外苑志』一二五頁）

＊54 同書、一二八～一三〇頁

＊55 「外苑内建築物予定調（大正一一年一二月廿五日調）」（前掲『阪谷芳郎明治神宮関係書類　第八部』）にこの付属図書館計画の構造と規模が記されている。

＊56 二、事務所焼失
九月一日ノ大震災ノ為メ麹町区三年町本会事務所ノ建物大破シ折柄執務中ノ職員ハ辛フジテ避難シ幸ニ無事ナリシモ同日午後九時前面ノ東京女学館ヨリ飛火シ半壊ノ事務所ハ直ニ猛火ニ包マレ尽力ノ甲斐ナク書類器物全部焼失シ僅ニ伊藤公爵家ヨリ恩賜館（今ノ憲法記念館）ト共ニ寄付セラレタル先帝先后ノ御肖像額ヲ取出タルノミ依テ九月十一日ヨリ仮事務所ヲ赤坂区青山権田原憲法記念館内ニ設ケテ事務ヲ開始セリ（因ニ焼失事務所建物ハ宮内省ノ所有ニ属ス）焼失書類器物ノ重要ナルモノ左ノ如シ（以下略）
（『明治神宮奉賛会通信』第七三号、大正一二年一二月（前掲『明治神宮叢書　第十九巻資料編（3）』八三八頁）

＊57 前掲『明治神宮叢書　第十九巻資料編（3）』一八六頁

＊58 本月一日午前一時頃ヨリ払暁ニ至ル大暴風雨ハ実ニ未曽有ノ出来事ニテ東京湾ノ海嘯ハ沿岸一円ノ家屋流失倒壊夥敷《おびただしく》目今請負御用奉仕中ノ憲法記念館移転工事ノ儀モ大井町ニ於テ取解キ工事中ノ事故予而非常警戒ノ為メ同所ニ止宿為致置候大工及鳶人足定夫等種々ニ防御仕候得共何分人力ノ可及モ無之遂ニ取解残部倒壊致別紙調書ノ如ク損傷ヲ蒙リ候場合ニ立チ至リ候段天災トハ乍申恐縮至極ニ奉存候就テハ甚タ不本意ノ至リニ御座候得共特別ノ御詮議ヲ以テ御寛大ノ御処置相願度別紙相添此段奉願上候也（別紙調書略ス）
大正六年十月十日
東京市京橋区南鞘町拾四番地
合資会社清水組
代表者　清水釘吉
明治神宮奉賛会御中
（『明治神宮奉賛会通信』第二三号、大正六年一一月（前掲『明治神宮叢書　第十九巻資料編（3）』所収、一九三頁）

＊59 本館移築ハ凡テ原形ノ通ニ建築シタリト雖モ建物保存上必要ト認メタル部分ハ其在来ノ仕様ヲ変更シテ改造シ或ハ新設シ又損傷材ノ取換ヲ為シタル等ノ廉々《かどかど》左記ノ如シ
一床下総面積　弐百拾弐坪
但床下地面総体セメントコンクリート叩キニ変更改造

一床下空気抜窓　弐拾ヶ所
　但竪横框檜材ニテ拵ヘ内部ヨリ太銅線ニテ五分目亀甲形網張付土台上端ヘ取付出来
一車寄屋根　壱ヶ所
　但長桁行三十尺幅長延三十尺此平積弐拾五坪在来扮板葺ヲ銅板葺ニ変更改造
一家根棟鎖　五組
　但鉄径三分長三寸S字形鎖下ヶ径四寸ノ輪付ヶ長弐拾九尺弐本壱組ノ分三組長弐拾壱尺弐本壱組ノ分弐組本館屋根ヘ新設
一柱　参本
一梁　弐本
一隅木　壱本
　此三品ハ大正六年十月一日ノ風災ニテ損傷ニ付新規取換
一避雷装置
　但本館屋根総体ノ処々ヘ銅線張リ渡シ銅製立樋ヘ連続シテ避雷設備新設
一陶器方形手洗　壱個
　但上便所ヘ水道栓取付ケ新設
一小便器　壱個
　但上便所在来ノ西洋形大便器ヲ取除キ新設
一同上　弐個
　但下便所ヘ新規増設
（『憲法記念館略史』）

＊60『明治神宮奉賛会通信』第二三号、大正六年一一月（前掲『明治神宮叢書　第十九巻資料編（3）』所収）に「憲法記念館ハ大広間ノ『ストーブ』其他諸所ノ壁及寄木張等ニ破損ヲ生ジ尚建物全体約三寸東方ニ傾斜セリ」（八四六頁）とある。
＊61「社説　極東競技大会を軽視する勿《なか》れ」『報知新聞』大正六年五月二日朝刊一面
＊62『神社奉祀調査会特別委員会々議録　第一回』（明治神宮蔵）三七頁
＊63そこに描かれているのは、当時のドイツ式の競技場で、トラックの内側のフィールドの一角に水泳場（プール）が設けられるというものだった。
＊64大正三年六月二三日に神社奉祀調査会委員有志に提示された「甲案」「乙案」では、競技場が実施案と同じ位置に計画されているので、この位置（当時はまだ民有地）に建てるというアイデアは、早期に出されていたことになる。
＊65小林前掲『昭和四年九月　明治神宮外苑工事に就て　第一輯』一一〇頁
＊66前掲『明治神宮外苑志』に「明治神宮競技大会の開催せらるゝや、加藤隆世、相撲協会幹部等、阪谷理事長に懇請するに相撲場の設置を以てしたれば、本会も其の請を容れ、造営局に交渉して外苑計画の一部を変更し、野球場と共に追加増設することに決せり」（一七四頁）とある。
＊67前掲『明治神宮外苑志』一七四〜一七五頁
＊68外苑蔵の相撲場設計図の図面欄の「設計」に「G. Sano」の

サインがあり、前掲『佐野利器』に、絵画館の設計関係者（つまり造営局外苑課職員）の中に「佐野源太郎」（一八頁）の名が見られることによる

＊69前掲『明治神宮外苑志』一七五〜一七六頁

＊70同書、一七六頁

＊71『明治神宮奉賛会通信』第一三号、大正六年一月（前掲『明治神宮叢書　第十九巻資料編（3）』一五二頁）

＊72「〇十月二日（中略）夜衛生局長山田準次郎来宅競技会ノ模様ヲ語リベースボールグラウンドノ必要ヲ説ク又プールノ話アリ」（『阪谷芳郎明治神宮奉賛会日記』大正一三年一〇月二日）。ほかに「〇十一月三日（中略）日下部理事ニ考ヲ聞キ（ベースボール幷水泳）又東郷男ト語ル」同書、一一月三日）という記述もある。

＊73前掲『明治神宮外苑志』一七七〜一七八頁

＊74同書、一八二〜一八三頁

＊75小林前掲『昭和四年九月　明治神宮外苑工事に就て　第一輯』に収められた「明治神宮外苑水泳場計画私案」。これは「競泳、飛込及水球の三種」（一三〇頁）に対応するもので、「明治神宮外苑に於ては、将来水泳場の増設せらるゝことあるべきを予想し、之が敷地を苑西北隅に予定せられたり。予は之が大体の計画につき私案を試みたるを以つて、茲に付記せんとす」（一三九頁）と、外苑北西隅を敷地とし、屋外プールとして「長さ五〇m、幅二〇m」で六レーンのもの、別に「飛込場を南側西端に設」ける（一四〇頁）。そして「プールの東南北三面にはスタンドを建設し、之に一三の座席段を設けて一般観覧席に充て、其の階下及外部には選手室、同浴室、医療室、便所、池水循環用機械室、温水機関室、池水濾過槽等を配するものとす。西側建物及スタンド建物の構造は、主体を全部鉄筋コンクリート造となし、外部仕上は主としてモルタル塗りとなし、意匠装飾は苑内他の建築物と調和を保たらしむる程度に止め、成可く質素を旨とし、座席はコンクリート階段上に腰掛板を取り付くるものとなす」（同書）とあり、実施案より規模は小さいが、観覧席すべてを鉄筋コンクリート造でつくるという点では、より本格的な建物として計画されている。なお、ここでもプールが国際規格に則って計画されているのが注目である。

＊76前掲『明治神宮外苑志』一八〇頁

＊77同書、二六五〜二六六頁

＊78この一連の経緯については、前掲『明治神宮外苑志』第三篇「建築」の第四章「都市計画路線の変更」（三八三〜三九八頁）参照

＊79同書、三八四〜三八五頁

＊80同書、三八五〜三八六頁

＊81この一連の経緯については、前掲『明治神宮外苑志』三八三〜三九九頁参照

＊82『折下吉延先生業績録』に「外苑で最も重要な実施計画は、青山通りにより入る主要道路に四条の公孫樹並木を植栽する事であった。当初の大体計画では二条の並木道となっていたが、

先生の外国帰りの第一の新知識から、この主要道路の両側に幅員二間の植樹帯をとり更に歩道の外側に各二間を加えて四条の公孫樹並木帯をつくり、樹下を芝生として以て外苑の表玄関とも言うべき風趣を造ったことは堂々たる着眼であった」（六八頁）とある。

＊83 前掲『折下吉延先生業績録』に「児童遊園は女子学習院前の独立した一、二〇〇坪ほどの小区域であるが、先生の発案により、紐育《ニューヨーク》市のフレッドメダート会社より十種の新遊戯器具を輸入して取付けた。六連ブランコ、四連籠ブランコ、四連シーソー、三方滑り台、螺旋型スライド、二個付回転椅子、組合せ運動器具二種、バスケットボール一組等であって、何れも鉄柱銀ニス塗仕上のスマートなもの、これらは実に我国が外国製最新児童用遊器具を採用した最初のもので、爾来国内メーカーがこれに倣って普及されるに至ったのである」（七三〜七四頁）とある。

＊84『神社奉祀調査会会議録　第四回』（明治神宮蔵）八頁

＊85「伊勢両宮宮域及神苑地付近家屋建設制限」（前掲『阪谷芳郎明治神宮関係書類　第八部』）

＊86『第一回明治神宮競技大会報告書』内務省衛生局、大正一四年、九一頁

第四章　宝物殿と聖徳記念絵画館

第一節　宝物殿の設計競技

大正一〇（一九二一）年に内苑につくられた宝物殿と、大正一五（一九二六）年に外苑に建てられた聖徳《せいとく》記念絵画館は、近代建築史上注目すべきものであるだけでなく、明治神宮創立事業の「近代性」を象徴する建物ともいえる。宝物殿の設計競技（コンペ）は、耐震耐火構造の建物に和風意匠をまとわせるという、当時においては新しい課題に対するさまざまなアイデアを募る好機になり、その当選案とは別につくられた実施案では、当時の最新技術を適用しつつ、当選案とは異なる伝統表現が試みられている。聖徳記念絵画館の設計競技では一等当選案の完成度が高く、それをもとに実施案がつくられた。そのデザインは当時の最新のもので（「セセッション」と呼ばれるが、その説明は後述）、それがモニュメンタルな建築にも適用できることを示した点で、またその実施の際に革新的な構造技術が適用された点で注目すべきものである。このように、この二つの設計競技には、さまざまな新しい試みがなされており、そこには近代特有の様相が刻印されている。どちらも明治天皇と昭憲皇太后に関わる建物ということで、失敗が許されないプロジェクトであったはずにもかかわらず、新手法や新技術を積極的に採用したわけで、それは明治神宮創立事業の近代的・進歩的・開明的な側面を象徴するものでもある。

第八回神社奉祀調査会（大正三年一一月三日）で、宝物殿の設計を設計競技で募集することが決められ、あわせてその募集規定案も『神社奉祀調査会経過要領ノ二』（神社奉祀調査会、大正三年）に示されていた（四七〜四九頁）。大正四（一九一五）年四月三〇日に発足した明治神宮造営局は、その方針に沿って、同年五月一五日の官報で「宝物殿設計募集」を告示した。それは募集規定と応募心得からなり、注意事項や提出図面、賞金、審査員名などが記されていた。応募締め切りは同年一〇月一五日正午だった。その審査員は、井上友一（一八七一〜一九一九、明治神宮造営局長）、伊東忠太（一八六七〜一九五四、東京帝国大学工科大学教授・明治神宮造営局参与）、荻野仲三郎（一八七〇〜一九四七、女子高等師範学校教授・同局参事）、佐野利器（一八八〇〜一九五六、東京帝国大学工科大学教授・同局参事）、塚本靖（一八六九〜一九三七、東京帝国大学工科大学教授）、黒板勝美（一八七四〜一九四六、東京帝国大学文科大学助教授）の六名で、そのうち伊東と佐野・塚本が建築関係者である。井上は内務官僚、荻野は古美術保存や伝統儀礼の専門家で、黒板は歴史学・古文書学の研究者だった。

宝物殿の設計を公募することにした理由について、この設計競技の批評を記した建築学会の機関誌『建築雑誌』大正四年一一月号の「明治神宮宝物殿懸賞競技審査批評　〇総論」で、伊東忠太が次のように述べている。

曩《さき》に神社奉祀調査会で　明治天皇　昭憲皇太后の御遺物又は御由緒ある物品を神宮境内の一殿に奉安し、永く後世に伝へ一般公衆に拝観せしめて御聖徳を偲ばしめんが為に宝物殿設立の議を決した。然るに此の建築たるや尋常一様の建築と異なり宝物殿たる儀容を備ふ可く、材料構造は耐震耐火なる可く、而かも其の形式は質実荘重の風貌を備へた神宮社殿と調和を保つ可きを要せねばならぬ。此の困難なる三要素を兼ね備へた宝物殿の設計は二三の当局技術家の下に考案せんよりは寧《むし》ろ普《ひろ》く全国建築家の意匠を募り優秀なる考案を求むるに如かずとして之を懸賞競技に付する事としたのであつた。[*1]

そこに記されているように、社殿との調和を保ち、儀容を備えた耐震耐火構造の建物というのは、当時においては前例がほとんどなく、日本の建築家にとっては新しいテーマだった。募集規定の中でそれに対応する条項は、設計募集規定第二条の「は　建物ハ耐震耐火ナルヘシ」「に　建物ノ様式ハ宝物殿トシテ必要ナル儀容ヲ保チ社殿トノ調和ヲ失ハサルモノトス」である。[*2] なお、この時代で耐震耐火構造といえば、レンガ造か石造、（鉄骨）鉄筋コンクリート造、あるいは耐火被覆された鉄骨造を意味する。それらをもとにしたデザインは武骨になりやすいので、そこに木造の和風建築風の外観をまとわせるには創意工夫が必要になる。そこでその対処法（デザイン）を公募することにしたということである。建築界から広く案を求めようとしたことに、この造営事業の開かれた姿勢がうかがえる。

この設計競技の募集は、『建築雑誌』大正四（一九一五）年五月号にも紹介されている。そこでは、募集規定や応募心得のほかに、明治神宮の境内予定配置略図［第二章図14］や社殿予定図［第二章図22］、宝物殿とその付属館（事務棟）の平面略図［図1］も掲載されている。当時の設計競技では、このような平面略図（通称・線図）が示されることが多かった。それは、主催者側が所要室名やその面積を示して、応募者の参考に供するためのものである。当時の設計競技の多くは、実際に建てることを想定していたので、その条件を示して応募案がそこから大きく逸脱することがないように方向づけをしていたわけである。この設計競技で示された宝物殿の線図［図1］は、左右相称で、中央部と左右端部が少し張り出すという、洋風の記念建造物を想起させる間取りになっており、正面玄関から、一筆書きのように、破線で拝観経路が記されていた。応募心得の第四条に「線図ハ必スシモ之に従ハシムルノ意ニアラス只要求ノ室数ト其大略ノ坪数トヲ示スモノナレハ応募者ハ総坪数ニ於テ指定ノ範囲ヲ超過セサル限随意ニ『プラン』ヲ考定スルヲ得ヘシ」[*3]と記されているように、線図と異なるプランニング（間取り）を提案する余地はあった。

この建物のプランニングに関しては、動線・採光・通風に加えて、下足の処理も重要なポイントだった。当時は舗装路が少なく、雨が降ると道路がぬかるむので、この種の施設では土足を預けて拝観するのがあたりまえで、多数の出入りが予想される施設では、下足場をどこに設けるか、そしてその処理に関連して、来館者の順路をどう設定するかが重要な問題だったので、この設計競技でも「宝物殿建築設計競技応募心得」の「十五」条で「殿内ハ靴下足ノ侭昇降ヲ禁スルニ依リ殊ニ之ニ対スル考慮ヲ要ス」[*4]と、注意をうながしている。

なお、このときに参考図として示された社殿配置図とその立面図［第二章図22］はこの時点での計画で、最終案とは少し異なり、東から廻廊内に入るというもの、つまり東神門が主要入口になっているものだった。社殿はすべて木造で、本殿は流造で計画されていた。このことから、応募者にとって、「社殿トノ調和ヲ失ハサルモノトス」という条件は、耐震耐火構造に和風の表現を重ねることを意味すると受けとられたはずである。木造の社殿で、屋根は檜皮葺《ひわだぶき》という

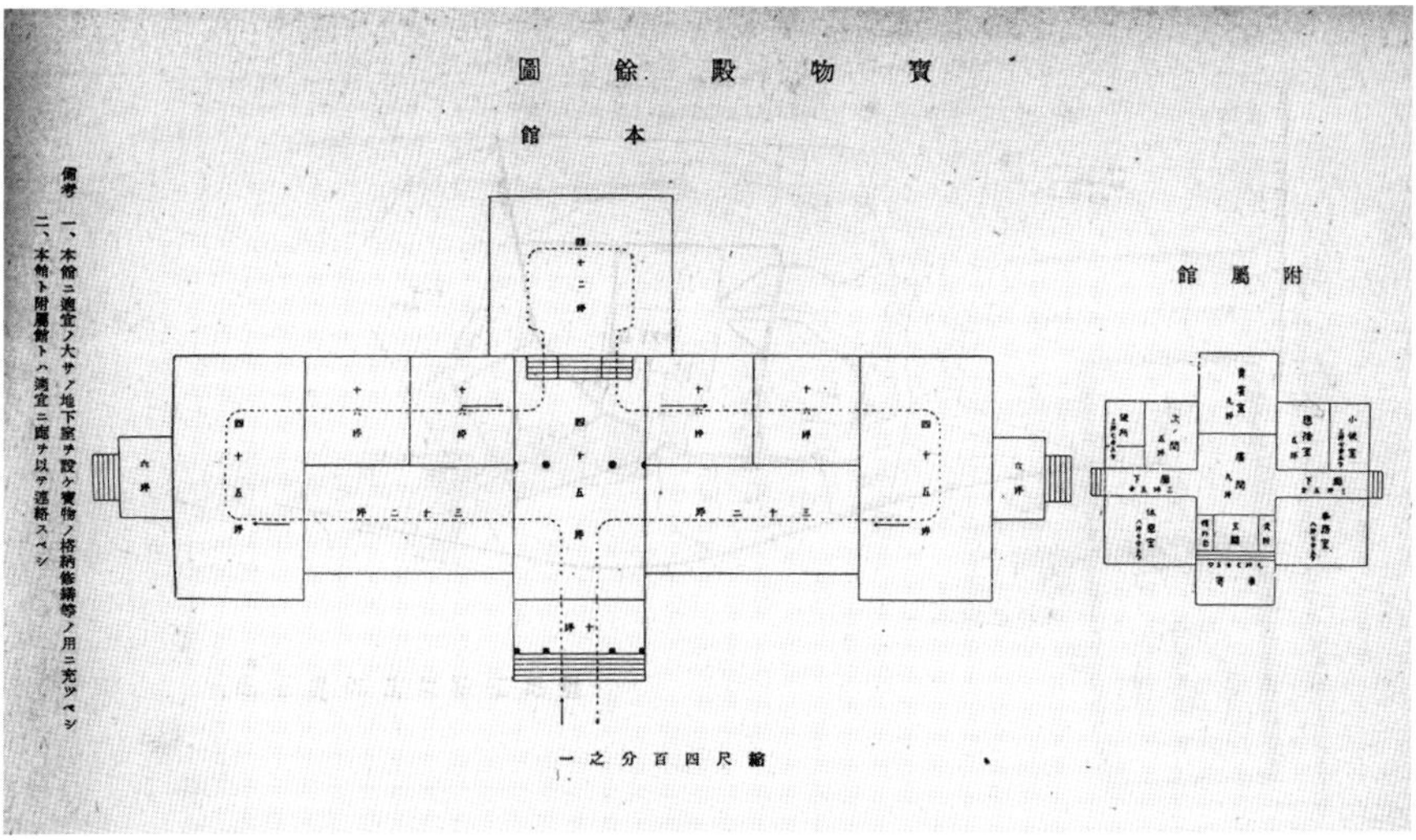

［**図1**］「宝物殿余図」（宝物殿設計競技線図『建築雑誌』大正4年5月号付図）

ことだから、[*5] 木造以外の構造にその伝統的な手法をそのまま適用することはできない。耐震耐火構造では、その断面は木造よりもはるかに大きくなるし、檜皮葺の優美でシャープな曲線を、銅板葺や瓦葺で再現するのもむずかしい。

この設計競技の応募者への要求図面が、平面図、立面図、断面図、立面詳細図、透視図だったことにうかがえるように、当時の設計競技では、プランニングや構造など、建物の基本情報を示すことに加えて、立面が審査の重要ポイントだった。その一方で、内装への提案は求められなかった。プランニングについては、応募者は線図をそのまま踏襲するのが一般的だったから、当否を決めるポイントは立面のデザインになり、応募者にとっては、それをわかりやすく示す透視図が重要になった。ただし、後述するように、審査員がプランニングについてもチェックしていたことは、この設計競技を評価する際に銘記しておかなくてはならない。実施を前提にしていたので、実際に機能する建物になり得るかどうかも重要なポイントのひとつだったからである。

なお、当時の設計競技では、一等当選案を採用する場合でも、実施設計は別の設計者が担当するのが普通で、その際にプランニングや外観の細部が変えられるのはよくあることだったし、内装は実施設計担当者が新たにデザインすることになっていた。このようなことが関係して、この種の設計競技では、当選案を採用しないことがあり得る旨の但し書を添えるのが一般的で、宝物殿の設計競技でも、募集規定の第八条に「当選者ノ図案ト雖《いえど》モ之ヲ実施セサルコトアルヘシ」(三九三頁)と明記されている。

その一方で、当時の設計競技の賞金は高額だった。宝物殿の設計競技の一等賞金(一名)は三、〇〇〇円である。当時三、〇〇〇円といえば、延床面積三〇坪程度の木造和風住宅の建設費に相当するから、かなり高額だったと見てよい。ちなみに、二等賞金(二名)は各一、五〇〇円、三等(三名)は各五〇〇円だった。高額賞金はさまざまなアイデア(応募案)を集めるには有効だったはずで、この宝物殿の場合も、造営局はそれを期待していたということだったのだろう。その期待が裏切られなかったことは、この設計競技の審査評に示された、以下のコメントからうかがえる。

旧来の日本建築の型式を其侭《そのまま》に耐久的不燃質の構造たらしめんとする工夫は多年の懸案となつて居たが今回の懸賞募集に依り此の問題の解決を促した事は少なからぬ事と信ずる。細部の手法に関する新工夫も余程研究されたことと思ふ。[*6]

宝物殿懸賞競技は全体として、其応募者の極めて真面目に且つ熱心なる態度と共に、頗《すこぶ》る好成績を示して居る。大に当局の参考となり今後の実施上至大の利便を得たものと信ずる。(中略)而して従来実行せらるべくして来た殆んど実行せられざりし、日本式の建築で而かも耐火耐震に適す可き宝物殿的建築がまづ満足に出来るといふ事を、この競技でまた立派に證明した[*7]

然し概して云へば何づれも相当の案であり、造営局は此当選案によつて実施すべき宝物殿建築に対し幾多の好参考を得たもので懸賞競技の主意は明に達せられ好果を得たるものと信ずる。[*8]

なお、佐野利器は、近代技術を使って日本の風物に調和する建築をつくりだす可能性を試す機会になるという観点から、この設計競技を見ていた。[*9] 建築構造学を専門とする彼らしい見方といえる。

宝物殿の設計競技には多数の応募があった。それについて伊東が次のように記している。

> 此の懸賞競技は建築家にとつて非常な興味を以て迎へられた事であらうと思ふ、応募の希望を以て参考書類の交付を受けたものは実に三百八十五人の多数に上つた。此の多数の建築家が各意匠を凝らし技を練つて締切期日の十月十五日正午迄に提出された応募数は百十点の多数で、当局としては先づ予定の数に達し満足な結果であつたと思ふ。*10

建築学会員が正員二八五名、准員一、九四六名だった頃（『建築学会会員名簿』建築学会、大正四年末現在）のことだから、一一〇という応募数はかなり多かったと見るべきで、この設計競技（およびそのテーマ）に対する当時の建築界の関心の高さがうかがえる。

この設計競技の当選者は大正四（一九一五）年一一月二日の官報で告示された。一等に選ばれたのは大森喜一（宮内省内匠寮《たくみりょう》技手《ぎて》、東京帝国大学明治四五年卒）の案である［図2〜5］。二等一席［図6］は小林福太郎（宮内省内匠寮技手、工手学校明治三二年卒）である。ちなみに、小林はのちに社寺建築専門の設計事務所を設立し、八〇近い神社の設計（計画案を含む）にかかわっている。なかでも佐嘉《さが》神社（昭和八年）や織姫神社（昭和一二年）の社殿は彼の代表作といえるものである。*11

宮内省内匠寮が上位二案を独占したのは偶然とは思われない。当時このような大プロジェクトの設計競技に組織をあげてかかわることは珍しくなかった。その際、当選の可能性を高めるため、同一組織で複数の異なる案を作成し、それをその組織の技手の名で応募することもあった。実際には技手の上席の技師が指導していても、下位当選してほかの組織の若手建築家よりも下にその技師の名前が発表されることになれば、その組織や技師の沽券《こけん》にかかわるということで、応募の際にあえて技師の名を連ねないこともあったようなので、大森や小林が内匠寮の意向と無関係に応募したとは考えにくい。ましてや、この建物は明治天皇と昭憲皇太后にかかわるモニュメントであり、内匠寮としては、組織の面目にかけても、ぜひとも上位入選を果たしたかったはずである。

二等二席は鈴川孫三郎（東京市土木課営繕掛技手、名古

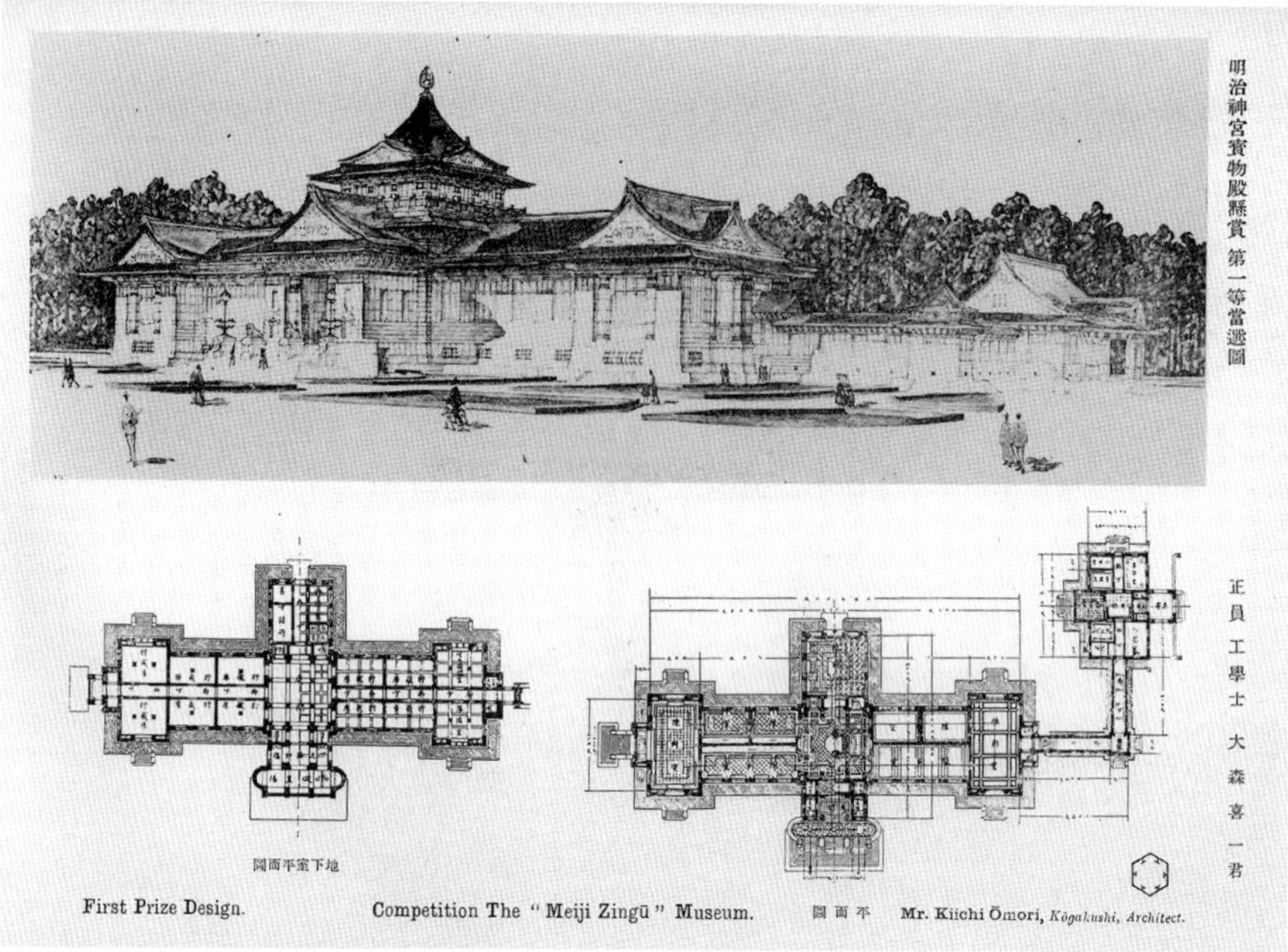

［**図2**］明治神宮宝物殿設計競技一等透視図・平面図（大森喜一）
（出典：『明治神宮寶物殿競技設計圖集』）

［**図3**］明治神宮宝物殿設計競技一等正面図（大森喜一）
（出典：『明治神宮寶物殿競技設計圖集』）

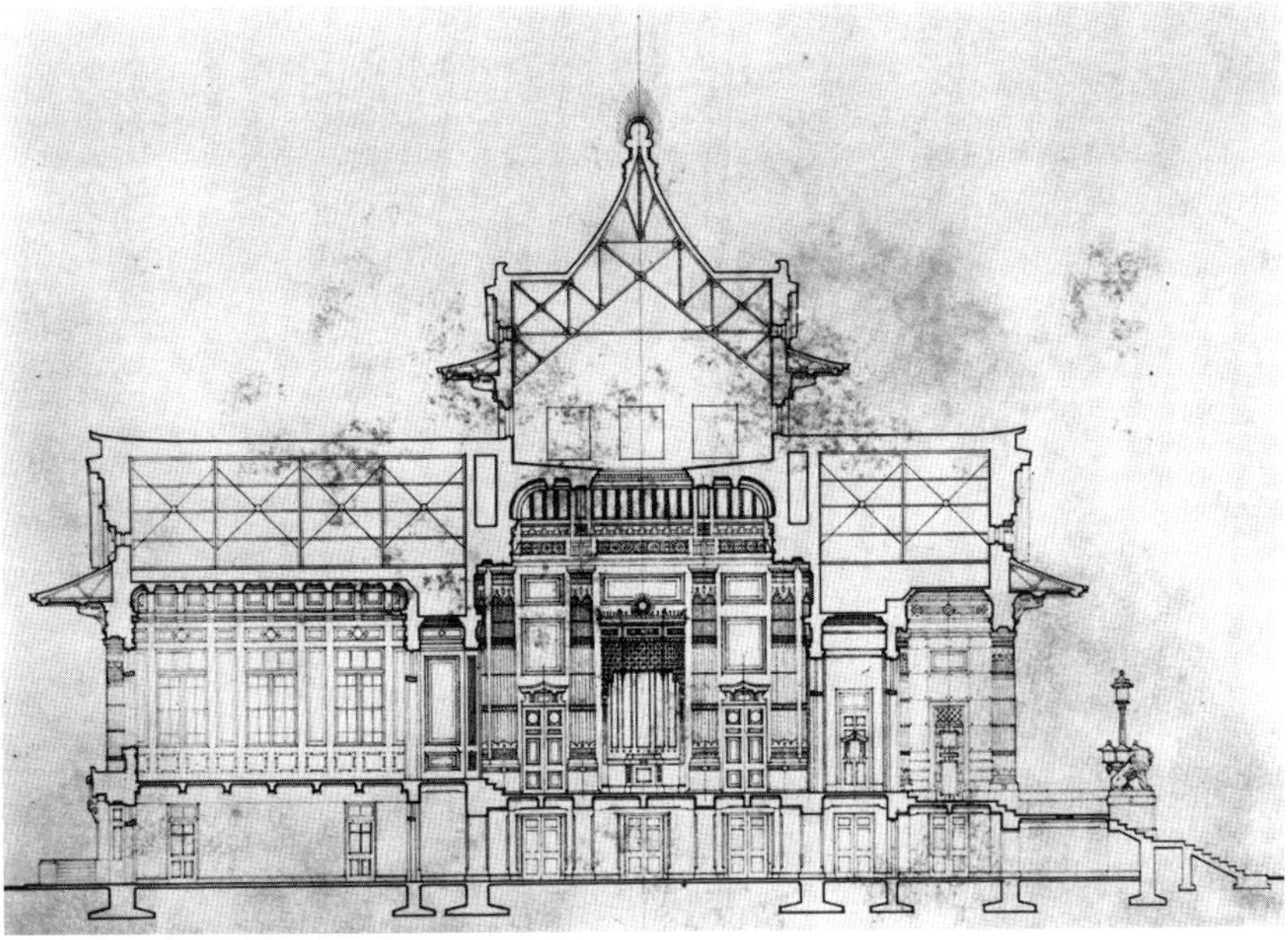

［**図4**］明治神宮宝物殿設計競技一等横断面図（大森喜一）
（出典：『明治神宮寶物殿競技設計圖集』）

［**図5**］
明治神宮宝物殿設計競技一等詳細図（大森喜一）
（出典：『明治神宮寶物殿競技設計圖集』）

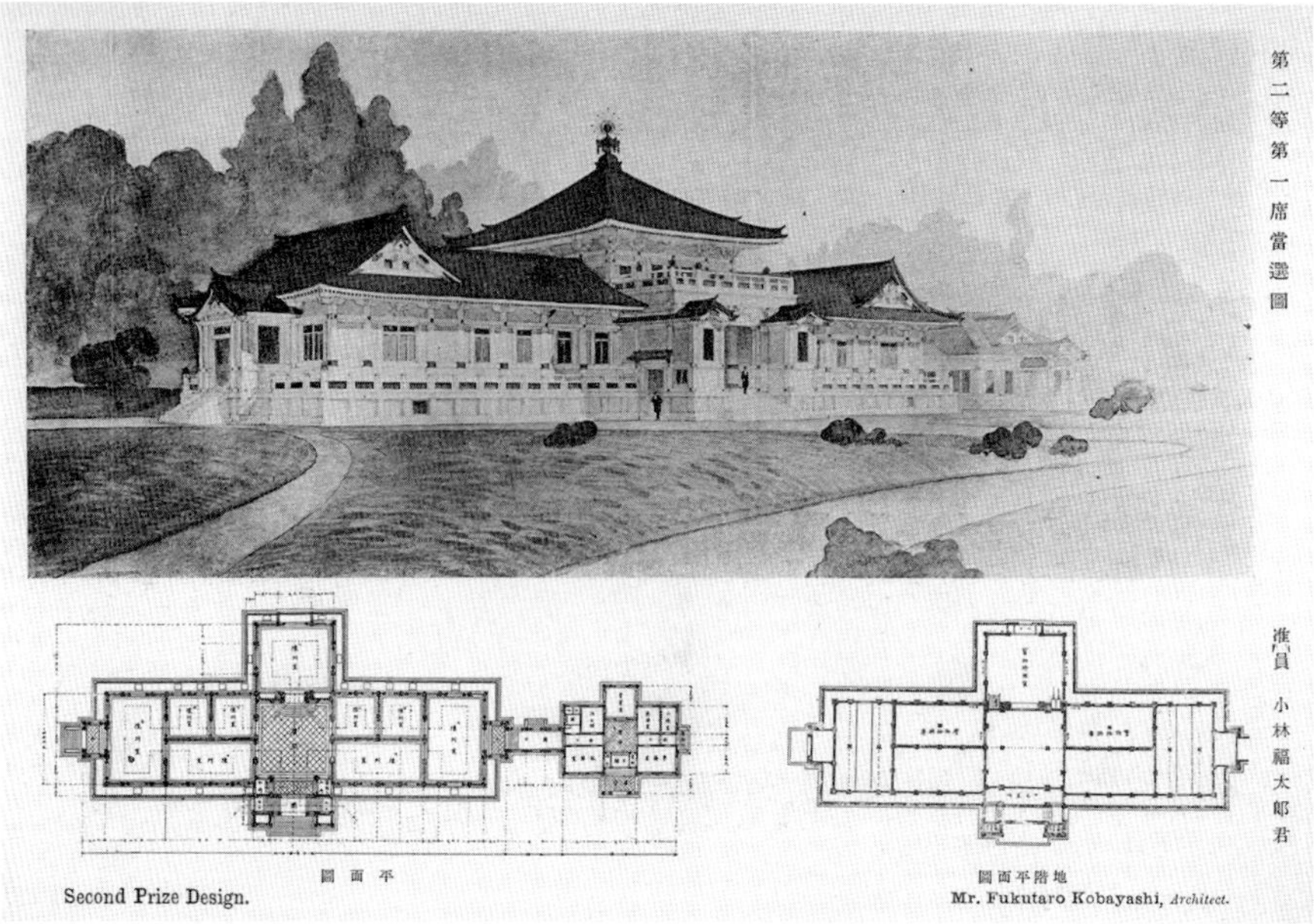

［図6］明治神宮宝物殿設計競技二等一席透視図・平面図（小林福太郎）
（出典：『建築雑誌』大正4年11月号、巻末付図）

屋高等工業学校明治四一年卒）の案［図7・8］で、三等は一席［図9・10］が後藤慶二（朝鮮総督府嘱託、東京帝国大学明治四二年卒）、二席［図11］が遠藤新《あらた》（明治神宮造営局技手、東京帝国大学大正三年卒）、三席［図12］が松井貴太郎（横河《よこがわ》工務所員、東京帝国大学明治三九年卒）だった。このうち、後藤と遠藤は、優れたデザイン・センスを持つ建築家として日本近代建築史の研究者の間ではよく知られた存在である。遠藤は大正六（一九一七）年からフランク・ロイド・ライト（一八六七〜一九五九）のもとで、帝国ホテル（大正一二年）の設計などを手伝ったのち、独立してライト風のデザインで設計し続けた。また、横河工務所は当時を代表する設計事務所のひとつで、松井はそのチーフだった。ちなみに、遠藤がこの設計競技の主催者である明治神宮造営局に属しながら応募したのは、今の建築界の常識に照らせば奇妙に思えるかもしれないが、応募心得にはそれを禁止する条項はなく、審査評にも審査員がそれを問題にした形跡はうかがえない。

なお、この設計競技の当選は三等までとされていたが、他にも力作が多かったということで、選外佳作五点が別に選定・公表された。それらは、一席から五席まで順に、内藤

［**図7**］明治神宮宝物殿設計競技二等二席透視図（鈴川孫三郎）
（出典：『明治神宮寶物殿競技設計圖集』）

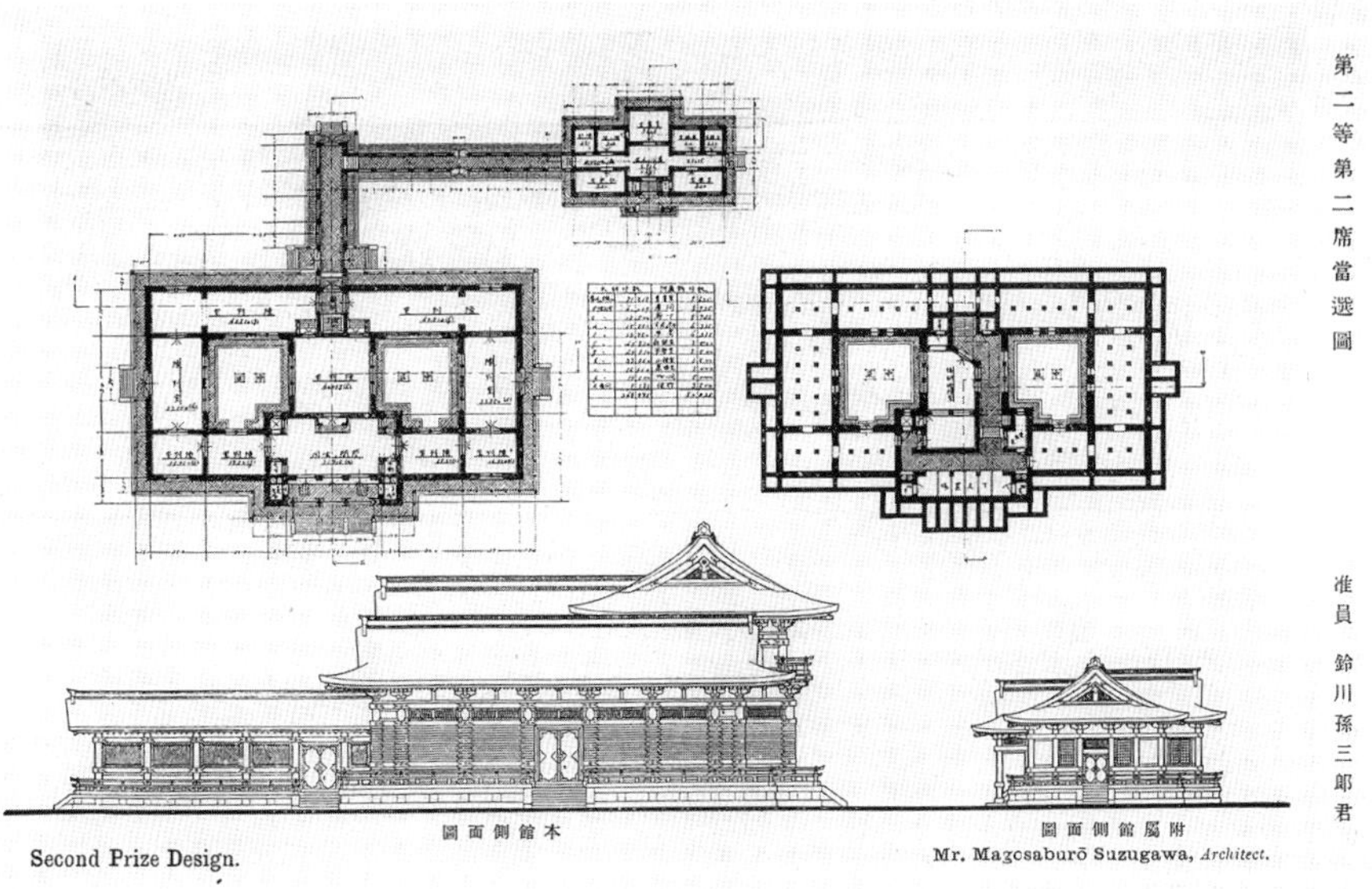

［**図8**］明治神宮宝物殿設計競技二等二席平面図・側面図（鈴川孫三郎）
（出典：『建築雑誌』大正4年11月号、巻末付図）

太郎、竹田米吉、渡辺仁《じん》、古宇田《こうだ》實、鈴木富蔵である。

ここで、『建築雑誌』大正四（一九一五）年一一月号に掲載された「明治神宮宝物殿懸賞競技審査批評」をもとに、この設計競技の応募案の特徴や、審査員の評価のポイント、そこにうかがえる審査員の建築観、そして当選案への評価を分析する。ちなみに、そこに批評を寄せているのは、井上友一と荻野仲三郎を除く、伊東・黒板・塚本・佐野の四審査員である。

まず、この設計競技が求めた「耐震耐火」に対して、主体構造を鉄筋コンクリート造にしたものが多かったようで（一部にレンガ造）、その上の小屋組や軒を鉄骨にしたものがあった（一等や二等一席など）。鉄骨造（純ラーメン構造ということ）を主体にし、床梁を鉄骨鉄筋コンクリート造にしたものもあった（二等二席）。小屋組や軒の構造を鉄骨にした例があったのは、鉄筋コンクリート造では軒先が幅厚で武骨になりがちになるので、屋根や軒の構造を鉄骨にして軽快に見せようとしたためである。

次に「社殿との調和」に関しては、以下の引用のような対応が見られた。

> 様式に就ては無論日本趣味のもの多数を占め、稀れに欧州趣味の型体に日本趣味の細部を施し、極めて稀れに支那趣味、サラセン趣味を加味し、最も稀れに純欧州趣味に則つたものもあつた。[*12]
>
> 元々社殿と調和するは大要件であるが、此の点から観察すれば、応募案を大別して
>
> 一、日本建築の外観を備へたもの
> 二、東洋建築の外観を備へたもの
> 三、西洋建築の外観を備へ日本建築の手法を其の細部に用ゐたもの
>
> の三つに区分するを得る。[*13]

要するに、和風の意匠を主にしたものが多数を占め、それ以外に、西洋建築の意匠を主にして、その細部に日本建築のモチーフを加えたものや、中国建築などの東洋の意匠を主にしたものがあったということである。今日の眼から見れば奇異に映るかもしれないが、歴史主義（過去の建築様式を適用して立面を整える設計法、第二章第一節参照）が命脈を保っていた当時のデザイン手法に照らせば、想定

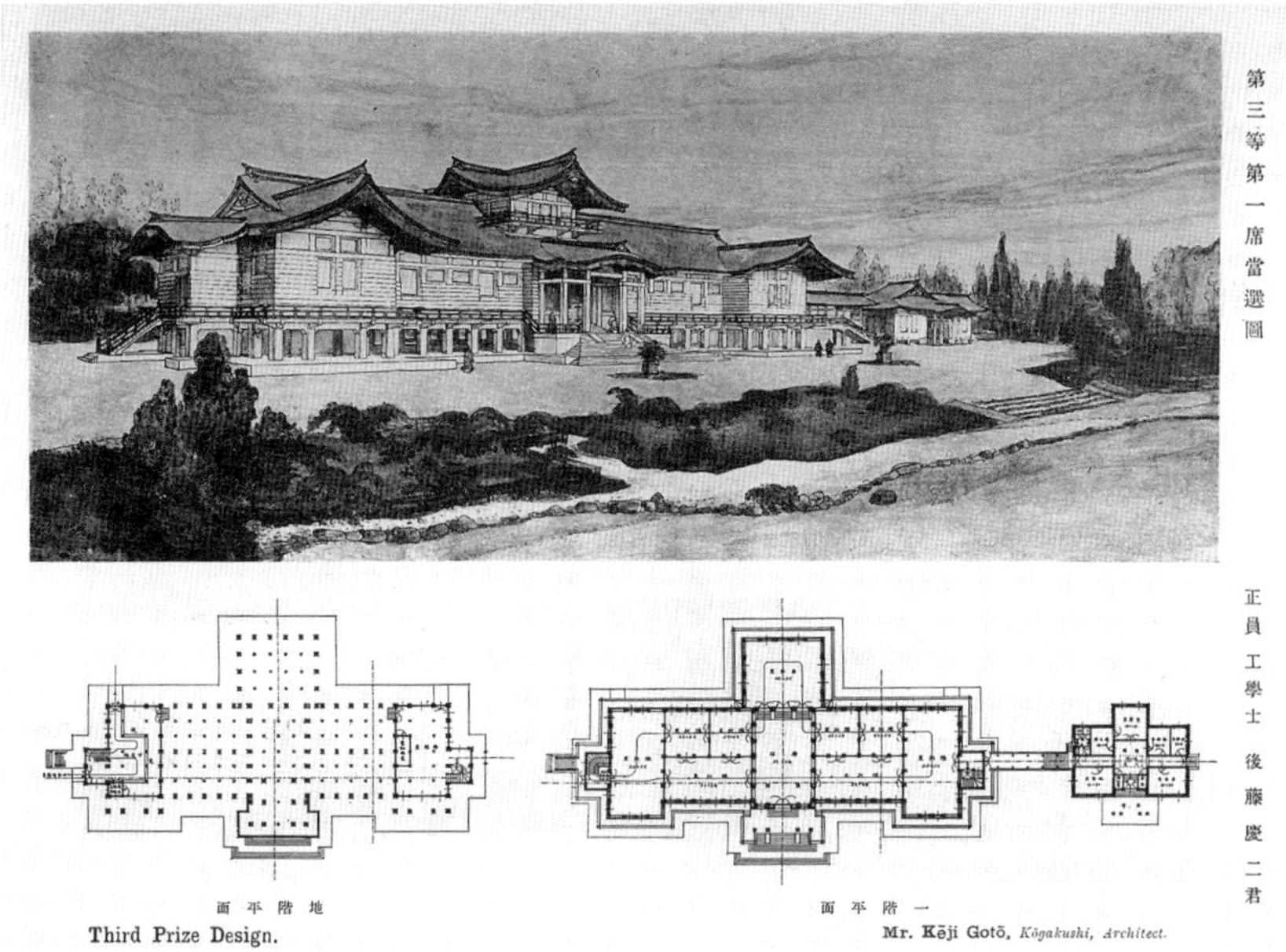

［**図9**］明治神宮宝物殿設計競技三等一席透視図・平面図（後藤慶二）
（出典：『建築雑誌』大正4年11月号、巻末付図）

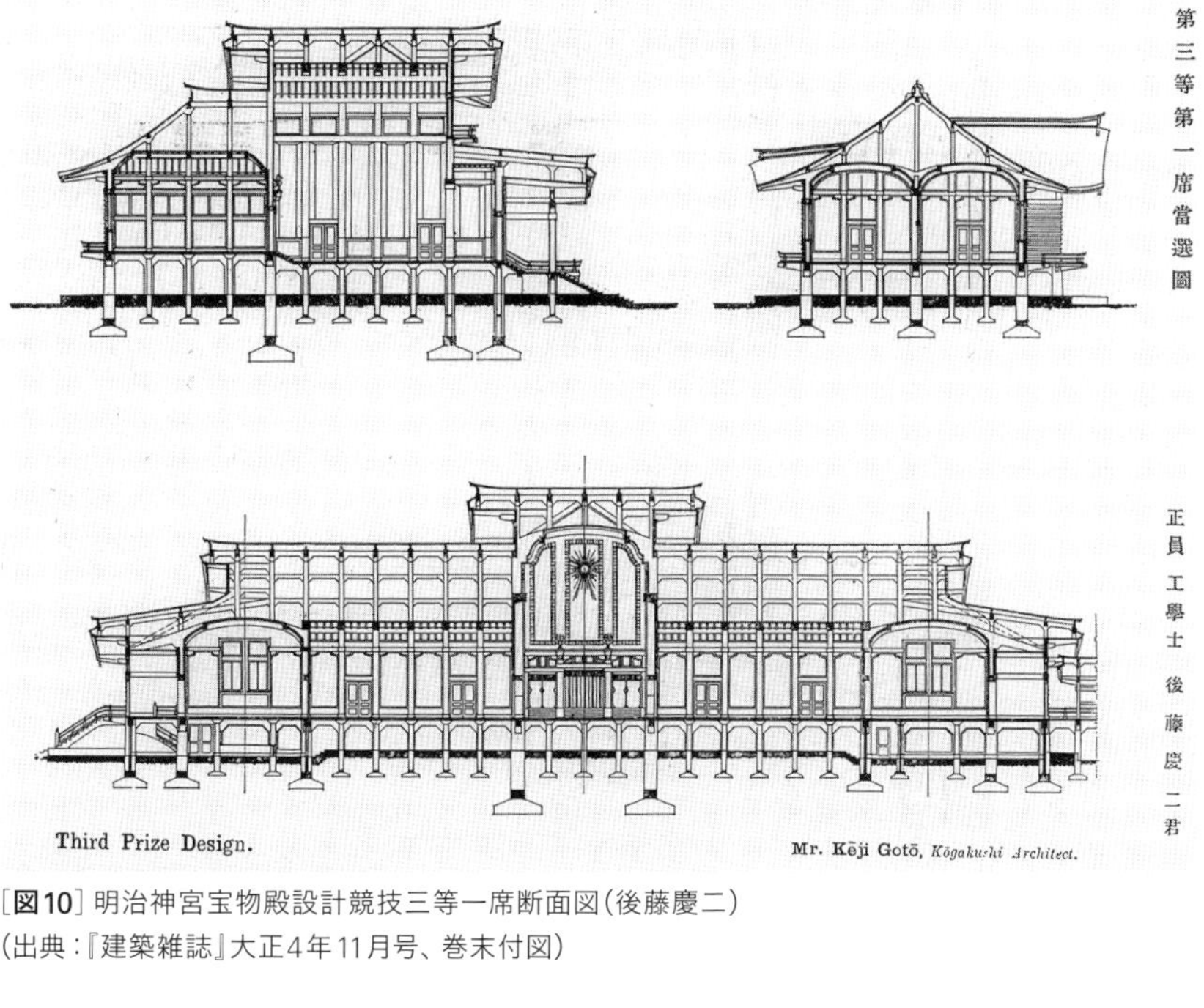

［**図10**］明治神宮宝物殿設計競技三等一席断面図（後藤慶二）
（出典：『建築雑誌』大正4年11月号、巻末付図）

内のやり方である。それを説明する前に、これらのデザインのベースになっている、このコンペの暗黙の前提を確認しておこう。

　まず、宝物殿は博物館なので、展示壁面を確保するために窓が少なくなる。それは立面が壁主体になることを意味する。伝統的な日本建築には壁主体のものは少ないので、参照できる前例に乏しいということである。また、木造ではなく耐震耐火構造でということなので、無表情になりがちな大きな壁面をどうデザインするかが考えどころになる。

　また、プランニングに関して応募案の大半は線図を踏襲していたが、審査員は線図によらないプランニング、そしてそこから派生する多様なデザインの可能性を期待していた。それは下記の引用にうかがえる。

> 大体に就て云へば、平面図は皆指示された線図に依つたもので大した変化有るものは無かつた。従つて其の形式も夫れに関聯《かんれん》して類似のもの頗《すこぶ》る多かつた所以《ゆえん》である。[*14]
>
> 先づ当局が指示した線図は、単に房室の数や坪数を示したものに過ぎなかつたが、応募者は凡べて、夫れを直ちに与へられた平面図として、余りに重大視し、務めて其の平面図を変更せざらん事に苦心したやうな形跡が認めらるゝ。従つて大胆なる独創ある配置を示したものは殆んど無いばかりでなく、建図の形式も幾分制限を来し、殆んど類似のものが多い結果を見るに至つた[*15]

線図をもとにデザインしたものが大多数だったために、似たり寄ったりの提案が多かったということである。

　以上を踏まえて、「日本建築の外観を備へたもの」「東洋建築の外観を備へたもの」「西洋建築の外観を備へたもの」という上記の三様の対応が、歴史主義の観点から常識的といえる理由を説明しよう。

　プランニングと立面とは、この時代の建物であっても無関係ではありえない。特に日本建築の屋根のデザインと平面の形は西洋建築の場合よりも密接に関係しており、設計者は、そのプランニングの際に屋根伏《やねぶせ》（屋根の平面図）や立面もあわせて考えている。先に触れたように、設計条件に示された線図は、西洋建築的な、それもモニュメンタルな古典主義系の建築を想定したものである。つまり、中央に軸線を持つ左右相称の平面で、左右両端が少し前後に張

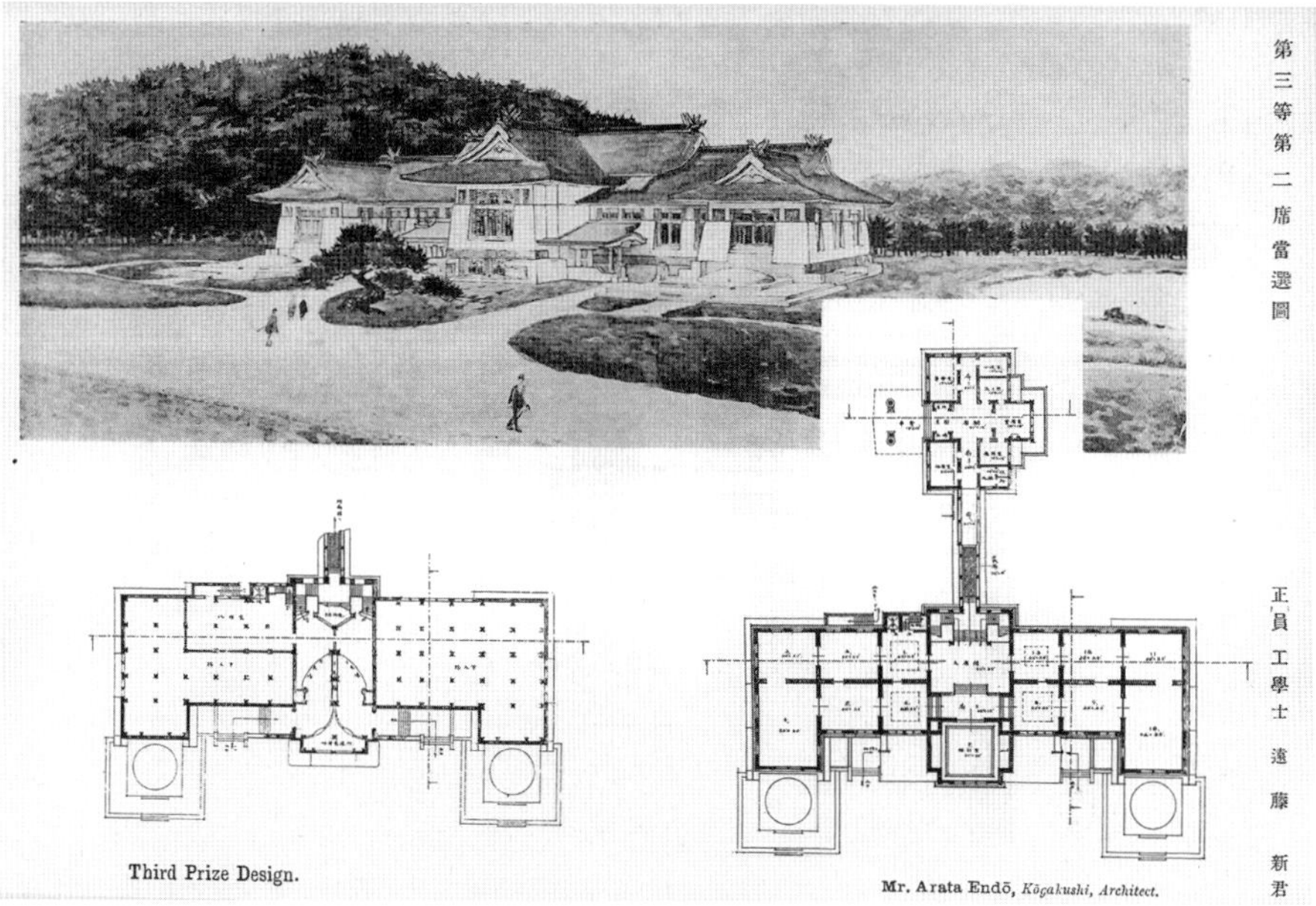

［**図11**］明治神宮宝物殿設計競技三等二席透視図・平面図（遠藤新）
（出典：『建築雑誌』大正4年11月号、巻末付図）

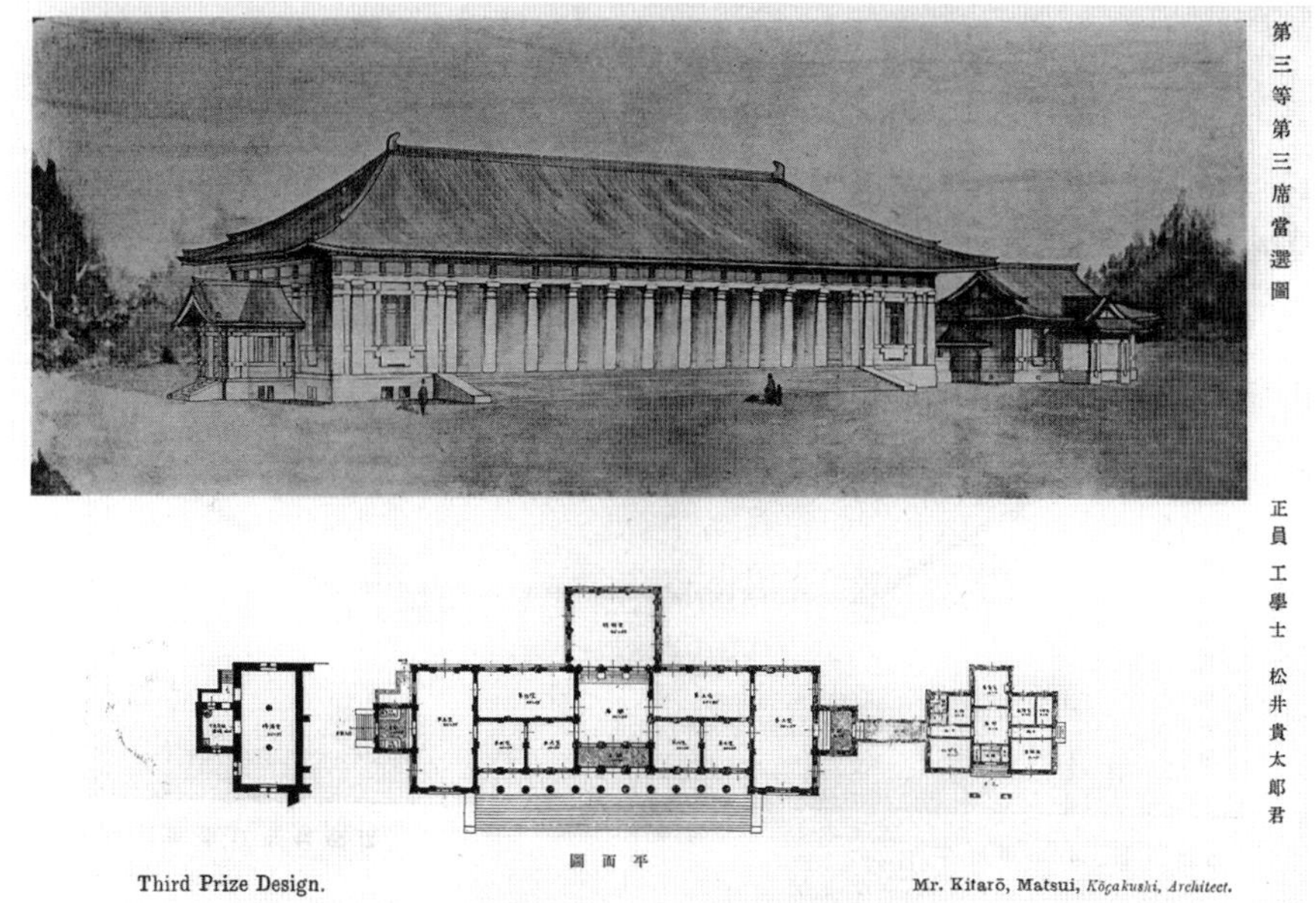

［**図12**］明治神宮宝物殿設計競技三等三席透視図・平面図（松井貴太郎）
（出典：『建築雑誌』大正4年11月号、巻末付図）

り出して、中央部と翼部のヒエラルキーに対応するデザインを示唆する、秩序重視のものだった。したがって、その洋風の平面形式を踏襲するとすれば、その上に和風の勾配屋根をどうやって載せるかが思案のしどころで、応募者にとっては、それがこの設計競技の重要なポイントだったといえる。

応募案の多数を占めた、日本建築を主とするものの場合、線図に近い例を過去の日本建築に求めるとすれば、平等院鳳凰堂（一〇五三年）ということになる。当選案には、その立面の構成法を参照した案が見られる。それは、中央部に塔を配し、その上に宝形《ほうぎょう》などの屋根を架け、両端部の屋根には正面側に破風《はふ》を配してアクセントとし、中央部より従属的であることを示唆しながら、全体の意匠に完結性をもたせるというものである。歴史主義は、過去の建築様式や名建築の構成法を引用して立面を整えるものなので、鳳凰堂に倣うというのは十分にあり得る選択肢といえる。そして細部には、斗栱《ときょう》や蟇股、柱と長押《なげし》の組み合わせのような伝統的なモチーフを配して、和風であることを表現することになるわけである。

参照された日本建築の実例に倉、それも校倉造《あぜくらづくり》の東大寺正倉院（七五六年頃）があったということは、この設計競技の特徴のひとつといえる。それは天皇の御物を納める施設という、機能の類似にもとづく連想によるもので、当選案では一等［図2〜5］、二等二席［図7・8］や三等一席［図9・10］がそれにあたる。なお、二等二席はプランニング［図8］も線図によらない独自のもので、中庭を左右にひとつずつ設けて採光・通風の便を図るという提案をしている。

西洋建築をベースにしたものは、そもそも博物館というビルディングタイプが西洋由来のものなので、その手法によりつつ、立面に日本建築の細部（斗栱や蟇股など）を加えて、和風の雰囲気を出そうとしたということだろう。過去の建築様式のモチーフに何らかの意味（この場合は「和風」という意味）を重ねて、建物の性格を表現しようとしたわけである。

中国建築をベースにしたものは、西洋よりも地理的に日本に近い（親近性がある）ということと、日本建築と同じ勾配屋根をもつだけでなく、レンガなどの壁を多用する建築なので、博物館という課題に対応しやすいという理由によるものと見られる。

ここで、一等当選の大森案を見てみよう。まず、プランニングに線図を踏襲した関係で、屋根は中央部と両端部、そしてそれらをつなぐ部分に分割されている［図2］。中央の正方形平面の玄関ホール上には宝形屋根が載っているが、それは江戸時代までの日本建築には見られない斬新なデザインで、四辺に千鳥破風がつき、宝形の屋根勾配がきつく、その上に載る装飾を含め、祇園祭の山鉾《やまほこ》を想わせる。その手前の正面玄関から張り出したヴォリュームの上には千鳥破風を冠した別の屋根が載る。両端部の正面側端部の側面にも千鳥破風が配されており、正面玄関上や、その後ろの玄関ホール部の屋根に配された千鳥破風と呼応して、華麗な屋根景観をつくり出している。大森は、「我日本建築の特点は軒出多き曲線的の大なる屋根に存するものにして屋根を除きては日本建築の外観美は全く価なきものと称するも敢て過言には非ざらん」とし、「抑《そもそも》入母屋なるものは其源《そのみなもと》切妻と庇屋根とを合して出来たるものを以て吾は其昔に遡りて本屋を今日に於て最も進歩せる構造法の鉄筋コンクリートを以て壁より屋根までを一塊とし十分耐震耐火的ならしめ之に防火的構造にして而も重量も軽き耐震的構造たる庇を以て其軒出を多くし以て社殿との調和を考慮」したと述べている。[*16] つまり、鉄筋コンクリートで内部を囲いつつ、伝統的な日本建築の特徴を、軒の出の深い勾配屋根に見て、その軒を軽やかに見せるために鉄骨造にして、社殿との調和を図ろうとしたというわけである。大森が、「和洋折衷を試むの士多々数ふるに遑《いとま》なき程なれども多くは斗組香狭間《ますぐみこうざま》、蟇股及華頂等の手法木杖を用ひて直ちに日本趣味の建築なり等叫ぶの徒にして真の日本趣味の意義何処に在るや弁ぜさるとも云ふべし」[*17]と、日本建築の伝統的なモチーフを配して日本的な趣を表そうとすることを批判しているのも注目点で、歴史主義からの脱却を図ろうとする、新しい建築観がかいま見える。

この案では、屋根以外には西洋建築のモチーフが用いられている。具体的には、古代ギリシアに由来する、オーダーと呼ばれる、柱と梁・基壇を組み合わせたモチーフで、西洋建築の古典的な手法である［図5］。オーダーを用いた理由として大森は、古代ギリシア建築が「柱本位の木造より発達して石造と変じたる」[*18]ことをあげている。古代ギリシアの神殿建築は、最初は木造だったが、その形を保持したまま、構造が石造に置き代わったという西洋建築史の知見を踏まえて、古代ギリシア神殿のモチーフを宝物殿の立面に適用することで、日本の建築も明治以降に木造から不燃構造に変わっていくことを示そうとしたのである。何らかのモチーフ（勾配屋根や古代ギリシアのオーダー）からの連想によって建物のデザインの意味（この場合は、日本の建築が木造から不燃構造に変わっていくこと）を表現しようとしているわけで、ここには歴史主義的な発想法が見てとれる。

また大森は、鉄筋コンクリート造の外装材として石を用い、それを留める鋲《びょう》を石の表面に見せている［図5］。これについて彼は「壁之部分は総て鉄筋コンクリートの張石したる其構造を忠実に表示する為め化粧鋲頭を付し」[*19]と述べている。これは、世紀末のウィーンではじまった新様式（セセッション）の巨匠オットー・ワグナー（一八四一～一九一八）の手法に倣ったもので［写真1］、当時の最新のデザイン手法のひとつである。その趣旨は、外装の石のパネルが本当の構造ではないことを正直に見せるべきだということである。セセッションは、ウィーン版のアール・ヌーヴォーで、平面性を重視し、直線主体の装飾を配するのを特徴とする。アール・ヌーヴォーは歴史主義を否定し、過去の建築様式を立面に適用することを批判するものなので、大森が、当時の最新の考え方や手法もとり入れた案を示そうとしていたことがわかる。

このような新しさが、大森案が一等に選ばれた理由といえる。それにあわせて、以下の審査評に示されるように、よくまとまっていること（奇をてらってないこと）、それでいて独創的で、自由闊達さが見られたことも評価されている。

形の嶄新と云ふ事と、凡ての手法に無理のない点にして、他に勝つた、自由な作かと思ふ[*20]

一等当選の大森君の作は気分派の秀逸である、気分派の理想実現は難中の難である事は前にも述べた、しかも凡ての作品を通じて第一席に置くべく優秀の成績を得たる事は望外の喜びでなくて何であらふか、私は大森君の作に対して大なる敬意を表するのである、（中略）構造採光等欠点少い、壁体構造の性質を明に表現して而してそこに矛盾や、いや味が少い、屋根の形等が日本在来の夫とはかなり異つて居るにかゝわらず誠に社殿と離れざる気分をよく提《マヽ》して居る、要するに全体として荘厳な又閑雅な気分に充ちて居る実に奇特な作品といふべきである[*21]

ちなみに、この佐野の審査評にある「気分派」の意味するものがわかりにくいが、「用途構造は建築様姿の根本であるといふ理想に立脚して而して其の表現を社殿と一致せる気分ならしめんと企てたるものである（中略）之を仮に気分派と名けやう」[*22]とあることから、機能や構造と立面の対応を重視しつつ、和のモチーフを直截的に引用するのではなく、和の雰囲気を感じさせることを意図したもの、というほどの意味と考えられ、大森案をその好例と見たわけである。この佐野の批評のタイトルが「用途構造を建築様姿の根本なりと見ての批評」[*23]とされていることから、機能や構造と外観が関係づけられていることを重視している点で、佐野が当時における新しい建築観から大森案を評価したことがうかがえる。

［**写真1**］ウィーン中央郵便局外壁
（オットー・ワグナー、1906年）

しかし、大森案にも問題がなかったわけではない。その一番の難点は下足の処理だった。この案では、下足を玄関脇のリフトで地下の下足置き場まで運ぶことになっていたが、多くの参観者が一時に訪れたときには対応がむずかしくなる。ちなみに、下足の処理に関して、応募案の中に見るべき提案は皆無だったようで、以下のように黒板や塚本が苦言を呈している。

> 終りに付帯設備として下足所の設備が殆んど皆不完全なものであつた事を云ひたい。修学旅行其の他の団体が第一に参拝す可き処として明治神宮に詣でるとすれば、多人数が一時に宝物殿を拝観するも混雑せざる様充分の設備を必要とするは甚だ肝要な事であると思ふ。[*24]

> 殊に日本のみにあつて外国にない下足の処理の方法など云ふ面倒な事がある、此等の諸点に就て毫《ごう》も問然するなしと云ふ名案がなく当選の案と雖《いえども》巨細に之を検すると

多少の欠点のあつたことは遺憾とする所である[25]

大森案に比べると、二等一席の小林案［図6］は、伝統的な建築のモチーフを立面にちりばめて、あたかも木造のように見せており、木造のモチーフを鉄筋コンクリート造で置きかえただけのように見える。審査員の塚本が「一等のものと比較して無理の無い点などに就ては格段の差別を認めない作であるが少しく平凡の嫌がある、所謂《いわゆる》可もなく不可もなしと云ふものである」[26]と評したように、審査員の想定内の案と見られたようである。二等二席の鈴川案［図7・8］は、線図によらず、中庭を二つとってそこから採光・通風を図るという提案が審査員の目を惹いている。しかし、「此の案で正面中央の入口は楼門を見る様で、其の奥に更に本殿あるかの様に思はせる、尚楼門と校倉とを交ぜ合はした様な不精錬な所もある」[27]とか、「構造はほめ難い、壁体に中空テラカタを用ひたるは防湿等の目的かも知れぬが功能よりも害が多い、壁体を弱むる事甚しい、採光等充分とは云ひ難く、地下室に対して外よりの通路便ならざる如きは間取の欠点である、意匠に於て中央大にして楼門の感強きに過ぐる事や、石材に張りつけたる銅板の余りに目にさわる事など面白からぬ」[28]ことなどが欠点と見なされている。

三等一席［図9・10］の後藤案は、鉄筋コンクリート造の特徴を生かして建物全体をピロティで持ち上げるという、当選案の中でも異彩を放つものである。後藤は「建築物自身が明治、大正聖代の文化を永遠に記し留むる紀念物なるによりその構造設備に於て現時最新最良の科学を応用し以て当代の理想を後世に胎《きざ》すべきことに勉む」[29]と、明治時代の特徴を近代化に見て、最新の技術を適用することを重視している。後藤は、優れた建築家だっただけではなく、当時を代表する構造家でもあったので、その頃日本に導入されはじめていた鉄筋コンクリート造の特性（柱・梁で保つ構造なので、ピロティで主階を持ち上げられること）を生かした提案をしたわけである。その立面は、正倉院のような校倉造を念頭に置いたものである。「社殿との調和」というテーマに関して彼は、「精神を藤原時代にとり流れ造りに調和せしめ形式に於て鉄筋コンクリート構造の真髄を発揮せんことを勉む、而して大体の容姿は公館に相応せんことを期し同時に校倉の手法を取り用ひて建築の性質を表象し大体に於て品位の高雅を目的とせり」[30]という考え方で対応した。つまり、平安時代の建築の優美さに倣って本殿との調和を図り、校倉造を引用して宝物殿としての性格を表現することを意図し、それを実現するのに最新の鉄筋コンクリート造を活用して、展示室全体をピロティで持ち上げたということで、歴史主義的発想を近代技術が支えるという構図である。この案では、展示室の鉄筋コンクリート造床スラブをデッキプレートにして小梁を不要にするという技術的提案までしている。しかし、この案には大きな問題があった。それは建物全体をピロティで持ち上げたために、正面玄関近くに下足置き場を配することができず、西側端部に下足室を設け、参観者を正面からではなく、西端から入れるようにせざるを得なくなったことである。後藤は「正面玄関は特に建物の神聖を傷けざらんがため普通入口に用ふることを避け[*31]」と記しているが、左右相称の建物なのに、その西端から入ることになるという点で、プランニングや想定される動線との齟齬《そご》を来しているのは確かで、建物のあり方として疑問が残る。それが上位当選できなかった理由だろう。

三等二席［図11］の遠藤案も、下足置き場を通る動線に苦労している。この場合は正面左側にある階段で半地下に下り、そこで下足を預けて、正面裏手の階段を上がって展示室に至るというもので、「正面玄関」が半地下になっているのは、記念建造物のあり方としては問題である。

三等三席の松井案［図12］は、他の当選案とは異なり、唐招提寺金堂のような大きな寄棟屋根を建物全体に架け、正面大階段上に列柱廊を配するというモニュメンタルなデザインのものである。この案について松井は「即ち洋の東西を通じて在来の建築様式其侭《そのまま》を以ては其の目的を達するを得ず」とし、「吾人は石造建築として其の構造外観に少しの矛盾なく、虚偽の手法を混ぜずして、尚日本建築の直感を起さしめ、以て神宮建築と調和すべきものを求めたり、且日本近時の片偏《へんぺん》たる規模の小なる、繁雑なる手法のものを排し古建築に見るが如き雄大なる荘重なるものならんと務めたり[*32]」と述べている。古代の寺院建築風の壮大な屋根でも社殿に調和しうるという主張で、モニュメンタルな建物には神社建築のモチーフより壮大な寺院建築のほうがふさわしいとも受け取れるわけで、それが当選案に含まれているということは、審査員もそれをある程度承認したことを意味する。このことは、このコンペの主要テーマのひとつだった「社殿との調和」がさまざまな解釈を許容する、あいまいな概念だったことの証しでもある。ちなみに、この松井案も左右相称で、正面に長大な階段を配しているが、その入口は向かって左端の側面で、ここでも線図をもとにしたことによる、プランニングのほころびがうかがえる。

第二節　宝物殿の建築史的価値

実際の宝物殿の設計は、この設計競技の当選案とは無関係に行われた。これは当時においては珍しいことではないし、先掲のように、応募心得にも「当選者ノ図案ト雖モ之ヲ実施セサルコトアルヘシ」[*33]と明記されている。『建築雑誌』大正四（一九一五）年一一月号掲載の審査批評で、伊東が「今回当選した図案が実行されるや否やは判然しない、目下当局に於て別に宝物殿の設計を作製しつつあるが」（七七六頁）と述べているので、当選案がそのまま実現する可能性は、当選案発表直後においても、すでになかったわけである。下足処理の仕方だけをとってみても、当選案をそのまま採用することはできなかったはずである。

宝物殿（国重要文化財）［写真2］の実施設計は、明治神宮造営局技師の大江新太郎が担当した。そして、構造設計と工事監理担当は同技師の志《し》知《ち》勇次（一八九二〜一九三六、東京帝国大学大正五年卒）だった。志知が構造設計したことは、この建物の構造図（明治神宮蔵）の多くに、大江のではなく、彼の印影があることからわかる。

その建設は、大正七（一九一八）年八月に石材の加工からはじまり、大正一〇（一九二一）年一〇月末に竣工した。主体構造は鉄筋コンクリート造で、柱や梁の引っ張り力がかかるところに鉄骨のアングル（等辺L字型の山形鋼）が配されている［写真3］。この頃には鉄筋コンクリート造はさほどめずらしくなってきていたが、鉄骨で補強した鉄筋コンクリート造はまだ一般的ではなかった。それを採用した理由は、後述するように、この建物群、特に中倉（展示室）のスパンがかなり大きいことが関係しているとみられる。延床面積は五四九・五九坪、総工費は九二万二、三一二円六三銭で、いずれも、設計競技の際に示された想定よりも増加している。第一次世界大戦にともなう物価騰貴があったことも、工費増額の一因だった。

この宝物殿は、正門と、東西廊、中倉《ちゅうそう》（展示室）、東西倉、事務棟の七つの建物を渡り廊下でつないだもので、左右相称を強く意識して各建物が配置されている［図13、口絵17頁下］。中心となる中倉は単層の建物で、外壁は校倉造風、その上に瓦葺の切妻照り屋根が載っている。そして、天皇の御物を納めることからの連想で正倉院風にするために、中倉と東西倉の床を独立柱で持ち上げている。それによって、重要な建物であることを強調し、建物ごとのヒエラルキーの違いを視覚的に示すことにもなっている。重要な建物ほど中央に置かれ、高く持ち上げられているということである。*34

設計競技の時点では、延床面積が本館三五〇坪、付属棟七〇坪、計四二〇坪の計画だったが、実施案では延床面積が約五五〇坪に増加している。そのことが関係してか、設計競技では本館としてひとつのまとまった建物として想定されていたものを、長方形平面の五つの建物に分け、それぞれを渡り廊下でつないで分棟形式とし、展示室である中倉を中心に、それらを左右相称に配置したわけである。下足場と手荷物預り所はその手前の左右に、やはり左右相称に配している［写真4］。秩序を可視化した、大江らしい設計といえる。また、分棟形式にすれば、建物群の屋根の重なりによる華麗な表現ができるということも、彼の美意識にかなうものだっただろう。

分棟で構成されるこのような配置は、寝殿造を想わせる。配置には寝殿造を、中倉とその左右の東西倉には正倉院からの連想による校倉造を採用したということで、過去の建築様式からの連想によって建物の役割を示唆する点で、歴史主義的な設計法といえる。

屋根の構成を大江が重視していたらしいことは、後ろの事務棟のデザイン［写真5］にも見てとれる。この事務棟はかなり横に細長く、中央の幅広のところから端部に向かって段階的に幅が変わるという、複雑な平面になっている［図13］。これはあまり一般的とは思えないが、あえてそのような複雑で細長い平面を採用したのは、その上に架かる屋根が変化あるかたちで、しかもその下の空間の重要度に応じたかたちでデザインできることによると思われる。

このように、この建物は、明快な秩序によって組み立てられた、華麗な構成をとっており、大江の建築観と美意識が示された作品といえる［写真6］。

中倉の構造は、鉄骨補強の鉄筋コンクリート造の山形ラーメンが長手方向に並ぶ形式で、外壁沿いに建つ柱の頂部

[**写真2**] 宝物殿外観(出典:『明治神宮造営誌』)

[**写真3**] 宝物殿鉄骨建方工事(出典:『明治神宮造営誌』)

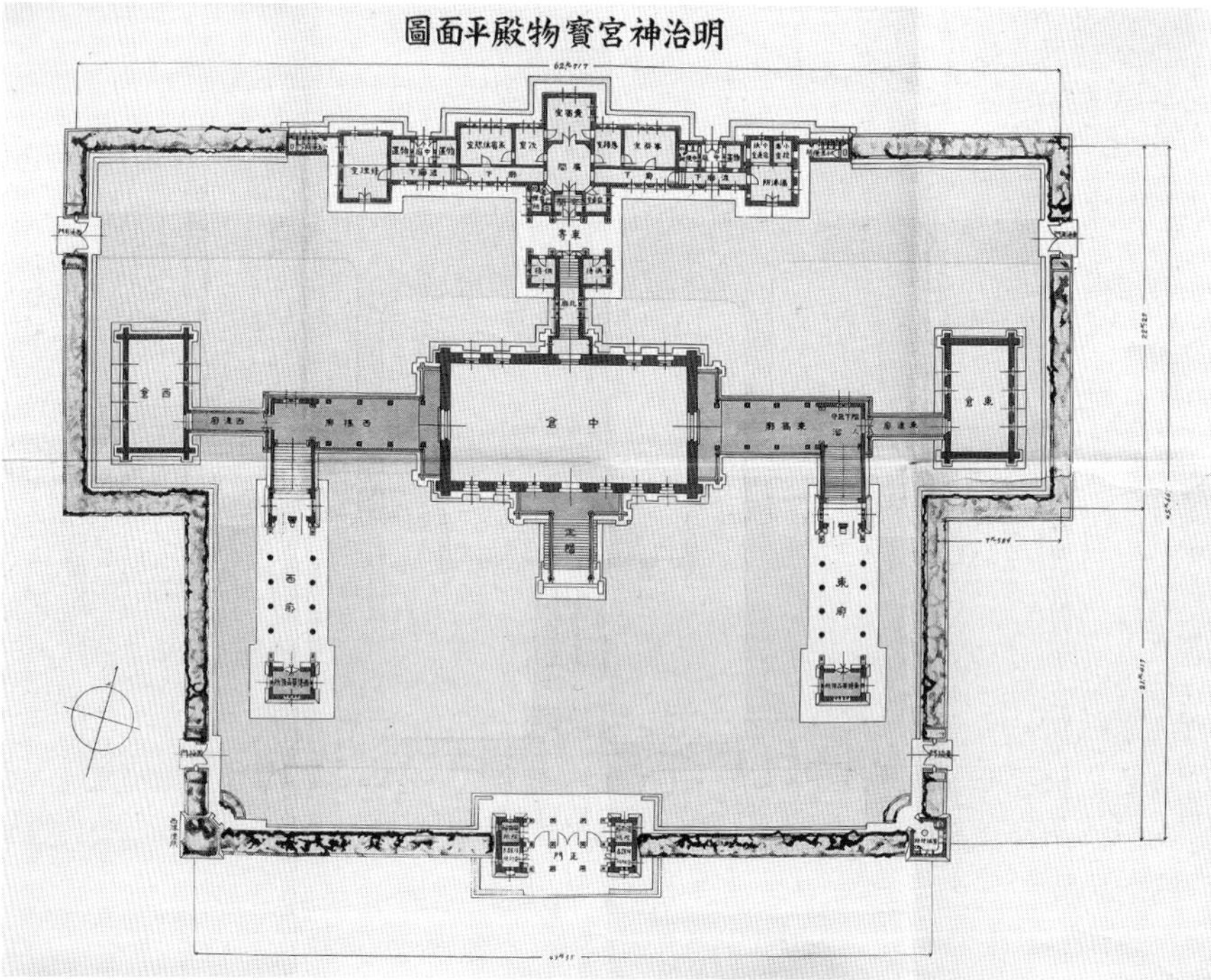

［**図13**］宝物殿平面図（出典：『明治神宮造営誌』）

［**写真4**］宝物殿下足場・手荷物預り所

[**写真5**] 宝物殿事務棟

[**写真6**] 宝物殿中倉外観

から、屋根と庇の荷重を受けるためのキャンティレバーを両側に延ばし、そのイの字型の架構が背中合わせに頂部でアーチ状にもたれ合うようにしつつ、さらにそれを豕扠首《いのこさす》で固めて、大スパンを形成している［図14］。内部には柱がなく、梁間四八尺（約一四・五m）、桁行九六尺（約二九・一m）の大空間をつくりだしているだけではなく、その床下の外周に二列の列柱を配して、建物が独立柱で持ち上げられているように見せるという、当時にしてはかなり大胆な構造になっている。また、軒をキャンティレバーで受けることで、その端部をできるだけ細く見せようとしている。外装は、明治神宮造営事業で多用された、岡山県産の万成《まんなり》石《いし》張りである。

　ちなみに、この大江の実施案を設計競技三等一席の後藤慶二案［図9・10］案の影響を受けたものとみる向きがある。それは展示室を独立柱で持ち上げたことを指している。しかし、先に記したように、当選案にはほかにも正倉院をモチーフにしたものが見られたし、独立柱で持ち上げることがもたらす、入口を正面に設けにくいという問題を、下足場を別棟にすることによって回避しているだけでなく、動線自体を変えている（皇族の来館の際には、中央階段から入ることもあった）[*35]。さらには、構造設計では山形ラーメンを採用して、はるかに大きなスパンを架け渡すことができているので、動線計画に関しては後藤案［図9］より巧みで、構造面でもはるかに革新的であり、類似性よりも、実施設計者の独創性や技術レベルの高さに注目すべきだろう。この構造に関しては、志知の大学時代の恩師の佐野利器が関わっている可能性が考えられる。佐野は、当時の代表的な建築構造学者だっただけでなく、明治神宮造営局参与であり、内苑の建物の構造設計に関わっていたと見られるからである。

　また、この宝物殿中倉の南方に正門があり、そこから東西の通用門を経て、北の事務棟の両端まで続く築地《ついじ》塀が廻っている。これは設計競技の条件にはなかったものだが、それに関連して、黒板勝美が審査評で宝物殿を塀で囲うことを提案しているのが注目される。それは以下のようなものである。

　第一に如何にも大切な明治天皇皇后両陛下の御物が其の中に奉安されて居ると云ふ事を、まだ殿内に入らぬ先に、拝観者をして感ぜしめねばならぬ。第二に拝観者が

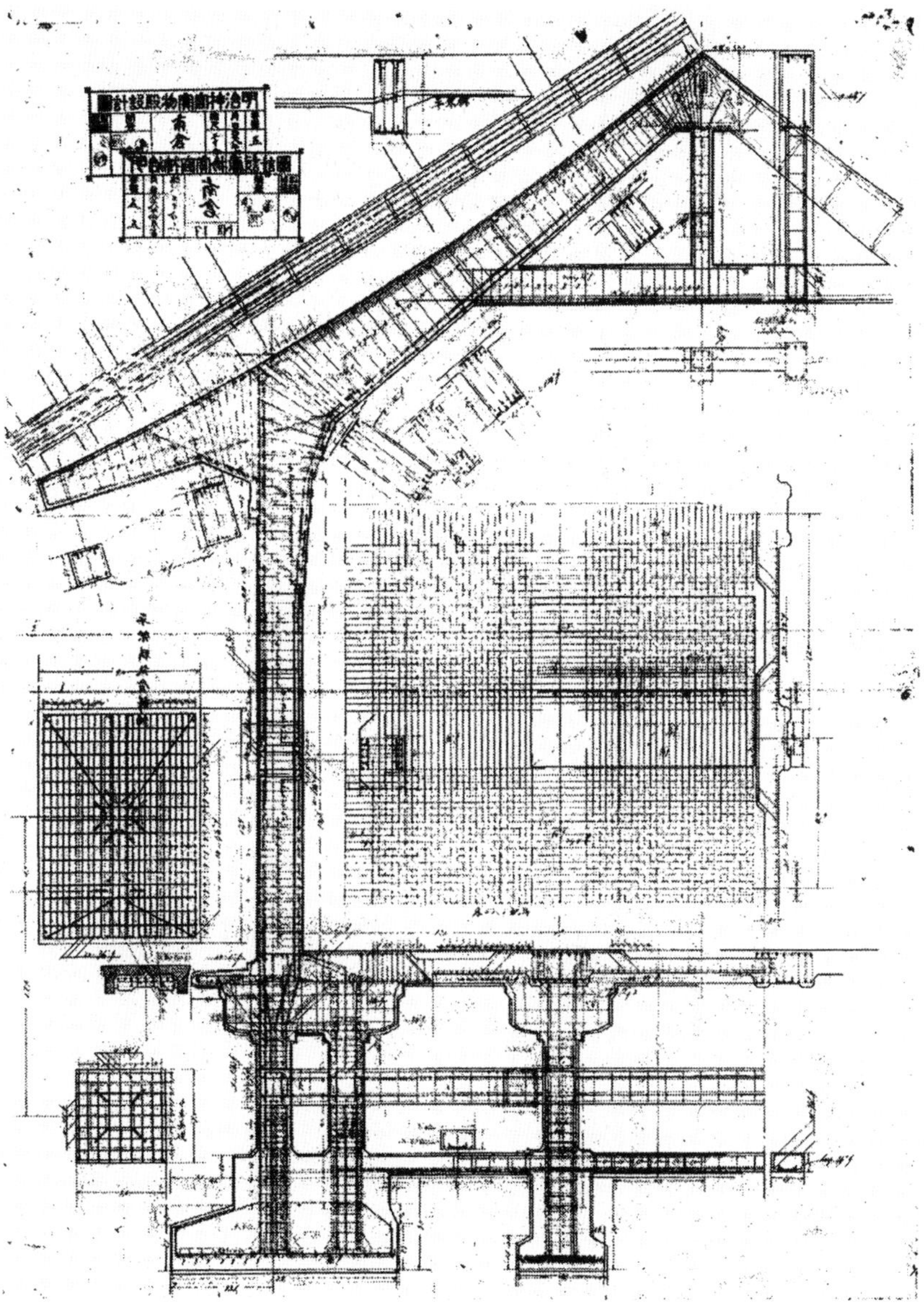

［**図14**］宝物殿配筋図（明治神宮蔵）
主体構造が山形ラーメンで、それが豕扠首でつながれていることがわかる。柱・梁の端部にアングル材（L字型断面の鉄骨）が仕込まれている。この頃の建物にしては異例なほど鉄筋量が多い。ピロティをつなぐ貫は、実際には採用されていない

［**写真7**］宝物殿正門

神宮の参拝を終へて歩をこゝに向くるや、遠くよりだん〳〵近く宝物殿の風格に打たれてすが〳〵しき心持となり、敬虔の念を以て拝観せしむる様にせねばならぬ。今度の当撰図はほゞ社殿と調和し、実に立派なものであるとしても、宝物殿が単独孤立しているのは、何んとなく吹き晒《さら》しの中にある普通の博物館又は宝物館のやうな感を起さしめ、多少威厳が欠けて物足らぬ心地がする、若し之に築土か廻廊かを配し、如何にも大切な御物が奉安されて居り、且つすが〳〵しい感じを起さしむる設計が望ましかつた。[*36]

宝物殿は境内北端の芝生の中に独立して建つから、正門や塀で囲まれるのが保安上も好ましいので、この黒板の提案がこの実施案にとり入れられた可能性はあり得ると思われる［図13、写真7］。そもそも、設計競技の目的は「社殿に調和する耐震耐火構造の宝物殿」の案を広く募集するもので、そこには、校倉造風の中倉や、塀で囲むという審査員の提案など、実施案と似た提案も見られるから、宝物殿も衆議をもとにつくられたともいえる。当時の最新技術を適用していることを含め、宝物殿にも明治神宮創立事業の姿勢が反映されているわけである。

ちなみに、当時の神社において耐震耐火構造の宝物殿は稀で、しいて挙げれば、金刀比羅宮《ことひらぐう》の石造二階建ての宝物館（久留《くる》正道設計、明治三八年）があっただけである。しかし、明治神宮に宝物殿がつくられてから昭和一四（一九三九）年までの間に、上杉神社稽照殿《けいしょうでん》（伊東忠太設計、大正一二年）や大山祇《おおやまづみ》神社国宝館（角南《すなみ》隆設計、大正一五年）、北野天満宮宝物殿（小川猪作設計、昭和二年）など、少なくとも一一の神社で鉄筋コンクリート造、または鉄骨鉄筋コンクリート造の宝物殿がつくられている。明治神宮宝物殿が、そのような耐震耐火構造の宝物殿建設のさきがけになったということである。*37

第三節　聖徳記念絵画館の設計競技

第三章に記したように、聖徳記念絵画館［写真8］は外苑の中心施設で、明治天皇と昭憲皇太后の事績を描いた洋画と日本画四〇点ずつを展示する美術館［写真9］としてつくられた。外苑の建設は奉賛会の担当で、そこに設けられた「設計及工事委員会」が大正六（一九一七）年五月二一日から一〇月二九日まで一七回開かれ、外苑の配置計画、その具体的内容を示した「外苑計画綱領」、その予算案「外苑工費概算書」が決まり、同月二六日に造営局に送られたことは第三章に示した通りである。その「外苑計画綱領」に、葬場殿址記念建造物と聖徳記念絵画館の設計案を設計競技で募集することが記されている。それは以下のとおりである。

○外苑計画綱領

一、外苑ニハ記念建造物ヲ設ケ樹林芝生泉池等ヲ適当ニ配置スルモノトス

二、記念建造物ノ主要ナルモノ左ノ如シ

い　葬場殿址記念建造物

ろ　聖徳記念絵画館

は　憲法記念館

に　競技場

三、葬場殿址記念建造物及聖徳記念絵画館ノ設計ハ左記条件ニ拠ルモノトス

い　葬場殿址記念建造物ハ殿址ヲ明示スルニ足ルヘキモノタルコト

ろ　絵画館ノ位置ハ葬場殿址ノ前方ニ定ムルコト

は　両建造物ハ連続スルモ分離スルモ可ナルコト

に　両建造物ノ設計ハ之ヲ懸賞競技ニ付スルコト

ほ　両建造物ノ工費ハ相互融通スルヲ得ルコト（以下略）（傍線筆者）[*38]

［**写真8**］聖徳記念絵画館外観
（出典：高梨由太郎編『聖徳記念繪畫館並葬場殿趾記念建造物競技設計圖集』第5版、洪洋社、大正15年）

［**写真9**］聖徳記念絵画館日本画展示室（東翼日本画室）

その設計競技の実施は、翌大正七（一九一八）年六月一五日付の官報で告示された。その官報の「聖徳記念繪畫館並葬場殿址記念建造物設計圖案募集」によれば、応募締切は同年九月一六日正午で、審査員は、古市公威《こうい》（一八五四〜一九三四、土木工学の権威で設計及工事委員会委員長）、正木直彦（一八六二〜一九四〇、東京美術学校長）、塚本靖（先掲）、伊東忠太（先掲）、荻野仲三郎（先掲）、佐野利器（先掲）の六名で、建築関係者の塚本・伊東・佐野は、宝物殿の時と同じ顔ぶれである。この官報告示は明治神宮造営局名で、このことひとつをとってみても、外苑にも造営局が深くかかわっていることが示されている。

「募集規定」には、前記の「外苑計画綱領」に示した条件に加え、「設計ノ要件」として、展示壁面の長さなど、より具体的に条件が示されている。

三　設計ノ要件左ノ如シ
い　葬場殿址記念建造物ハ殿址ヲ明示スルニ足ルヘキモノタルコト
ろ　聖徳記念絵画館ノ位置ハ葬場殿址ノ前方ニ定ムルコト
は　両建造物ハ連続スルモ分離スルモ可ナルコト
に　聖徳記念絵画館ハ単層トシ下ニ地階ヲ設クルコト
ほ　絵画室ヲ内法約四百坪トシ絵画ヲ掲クヘキ壁面ノ長延ヲ約七百五拾尺ト為スコト
へ　両建造物ハ耐震耐火的トシ其様式ハ健全ナル現代芸術ノ精華ヲ発揮スルモノタルヘキコト
と　葬場殿址記念建造物ノ工費ヲ約弐拾万円聖徳記念絵画館ノ工費ヲ約壱百弐拾万円ト予定スルモ両建造物ノ工費総額壱百四拾万円ノ範囲内ニ於テ相互ニ融通スルヲ得ルコト[*39]

このうち「へ」の「両建造物ハ耐震耐火的トシ其様式ハ健全ナル現代芸術ノ精華ヲ発揮スルモノタルヘキコト」が注目で、新しい意匠が求められていたことがわかる。また、「応募心得」では「五　聖徳記念絵画館ノ建築ニ就テハ採光防湿ハ勿論公衆ノ昇降順路下足処理等ニ十分ノ注意ヲ要スヘク地階ニハ事務室、下足室、便所、物置、其他ノ室ヲ設クヘシ」と、所要室についての指示があり、宝物殿の時と同じく、下足処理に関連する注意書きもあった。[*40]そして、線図として「外苑計画一般線図　縮尺二千四百分一」と「聖

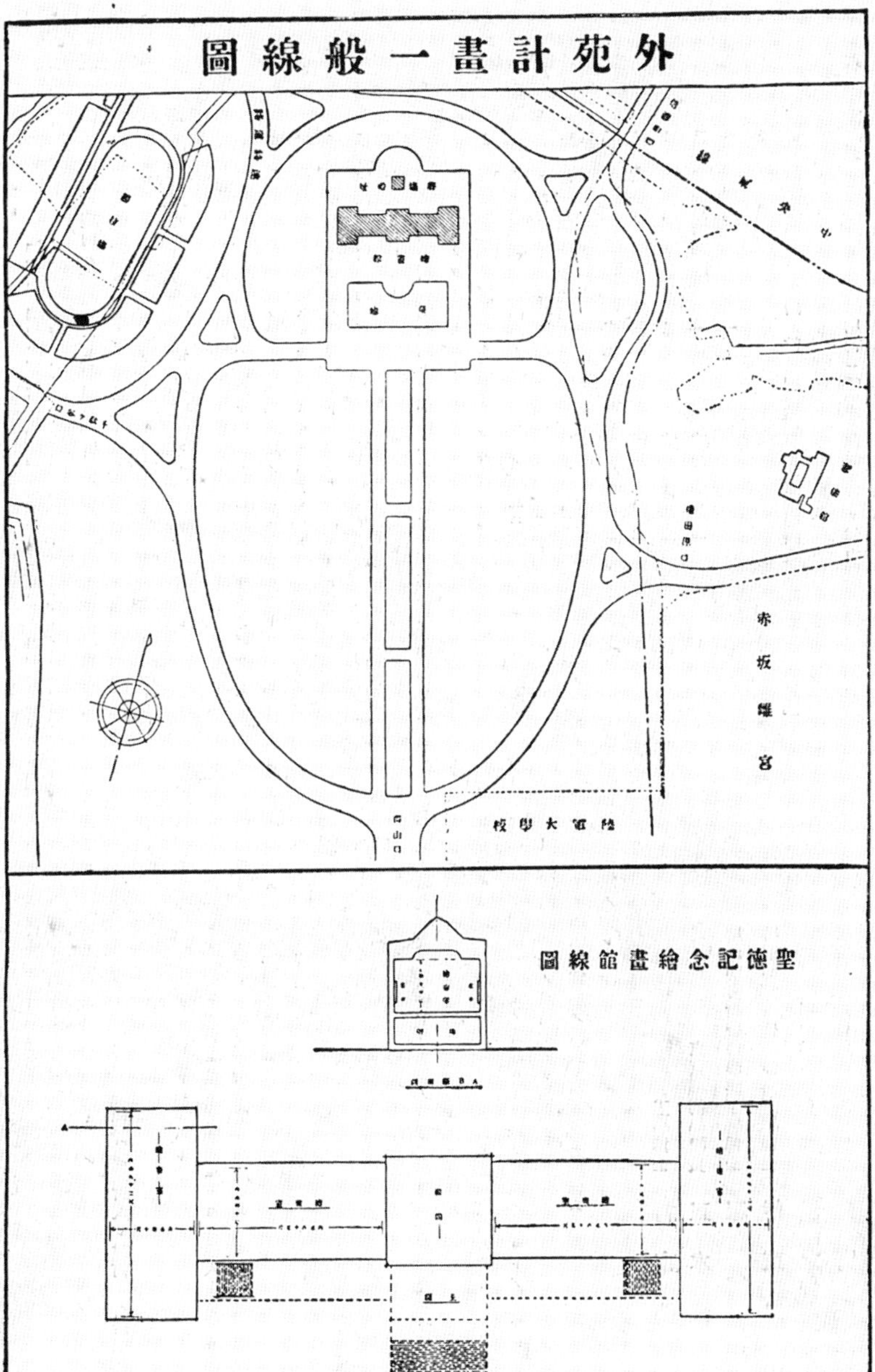

［**図15**］「外苑計画一般線図」と「聖徳記念絵画館線図」
（出典：『聖徳記念繪畫館並葬場殿趾記念建造物競技設計圖集』）

徳記念絵画館線図　縮尺四百分一」［図15］が添えられていた。これは平面略図と断面略図で、そこでは展示予定の絵画の寸法に対応して、絵画室の内法寸法や天井高が指示されていた。ただし、「六　聖徳記念絵画館線図ハ参考ノタメニ添付スルモノニシテ募集設計ヲシテ必スシモ是ニ依ラシムルノ意ニアラス」と、線図に従う義務はないことも記されていた。なお、これらの「募集規定」や「応募心得」、線図は『建築雑誌』大正七（一九一八）年六月号に転載されている（三八七〜三九一頁）。

この設計競技の賞金は、一等五、〇〇〇円、二等（二名）各三、〇〇〇円、三等（三名）各二、〇〇〇円、四等（四名）各一、〇〇〇円と、宝物殿の設計競技を上回る好条件で、そのためもあってか、応募総数は一五五点に上った。[*41] 絵画館は美術館だが、本格的な洋風の美術館は当時の日本ではまだ類例が少なく、[*42] 建築家ならばぜひやってみたい建物だったはずである。

当選案は大正七年九月二八日付の官報で告示された［写真10・11］。当選者は、一等［図16〜19］が小林正紹《まさつぐ》（大蔵大臣官房臨時建築課技手、工手学校明治四二年卒）で、二等一席［図20・21］と三等一席［図23］が渡辺仁《じん》（逓信省技師、東京帝国大学明治四五年卒）、二等二席［図22］が長谷部鋭吉（住友合資会社営繕部技師、東京帝国大学明治四二年卒）、三等二席［図24］が久留《くる》弘文（陸軍技師、東京帝国大学大正四年卒）、三等三席［図25］が竹腰健造（住友総本店勤務、東京帝国大学明治四五年卒）、四等一席［図26・27］が下元連《しももとむらじ》（大蔵大臣官房臨時建築課技師、東京帝国大学大正三年卒）、二席［図28］が松淵清助（曾禰中條建築事務所勤務、秋田県立工業学校明治四〇年卒）、三席［図29］が北沢五郎（陸軍技師、東京帝国大学大正五年卒）、四席［図30］が吉武東里《よしたけとうり》（宮内省内匠寮技手、京都高等工芸学校明治四〇年卒）だった。

一等当選の小林は、のちに帝国議会議事堂（現・国会議事堂、昭和一一年）の実施設計に関わり、吉武とともに内装を担当したといわれる。二つの案が入選した渡辺は、宝物殿の設計競技でも佳作に入っており、設計競技入選の常連として知られた建築家である。東京帝室博物館（現・東京国立博物館本館）の設計競技（昭和五年）では一等当選を果たしたし、銀座・和光（昭和七年）の設計者であるとともに、第一生命館（昭和一三年）の設計競技に当選し、その実施設計にも関わった。長谷部と竹腰は後に長谷部竹腰建築事務所を設立したが、これはやがて関西を、そして日

［写真10］聖徳記念絵画館設計競技審査風景（明治神宮蔵）

本を代表する設計事務所（現・日建設計）になった。松渕の所属する曾禰中條建築事務所は、戦前の日本の設計事務所の中でもっとも著名なもののひとつである。また、下元は、営繕管財局技師として、後に総理大臣官邸（現・公邸、昭和四年）の設計を指揮した。このように、この設計競技の当選者には、有望な建築家がかなり含まれていたのである。

この設計競技では賞金授与式を行って受賞者を顕彰するとともに、応募案すべてを一〇月五、六日に憲法記念館（現・明治記念館本館）で公開している。これらは日本の設計競技史上初の試みで、その主催者である造営局の開かれた姿勢を示すものとして注目される。このことに関連して、伊東忠太が審査評で以下のように述べている。

> 最後に余談ではあるが、今度の懸賞競技に関連して、在来の夫れと異り、レコードを破つたことの一二を述べたいと思ふ。
>
> 第一は当局に於て当選者の数を多くしたる事である、是迄は多くは三等迄三人乃至五人位であ《ママ》たが、今回は四等当選四人を加へ都合十人の当選者を出す事にした、之は

［**図16**］聖徳記念絵画館並葬場殿址記念建造物競技設計一等透視図（小林正紹）
（出典：『聖徳記念繪畫館並葬場殿趾記念建造物競技設計圖集』）

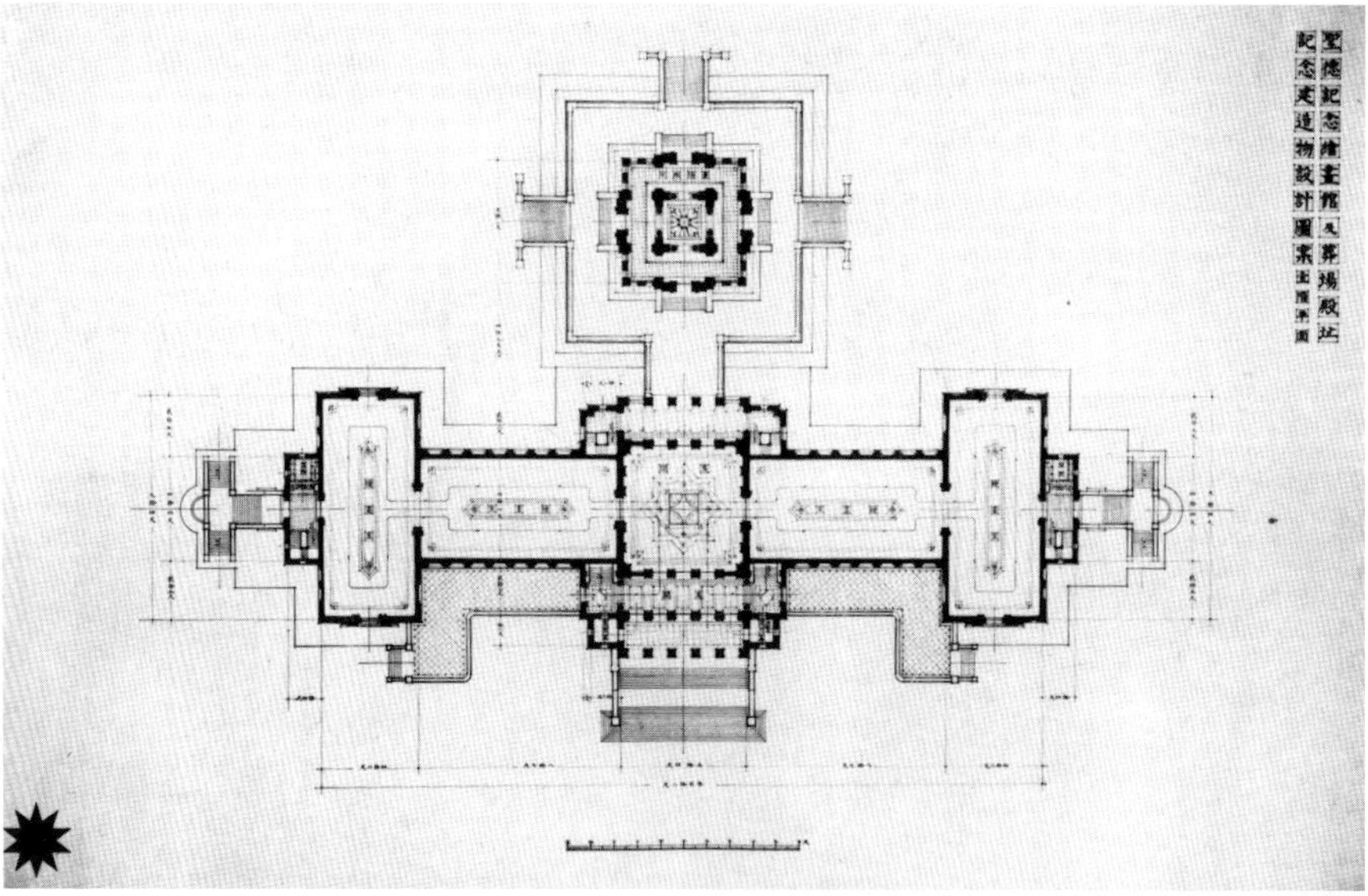

［**図17**］聖徳記念絵画館並葬場殿址記念建造物競技設計一等平面図（小林正紹）
（出典：『聖徳記念繪畫館並葬場殿趾記念建造物競技設計圖集』）

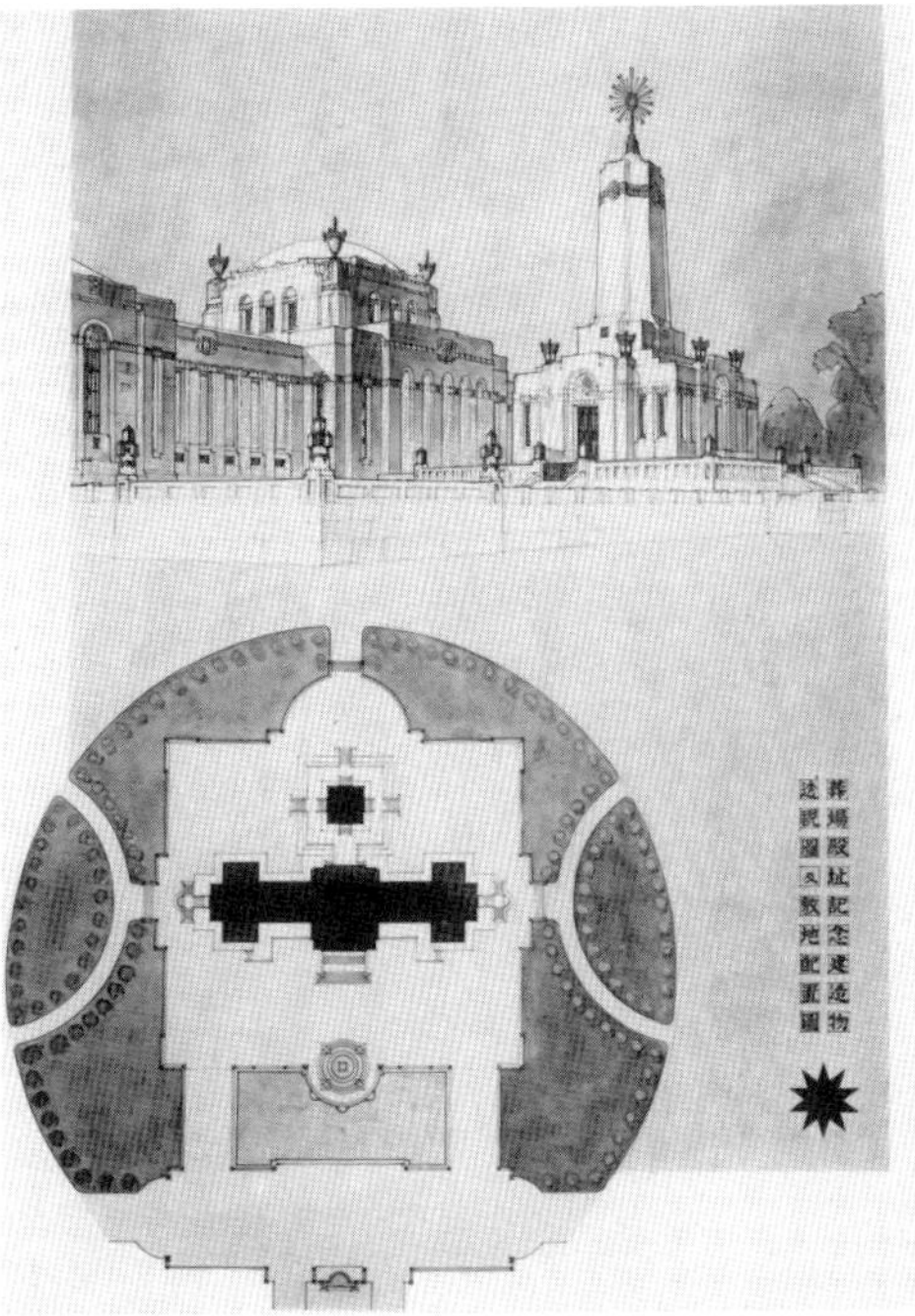

［**図18**］
聖徳記念絵画館並葬場殿址記念建造物
競技設計一等透視図・敷地配置図
(小林正紹)
(出典：『聖徳記念繪畫館並葬場
殿趾記念建造物競技設計圖集』)

［**図19**］
聖徳記念絵画館並葬場殿址記念建造物
競技設計一等詳細図(小林正紹)
(出典：『聖徳記念繪畫館並葬場
殿趾記念建造物競技設計圖集』)

之に由て沢山の応募者を得て、其の内より少しでも優れた図案を得たい為めである。第二は是迄は受賞者に対し賞金は為替其の他の方法で送つたが、今度は当局に於て賞金授与式を挙行し造営局副総裁自ら賞金を授与した、これは一は受賞者の名誉を尊重し敬意を表する為め、一は懸賞競技そのもの丶意義を重からしむる為である。第三は是迄は当選図案のみは公開され其の他の案は其の侭《まま》葬られて其の人の労を犒《ねぎ》らはれなかつた、此度は応募図案全部を憲法紀《ママ》念館に陳列し、衆人に観覧せしめた、之を作者の労力を暗《やみ》から暗に葬るに忍びない衷情から出た事で同時に又審査の公明なる襟度《きんど》を示し、一般人士の公平なる批判を求むる為めである。[*43]

［**写真11**］聖徳記念絵画館設計競技審査風景
この写真は審査風景と見られ、応募案公開のときのものではないが、応募案展示のときもこのような展示方法だったと見られるので、ここに示した

この伊東の発言を含め、この設計競技の当選案や審査評が『建築雑誌』大正七（一九一八）年一〇月号に掲載されている。その審査評は塚本・伊東・佐野の三審査員のもので、それによれば、「多数の応募図案を様式の上から見れば全体を三様に区別することが出来ると思ふ。第一は全くヒストリカルスタイル即古来の西洋建築の様式に依拠するもの、第二は日本趣味から出発したもの、第三は新様式を試みたもの即ちモダーンスタイルと呼ぶ可きものである」[*44]と、応募案が、西洋の古典主義建築をもとにしたもの、日本建築の意匠を適用したもの、新しい意匠を試みたもの、の三種類に大別されている。

このうち、日本建築の意匠を採用したものは、宝物殿の設計競技当選案を意識しての応募だったのだろうが、審査員からは的外れと見られたといってよい。[*45] また、古典主義によるものは、威厳を表現するという建物の性格を踏

［**図20**］聖徳記念絵画館並葬場殿址記念建造物競技設計二等一席透視図（渡辺仁）
（出典：『聖徳記念繪畫館並葬場殿址記念建造物競技設計圖集』）

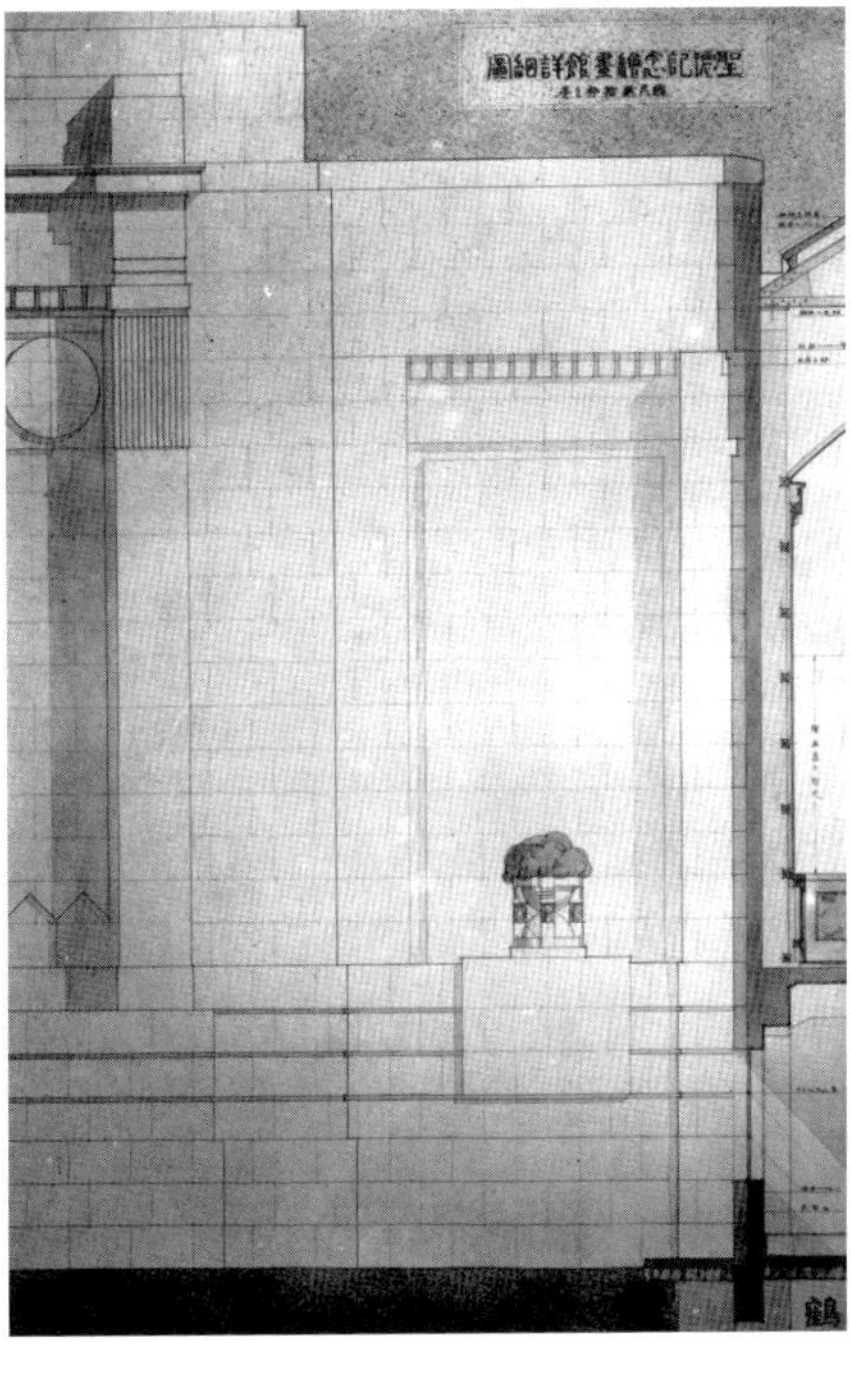

［**図21**］
聖徳記念絵画館並葬場殿址記念建造物
競技設計二等一席詳細図
（渡辺仁）
（出典：『聖徳記念繪畫館並葬場
殿址記念建造物競技設計圖集』）

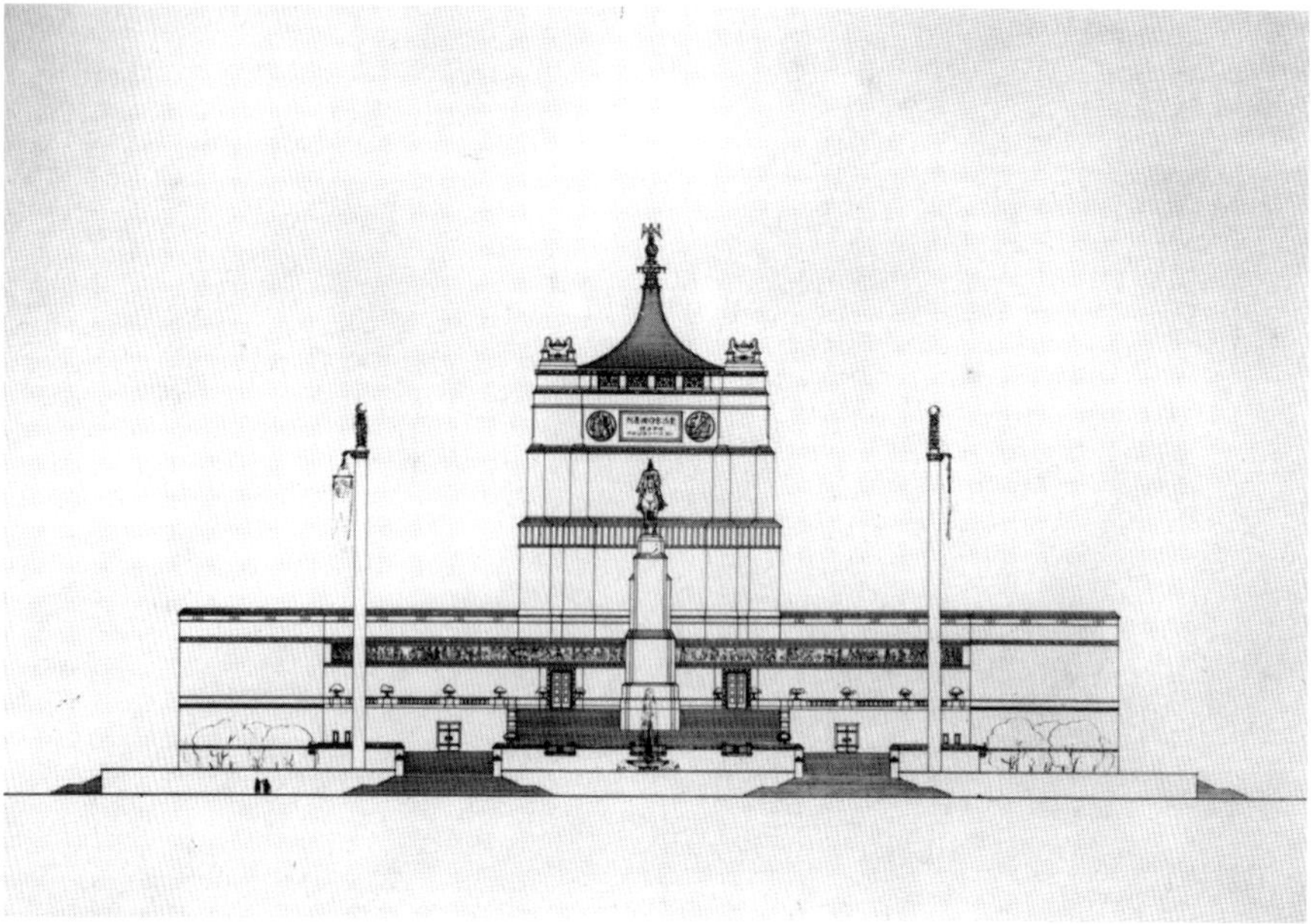

［**図22**］聖徳記念絵画館並葬場殿址記念建造物競技設計二等二席立面図（長谷部鋭吉）
（出典：『聖徳記念繪畫館並葬場殿趾記念建造物競技設計圖集』）

まえたもので、当時では常套的な対応といえるが、審査員には新鮮味がないと見られたようである。[46]

それらに比べて、新しい意匠を試みたものには、三人とも高い評価を与えている。たとえば、伊東は「その様式は今迄有りふれたヒストリカルスタイルに準拠するものよりも、現代の健全清新なる趣味に基づく可きものたることは、応募者心得にも示してある如く、初めより希望するとろこ《ママ》であつた」[47]と述べている。また、審査員は、その批評で異口同音に、この建物が帯びるべき性格として、「明治大帝の御聖徳を表頌する可き上に於ても、其の気分は極めて簡素質実にして雄大豪壮となる可き性質のものである」[48]（塚本靖）とか、「寧ろ神聖なる内苑より来つて気分を一新させるが為めに全く所謂《いわゆる》日本趣味と異なる様式であつた方が相応しいと思つた。（中略）重厚、簡素、雄偉、茫洋たるものにあらざればその四周の風物に調和を得難い（中略）現代の健全清新なる趣味に基づく可きものたること（中略）之等の理想を総合した建築即ち雄偉簡素にして飽くまで力の籠つた独創的な建物を希望して居た」[49]（伊東忠太）と述べている。これは、外苑の平坦で広大な敷地の直線道路のアイストップの位置に建つので、モニュメンタルな建物であるこ

[**図23**]
聖徳記念絵画館並葬場殿址記念建造物競技設計三等一席透視図(渡辺仁)
(出典:『聖徳記念繪畫館並葬場殿趾記念建造物競技設計圖集』)

[**図24**] 聖徳記念絵画館並葬場殿址記念建造物競技設計三等二席透視図(久留弘文)
(出典:『聖徳記念繪畫館並葬場殿趾記念建造物競技設計圖集』)

［**図25**］聖徳記念絵画館並葬場殿址記念建造物競技設計三等三席透視図（竹腰健造）
（出典：『聖徳記念繪畫館並葬場殿趾記念建造物競技設計圖集』）

とと、明治天皇らしさを「簡素質実にして雄大豪壮」という特質に見て、それを体現する建物であることが望ましいと考えていたことによるものだろう。このことからも、審査員が望んでいたのが、モダンであって、堂々とした記念建造物だったことがうかがえる。

この設計競技の一等当選案（小林案）は審査員から高い評価を得た。上記の審査員の意向に沿うものだっただけでなく、プランニング、それも特に下足処理の巧みさが称賛されている。この設計競技の当選案を示す『聖徳記念繪畫館並葬場殿趾記念建造物競技設計圖集』（洪洋社、大正七年）所収の小林案の平面図［図17］によれば、この案では、正面階段から「主階」（実際には二階）の玄関ホールに入れるようになっていただけでなく（玄関右脇に拝観券受付所がある）、下足を預ける際には、正面向かって右のテラスから「地階」（一階）中央階段右側面の入口から入り、その入口脇の拝観券受付所を抜けて地階中央の下足置場で上履きに履き替えて、中央手前右側の階段を上がって主階玄関に出られるようになっていた。退出の際には、その玄関の反対側、つまり対称の位置にある階段を下りて、下足に履き替え、中央階段の左側の出口から西側のテラスに出るよう

［**図26**］聖徳記念絵画館並葬場殿址記念建造物競技設計四等一席透視図（下元連）
（出典：『聖徳記念繪畫館並葬場殿趾記念建造物競技設計圖集』）

［**図27**］
聖徳記念絵画館並葬場殿址記念建造物
競技設計四等一席詳細図
（下元連）
（出典：『聖徳記念繪畫館並葬場
殿趾記念建造物競技設計圖集』）

に計画されていた。この動線の設定について、佐野は次のように称賛している。

大体に就て云へは、一等当選図案は第一にプランが最も優れて居ると思ふ。私は下駄履きの者も成る可く正面近くから入れたいと云ふ希望を持つて居た、自分等の考究した所では、夫れで良い案が得難かつたから、止む無くば下駄履きの者は左右翼から入れねばならぬかの杞憂を懐いて居つた、然し一等当選図案に依つて多少の修正を加へたならば、中央から入り前面大階段から入つた者と落ち合ふことが出来得ることゝ思はれる。[*50]

つまり、建物の正面入口で下足処理にも巧みに対応できるというもので、審査員の期待をうわまわる提案だったということである。

その外観に関しても、次のように絶賛されている。

幸に一等当選図案は最も吾人の理想に近い独創的な作で、審査員全員一致之を選抜されたのである。此の図案はその侭実際に施工し得べきものであつて恐らく完璧に近いと云ふものであらう。一等当選案は最も吾人の理想に近い独創的な作で、審査員全員一致之を選抜されたのである、（中略）由来懸賞競技は既に屡《しばしば》行はれ、その都度夫々優秀な図案を得て居るが、自分は既往に於て今回の一等当選以上に優れた作があつたとは思はない。[*51]（伊東忠太）

其の風貌を見れば一言にして曰へば実に威風堂々たるもので而《し》かも雄渾偉大の間に落付いた温情を有し、明治大帝を偲ぶに極めて相応はしい記念的なものと思ふ。[*52]（佐野利器）

日本の設計競技史上、その独創性や完成度の高さで群を抜く作品で、これに匹敵するものを挙げるとすれば、昭和六（一九三一）年に行われた東京帝室博物館（現・東京国立博物館）本館の設計競技一等案（渡辺仁）があるだけといってよい。当時を代表する建築評論家・黒田鵬心《ほうしん》（一八八五〜一九六七）も、『中央公論』大正七（一九一八）年一一月号で、「十分威厳を供へてゐる事と、絵画館と葬場殿址記念建造物との前後の関係が巧妙に出来てゐると思ふ（中

［**図28**］聖徳記念絵画館並葬場殿址記念建造物競技設計四等二席透視図（松淵清助）
（出典：『聖徳記念繪畫館並葬場殿趾記念建造物競技設計圖集』）

［**図29**］聖徳記念絵画館並葬場殿址記念建造物競技設計四等三席透視図（北沢五郎）
（出典：『聖徳記念繪畫館並葬場殿趾記念建造物競技設計圖集』）

略）全体として新し味があり、しかも穏健である。誰がみてもまづ一等は動かないものであらう」（二五頁）と高い評価を与えている。

外観の意匠だけに関していえば、二等一席の渡辺案［図20・21］も審査員からほぼ同等かそれ以上の評価を得たらしい。

一等当選及二等一席は私は他より抜んじて優れて居るものと思ふ。[*53]（塚本靖）

二等当選図も亦実に堂々たる立派なデザインである。[*54]（伊東忠太）

其の形式は一等当選図より更に不羈《ふき》独立の風貌を備へ見る人は先づ之に魅せられたと思ふ、私は初は之を以て第一の作とすべきかとも心密かに思ふた。[*55]（佐野利器）

しかし、佐野が「二等一席の渡辺君の作を評せば先づプランに於て玄関も入口も相等に大きい、下駄履きの者は建物の裏に廻らねばならぬ様に出来て居る」とか、「然し茲に自らの理想とする所と少しく抵触する所がある、それは正面側面になるバットレス様《よう》の沢山の柱が飛び出して居る事である」[*56]と、下足処理に問題があることや、[*57]真の構造体であるべき柱が装飾として立面に配されているのを疑問視している。

小林案が渡辺案に優ったのは、順路の計画の巧みさに代表される、完成度の高さにあった。

ちなみに、二等二席の長谷部案［図22］に注目する向きもあった。黒田鵬心は先掲の『中央公論』誌上で、「其の奇抜の点と雄大の点とに於いて人の胆を奪ふものがある（中略）実に此の図案は茫漠たる点に於いて、此の懸賞設計全部を通じて類がないのみならず、日本人の設計として、我が建築界の珍である」（二五頁）と興味を示している。当時同様の感想を抱いた建築家も少なくなかったらしい。[*58]ただし、審査員の佐野は、以下に示すように、プランニングの問題など、その完成度に疑問を呈している。

二等二席の長谷部君の作は、之はプランに於て余り賞す可きものでなく寧ろ欠点の多いものである。如何にも人を驚かしたのは中心の偉大なる事である。自分一個の

［**図30**］聖徳記念絵画館並葬場殿址記念建造物競技設計四等四席透視図（吉武東里）
（出典：『聖徳記念繪畫館並葬場殿趾記念建造物競技設計圖集』）

本音を吐けば、余り感心せぬ[*59]

上位当選案の外観意匠で特徴的なことは、過去の建築様式をそのまま適用したものが少なかったことである。先述のように、一八世紀から一九世紀にかけてのヨーロッパの設計方法は、過去の建築様式をアレンジして立面を整えるというもので、歴史主義と呼ばれる（第二章第一節参照）。日本では明治時代にそれがとり入れられ、洋風建築の設計方法として広く採用されていた。しかし、現代には現代の様式があるべきだ（過去の建築様式で現代性は表現できない）という批判が出されるようになり、世紀末のヨーロッパで新様式を求める動きが活発になった。特にアール・ヌーヴォーでは過去の建築様式は否定され、線や面のような抽象的で幾何学的な要素の組み合わせで美がつくられるという新しい美学にもとづくデザインが試みられた。日本にもその流れが及び、明治末期から徐々にその影響が見られはじめていた。

特に、ウィーン版のアール・ヌーヴォーであるセセッション（先に触れたオットー・ワグナーはその代表的建築家である）は、平面性を重視した、直線的でシンプルな意匠

〔写真12〜15〕を特徴とし、日本の建築界でも大正時代にかなり流行した。*60 それが適用されたのは、博覧会のパヴィリオンや、商業施設、住宅など、「瀟洒」という形容詞がふさわしいビルディングタイプ（建物の種類）が主だったが〔写真16・17〕、それ以外の建物でも、内装や細部に使われた例は多い。

絵画館の設計競技の上位当選案の多くは、このセセッションの流れを汲むものである。小林案〔図16〕、渡辺案（二案とも）〔図20・23〕、長谷部案〔図22〕、下元案〔図26〕がそうで、いずれも、平面や直線という抽象的・幾何学的要素で全体を構成し、装飾を控えている。その一方で、竹腰案〔図25〕や松淵案〔図28〕、吉武案〔図30〕は歴史主義の範疇にとどまっており、古さを感じさせる。久留案〔図24〕や北沢案〔第三章図29〕はその中間的なものといえる。小林案や渡辺案も、古代ギリシアに由来するオーダーを単純化して用いているので、歴史主義からまったく自由というわけではないが、そのデザインが、直線や平面のような幾何学的・抽象的な要素のコンポジションによって美がつくれるという、新しい美学に基づいてアレンジされていたのが新しかったわけである。これらの当選案は、日本の建築界が、記念建造物においても歴史主義から脱却しつつあったことを示す点で、建築史的にも注目すべきものである。

ちなみに、小林は『中央美術』大正七（一九一八）年一二月号に「聖徳記念絵画館設計図案に就きて」を寄せ、「自分は、今度の記念絵画館ではなるべく我が明治時代を代表する様式を考案したかつた（中略）外国様式の直写は避けようとした。新しい把《とら》はれない様式を作成して見たいと計画したのである」（三七頁）と述べているが、セセッションの影響は否定できない。

先述のように、この設計競技では、絵画館だけではなく、葬場殿址を一体化した設計案を求めていた。応募者から見れば、絵画館との関係をどうするかが重要なポイントになったはずで、小林案や久留案、竹腰案、松淵案のように、葬場殿址に高塔を配するもの、渡辺案のように廟としてデザインしたもの、長谷部案のように回廊で囲ったものがあった。

本章第一節とこの節で宝物殿と聖徳記念絵画館の設計競技の経緯や審査の内容について詳しく述べたが、それはこの二つの設計競技だけでなく、当時の設計競技全般に対して近代建築史の研究者が示してきたネガティブな姿勢を修

［写真12］セセッション館（ヨゼフ・マリア・オルブリッヒ、1898年）

正する必要を感じているからでもある。その姿勢とはたとえば、宝物殿の設計競技を、木造にふさわしい形を鉄筋コンクリート造にかぶせることを求めたものとして批判するとか、聖徳記念絵画館の設計競技を含め、審査員が同じ顔ぶれであることや、線図を与えてプランニングを制約したことを批判するものである。このような一連の批判は、そのあとに支配的になったモダニズム（近代主義建築）の建築観をもとにしたものといえる。その建築観によれば、特定の構造にはそれにふさわしい形があり、与条件の分析を通して機能や構造に対応したプランニングや形を導き出すことができるとされていた。これはモダニズムを信奉する昭和初期の日本の建築家が強く主張していたものだが、それを実現するための方法論はなかったので、それは単なるスローガンのレベルにとどまり、設計の現場では現実的でも実効性もなかったことを確認しておかなくてはならない。つまり、昭和初期のモダニストたちの批判、そしてそれをそのまま是認した研究者の批判はモダニズムへの盲信をもとになされていたのであり、それらの批判のよりどころになっていた建築観自体の正当性が問われているということである。

［**写真13**］旧カールスプラッツ駅舎（オットー・ワグナー、1901年）

［**写真15**］シュタインホフの教会
（オットー・ワグナー、1907年）

［**写真14**］ウィーン郵便貯金局内部
（オットー・ワグナー、1906年）

[**写真16**] 東京大正博覧会第一会場美術館(曾禰中條設計事務所、大正3年)
(出典:黒崎幹男編『曾禰達蔵・中條精一郎建築事務所作品集』中條建築事務所、昭和14年)

[**写真17**] 大日本蠶絲会(吹井健三郎、明治44年)
(出典:黒田鵬心『東京百建築』建築画報社、大正4年)

これまで述べてきたように、宝物殿や聖徳記念絵画館の設計競技の審査員は、公平かつ真摯に審査する姿勢を示していた。それは、実施が前提になっていたからである。だからこそ、審査員は立面だけでなく、プランニングや構造についてもちゃんとチェックしている。実際に建設することが想定されていたからこそ、彼らは、当事者として、当時の建築観の枠内ではあっても、よりよい設計を望んでいたのである。

第四節　聖徳記念絵画館の建築史的価値

聖徳記念絵画館は、大正八（一九一九）年一〇月に基礎工事に着手したが、建設工事中に物価騰貴や関東大震災による中断などがあって完成が遅れ、大正一五（一九二六）年一〇月にようやく竣工した*61［写真18、口絵18頁上］。延床面積は一、四四〇坪、主体構造は鉄筋コンクリート造で、絵画室上部の屋根は鉄骨造および鉄網コンクリート造だった。外壁やドーム屋根には万成石《まんなりいし》（花崗石）を張っている。中央のドーム［写真19、口絵18頁右下］は、後述するように、当時の日本ではまだ珍しかったシェル構造の鉄筋コンクリート造である。工費（予算）は二五二万七、〇〇〇円だった。設計競技に示されたものよりかなり増加しているが、宝物殿と同じく、第一次世界大戦にともなう物価騰貴が影響している。

聖徳記念絵画館の実施設計は、一等案をもとに明治神宮造営局で進められることになった。高い評価を得た一等案だったが、審査評で指摘されていたように、修正すべき点もあった。それはたとえば、下足場へのアプローチをよりシンプルにしたことで、テラスを介してではなく、中央玄関脇（地階［一階］）から直接入るようにされたこと、中央ドームのライズが少し高めに変更されたこと（構造解析が可能な幾何学的な形にするためと見られる）、ドームの四隅に配されていた装飾が削除されたこと、主階中央玄関の五連アーチが三連に変更されたこと、両翼正面側の明かりが盲窓《めくらまど》に変更されたこと［写真20］、そして地階の窓が縦長長方形の二連窓に変えられたことである［第一章写真22］。この一連の変更には、よりシンプルなデザインに、という一貫した姿勢が見られる。

ちなみに、外観はセセッションではあるが、腰部の石張りは、ルスティカ仕上げのような凹凸がつけられた、荒々しい仕上げになっている。これは古典主義系の建物によく

[写真18] 聖徳記念絵画館外観(現状)

見られるやり方で、平面的でグラフィカルな意匠をよしとするセセッション本来の美学から逸脱しているが、この建物が大規模で長大になることを念頭に、威厳を表現するためにとられた措置と見られる。またヴォリュームの大きな建物で、無窓の長大な壁面が左右に連なるので、それが単調になるのを避けるために、小さな半円筒形を連ねた水平の帯を、外壁の柱形の頂部をつなぐ線や、正面玄関と両翼の出っ張り部にあるアーチが終わる箇所などの要所に配したり、外壁の石張りのテクスチュアを部位ごとに細かく変えている。しかし、過去の建築様式の引用が見られない点では、まぎれもなく新しく、セセッションの精神に沿っていると見てよい。

プランニングにも少し変更がなされた[図31]。たとえば、中央広間の後ろ側は、一等案では背面側にもアーチの開口をとって葬場殿址の記念塔を仰ぎ見ることになっていたが[図18]、葬場殿址の実施案では、それとはまったく異なり、直径八間半(約一五・三m)、高さ三尺(約九〇cm)の芝張りのマウンドで、万成石で周囲を囲み、中央にはクスノキが植えられるだけになった[写真21]。『明治神宮外苑奉献概要報告』(明治神宮奉賛会、大正一五年)によれば、葬場

［**写真20**］聖徳記念絵画館翼部壁面

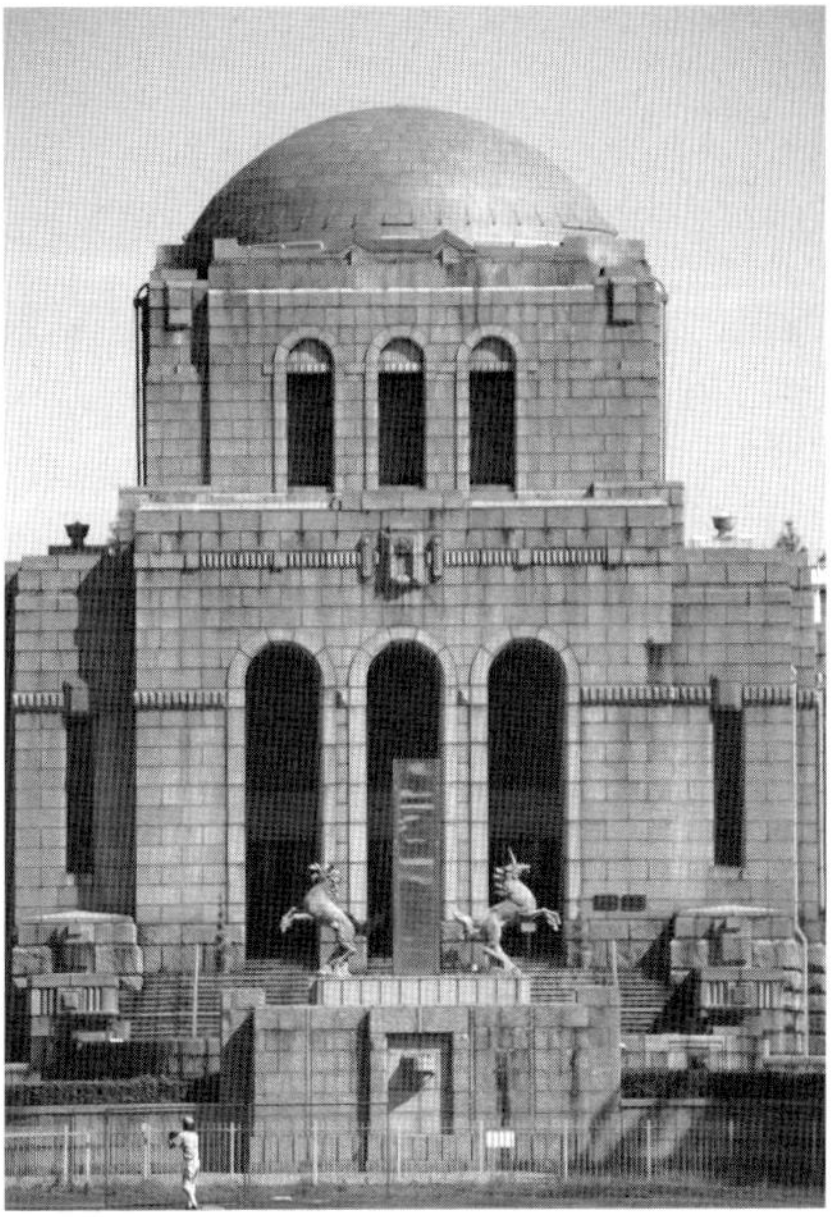

［**写真19**］聖徳記念絵画館ドーム

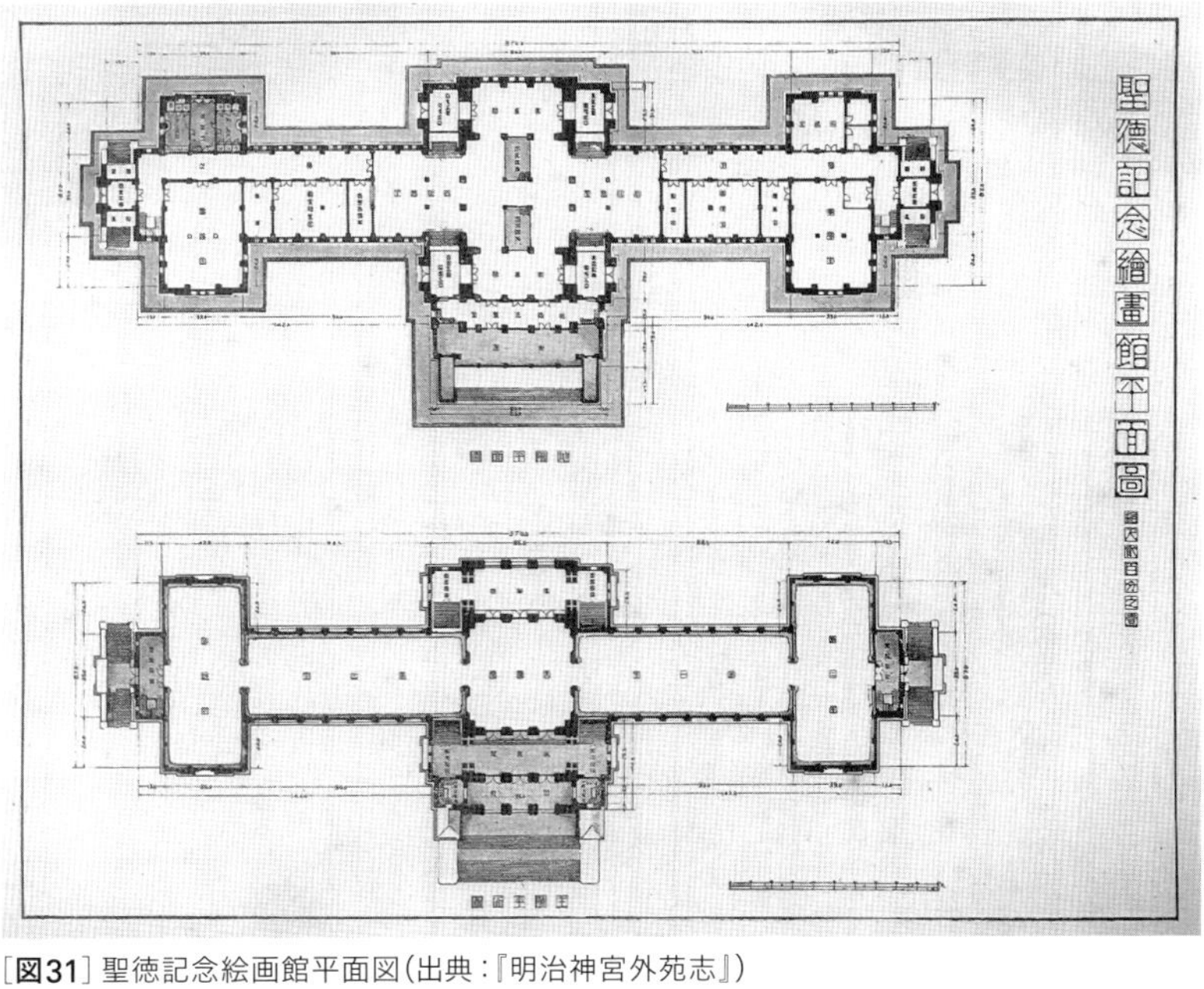

［**図31**］聖徳記念絵画館平面図（出典：『明治神宮外苑志』）

［**写真21**］写真中央が葬場殿趾のクスノキ

殿址記念建造物をつくらなかった理由は「此図案及設計は這般霊地に対する我邦伝統的観念と全く懸隔《けんかく》するを以て本会は同意を表するに至らず『当分樹木を植ゑて周囲に相当の設備を施し御場所の汚れざる様せられ度』旨を以て之に答へ」（六九頁）ためとされている。[62] 要するに、仰々しい記念物をつくるのではなく、清浄さを保つことが大事だということで、クスノキを植えるだけにしたわけである。

　外苑蔵のこの建物の設計図の図面欄のサインから、その実施設計のチーフが高橋貞太郎《ていたろう》[63]（一八九二〜一九七〇、東京帝国大学大正五年卒）だったことがわかる。またその日付から、大正八（一九一九）年八月はじめにはこの建物の基本設計が完成していたことも確認できる。ちなみに『阪谷芳郎奉賛会日誌』（『阪谷芳郎明治神宮関係書類　第九部』明治神宮蔵）の大正八年の項に「七月二十三日外苑事務所ニ立寄リ記念絵画館ノ模型ヲ見ル」とあり、この頃に建物完成模型ができていたことも、それを裏づける。

　なお、第三章で触れたように、聖徳記念絵画館建設地に五尺（約一・五ｍ）の土盛りをする工事は大正八年三月からはじまっていた。その工事は同年六月に終わり、続いて基礎工事に入っていたので、工事と並行して、実施設計図面を作成していたことがわかる。しかし、第一次世界大戦にともなう物価騰貴のために、その工事は大正九（一九二〇）年三月から中断することになった。設計図に高橋のサインが見られるのはその月までで、彼は同年五月六日付で休職している。[*64] その後高橋は外遊し、造営局には戻らず、大正一〇（一九二一）年八月二六日に宮内省に転任した。[*65] 工事途中で聖徳記念絵画館の仕事から離れたということだが、彼のサインがある図面には、平面図や立面図・断面図などの基本図から、構造図や詳細図までが含まれるし、その詳細図と建設された建物を照らし合わせると、ほぼ同じであ

［写真22］聖徳記念絵画館玄関ホール

［写真23］聖徳記念絵画館玄関ホール壁面ディテール

ることがわかるので、聖徳記念絵画館の実施設計者は高橋貞太郎と見てよい。中央玄関ホールのデザイン［写真22・23、口絵18頁左下・19頁上下］は、日本に現存するセセッションの最優秀作のひとつといえるものだが、その図面は高橋の在任時に描かれている。[*66] 実施設計では、一等当選案をおおむね踏襲したわけだが、細部のデザインがかなり異なることにも注意すべきだろう。そこに他の案を参照したふしや、高橋の意図が感じられるからである。たとえば正面両脇の無窓の長大な壁面の長方形の凹みの頂部には歯形飾り［写真24］がついているが、それは一等案とはまったく異なり、二等一席の渡辺案［図21］に近い。また実施案の地階入口の扉を囲むように配されているグリッド状の細かい装飾［写真25］に似たものが、四等一席の下元案［図27］に見られるので、実施設計に際して、一等当選案以外から装飾のヒントを得ていた可能性もある。その意味でも設計競技で広く案を募った意味があったわけである。また、当然ながら、内装には高橋の創意が込められている。

高橋を継いで実施設計を担ったのは小林政一で、設計図の図面欄のサインから、主階の構造などを担当したと見られる。実施案の中央アーチ上の装飾、両翼部の出っ張り部のアーチ型の装飾の細部などが、高橋在任中の図面と少し異なっているので、小林の担当になってから細部に多少の修正が施されたらしい。なお、小林は、大正八（一九一九）年七月一一日付で外苑事務取扱、同年一〇月八日に明治神宮造営局技師になり、大正一五（一九二六）年三月三一日に東京高等工業学校教授になったのにあわせて、明治神宮造営局技師兼任になっている。[*67] 彼は外苑担当の技師で、聖徳記念絵画館を高橋から引き継いだだけでなく、競技場や野球場を担当した。

デザインも優れているが、聖徳記念絵画館には技術面でも注目すべきものがある。それは中央塔頂部のドームである。これは鉄筋コンクリートによる、スパン約一六mのドーム型シェル構造である。シェル構造は、当時においては世界的にも最新技術で、管見によれば、日本では、聖徳記念絵画館とほぼ同時期に、海軍の針尾無線通信所の中央部の半地下の通信室を覆うヴォールト型鉄筋コンクリート造シェル構造の屋根（大正一一年）があるだけである。この当時、このような立体架構の解析技術はまだ発展途上だった。聖徳記念絵画館造の設計図には、このドームの構造図［図32］がある。その一部に作成日が大正一一（一九二二）年

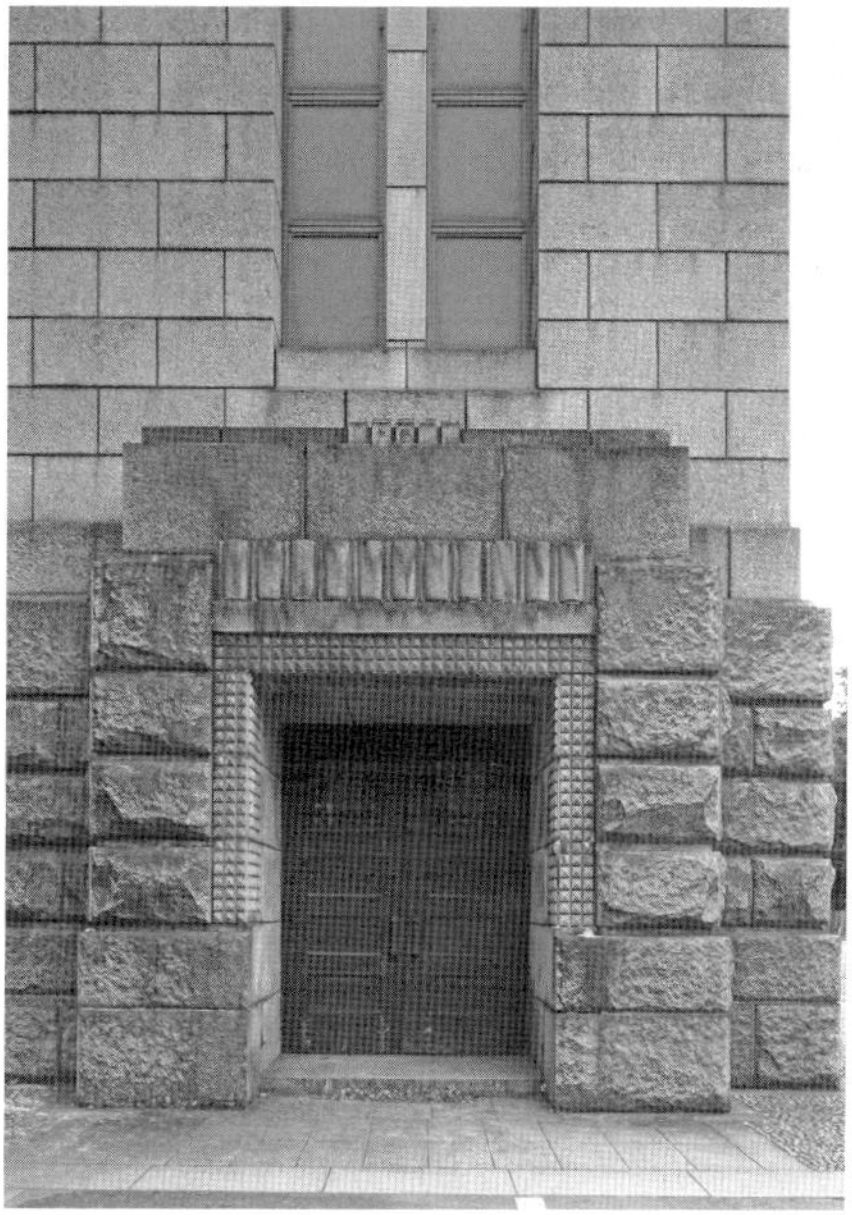

［**写真25**］聖徳記念絵画館地階（一階［地階］）出口上部装飾

［**写真24**］聖徳記念絵画館外壁歯形飾

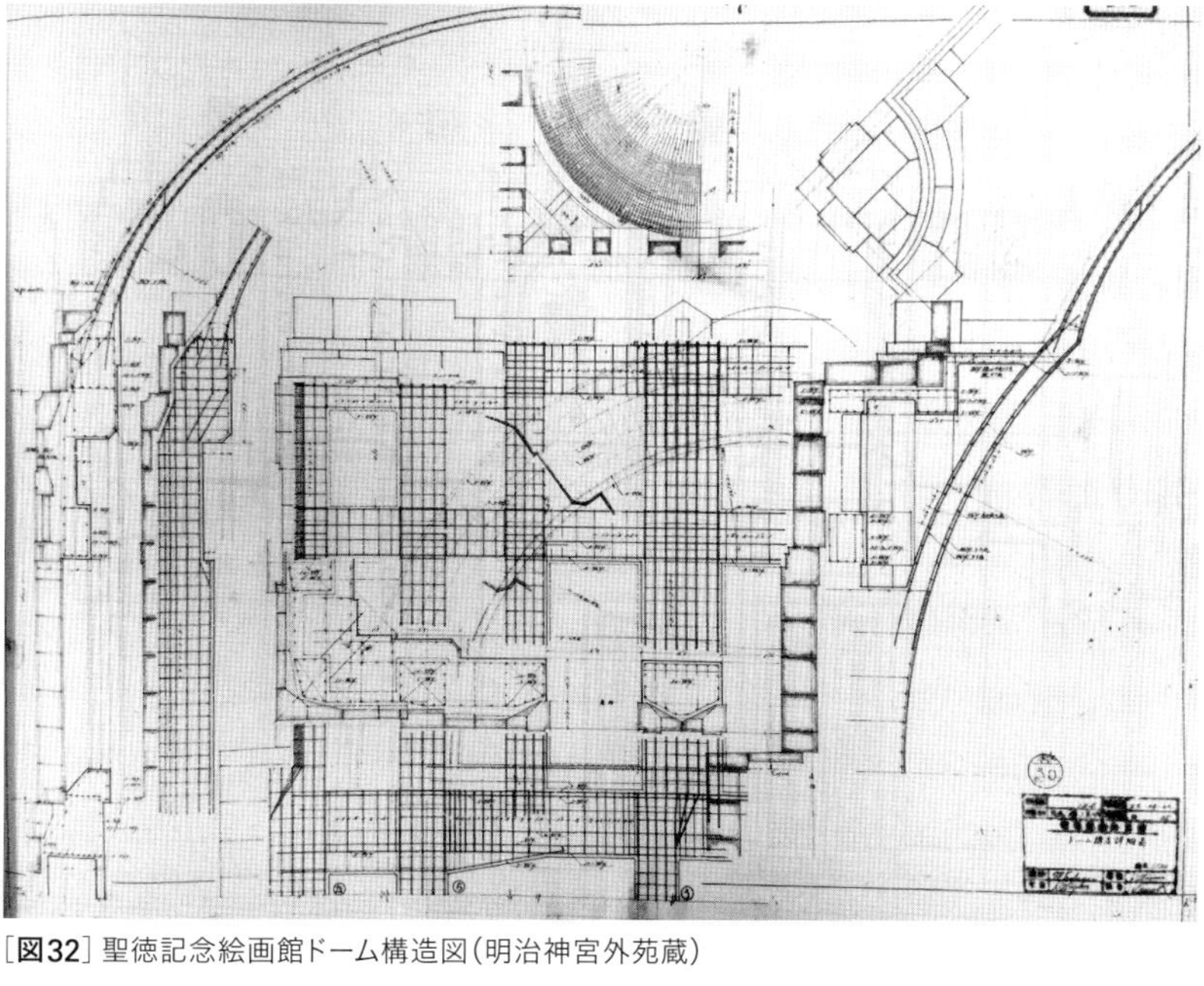

［**図32**］聖徳記念絵画館ドーム構造図（明治神宮外苑蔵）

［**写真26**］聖徳記念絵画館ドーム工事中の写真（明治神宮蔵）
手前の帽子をかぶった人物が佐野利器

三月一四日と記されたものがあるので、このドームの構造設計は小林が担当したと考えられる。小林の学位論文『昭和四年九日　明治神宮外苑工事に就て　第二輯』（私家版、昭和四年）には第二章「絵画館円筒の強度計算」があり、自重だけでなく、雪や風圧・地震力などへの対応、熱応力（熱による変形）まで考慮して構造計算していたことが示されている。ちなみに、地震による水平力想定のための係数（震度）を当時の建築法規が求める自重の〇・一倍ではなく、〇・二倍で計算していることにも安全性への配慮が感じられる（法定の二倍の地震力を想定して設計されているということ）。また、施工にも最大限配慮している。それは、鉄筋の接合部の重ね合わせをふつうよりも長めにとるとともに、そのつなぎ目の水平高さを意図的にずらしていること、ドームを構成するコンクリートを一回で（打ち継ぎなしで）施工したことに示されている。[*68] 明治神宮にはこのドーム工事中の写真［写真26］が残っており、その一枚にドーム建設用の足場に立つ佐野利器の姿が確認できることから、また聖徳記念絵画館の設計図の図面欄の「監査」の項に「ＳａｎｏＴ」のサインが散見されることから、佐野が監修したと見られる。そのことは、以下の小林の回想からも裏づけられる。

また先生が本当に力を注がれたのは外苑の方なのであります。（中略）先生は、奉賛会時代は設計および工事委員として、基本計画の設定に力を尽され、造営局時代には参与として、ときどき開かれる参与会議に列席され、平常は建築工事の全体の指導者として働かれたのでありまず。絵画館も、水泳場も、野球場も、その他種々の建造物も皆先生の指導の下にできたのであつて、私達はその指導にしたがつて一致協力して働いただけです。（中略）先生は東大に教鞭をとるかたわら、隔日ぐらいに外苑に来られて、設計や現場の指導をされた。実に精励で、熱心で、親切であつたので、建築係はもちろん、その他の人々からも親のごとくに慕われておりました。（中略）外苑工事を指揮されるに当つても、この精神でした。どんなさ細な事でもいい加減なことは許されない。設計上の問題などでも、深夜におよんで議論を戦わされることもたびたびありました。また新しい材料でも、構造でも、実験や、模型で徹底的に究明してからでないと承知されない。[*69]

*1伊東忠太「明治神宮宝物殿懸賞競技審査批評　○総論」『建築雑誌』大正四年一一月号、建築学会、七七五頁

*2「宝物殿建築設計競技応募心得」『官報』第八三四号、大正四年五月一五日、三九二頁

*3同前

*4同前

*5『建築雑誌』大正四年七月号掲載のこの設計競技の質疑応答に、「本殿以下社殿は素木造なるや、屋根は檜皮葺なるや」という問いに「答、然り」とある（五二六頁）。

*6伊東前掲「明治神宮宝物殿懸賞競技審査批評　○総論」七七六〜七七七頁

*7黒板勝美「宝物殿の性質上より見たる批評」『建築雑誌』大正四年一一月号、建築学会、七七八頁

*8塚本靖「社殿との調和より見たる批評」『建築雑誌』大正四年一一月号、建築学会、七八三頁

*9佐野利器のこの設計競技の位置づけは、他の審査員とは少し異なり、宝物殿だけでなく、日本の風物に調和する耐久的な（非木造の）建築物をつくるべきだという彼の考えを検証する機会ととらえていた。その観点から、彼は宝物殿の設計競技の意義を「余等は競技直接の目的以外に我が国土の風物に調和すべき耐久的建築物の建設が充分に可能なる事の證《あかし》を得た余輩の喜びと満足とは実に大である」（佐野利器「用途構造を建築様姿の根本なりと見ての批評」『建築雑誌』大正四年一一月号、建築学会、七八七頁）に見ている。審査評を記したほかの三名と立ち位置が違うとはいえ、結果としての評価は彼らと同様である。

*10伊東前掲「明治神宮宝物殿懸賞競技審査批評　○総論」七七五頁

*11建友會編『小林福太郎氏遺作集』（洪洋社、昭和一八年）参照

*12伊東前掲「明治神宮宝物殿懸賞競技審査批評　○総論」七七六頁

*13塚本前掲「社殿との調和より見たる批評」七八一頁

*14伊東前掲「明治神宮宝物殿懸賞競技審査批評　○総論」七七六頁

*15黒板前掲「宝物殿の性質上より見たる批評」七七八頁

*16大森喜一「巻末付図説明」『建築雑誌』大正四年一一月号、建築学会、八〇八頁

*17同前

*18同前

*19同前

*20塚本前掲「社殿との調和より見たる批評」七八二頁

*21佐野前掲「用途構造を建築様姿の根本なりと見ての批評」七八六頁

*22同前、七八四頁

*23同前、七八三頁

*24黒板前掲「宝物殿の性質上より見たる批評」七八〇頁

*25塚本前掲「社殿との調和より見たる批評」七八三頁

*26同前、七八二頁

*27同前
*28佐野前掲「用途構造を建築様姿の根本なりと見ての批評」七八六頁
*29後藤慶二「明治神宮宝物殿設計図説明書」『建築雑誌』大正四年一一月号、建築学会、八一三頁
*30同前
*31同前
*32松井貴太郎「明治神宮宝物殿設計図説明書」『建築雑誌』大正四年一一月号、建築学会、八一六頁
*33前掲「宝物殿建築設計競技応募心得」三九三頁
*34計画時点では「南倉《なんそう》」と呼ばれていたが、竣工後に呼称が「中倉」に変わった。
*35たとえば、大正一一年九月二二日の皇太子（摂政宮）参観の際には、「午後一時十五分宝物殿石階下ニ御到着権宮司の御先導ニテ殿内中央御通過貴賓室ニ御参入御小憩」（当該日の『社務日誌』明治神宮蔵）とあり、昭和九年一〇月一八日の照宮《てるのみや》成子《しげこ》内親王参観では「拝殿御通過中門内ニ進マセラレ秋岡権宮司ノ伝ヘ奉ル御玉串ヲ受ケサセラレ案上ノ筒ニ立テ御拝礼アリ同十五分御退下第三鳥居ヨリ更ニ自動車ニ召サレ大手参道ヨリ東小路ヲ経テ宝物殿ニ向ハセラレ正面石階下ニテ御下乗殿内ヲ経テ貴賓室ニ成ラセラレ御小憩アリ」（同前）とある。なお、「午後一時三十分朝香宮妃允子《のぶこ》内親王、東久邇宮《ひがしくにのみや》妃聡子《としこ》内親王、北白川宮妃房子内親王、竹田宮妃昌子内親王ノ四内親王殿下社務所ニ御着　勅使殿ニ於テ御小憩ノ後同四十七分御参拝遊ハサレ二時四分御退出相成リ宝物殿ニ向ハセラル、（北島禰宜ハ第三鳥居ヨリ御先導及大祓多田主典御手水奉仕）江見権宮司北島禰宜ハ自動車ニテ御先導宝物殿ニ御着西側ヨリ御車寄ニ御着御小憩ノ後御宝物ヲ御覧遊バサレ御小憩ノ後二時二十五分東側ヨリ御退出相成リタリ」（同日誌、大正一五年一一月一一日）のように、宝物殿後ろの車寄から貴賓室で小憩後、北側から宝物殿に入った例もある。
*36黒板前掲「宝物殿の性質上より見たる批評」七八〇頁
*37藤岡洋保・伊東龍一・佐藤由美「大正中期から昭和初期にかけて建設された和風意匠の博物館について」『日本建築学会大会学術講演梗概集』平成元年、七六五〜七六六頁参照
*38『明治神宮奉賛会通信』第二三号、大正六年一一月（明治神宮編『明治神宮叢書　第十九巻資料編（3）』国書刊行会、平成一八年、二八七頁）
*39「聖徳記念絵画館及葬場殿址記念建造物設計図案募集」『官報』第一七六〇号、大正七年六月一五日、三七〇頁
*40同前
*41『時事新報』大正七年九月二八日夕刊に「佐野博士談　右に就き工学博士佐野利器氏は語る　九月十六日の締切迄に百五十五通を得た」（九面）とあることによる。
*42東京では、東宮御成婚記念の奉献美術館として明治四一年竣工の表慶館（片山東熊設計、現・東京国立博物館）がある程度だった。
*43「聖徳記念絵画館及葬場殿址紀念建造物意匠懸賞競技審査員

評」『建築雑誌』大正七年一〇月号、建築学会、五六二頁
＊44同前、五六一頁
＊45「日本趣味から出発したもの」に関して、審査員の伊東が以下のように酷評している。

第二の日本建築から出発した諸作は、大体に於て失敗に帰した、多くは余りに日本建築に捕はれ過ぎて材料構造と形式との調和を失ひ真摯、誠実の感を起さしむるものなく、その肝要なる構造の殆んど総てが無理である、耐久的構造であるべき筈のものに、深い二重棰を木造其の儘に用ゐ表面に金属を被覆するに至つては最も甚たしい。一昨年明治神宮内苑に建設す可き宝物殿の懸賞競技に於ては、社殿と調和す可き様式と云ふ条件の下に一等に当選した図案は、日本建築趣味のものであつて優良な作であつたが、あれに比す可き優れたものはなかつた

（同前）

＊46これについても、伊東が以下のように酷評している。

第一のヒストリカルスタイルの内には、純クラシツクのものが少数と、多数のルネサンス系統のものと、に極少数の他の様式の雑種のものとに別け得られる、此等の意匠に対する自分の感想は純クラシツクのものは、余りにきまり過ぎ荘重典麗ではあるが、多く感興を起さしめない。ルネサンス系統のものは多くは余りに尋常普通であり、或は余りに繁縟《はんじょく》に流れ之亦深き感興を起さしめなかつた。

（同前）

＊47同前
＊48「聖徳記念絵画館及葬場殿址紀念建造物意匠懸賞競技審査員評」五五九頁
＊49同前、五六一頁
＊50同前、五六二頁
＊51同前、五六一～五六二頁
＊52同前、五六二頁
＊53同前、五六〇頁
＊54同前、五六一～五六二頁
＊55同前、五六四頁
＊56同前
＊57平面図（高梨由太郎編『聖徳記念繪畫館並葬場殿趾記念建造物競技設計圖集』洪洋社、昭和五年、一三版、大正七年初版）を見ると、入場券窓口が地階中央両脇にあり、下足場への入口は建物中央後ろ側の西端で、出口はその反対側の東端に設けられているのがわかる。
＊58大阪の日本建築協会刊行の建築雑誌『建築と社会』大正七年一一月号に「明治神宮外苑記念建造物懸賞当選図案に就いて」（筆名はペンネームで「大蘆生」）があり、そこで長谷部案を「蓋世《がいせい》の傑作」として絶賛している。それは以下のようなものである。

嗚呼《ああ》偉大なる作家の芸術よ、天神は斯くの如き蓋世の傑作を吾建築界に到来せしめたり。其規模の雄大豪壮なる、其意匠の高邁剛健なる、其着想の傍若無人なる、真古簡素質

撲の傑作空前絶後の大作に非ずや、其漠々茫洋《ばくばくぼうよう》の風韻は百五十余通の作品を圧するのみならず、審査員を驚倒せしめ観客をして無限なる畏敬の念を喚起せしめたり（六八頁）

この筆者は、プランニングを含め、長谷部案の圧倒的な壮大さや実現可能性を高く評価しているが、中央塔の圧倒的な存在感や、明治天皇の騎馬像を高い柱の上に置いた前庭広場の壮大な設定などが、あまりに仰々しいことが審査員の賛同を得にくくしたと考えられる。

＊59「聖徳記念絵画館及葬場殿址紀念建造物意匠懸賞競技審査員評」『建築雑誌』（同前、五六五頁）

＊60この新様式への関心が高かったことは、『セセッション圖案集外観之部』（高梨由太郎編、洪洋社、大正三年初版）、『セセッション圖案集　室内之部』（高梨由太郎編、洪洋社、大正四年初版）などが大正時代に洪洋社から出版され、それらが版を重ねたことからもうかがえる。

＊61『明治神宮外苑志』（明治神宮奉賛会、昭和一二年）の第三篇「建築」第二章「聖徳記念絵画館」に「大正八年三月敷地一帯の盛土工事を行ひ、同年六月完了、同年十月基礎工事に着手し、同九年七月完了、同十年六月主体工事を初め、同年十月十五日定礎祭挙行、同十三年十月完了、同十四年一月内部仕上工事に着手、同年十二月完了、爾後引続いて残工事を行ひ、大正十五年十月全部の工事を竣れり」（一四七頁）とある。

＊62小林政一は、葬場殿址の処理に関して「また外苑としては最重要な意義のあつた葬場殿址には、初めは大きな記念碑を建てる予定でしたが、これを廃して清浄な植樹園を以てしたり、各所入口には、宮城石垣の古材を用いて、日本式風趣を添えるなど、皆先生の発案でありました」と、佐野利器がその方針を決めたと回想している（『佐野利器』佐野博士追想録編集委員会、昭和三二年、六八～六九頁）。

＊63『官報』第一五四六号（大正六年九月二六日）によれば、高橋が明治神宮造営局技師になったのは大正六年九月二五日（五六四頁）

＊64『官報』第二三二九号、大正九年五月一〇日、二一二頁による。

＊65『官報』第二七二三号、大正一〇年八月二七日、七二三頁による。

＊66その図面欄のサインから、その図面を描いたのが矢部金太郎（東京美術学校大正七年卒）だったことがわかる。

＊67『小林政一先生』小林政一先生追憶録刊行会、昭和五三年、五頁

＊68小林政一『昭和四年九月　明治神宮外苑工事に就て　第二輯』（私家版、昭和四年九月）の「第二章　絵画館円筒の強度計算」（三八～五四頁）、および増田泰良・西澤英和・藤岡洋保「明治神宮宝物殿南倉の構造計画の特徴について」（『日本建築学会計画系論文集』六二八号、平成二〇年六月、一三四一～一三四八頁）参照

＊69小林政一「佐野先生と明治神宮造営」前掲『佐野利器』六七～六八頁

第五章

復興社殿の計画と設計趣旨

第一節　戦災と復興計画

昭和二〇（一九四五）年四月一四日の空襲により、内苑の社殿のうち、本殿・神庫・中門・内透塀《うちすきべい》・拝殿・複廊・便殿《びんでん》・直会殿《なおらいでん》から西神門北側の廻廊までが焼失し［写真1］、同五月二四日に旧御殿が、二五日には貴賓館が、翌二六日には勅使殿・齋館・社務所、隔雲亭が空襲で失われたため、とりあえず宝物殿事務室を臨時の社務所にあてることになった。図1は内院・外院の焼失区域を示したものである。天長節祭（四月二九日）が迫っていたこともあって、東神門内北側に仮祭場（幄舎《あくしゃ》）を設け、その近くの東廻廊に白鯨幕で囲った仮神饌所を設営するなど、応急措置が必要になった。[*1]

なお、御霊代《みたましろ》は、昭和一九（一九四四）年一一月一九日に「宝庫」に動座してあった。この「宝庫」は昭和一七（一九四二）年九月に本殿北東地下に鉄筋コンクリート造で建設されていた避難施設だが、本殿焼失の際に、御霊代はより安全を期して宝物殿に動座された。内苑が四月一五日にも大規模な空襲を受けたため、一六日にふたたび宝庫に奉還され、南神門前の石階下に「拝所」の札を立て、一般参拝者の参拝所とした。『社務日誌』（明治神宮蔵）によれば、昭和二〇年四月二八日に仮祭場がおおむね完成したらしい。[*2]

明治神宮の主要部が被害を受けたことを神祇院は重く受け止めたようで、同年七月一一日には伊賀上《いがうえ》五郎技師が仮殿の平面図と立面図を明治神宮に示しているから、[*3]罹災後すぐに仮殿の設計をはじめていたことがうかがえる。その仮殿は、終戦直後の九月一一日の地鎮祭を経て、間組《はざまぐみ》（現・株式会社安藤・間）によって建設され、翌二一（一九四六）年五月三一日に遷座祭を行った。[*4]その建設位置は、旧拝殿の石階上から旧中門の前までで、北から本殿・祝詞舎・拝殿が並ぶものだった［写真2・3］。

この頃、神社、特に内務省管轄の官国幣社を取り巻く状

［**写真1**］昭和20年4月の空襲で罹災した本殿（明治神宮蔵）

［**写真2**］明治神宮仮殿鳥瞰（明治神宮蔵）

[写真3] 明治神宮仮拝殿(明治神宮蔵)

況は厳しかった。昭和二〇(一九四五)年一二月一五日にGHQから「神道指令」が出され、「神道ノ教理並ニ信仰ヲ歪曲シテ日本国民ヲ欺キ侵略戦争ヘ誘導スル為ニ意図サレタ軍国主義的並ニ過激ナル国家主義的宣伝ニ利用スルガ如キコトノ再ビ起ルコトヲ妨止スル為ニ再教育ニ依ッテ国民生活ヲ更新シ永久ノ平和及ビ民主主義ノ理想ニ基礎ヲ置ク新日本建設ヲ実現セシムル計画ニ対シテ日本国民ヲ援助スル為ニ茲ニ左ノ指令ヲ発ス」として、「(イ)日本政府、都道府県庁、市町村或ハ官公吏、属官、雇員等ニシテ公的資格ニ於テ神道ノ保証、支援、保全、監督並ニ弘布ヲナスコトヲ禁止スル、而シテカカル行為ノ即刻ノ停止ヲ命ズル」とともに、「(ロ)神道及神社ニ対スル公ノ財源ヨリノアラユル財政的援助並ニアラユル公的要素ノ導入ハ之ヲ禁止スル、而シテカカル行為ノ即刻ノ停止ヲ命ズル」[*5]とされた。この指令によって、国からの官国幣社への管理や財政的支援は打ち切られ、地方自治体が支援することもできなくなり、国有地だった境内地の処遇が問題になった。

あわせて「宗教法人令」が同月二七日付で出され、[*6]それに応じて明治神宮は「明治神宮規則」を翌二一(一九四六)年五月一四日に神社本庁(宗教法人として昭和二一年二月

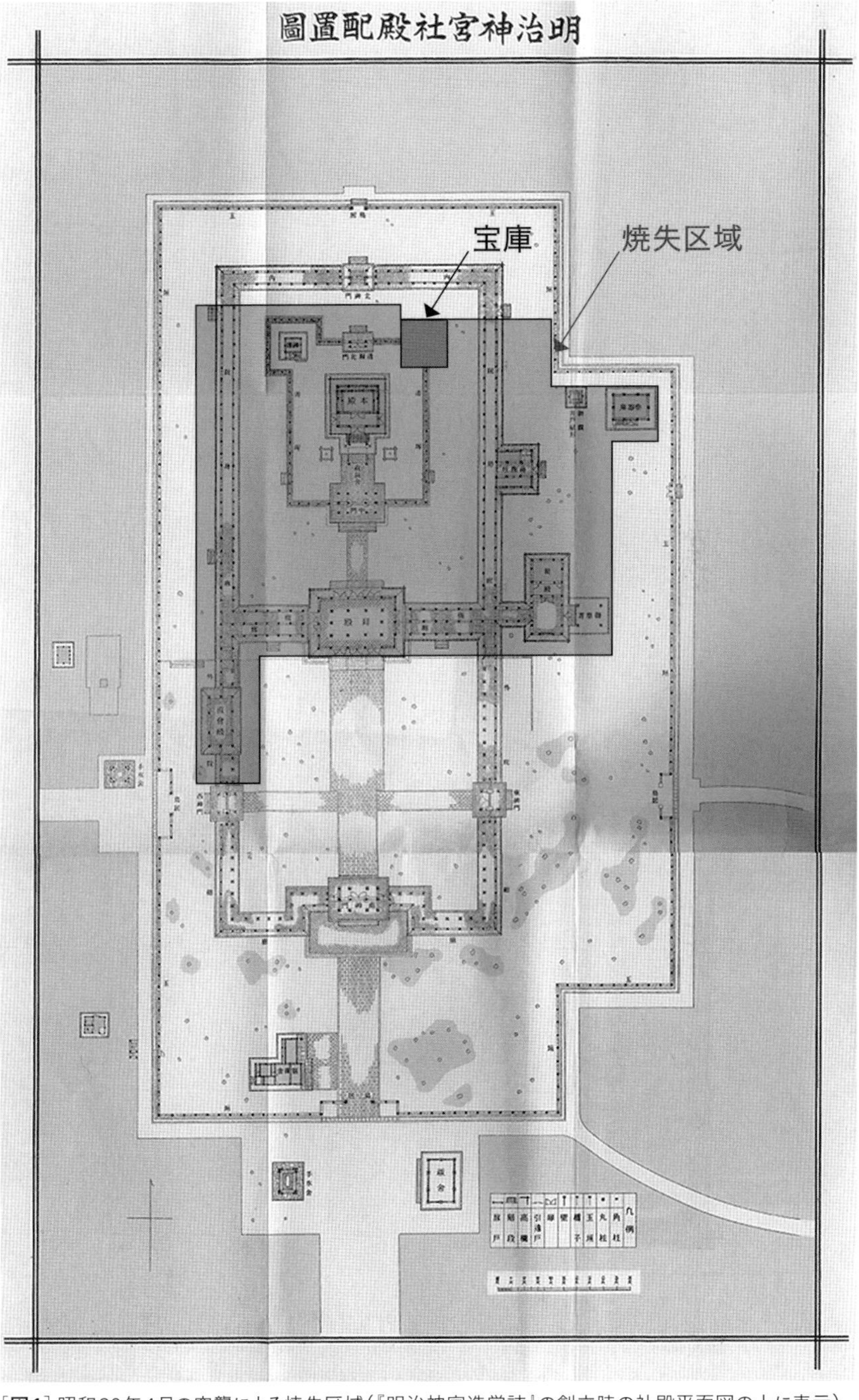

［**図1**］昭和20年4月の空襲による焼失区域（『明治神宮造営誌』の創立時の社殿平面図の上に表示）

三日設立）に届け出ている。[*7]

明治神宮の内苑は御料地（昭和二二年五月三日の新憲法施行にともなって国有地）[*8]、外苑は国有地だったので、その処遇は神社の存立に関わる問題になった。そこでまず、昭和二二（一九四七）年五月二日の「国有境内地処分に関する法律」[*9]の施行にともない、内苑約二二万坪、外苑約一五万坪を明治神宮に譲渡売却を求める申請を翌二三（一九四八）年四月二七日に出した。終戦後の日本は連合軍の占領下にあり、明治神宮にも衛兵が配置され、外苑は連合軍のリクレーション施設にあてられるという状況下でのことである。[*10]このような混乱の中では早期の復興は現実には不可能だったが、明治神宮はかなり早くから将来計画を構想しはじめていた。たとえば昭和二一年二月一五日に「明治神宮の将来に関する懇談会」を開催しているし[*11]、翌二二年一二月三〇日付けで宮地直一《なおかず》（一八八六～一九四九）から「復興に関する提案要旨」[*12]を受けている。そのうちの建築に関わるものを抜粋すると、

○（中略）時勢ノ変化ニ伴フ祭祀ノ奉仕及ビ大衆ノ教化等ノ点ニ考慮スル傍ラ旧型ノ不備、欠点ヲ是正スル意図ヲ以テ随所ニ適当ノ変更ヲ加ヘ以テ新時代ノ要請ニ応ゼシムルコト

○現在ノ中門式ヲ廃シ本殿・拝殿ノ間ニ廊・幣殿《へいでん》等ヲ繋ギ、一部ヲ神饌弁備所・楽所・神職候所等ニ充ツルコト

○幣殿以内ヲ以テ祭儀奉仕ノ所トシ、拝殿ヲ以テ成ルベク多数ノ参列者ヲ収容スルコト、同時ニ均シク祭典ノ厳儀ヲ拝観出来得ルヤウ設計スルコト

○東遊、大和舞等ノ楽舞ヲ奏スル箇所ヲ考慮スルコト

○便殿及ビ付属車寄ヲ廃止スルコト

○授与所ノ位置・構造・形式等ニツキ適当ノ工夫ヲナスコト

○大衆ノ参拝ノタメ設備ヲ整頓又ハ新設スルコト

○社務所ニツキテモ同様適当ノ変更ヲ加ヘテ「見ル家」ヨリ「住ム家」本位トシ、其ノ実ニ適セシムルハ勿論、祭典ニ参列者ノタメノ参集所、所々ニ休憩所ヲ復旧シ、講演所、修養道場等ヲ新設シテ時勢ノ要請ニ副《そ》フ要アリ

ここでは、社会体制の変化に対応するため、旧社殿の問題点の改善と大衆教化を図ること、より具体的には、（一）本殿から拝殿までの社殿の関係を密にし、楽舞の場を用意

するなど、奉祀のしやすさや参列者への配慮、（二）便殿の廃止、（三）参集所や休憩所、講演や修養のための施設を設けることが提言されている。

最大の懸案といえる境内地確保の件は、昭和二七（一九五三）年一二月一六日に、内苑と外苑の一部をあわせて計二〇万八、〇三一・〇二坪の明治神宮への無償譲渡が決まり、外苑に関しては、一一万三、九四八・九五坪（最終的には一一万三、六二四・七七坪）を時価の半額で明治神宮が買い上げることになり、昭和三一（一九五六）年に国からその通知を受けてから昭和四二（一九六七）年までにその費用の五億四、九七二万三、九八八円を完納した。[*13] ちなみに、内苑境内地無償譲渡の件は昭和二五（一九五〇）年一月頃に東京都財務部から了解が得られていたらしい。[*14] このような手続きを経ながら、復興計画が徐々に動きはじめた。

社殿復興計画の具体案として『社務日誌』から確認できる最初のものは以下の記述で、その日付は昭和二三（一九四八）年三月三一日である。

一、午前十一時ヨリ明治記念館ニ於テ同館懇談会開催（中略）右終了後宮司、権宮司、禰宜《ねぎ》以下各課長ハ吉田、宮地両総代、相川、平木、角南、髙田ノ諸氏ト共ニ絵画館ニ至リ角南氏立案ノ神宮復興根本計画案ニツキ同氏ヨリ図上説明ヲ聴取ス（傍線筆者）

この記述から角南隆（一八八七〜一九八〇、東京帝国大学大正四年卒）が計画を立案していたことがわかる。角南は神社建築を熟知した建築家である。彼は大正五（一九一六）年九月に明治神宮造営局事務取扱嘱託になり、翌六（一九一七）年九月に技師になったときには外苑課に配属されたので、[*15] 内苑創立時の社殿の設計に中心的な役割を果たしたわけではないが、約四か月のアメリカ視察から帰った大正九（一九二〇）年三月から内務省神社局に勤務し、昭和一四（一九三九）年七月にはその工営課長に、そして、神社局が翌年一一月に神祇院に昇格した時にはその工営課長になり、神祇院が昭和二一（一九四六）年二月に廃止されると、同二二（一九四七）年一二月二五日に神社建築設計を専門にする日本建築工芸株式会社（現・日本建築工芸設計事務所、以下ではともに「日本建築工芸」と表記）を立ち上げ、その社長になった。昭和二八（一九五三）年の伊勢神宮式年遷宮の造営責任者（神宮司庁造営顧問・臨時造営局長）でもあった。[*16]

先掲の引用から、この懇談会で角南が図面を示したことがわかるが、その詳細は不明である。しかし彼は、昭和二三年四月二六日と五月二九日にも、社務所側と復興計画案について話し合っているので、[*17]明治神宮はこの頃にはすでに復興についてのヴィジョンを描きはじめていたと見られる。

復興計画を示す図面のうちで現存最古とみられるものは「明治神宮復興計画配置図　千二百分ノ一」というタイトルがある配置図［図2］と、「明治神宮社殿計画平面図　縮尺二百分ノ一」［図3］、「明治神宮社務所齋館計画平面図　縮尺二百分ノ一」［図4］（いずれも日本建築工芸蔵）で、トレーシング・ペーパーに鉛筆描きのものである。この配置図には「昭和二十四年四月案」と日付が記されている。他の二枚には日付はないが、その平面図の外形や周囲の様子が配置図に記されたものと同じで、しかも筆致やレタリングが同じスタイルなので、同時期にセットとして描かれたものと見られる。なお、それ以外に、同じ内容の未完成の配置図が二枚（日本建築工芸蔵、うち一枚は御苑部分が空白で、もう一枚は一部彩色されたもので、付属建物の平面が異なる）あり、明治神宮にも、この配置図の青焼きに彩色したものが二枚残されている。

これらの図は角南自身が描いたと見てよい。設計を指揮する立場にある建築家にしては珍しく、角南は重要な図面を自ら描くことが多かった。彼の図面には、すぐにそれとわかる特徴がある。濃い鉛筆で自由闊達（かなりの早描き）な筆致で描かれ、そこに凝ったレタリングを配するというもので、躍動感と強さ、華麗さが感じられる［第三章図7］。それは彼の性格の反映でもある。

この配置図には、社殿や齋館・社務所のほかに、野球場やテニスコート、児童遊園、文化会館、能楽堂、官舎らしき建物が描かれている。スポーツ施設が含まれるのは、おそらく、外苑が明治神宮に戻ってこなかったときのことを考えて、神宮維持費を得るための施設という意味も込めていたからだろう。

なお、後に紹介する「第一回復興専門委員会」（昭和二七年一一月二一日）の議事録（明治神宮蔵）に、角南がこの計画に言及したとみられる箇所がある。それは以下のようなものである。

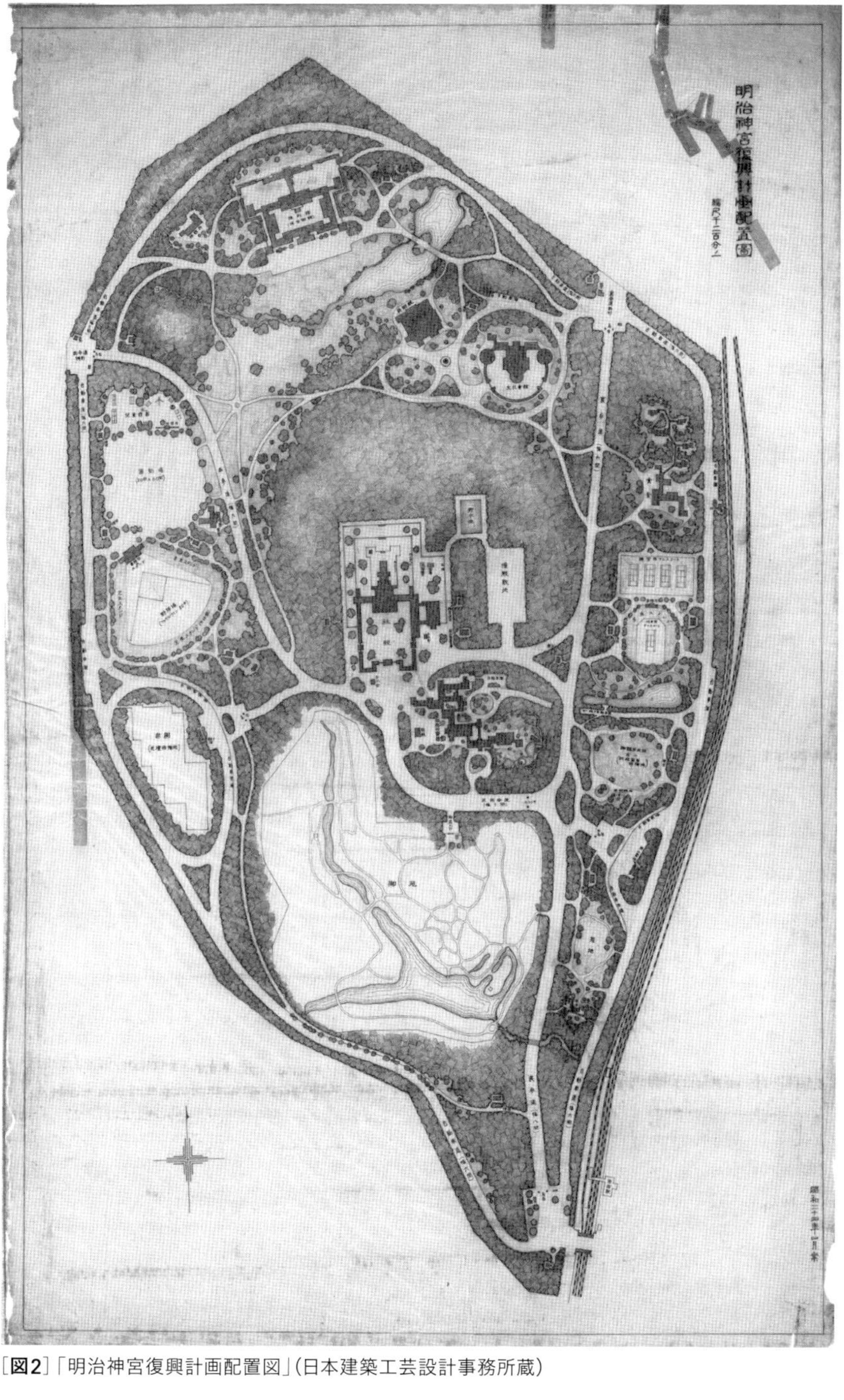

［**図2**］「明治神宮復興計画配置図」（日本建築工芸設計事務所蔵）

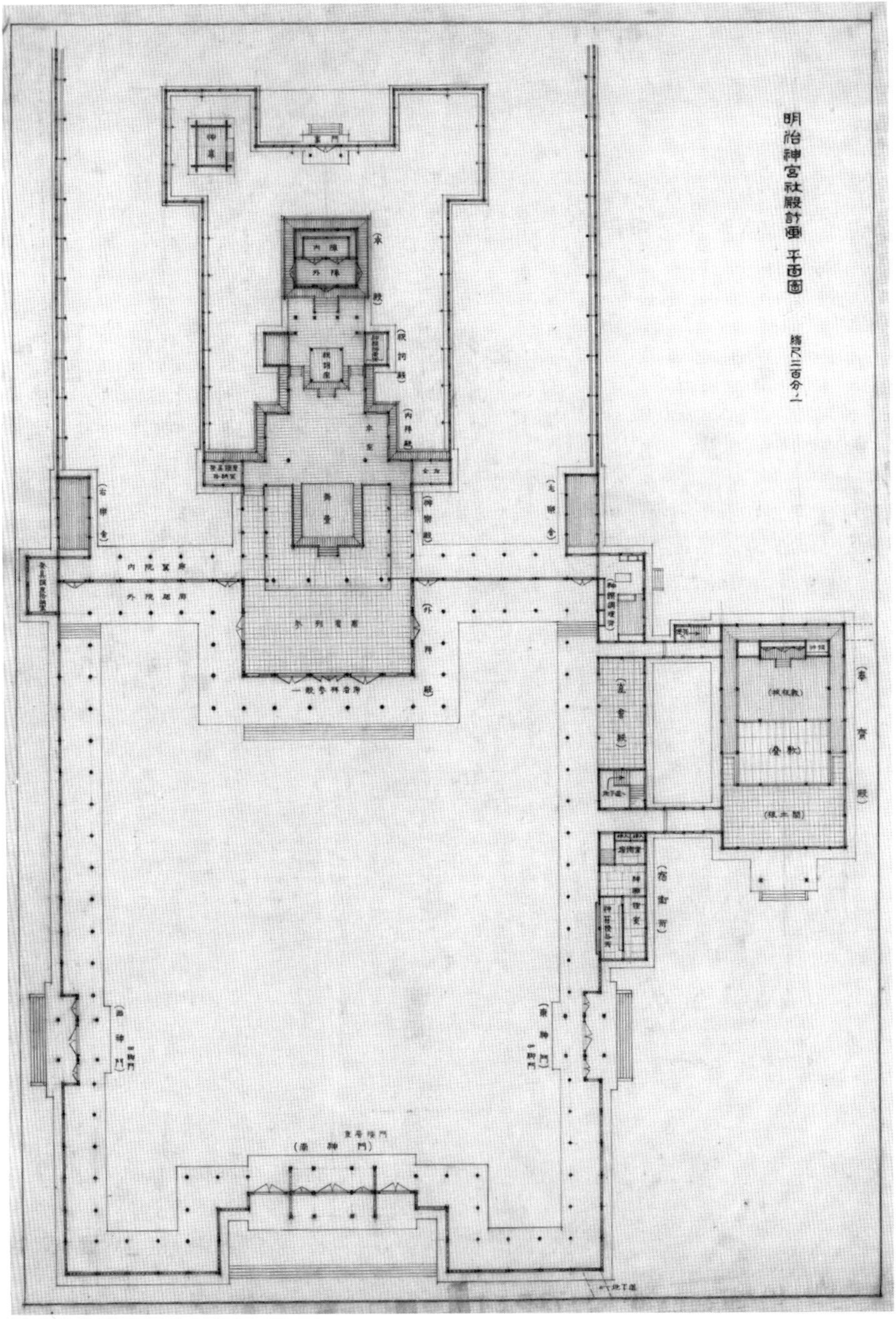

[図3]「明治神宮社殿計画平面図」(日本建築工芸設計事務所蔵)

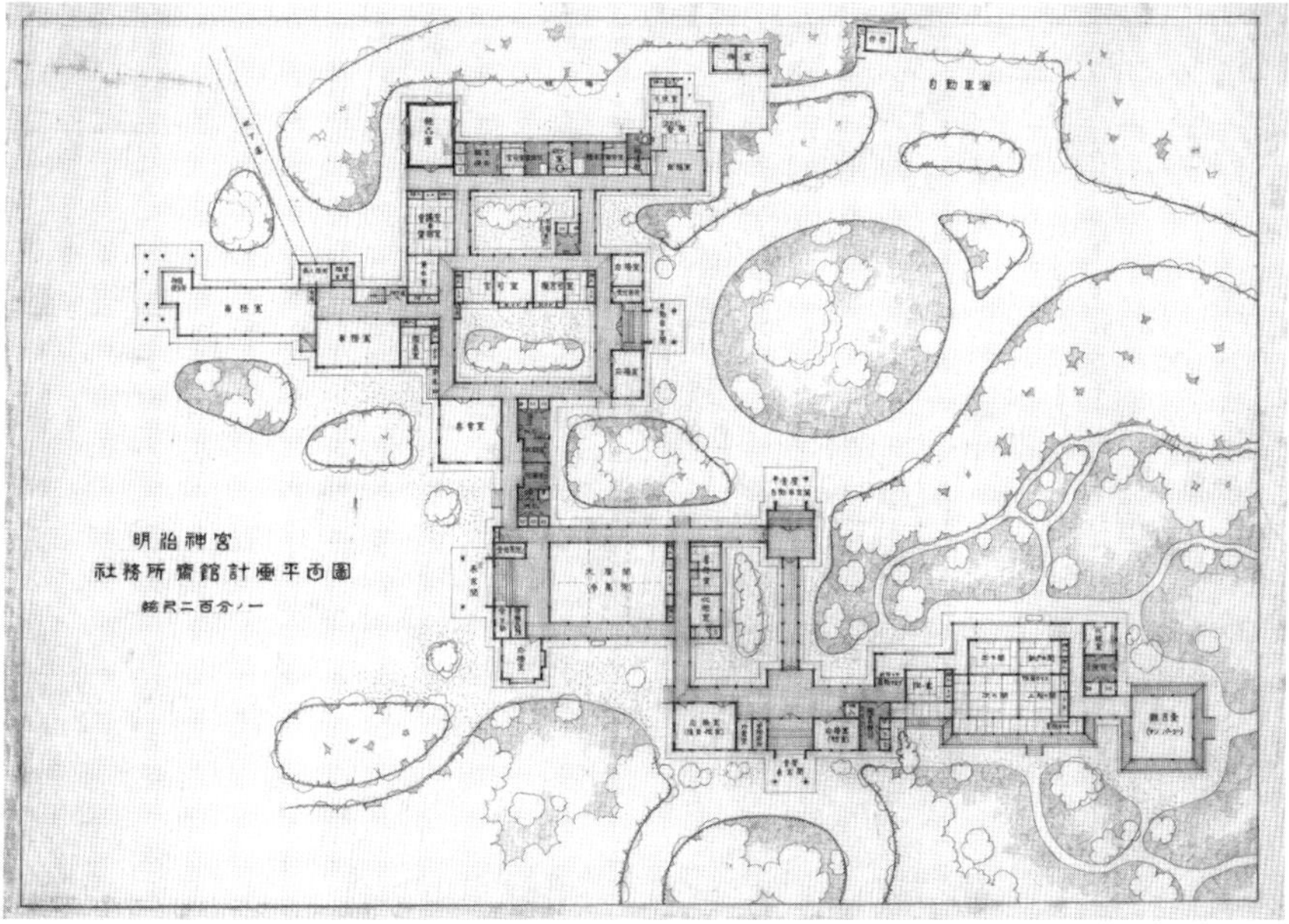

［**図4**］「明治神宮社務所齋館計画平面図」（日本建築工芸設計事務所蔵）

一昨年であったか[*18]田中前権宮司からご相談をうけて具体的な案を持ってそれを検討したいといふ事で一応下書を作るからそれによって討論してくれと金額に関係なしに計画を樹てて見た　時代も変ってゐるのでこの様なものもあった方がよからうといふ物も色々含めて見た所八億の予算となったがこれは一つの夢物語りを作ったわけだ

この発言からも、明治神宮から依頼されて角南が計画案を練っていたことがわかる。この発言に続けて、角南がその設計の要点を説明している。それをまとめれば次のようになる。

（一）車道の増設・整備（外周に車道）
（二）三方からの参拝者を南神門前に集め、正面だけからの参拝に変更。それにあわせて外院側の外玉垣を撤去
（三）本殿は従来と同じだが、新たに内拝殿・外拝殿を設置
（四）社務所・齋館・貴賓館を社殿の南東側の森に設け、車道と地下トンネルで連絡
（五）スポーツ施設、幼稚園、児童遊園、文化会館、能楽堂

などを新設

まず、車社会に対応する必要があるということで、車道を敷地外周にめぐらす一方で、境内の神聖さを保つため、その内側には原則として車を入れないようにしている。また、かつての社務所が社殿から遠すぎたとして、外院南東側の森を開いて設けることにし、その貴賓館への車のアプローチについては、北参道の下にトンネルを設けて、東側の車道からそこを潜って至るように計画している。そして、従来南・北・西の境内入口から外院の三つの門につながっていた参道を南神門の南側に集め、参拝者すべてを南から参進させるようにしている。そのために、外院側の外透塀が妨げになるとして、その撤去を提案している。なお神職は、社務所北西端から地下道を通って外院東廻廊南端に至ることになっていた。奉賽殿《ほうさいでん》や直会殿が東廻廊側に設けられていることにうかがえるように、また便殿を廃止することになったこともあって、この時点では、東廻廊を拝殿への参進経路にあてる計画になっている［図3］。

そして、拝殿を内拝殿《ないはいでん》と外拝殿《げはいでん》の二つに分けている。この二拝殿形式は、大規模神社の祭祀の便を考えて、角南が昭和一〇年代に導入したやり方で、橿原神宮（昭和一四年）、平安神宮（昭和一五年）、近江神宮（昭和一六年）に先例がある。[*19] なお、先掲の宮地直一の「復興に関する提案要旨」にも、同様の趣旨の提言があった。そこで「拝殿」とされているのが、角南の「外拝殿」にあたり、「幣殿」と記されているのが「内拝殿」に対応するとみられる。角南は明治神宮の意向を踏まえて設計案を検討していたわけで、その意向に宮地の提案が反映していた可能性は十分考えられるし、角南同様に、宮地は戦前の明治神宮をよく知る人物だったので、その改良すべき点についても十分に認識したうえで提案をしたとみられる。図3の内拝殿には舞台（舞殿《ぶでん》）が描かれているが、それも宮地の提案要旨に含まれていたものである。当然ながら、角南も内務省の神社営繕事業を指揮していた経験を踏まえて、宮地と同様の考えを抱いていたはずである。なお、これらの施設はすべて木造で計画されていた。

社務所の整備も緊急の課題だった。宝物殿の事務室を臨時の社務所にしていたが、スペースの面からも、社殿から遠く離れていることからも不便で、本格的な復興の前に、宿衛舎の北西角に接して仮社務所を建設することになった。その設計は日本建築工芸が担当して昭和二五（一九五〇）年

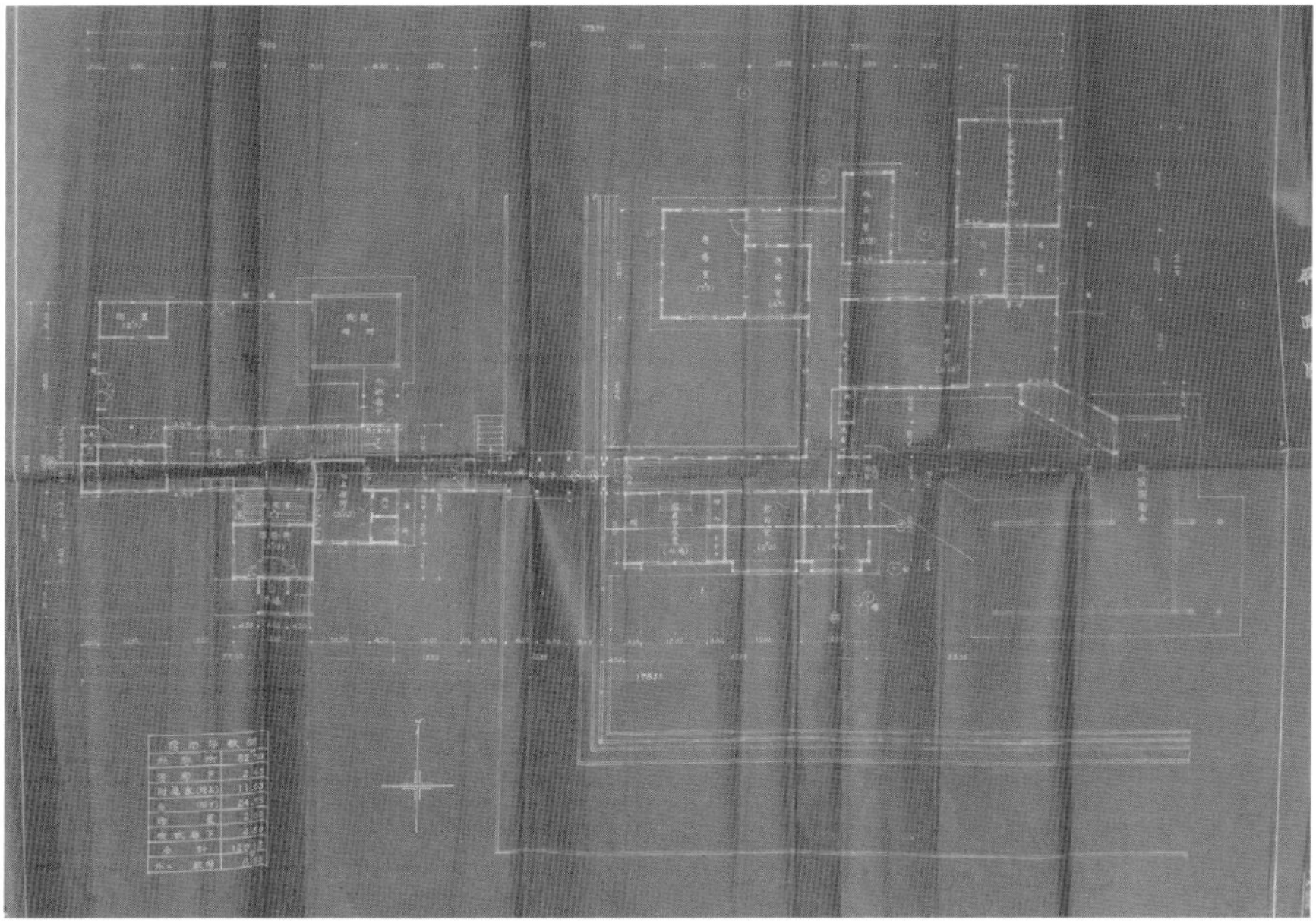

［**図5**］仮社務所平面図（明治神宮蔵）

［**写真4**］仮社務所正面（明治神宮蔵）

二月に完成し、崇敬会理事会での承認を得た後、清水建設の施工で同年四月二五日に地鎮祭、同年七月一一日の上棟祭を経て、同一〇月三日に竣工した。木造平家建て一部二階建てで、延床面積は二四六・一五坪、工費は三一八万九、四三〇円だった[*20]［図5、写真4］。

第二節　復興準備委員会と造営委員会での議論

社殿の復興に向けて具体的な検討がはじまったのは昭和二六（一九五一）年一一月頃と見られる。サンフランシスコ講和条約が同年九月八日に調印され、翌年の四月二八日に日本が主権を回復することが決まっていたし、先述のように、その前に内苑敷地の無償譲渡のめども立っていた。『社務日誌』に社殿復興の本格的な検討についての記述があらわれるのは、昭和二六年一一月五日のもので、以下のように記されている。

一、午前十時建築巧芸社角南隆、小橋英雄の両氏を招き社務所より田中権宮司、高沢禰宜、福島崇敬会事務局長　副島、在間《ざいま》両課長、紺野権禰宜、松本嘱託出席し復興御造営基本案作成に付協議をなし午後七時終了す

この頃から、社殿復興の準備がはじまり、角南がその案を作成していたということである。翌二七（一九五二）年五月四日の『社務日誌』には、「一、午後四時より応接室に於て臨時総代会を開催す　出席者は吉田、久保、石川の三総代、児玉顧問　社務所側宮司、権宮司、禰宜、福島崇敬会事務局長、在間権禰宜にして特に角南顧問の出席を求め社殿御復興計画具体案につき協議懇談をなし午後九時過散会す」とある。この頃、角南は伊勢神宮の式年遷宮（昭和二八年）で多忙だったが、その少し前の四月一五日には、福島信義崇敬会事務局長がわざわざ伊勢に出向いて角南と相談しているし、五月四日の会議の三日後に田中喜芳権宮司が角南の自邸を訪ねているほどだから[*21]、明治神宮が計画の策定を急いでいたことがうかがえる。それは、早期に「明治神宮復興懇談会」を開いて、復興のための献金募集計画にかかることを想定していたからだろう。この年の一一月

三日が「明治天皇御生誕百年祭」ということで、明治神宮はその際に社殿復興計画を公にしたいと考えていたとみられる。

日本建築工芸には「昭和二十七年五月」の日付がある角南隆の社殿復興計画図（透視図で角南筆）が残っている［図6］。それによれば、本殿は外陣つきの流造で、祝詞舎を介して内拝殿が続き、渡廊《わたろう》で囲まれた中庭《ちゅうてい》を挟んで外拝殿が建っている。基本構成は実際に建ったものと同様だが、この時点では細部がかなり異なっていることも見てとれる。たとえば、実施案では二つの拝殿の屋根の棟はより短く、両側面に切妻屋根が別についているが、この角南案にはそれがない。またこの案では、外拝殿正面の向拝を支える柱は八本（実施案では六本）になっており、その下の石階の幅は実施案より狭い。

ともあれ、それまで内部で検討されていた復興計画がこの頃から具体化に向けて動きはじめた。まず昭和二七（一九五二）年六月五日に「明治神宮復興懇談会」が日本工業倶楽部で開かれた。これは明治神宮が復興のための献金依頼の前段階として、日銀総裁や東京都知事、経団連会長など、政財界の実力者にその計画を説明するためのもので、石川一郎、一万田尚登《いちまだひさと》、藤山愛一郎、宮島清次郎、諸井貫一、安井誠一郎、高橋龍太郎、中野金次郎、吉田茂、石川岩吉、石黒忠篤、荷見安《はすみ》らの参集を乞い、明治神宮からは鷹司信輔《たかつかさのぶすけ》宮司と田中喜芳権宮司、福島信義崇敬会事務局長が出席して、権宮司から以下のような復興の基本方針が示された。[*22]

そこには、角南隆も同席していた。[*23]

（一）焼失を免れた施設は引き続き使用

（二）中門は廃止（祭祀の様子が見えるように）

（三）便殿は勅使殿と兼用

（四）拝殿は規模拡大

（五）齋館・潔斎所《けっさいじょ》は必須

（六）社務所の新築も必要

（七）賽銭で神社を維持していくことになるので、参拝者の満足を得られる施設が必要

（八）修養場の建設を希望

（九）予算は四億九、五〇〇万円を予定

この席で図面が示されたらしいが、先掲の透視図以外の図面については不明である。

この懇談会で、復興の具体案を検討するために「復興準備委員会」が設けられることが決まった。その委員には、先

［**図6**］明治神宮社殿復興計画透視図（日本建築工芸設計事務所蔵）

の復興懇談会に呼ばれた政財界の実力者や明治神宮崇敬会幹部、同総代が、明治神宮からは宮司・権宮司らの幹部が名を連ねていた。建築関係でその委員になったのは、計画立案者の角南隆と、創立時の造営局参与だった佐野利器《としかた》である。[*24]なお、この復興懇談会直後の六月一八日に田中喜芳権宮司が國學院大学理事に転出したのを受けて、函館八幡宮宮司だった伊達巽《たつみ》が同月二八日に権宮司に就任した。その後、伊達権宮司は、鷹司宮司の下で復興事業の募金などに奮闘することになった。

明治神宮に残る議事録によれば、復興準備委員会が開かれたのは実質的には二回だったようで、[*25]その一回目の会合は昭和二七年一〇月二〇日に日本工業倶楽部で行われた。その会長は宮島清次郎（一八七九～一九六三）である。宮島は当時日本工業倶楽部理事長で、財界のリーダー的存在であり、後に明治神宮復興奉賛会（昭和二八年七月二七日設立）の会長をつとめた。

このときの復興準備委員会の冒頭に、角南が図をもとに復興計画について説明している。[*26]なお、『社務日誌』を見ると、それに先立って、明治神宮と角南隆が社殿の復興計画について何度か打ち合わせをしていることが確認できる。[*27]

この復興準備委員会の議事録[*28]によれば、この復興計画案のポイントは次のようなものだった。

（一）焼失を免れた建物は、外玉垣を含め、再利用
（二）社殿・社務所は木造（予算五億円）
（三）本殿は従来の平面形式をほぼ踏襲（内陣の三方を囲む廊下を三尺に拡幅）
（四）内拝殿、外拝殿（約五〇〇人収容）、奉賽殿を建設
（五）社務所・貴賓館を書院造で社殿南東側に建設
（六）車道を四間から六間に拡幅し、参道下のトンネルを通って貴賓館・社務所に連絡
（七）本殿北側を禁足林とし、高さ九尺のコンクリート柵で包囲
（八）旧御殿跡に会館（参拝者の参籠《さんろう》宿泊、修養を兼ねた文化活動のため）

　この委員会にどのような図が示されたのかはわからないが、具体的な数字が加わってはいるものの、これらの項目を見るかぎり、彼が昭和二四（一九四九）年五月に明治神宮に示した復興計画案の基本方針のうち、スポーツ施設や能楽堂などを除いた、社殿と付属施設の計画がほぼそのまま踏襲されていると見てよい。なお、この時点では、本殿のプランニングは創立時の内陣・外陣からなる形式を踏襲しているが、内陣横と後ろの二重壁で囲まれた「廊下」の幅を創立時の時の二尺から三尺に拡げることにしていた。

　この席で佐野利器が、「今の御話の御復興の事は木造に決めて話を進めてゐるのか」と質問し、伊達権宮司が「否残ってゐるものが木造であるから大体木造を希望はしてゐるが決定はまだしてゐない」と応えているが、その前に「全部銅板葺きとしてあるが御本殿は檜皮葺としたい」と述べているほどだから、本音は木造での復興を希望していたと見られる。そして、その明治神宮の意向を受けながら計画案を作成していたからこそ、角南は木造案を提案したわけである。それに対して佐野がこの席で、「木造かコンクリかといふ事は簡単に決めてしまつてはいけぬ　よく〳〵研究して貰ひたい」[*29]と発言し、社殿と社務所すべてを木造で復興する計画に異議を唱えた。これは、後の「造営委員会」であらためて問題になる「木かコンクリートか」問題の端緒といえるもので、木造での復興を考え直すように求めたものである。

　当時、ヒノキの価格は高騰していた。角南は伊勢神宮の式年遷宮に関わっていたので、そのことをよく認識してお

り、以下のように述べている。

計画の中で申そへる事は木曾の檜で木造として単価八十万円と見てゐるが之は少し上るのではないかと思ふので御含みいただきたい　現在木曾では材の値がドン／＼ゐる　伊勢の例でも二十四年度石当り三千円のものが二十五年度五千円となり中には一万七千円位のものもあって平均八千円となってゐる

コンクリでは最高のものでも大体三十万程度であるが木造の方は贅沢にすれば切がない伊勢は坪あたり百五十万かゝってゐる*30

明治神宮は、この復興準備委員会のすぐ後の一一月三日（明治天皇御生誕百年祭）に社殿復興計画を発表することにしており、宮島の判断で、「三日の発表については一応木造でやるとすればばかうなるが尚研究中であるといふ様な事で願ひたい」*31ということになった。

昭和二七（一九五二）年一〇月二七日の『神社新報』には、「戦災前の輪奐《りんかん》へ　復興に各界知名人協力」と題して、明治神宮復興案が紹介されている（二面）。それによると、この計画は、三か年事業で、第一期として本殿・幣殿・拝殿・廻廊の復興と付属建造物の補修、第二期として参道の補修、車道拡幅、外苑境内地整備を予定し、総予算は六億円とされていた。資材調達の関係で、本殿・幣殿・拝殿のみ檜皮葺とし、ほかは銅板葺で、拝殿の収容人数を、従来の八〇名程度から五〇〇名にすることになっていた。また、同紙には完成予想図が掲載されている。その図は昭和二七年五月に角南が描いたものである［図6］。

復興準備委員会では、ワーキンググループとして「明治神宮復興準備専門委員会」を立ち上げて詳細を検討することになった。明治神宮に残る同委員会の議事録によれば、この会は二度開かれている（第一回：昭和二七年一一月二日、第二回：同年一二月一三日）。そこには建築関係者として、角南隆と佐野利器のほかに、小林政一が加わっていた。そこで論じられた事項のうちで復興社殿に関して重要なのは、設計趣旨と、復興社殿・付属建物の構造の問題である。それを以下に順に示す。

まず設計趣旨については、第一回の準備専門委員会で角南が説明している。ここで角南は、かつての計画案（昭和二四年五月のものをさすと見られる）は「時代も変つてゐるのでこの様なものもあつた方がよからうといふ物も色々含めて見た所八億の予算となつたがこれは一つの夢物語りを作つたわけだ」が、「余り膨大すぎるので実施案に近いものので従来の不備だった点を改めて而も神宮当局の募財可能の金額の範囲内でと立案した」[*32]と前置きして、以下の項目を列挙した。

（一）従来の社務所が社殿から遠すぎたので、社務所の位置を変更すること

（二）旧社務所位置に参拝者の休憩所と車溜を設けること。あわせてバス利用での参拝に対応して車道幅を六間に拡幅し、西参道口からバスで入れるように車道を整備すること

（三）北参道と西参道からも社殿正面（南神門南側）に来られるようにして、すべての参拝者が南から参進するようにすること。それにともない、南側の外玉垣を撤去すること

（四）本殿裏を禁足林とし、柵で包囲

（五）青少年の修養施設を建設（会館機能を兼ね、潔斎所つき）

（六）雨天の際の奉祀をしやすくするために、神饌所を本殿近くに配置

（七）独立した便殿に代えて、社務所内に貴賓室を新設

（八）本殿は「旧殿と同寸、同大、同位置で一つも変更は加へ」ないが、二重壁の隙間を三尺に拡幅

（九）拝殿を二つ設け、内拝殿には一段高い板敷きの祝詞座を設置し、二拝殿の間の広場には屋根をかけないこと

（一〇）創立時の内院左右に設けられていた廻廊は無用のものだったので復興せず、透塀で代用

この趣旨説明に続けて、角南は各社殿の想定面積を示し、それぞれの坪単価をあげたうえで、社殿の総工費二億五六〇万円、土木・林苑工事費と雑費を加えて五億円とした。

このときにも角南は図を示しているが、それがどのようなものだったのかはわからない。しかし、「昭和二十八年七月」の日付がある「明治神宮社殿計画　平面図　縮尺弐百分一」（明治神宮蔵）［図7］が上記の説明に符合するので、昭和二七（一九五二）年後半から二八（一九五三）年七月頃の角南の計画は、この図のようなものだったと推定される。この時点では、二拝殿形式ということを除けば、実施案とはまだかなり隔たりがある。

もうひとつの課題である社殿の構造については、佐野利器と小林政一が鉄筋コンクリート造での復興を強く主張した。彼らは、戦災の教訓に学ぶことが必要で、東京の中心につくる以上、不燃に配慮すべきとした。[*33] それに対して、伊達権宮司は、戦災は異常な災難で、前例とすべきではないとしたうえで、祭祀の都合から神社には木造がふさわしく、それでより多くの資金がかかるならば、時間がかかってもその資金を集める努力をしたいと述べた。[*34]

角南は、第二回の復興準備専門委員会（昭和二七年一二月一三日）で、創立時に木造で建設したことを尊重すべきで、鉄筋コンクリート造で復興した湊川神社拝殿や、東京の日枝神社や富岡八幡宮（いずれも角南設計で街中に建つ）と明治神宮を一緒にはできず、伊勢と同様に、永久的建物ではなく、式年造替する神社とみたほうがよく、周囲が森なので、類焼するおそれが少ないから、環境の観点からも木造のほうがふさわしいと述べている。[*35]

最終の復興準備委員会は昭和二八（一九五三）年二月一二日に開かれた。この場では、復興計画に関連して、明治神宮復興奉賛会の趣意書案や造営費概算書案が検討され、物価の上昇を考慮して献金の目標額を六億円にすること、その前提として、社殿は木造で建設することが承認された。その席で、伊達権宮司が木造での社殿再建を希望する旨を以下のように述べている。

此処で御協議願ひたいのは前回の準備委員会では木造といふ事であってこれで百年祭の時も発表いたしたのだが専門委員の中では木造とコンクリの両説があり　総代会は木造説　御欠席の方々も御伺ひして夫々御意見を承ったのだが木造説　当局は勿論木造説であるがこれについてである　御社殿は御祭の場であって尊厳森厳でなければならぬ　又伝統から言っても木造でなければならぬし又学者の御意見も木造であったが神宮は宮司以下全員木造の希望である　就いては本日の会で一応木造に御決定いただけば実施計画を作製する上にもよい　目標は六億　御社殿は木造といふ事に御決定願ひたい[*36]

なお、佐野利器はこのときの復興準備委員会には出席しておらず、小林はこの親委員会のメンバーではない。

復興準備委員会の議論と並行して、復興資金を集めるための明治神宮復興奉賛会の設立に向けての準備が進められ

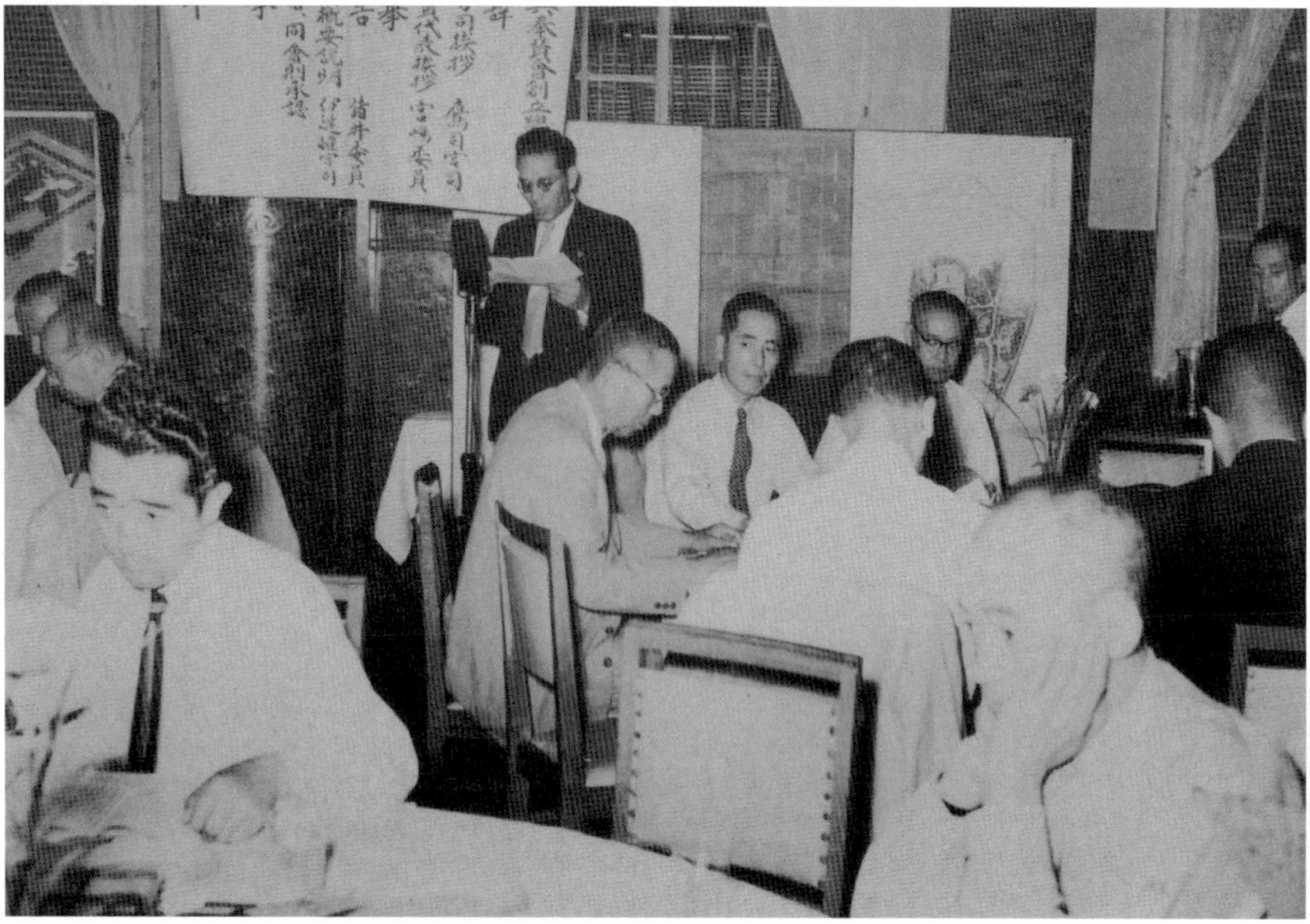

［**写真5**］明治神宮復興奉賛会創立総会（明治神宮蔵）
福島信義事務局長（司会者）開会挨拶

た。『社務日誌』から、昭和二八年に入り、明治神宮と日本建築工芸が連絡をとりながら、同年七月に予定されていた復興奉賛会の立ち上げに先立って、復興社殿の具体案を検討していたことがわかる。[*37] あわせて、明治神宮社務所の幹部が都内にある鉄筋コンクリート造の社寺を見学している。[*38]

　昭和二八（一九五三）年七月二七日に、明治神宮復興奉賛会の創立総会が日本工業倶楽部で開かれた［写真5〜7］。そこで同会の総裁に鷹司信輔宮司が、会長に宮島清次郎、副会長に石黒忠篤・藤山愛一郎・杉道助・安井誠一郎・中野金次郎が指名された。それに先立つ同年四月付の「明治神宮復興奉賛会設立の趣意」（明治神宮蔵）に「然る処近来国民の間より明治神宮復興促進要望の声が昂《たかま》つて参りました実状に鑑みこゝに広く全国民有志者を以て明治神宮復興奉賛会を組織し殊更《ことさら》に現下の難局に際して御祭神の御偉業を追想し再建日本の宗祀《そうし》として御社殿始め主要諸施設御復興の具体計画を進め以て頌徳《しょうとく》感恩の赤誠を捧げたいと存ずるのであります」と、全国に募金を呼びかけている。この種の献金依頼の通例に従い、大口の献金が期待できるところにまず声掛けすることが重要なので、日本工業倶楽部や日本経済団体連合会などの五五〇団体を中心に、全国知事会、

[**写真6**] 明治神宮復興奉賛会創立総会（明治神宮蔵）
起立して挨拶しているのは伊達巽権宮司

[**写真7**] 明治神宮復興奉賛会創立総会（明治神宮蔵）
起立して挨拶しているのは諸井貫一復興準備委員

全国市長会などの地方自治六団体、農林畜産関係や神社関係団体、全国銀行協会連合会、東京銀行協会、全国地方銀行協会などを中心に、業界・団体九五七、銀行・公社・商工会議所一七、その他日本工業倶楽部役員など団体関係の個人一六三名、新聞社三七に参加を募っている。[*39] なお、奉賛会の幹部には、一万田尚登（日本銀行総裁、一八九三〜一九八四）や安井誠一郎（東京都知事、一八九一〜一九六二）、宮島清次郎（日本工業倶楽部理事長、一八七九〜一九六三）や藤山愛一郎（日本商工会議所会頭、一八九七〜一九八五）ら、当時の政財界のリーダーが名を連ねていた。

この席で示された「明治神宮復興経費概算書」の主要項目は以下のとおりである。

一、金五億九阡五百万円也

内訳

一、御造営建築工事費　四三七、五〇〇、〇〇〇円

1. 御社殿建築工事費　二三九、一二〇、〇〇〇　本殿、祝詞殿、内拝殿、外拝殿、渡廊、東西複廊、神饌所、祭器庫、神庫、直会殿、内外透塀等
2. 神門廻廊修理費　一〇、二〇〇、〇〇〇　東、西、南、北各神門、南北廻廊、祓殿《はらえどの》、手水舎等
3. 奉賽殿《ほうさいでん》建設費　四五、〇〇〇、〇〇〇　神楽殿、奉賛者控所、伶人《れいじん》室等
4. 付属殿建設費　三〇、〇〇〇、〇〇〇　講堂、参《さん》籠《ろう》所、潔斎所等
5. 社務所等　六三、二九〇、〇〇〇　貴賓館、社務所、会議及控室、雑品庫等
6. 宝物殿修理費　五、〇〇〇、〇〇〇
7. 諸建物新築及修理費　九、五〇〇、〇〇〇　旧御苑内建物、休憩所、便所等新築、在来休憩所、便所、守衛詰所等修補
8. 工事諸費　三五、二九〇、〇〇〇　仮殿及仮設物、設計、監督及工事雑費、工事関係諸祭典費等

二、土木工事費　四七、五〇〇、〇〇〇　御社殿敷地整備、参道、車道路面舗装及修理費等

三、林苑及雑工事費　一五、〇〇〇、〇〇〇　給排水、電灯照明、通信工事、樹木移植手入費等

四、殿内舗設《しつらえ》其他諸設備費　二〇、〇〇〇、〇〇〇　御社殿舗設装飾祭器具調度、各建物調度什器等

五、工事予備費　二五、〇〇〇、〇〇〇

六、御造営資金勧簿費　五〇、〇〇〇、〇〇〇[40]

以上のように、再建する社殿および付属建物の建設費、既存建物の修理費、土木・林苑・舗設と雑費を合計して、約六億円が募金目標額とされたわけである。

なお、この復興奉賛会創立総会の会場写真〔写真5〜7〕を見ると、復興社殿の計画図面が何枚か掲示されているのがわかる。その詳細は不明だが、そこに示された内院の平面は「明治神宮社殿計画　平面図　縮尺弐百分一」〔図7〕と同じと見られ、この時点ではまだ最終案には至っていないことがうかがえる。

募金活動と並行して復興社殿の設計も進められたらしい。『社務日誌』には、日本建築工芸と明治神宮が復興社殿について検討していることがたびたび記録されている。基本設計は昭和二九（一九五四）年末にはできていたようである。それは次のような記述からうかがえる。

一、午後二時半角南隆、小川猪作、小橋英雄の三氏来社伊達権宮司、高沢、福島両禰宜、飯尾課長に面接し復興計画につき検討をなし次で現場に於て打合をなす

（昭和二九年八月二七日）

一、午前十時より応接室に於て復興本殿の新設計図を中心に懇談をなし昼食を共にしたる後午後一時散会す出席者は日本建築工芸社より小川猪作、小橋英雄の両氏　社務所より鷹司宮司、伊達権宮司、高沢、福島、副島各禰宜、紺野、谷口、飯尾各課長とす

（昭和二九年九月一五日）

午後一時日本建築工芸社小川猪作、小橋英雄の両氏来社　社殿復興略設計図に付説明敷地に縄張をなす伊達権宮司、高沢、福島両禰宜、紺野、谷口両課長面接す

（昭和二九年一一月一七日）

一、午前十一時過日本建築工芸社角南隆、小川猪作、小橋英雄の三氏来社　明治神宮復興設計図につき説明会あり　宮司、権宮司、高沢、福島、副島各禰宜、紺野、谷口　飯尾各課長出席す

（昭和二九年一二月二四日）

昭和二九年一二月に建設敷地に縄張りをし、設計図をもとに角南が説明しているので、同年末の時点で、基本設計が完成していたとみられるわけである。それまでの経緯からして、それは木造での計画だったはずである。

昭和三〇（一九五五）年三月には、社殿復興造営事業の方針や進捗状況をチェックするために「明治神宮造営委員会」が設けられた。この委員会は、復興奉賛会会長の宮島清次郎を委員長とし、明治神宮の総代や、崇敬会の代表、神社本庁総長、明治神宮の旧職員代表、学識経験者らの二八名で構成されていた。明治神宮からは、鷹司宮司をはじめ、社務所幹部が参加していた。学識経験者のうちで、建築関係は佐野利器（元明治神宮造営局参与）、小林政一（元明治神宮造営局技師）、角南隆（元明治神宮造営局技師・復興社殿設計者）、内田祥三《よしかず》（一八八五〜一九七二、東京大学名誉教授・元東京帝国大学総長）、岸田日出刀《ひでと》（一八九九〜一九六六、東京大学教授）の五人で、佐野・小林・内田は建築構造学者であり、いずれも建築学会の会長を務めたことがあるという、建築界の大御所だった（このうち佐野は体調不良もあってか、造営委員会には出席していない）。岸田は当時の建築界のフィクサー的存在で、やはり建築学会会長を務めたほどの重鎮だった。

明治神宮に残る議事録によれば、昭和三〇年三月一一日から三六（一九六一）年六月三〇日までに計一三回開かれている。その第一回目に、造営事業実施のための組織として臨時造営部を設けることが決まり（発足は同年四月一日）、その部長に角南が指名された。

この造営委員会で大問題になったのが、復興社殿の構造である。つまり、復興を木造でやるのか、鉄筋コンクリート造でやるのかという問題である。第一回造営委員会（昭和三〇年三月一一日）で、まず内田祥三が以下のように鉄筋コンクリート造での再建を主張した。

御社殿は木造建とするか、コンクリート建にするかについての意見はすでに遅いかと思うが、戦災によって明治神宮が御炎上した際まことに遺憾に堪えないことと存じていたのであるが、その時以来御再興は是非共不燃焼のもの即ち鉄筋「コンクリート」建というのが持論であって（中略）理由は省略するが、兎に角コンクリート建第一主義であって、コンクリートでも外観上木造と少《すこ》しも変らないものが作れるし、感じの点でもほゞ違はない

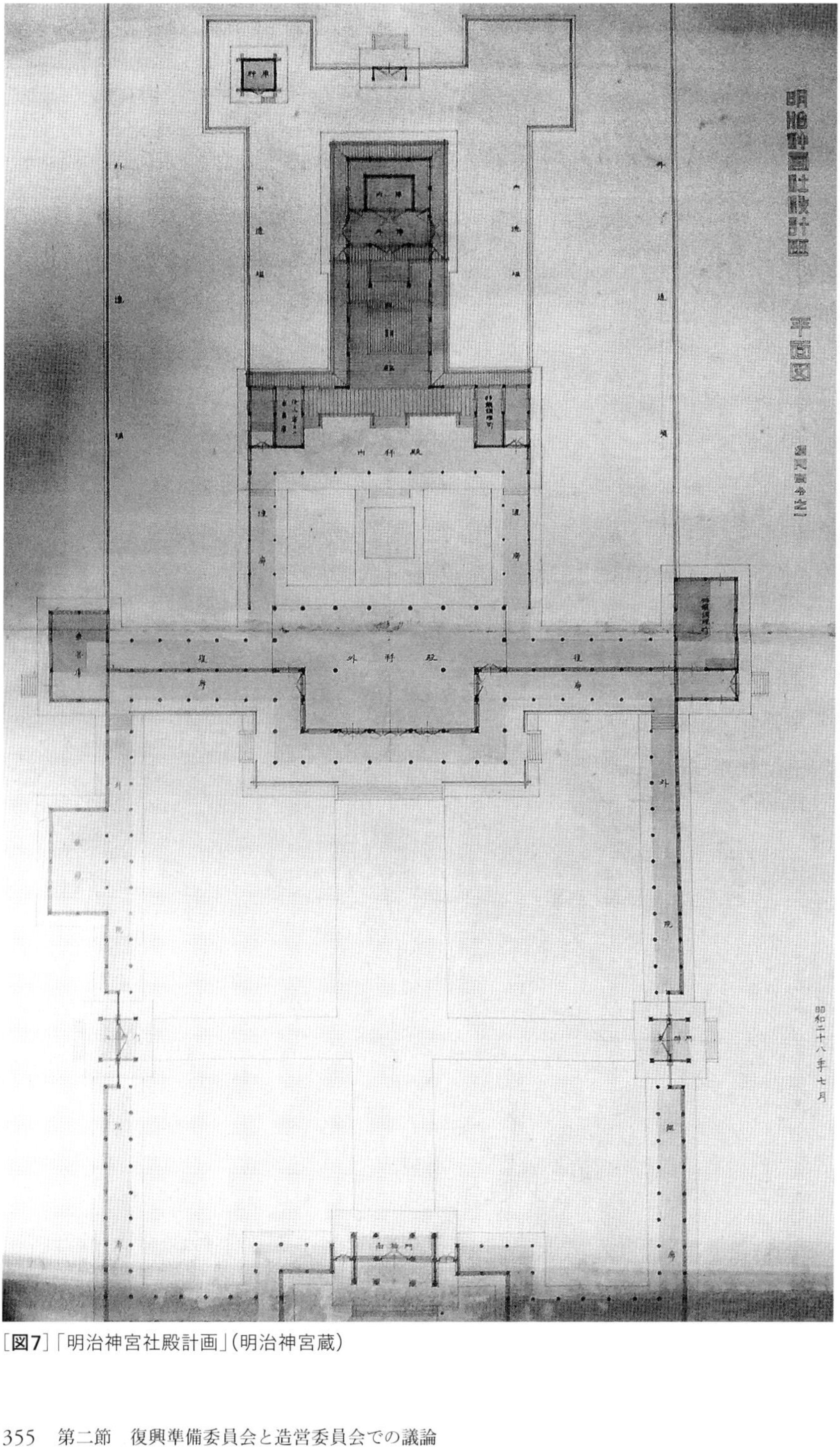

［**図7**］「明治神宮社殿計画」（明治神宮蔵）

ものが出来る。[41]

続けて、小林も構造学者として次のように述べた。

自分としては内田氏同様コンクリート建を主張するものであって、現在の建築技術はコンクリート建であっても小しも神社の尊厳性を害することのない様に建築出来ると信じている。

先程コンクリート建築は木造建築に似て非なるものとの御発言があったが、決してその様なことはないのであって、木造とは寸分違はないものも造り得ることを御認識願いたい。[42]

それに対して、岸田日出刀が以下のように反論した。

然し神社建築について言うならば、そも〳〵材料に特殊性があるのであって、木造然も檜造りと言う太古以来の伝統があるのである。材料が木材であるからこそ、あの形が出来上るのであって、鉄筋「コンクリート」でも同じ様な形には出来るけれどもそれは似て非なるものであり、決して本来の神社建築とは言えないのである。神社建築は木造であってこそ、初めて神社に於て尊ぶ清浄潔白の持ち味が出るのであって古来木造建築が行われて来たことは、木材が豊富にあったと言うこともあらうが、一面精神上の観念から来たものとも考えられるのであって、木に対する一種の信仰的気持も存するものと思はれる。

然るに大都市の神社建築は、火災が恐ろしいからと言ってコンクリート建にするが如きは本末転倒も甚しいものであって、神社の本質を忘れた暴論と称しても差支えないものである。[43]

明治神宮からは、伊達権宮司が次のように木造での再建を主張した。

神社建築に於て何が一番大切か、之を本質的に見た場合最も大切なことは神聖感の維持であり、その中に日本の歴史を感じさせ、神霊の鎮り給う雰囲気を感得させることである。

御祭神明治天皇様のことを申上げることは、洵《まこと》に恐れ多いことであるが、天皇は非常な進歩的なお考えの方であって、あらゆる制度文物について御改革をなされ偉大な御足跡を残されたのは御承知の通りであるが、又一面伝統の美点をも尊重せられたのであって、神社建築に関しては木造建こそ望ましいと仰せられたとも承っておるのであり、周囲の境内、林苑との調和から申しても御社殿は木造こそ尤も相応しいものと信ずるものである。

尚対火災施設は充全の方途を構ずると共に、屋根等は銅板葺とすること、御社殿以外の付属建造物は鉄筋「コンクリート」構造に致したい所存である。[*44]

この一連の議論を受けて、設計者の角南隆は、木造で建設したい旨を次のように説明した。

私は原案を作った側で、試案としてはコンクリートと木造の双方で研究して見た。又私自身木造でもコンクリートでも沢山の神社建築をしたのであるが、コンクリート建の場合で言うと二十年前神田明神を造り、更に終戦後神戸の湊川神社を初め東京の日枝神社、冨岡八幡宮、愛知県三重県の護国神社等その他にもあるが、いつでも感ずることはこれらの工事をさせて頂き乍《なが》らも、岸田委員の言はれる様に似て非なる建築をしているという何か釈然としない飽き足りなさであって、最初の神田明神を造った頃は、木造になるべく似た建物にしたいという考えであり、更に拝み易い形態を備えコンクリートの無駄を省いた建築という考えに進み、次に之に日本の国土にマッチする様な点も考慮に入れて造りたいと漸進的に改善をなしつゝ今日に至っているのである。

東京の様に民家に近くて類焼の危険ある神社では、いかにコンクリート建築に不満ではあってもそれは止むを得ないと思うのであるが、こと明治神宮に関して言うならば周囲の状況から言っても類焼の憂い等は特別の場合を除いて殆ど考えられないことであるし、神社建築の本質に則って是非共木造建築こそ相応しいものと信ずるのである。又一面当神宮御創立当初の国民感情又関係者の御気持を忖度しても必ずや木造建築に賛成されるであろう。

又施工者の立場として申上げるならば、南神門を初め残存建物との連繫調和から申しても是非共木造でなければならないと思うし、もう一つ内部の柱等をコンクリートにして外側を木造にする等のことは、経費の上に莫大な相違があることと思う。

唯この際大事なことは費用の高下よりも神社建築の本質を第一義として御決定願いたいことを申上げたいのである。[*45]

要するに、内田と小林は、戦災の教訓に学ぶべきで、木造と同様の姿のものがつくれるから鉄筋コンクリート造で再建すべきだと主張し、岸田は、神社建築は木造であってこそ意味があると反論し、明治神宮側は、神聖さを守るうえから、また周囲の環境との調和の点から木造であるべきで、防火対策として屋根を銅板葺にし、付属施設を鉄筋コンクリート造にすることで対応したいということだった。臨時造営部長として設計を担当する角南は、鉄筋コンクリート造で神社を設計した経験を踏まえ、鉄筋コンクリート造では神社らしいデザインがやりにくいこと、明治神宮の場合は周囲に林があるので類焼の恐れが少ないこと、南神門などの残存建物との調和の関係からも木造でやりたいと述べたわけである。

この種の議論には決め手がなく、平行線をたどるだけで、天皇の御裁可を仰ぐべきという意見も出て、決定は四月六日の第二回造営委員会に持ち越された。この委員会に内田は欠席したが、小林が「お上の御意向もあり、御本殿丈けは木造とし拝殿以下はコンクリート建としてはどうだらう」[*46]と、折衷案を出しながらも鉄筋コンクリート造での復興を主張して譲らず、結局多数決で決めることになり、当日出席一二名の委員のうち一〇名が木造に賛成で、小林と石黒忠篤（副委員長）が反対し、伊達権宮司から、欠席の委員から賛否を確認した結果として、八名が木造に賛成で、佐野利器・内田祥三・高橋龍太郎の三名が反対（鉄筋コンクリート造での復興に賛成）、残る四名の意向は不明と報告し、結局、賛成多数（二八名中の一八名）で木造での再建が決定した。[*47]

この論争は、明治神宮の戦後復興を語る際に必ずといっていいほどとり上げられるものだが、実際には、鉄筋コンクリート造での再建の可能性は最初からなかったと見るべきである。というのも、鉄筋コンクリート造を主張したのは建築構造学の大御所で、その根拠は時代の要請に合わせて最新の技術を活用して不燃にすべきということだったが、その具体策を提案していたわけではない。三人とも伝統的な姿を鉄筋コンクリート造でつくればいいというだけだった。一方の木造擁護論者も、古来神社建築は木造だったからと、神社建築の「特殊性」だけを拠り所にした。かたや現代性重視を、もう一方は慣例重視を主張するだけで、この議論は嚙みあわないし、どちらにも十分な説得力はない。であれば、設計を担当する角南が木造のほうが完成度が高くなると考えており、明治神宮も木造を望んでいて、すでに基本設計が木造ということでできていたわけだから、早期の復興を考えれば、それでやるのが最も現実的だったはずである。さらには、焼失を免れた社殿を再利用することになっていたから、もし鉄筋コンクリート造で拝殿をつくるとすれば、既存社殿と鉄筋コンクリート造の新社殿が共存することになり、その違和感はぬぐえなかったとみられる。

ちなみに、先の引用にもあるように、角南は第一回造営委員会（昭和三〇年三月一一日）で「試案としてはコンクリートと木造の双方で研究して見た」と述べているが、彼の鉄筋コンクリート造計画案はこれまで見つかっていないし、『社務日誌』にもそれを示唆する記述は見られない。少なくとも、復興準備委員会や復興準備専門委員会、造営委員会で彼が提示したのはすべて木造案なので、彼のいう「コンクリートと木造の双方で研究」の「コンクリート」案がはたしてどれだけ具体的なものだったのかは疑わしい。明治神宮では昭和三五（一九六〇）年が創立四〇年にあたるので、付属施設（貴賓館、参集殿、社務所、齋館）を含めて、それまでに復興を終えることを願っていたはずだし、角南も第一回造営委員会で「木造建築とすれば、今年秋から着工出来ると思う」と述べているから、ほかの選択肢は事実上なかったと見るべきである。

明治神宮が早期の着工を願っていたことは、『社務日誌』からもうかがえる。それは、第二回造営委員会（昭和三〇年四月六日）で木造での復興が正式決定する前の三月二三日に、伊達権宮司が林野庁に赴いて造営用材の配慮を依頼している。[*48] この時点ですでに木造での再建を想定して、資材調達の準備をはじめていたわけである。鉄筋コンクリート造での復興の主張には焼夷弾による罹災の記憶が鮮明だったことが関係しており、その轍を踏むべきではないというものだった。それらが耐火へのいっそうの配慮をうながし、復興社殿の屋根をすべて銅板葺きにすることや、消火設備を充実させ、付属施設のほうは、当初想定されていた木造ではなく、鉄筋コンクリート造で再建することにつながったともいえよう。

鉄筋コンクリート造での再建で議論が紛糾したのは、それを主張した三人が建築界の大御所だったので、無視できなかったからだろう。そして、それを抑えるために岸田日出刀の力が必要とされたのだろう。『社務日誌』によれば、昭和二七（一九五二）年一二月九日に、「伊達権宮司、高沢禰宜、福島崇敬会事務局長は折下吉延氏の案内ニテ帝国大《ママ》学工学部に岸田日出刀を訪問し「御社殿御復興の件につき懇談」している。それは、佐野利器と小林政一が鉄筋コンクリート造での再建を主張した第二回復興準備委員会（昭和二七年一二月一三日）の直前で、社務所側がその対策の必要性を感じはじめていたことをうかがわせる。岸田は『文藝春秋』昭和三五年五月号に「木かコンクリートか」を寄せ、木造擁護論をあらためて述べている。そこで岸田が『神社木造論』をわたくしにはっきりと強く訓《おし》えて下さった恩師伊東忠太先生も、さぞ地下に喜んでいられることと、ホントにうれしく思った。そしてこの明治神宮の建物こそ、伊東先生が心血をそそいでその造営にあたられた傑作なのである」（四七頁）と、わざわざ伊東忠太の伝言に言及しているから、構造学の大御所の主張を収める役を彼が担うことになった背景には、伊東忠太（昭和二九年四月七日逝去）の指示があったと見られるし、伊東が木造での復興を強く望んでいたことをうかがわせる。

なお、第一回造営委員会に示された「明治神宮復興基本計画概算書」（明治神宮蔵）にある予算は以下のようなもので、昭和二八（一九五三）年七月二七日の明治神宮復興奉賛会創立総会で示されたものよりも、林苑及雑工事を除けば、減額されている。

明治神宮復興基本計画概算書
一金五億円也　御造営費総額（但阡円以下切捨）
内訳
一、社殿
　新築之部　二三、一〇四万〇〇〇〇
　修繕之部　二、六八〇万〇〇〇〇
　計　二五、七八四万〇〇〇〇
二、付属建造物

奉賽殿	二、七〇〇万〇〇〇〇
附属殿	一、四四〇万〇〇〇〇
社務所	二、五〇〇万〇〇〇〇
会議室控室	一、二〇〇万〇〇〇〇
貴賓館	一、二〇〇万〇〇〇〇
社殿背面「コンクリート」柵	二六一万〇〇〇〇
小建造物	七五七万〇〇〇〇
防火設備	一、〇〇〇万〇〇〇〇
計	一一、〇五八万〇〇〇〇

三、土木工事

路面舗装	三、二〇〇万〇〇〇〇
同　修補	七五〇万〇〇〇〇
雑費	一七五万〇〇〇〇
計	四、一二五万〇〇〇〇

四、林苑及雑工事

林苑工事	七〇〇万〇〇〇〇
雑工事	八〇〇万〇〇〇〇
計	一、五〇〇万〇〇〇〇

五、調度祭典費

殿内舗設	一、〇〇〇万〇〇〇〇
調度什器	五〇〇万〇〇〇〇
祭典	五〇〇万〇〇〇〇
計	二、〇〇〇万〇〇〇〇

六、諸費

仮殿及仮設物	七三〇万〇〇〇〇
工事雑費	一、一〇〇万〇〇〇〇
事務費	二、六九三万〇〇〇〇
計	四、五三三万〇〇〇〇

七、予備費　一、〇〇〇万〇〇〇〇

総合計　五〇、〇〇〇万〇〇〇〇[*49]

社殿復興工事は、昭和三〇（一九五五）年六月二六日の木本祭《このもとさい》からはじまり、同年九月一一日の御木曳祭《おきびきさい》、翌三一（一九五六）年一月二六日の仮殿移築地鎮祭（次いで二月一五日遷座祭）を経て、同年三月一〇日に基礎工事に着手し、四月一八日の地鎮祭、五月三〇日の釿始祭《ちょうなはじめさい》と順調に進み、昭和三二（一九五七）年一月三〇日頃には基礎工事が竣工し、それに続いて同年二月二二日から本殿の立柱がはじまった。社殿の建設は本殿から内拝殿、外拝殿へと進み、三月一一日には外拝殿の立柱がはじまり、五月七日に復興立柱祭を挙行、そして八月二四日に上棟祭が行われた。そして翌三三（一九五八）年八月末に工事をほぼ終え、同年一〇月三〇日に新殿祭（竣工式）、一〇月三一日に本殿遷座祭遷御の儀を行って、社殿復興を終えた。*50

工事は順調に進んだといえるが、基礎工事に多くの時間を割いているのが注目される。後述するように、それは、既存基礎を再利用してその上に復興社殿を建てることになり、基礎の上部を鉄筋コンクリート造床スラブで固めるためだった。その基礎工事の間に木造りを並行して行い、基礎工事が完了すると直ちに組み立てができるように準備しており、早く復興するために、効率的に工事が進められたということである。社殿の完成後、貴賓館・参集殿・社務所の建設工事に入り、鎮座四〇年にあたる昭和三五（一九六〇）年にその復興も終えた。この付属施設の設計も日本建築工芸で、鉄筋コンクリート造平家建て一部二階建てでつくられた。その施工は間組である。そこには鉄筋コンクリート造での復興を主張した構造学者たちの意向が反映されたといえるかもしれない。

第三節　復興社殿の設計趣旨

現存する実施設計図面（明治神宮蔵）に日付を記したものが少ないので、復興社殿の設計最終案がいつまとまったのかはよくわからないが、臨時造営部の営繕日誌である『自昭和三十年九月十九日　至三十一年三月九日　報告書綴』（明治神宮蔵）に以下のような記述があり、ショー・ドローイング用と見られる着色の立面図を一〇月に作成しているので、社殿の意匠設計は昭和三〇（一九五五）年一〇月末頃にはほぼ完成していたとみられる。

六月七日「一、島田技手、川村技手、御敷地断面測量」
六月九日「一、島田、川村両技手、御敷地断面測量」
一〇月一四日「一、午後一時ヨリ社殿現場　権宮司以下各課長、造営部長　造営課長　社殿現場視察　仮社殿位置等話合」
一〇月二九日「一、御造営復興計画御社殿、拝殿正面図着色作製」
一〇月三一日「一、御造営復興計画社殿着色作製」
一一月一日「一、御造営復興社殿着色図作成」
一一月一一日「一、午後三時より造営部員によって復興計画御造営工程、予算に付き、懇談会開催」
一一月二五日「一、午後三時より正殿、内拝殿設計図に付、部長より説明会催す」

いくつかの社殿の立面図の日付が昭和三〇年の夏頃になっていることも、上記に符合する。ちなみに、基礎工事用の図面の日付は昭和三一（一九五六）年二月なので、その工事がはじまるのにあわせて施工用の図面を作成していたということだろう。

なお、臨時造営部が昭和三〇年四月一日に発足してから、そのスタッフの任命が行われた。営繕日誌によれば、営繕関係の業務、つまり図面作成や資材調達、現場監理などを担うスタッフは以下のとおりである。その作業場になる製図室の整備は同年六月末なので、その頃に体制が整ったということだろう。

四月一二日　小川猪作（嘱託）、松本昇（同前）

四月三〇日　小橋一雄（嘱託）、島田俊博（同前）、川村昭二（同前）、田阪美徳（兼務）

このうち、小川と松本、小橋は内務省神社局・神祇院時代の角南の部下で、特に小川（一八八六～一九五七、工手学校明治四三年卒）は、角南の下で多賀神社改築（昭和八年）や高見神社創立（小倉、昭和八年）などに関わっただけでなく、戦後も伊勢神宮式年遷宮（昭和二八年）の資材調達を担当するなど、角南の右腕といえる人物である。*51 島田と川村は、明治神宮復興事業に参加する前は、伊勢神宮式年遷宮に関わっていた。

実施案でまず注目されるのは、既存基礎を再利用したことである。第二章に記したように、創立時の社殿の下には大きなレンガ基礎が設けられており、社殿復興の際にそれを転用することにしたわけである。その理由は、工費と工期の削減のためである。レンガ基礎は内院・外院廻廊や内透塀、本殿・中門・神饌所・便殿・拝殿・各神門の下に張りめぐらされていたので［第二章写真24～27］、もしそれを取り壊して新たな基礎をつくることになれば、敷地の過半をかなり深く（約四m）掘らなければならなくなり、それは工費増と工期延長につながる。しかし、それを再利用することになると、プランニング（特に柱位置）がそれに制約されることになる。

明治神宮蔵の復興社殿の設計図を見ると、内院の既存基礎（旧本殿・旧透塀・旧拝殿のもの）を利用しているのがわかる［図8］。本殿は旧本殿の基礎の上に建てられているし、外拝殿は、井桁状に配された既存レンガ基礎上部を少し削り取った上に鉄筋コンクリート造の基礎梁を載せ、その上に設けた鉄筋コンクリート造スラブに茨城県稲田の花崗石を張った上に建っている。井桁状の梁に柱が載ることになるので、外拝殿の母屋《もや》・庇《ひさし》の柱位置は、旧拝殿のそれと同様になっている［図9］。外拝殿の柱位置は、旧拝殿のものをおおむね踏襲したということである。

平面図を見ると、南北方向に並行に配された旧内透塀のラインがこの復興社殿全体のプランニングの規準線になっていることがわかる。その東西方向のスパンである一〇一

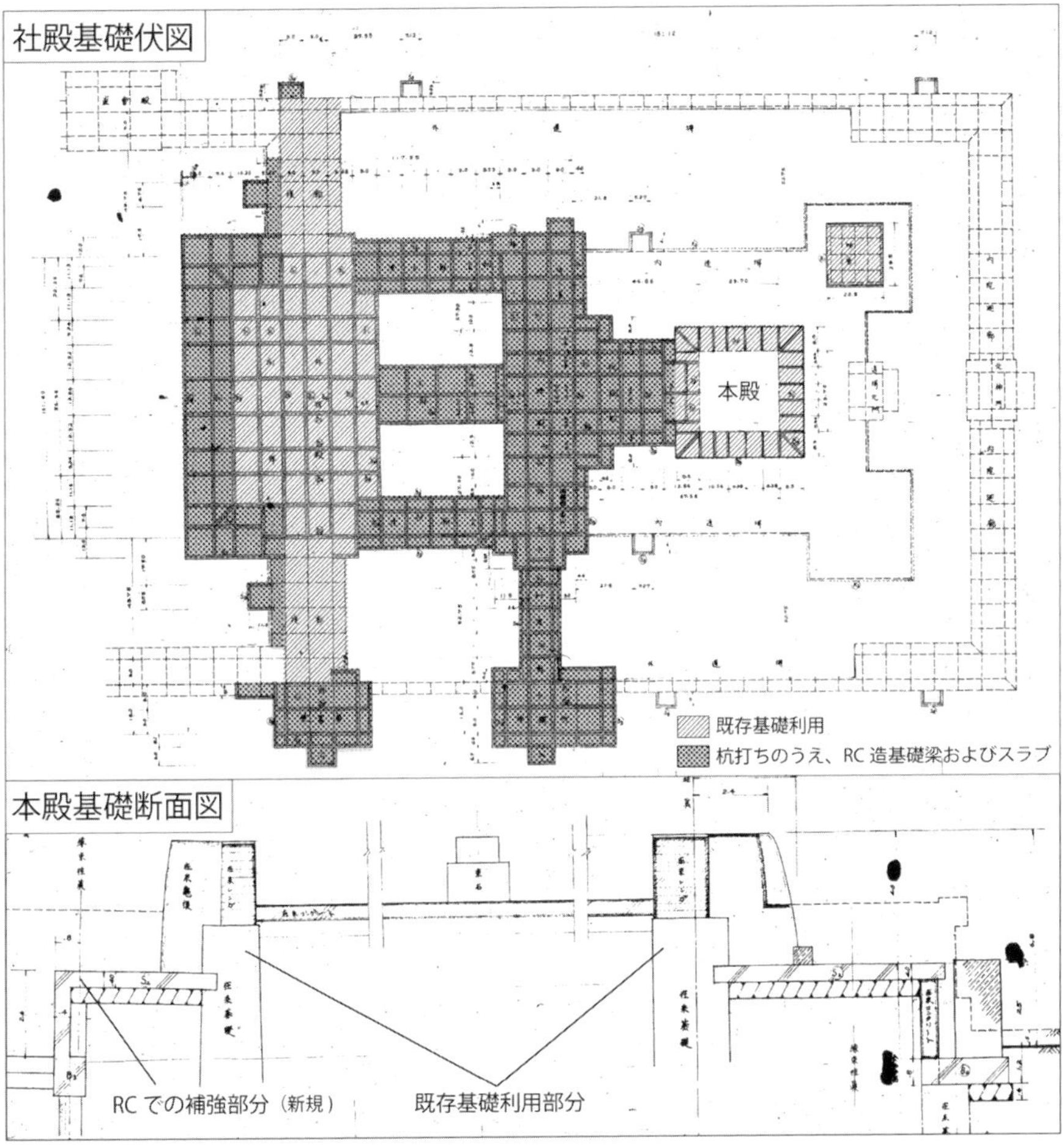

［**図8**］明治神宮復興社殿基礎伏図（明治神宮蔵の設計図をもとに作成）

尺五寸（約三〇・七五m）が復興社殿のプランニングを規定しているということである［図10・11］。それは旧内透塀の下のレンガ基礎を再利用することにした（新たな内透塀をその基礎の上につくり直した）ためだが、それがそのまま渡廊の南北方向の外郭線になり、さらに外拝殿の外郭線にもなっている。これまでに確認できた計画図面のうち、このやり方が見られるのは、昭和二八（一九五三）年七月作成の平面図［図7］がはじめてである。この頃に内透塀の幅を規準線にするアイデアが出たということだろうが、その時点ではその規準線は外拝殿にまでは及んでいないので、このアイデアが、計画が進行するにしたがって深化し、内院全体を律する原則にまで拡張されていったことがうかがえる。

外拝殿の東西桁《けたゆき》行方向の柱間を見ると、中央柱間が一二尺八寸六分（約四・二四m）、それに隣接する左右柱間がそれぞれ一二尺三寸二分（約三・七三m）、さらにその両隣が九尺二寸四分（約二・八〇m）で、差し渡しの計が五八尺九寸八分（約一七・八七m）である。この寸法が旧拝殿の東西方向の桁行の幅で、柱位置もほぼ同じである。各柱間が完数になっていないのは、六枝掛《ろくしがけ》［図12］という、鎌倉時代にはじまる伝統的な寸法決定法を旧拝殿が採用していたことを示唆する。つまり、垂木一本の幅と垂木同士の幅を基準にして柱間を決めたことによる。この手法によって、柱上の肘木《ひじき》の上に三つずつ載る斗《ます》の両端を垂木六本分の両端に揃えることができ、軒下の部材を整ったかたちで見せられる。既存レンガ基礎を再利用することもあって、復興社殿の外拝殿も、伝統的な六枝掛で整えたわけである［写真8］。

なお、外拝殿では、そこに座る参列者の便に配慮して、旧拝殿の母屋《もや》北側の列柱を抜いて、庇《ひさし》の北側列だけに柱を並べている［図9、写真9、口絵20頁上］。屋根荷重を支える柱の数が減るだけでなく、梁間が大きくなることもあってか、小屋組をキングポスト・トラスにして固めている（洋風小屋組で、それに桔木《はねぎ》を加えて軒を支えている）。また、内透塀のラインを規準線にしたことから、端に行くにしたがって逓減する外拝殿桁行方向の柱間が外拝殿両端部で逆に広くなるという、ややイレギュラーな納まりになっている［図10］。これは旧拝殿の東西端の柱と内透塀の規準線との間を二等分することにしたこと（その中間に柱を一本建てたこと）によるものである。

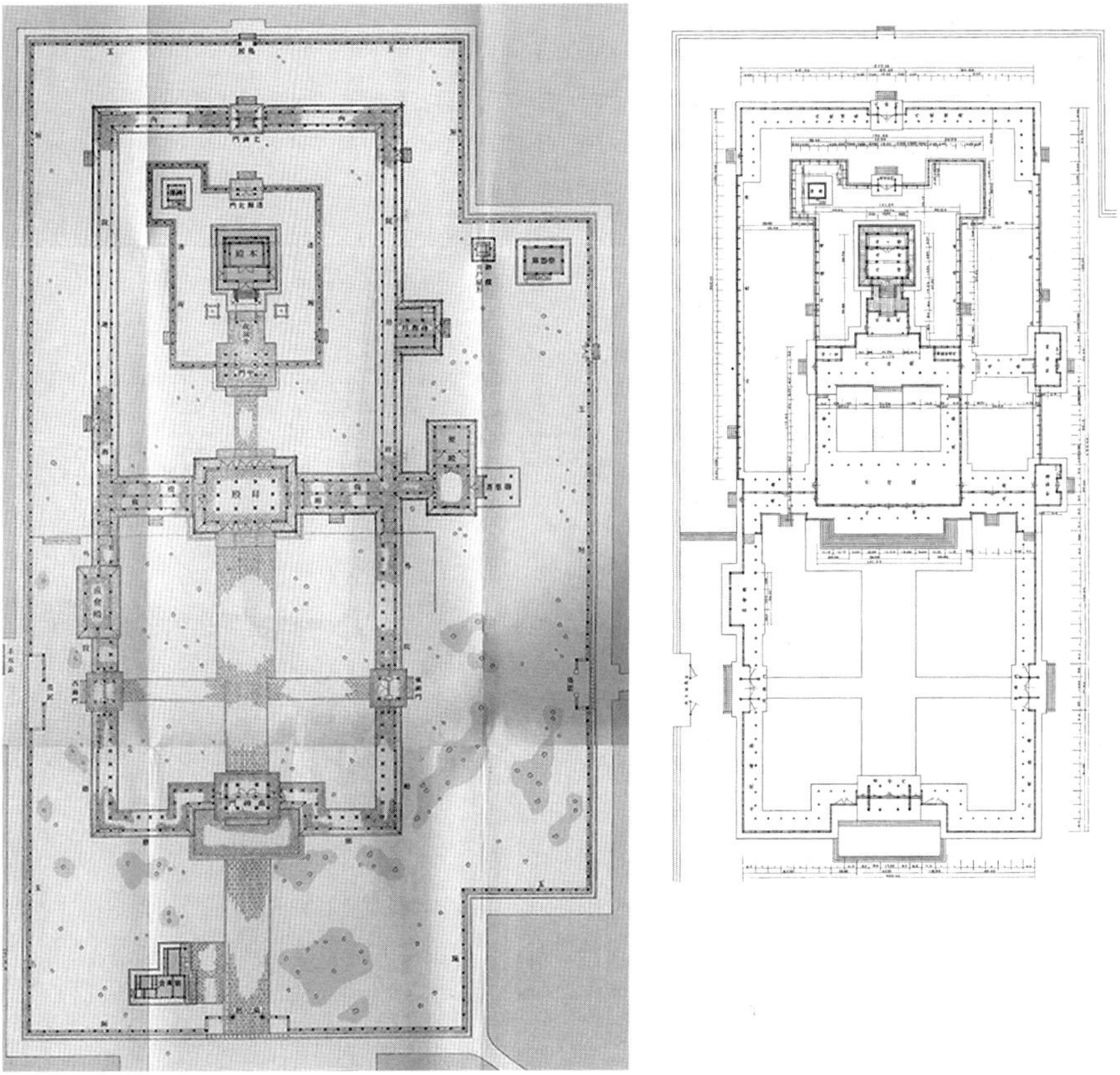

［**図9**］創建時と復興時の内院平面図比較

この部分、つまり外拝殿と複廊の取り合い部分の上の屋根は、その下の平面の幅の違いに応じて別々に架けられているのでその数が増え、東西廻廊に向かうにしたがって棟高が下げられて、見た目が華やかになった。まず、外拝殿の石階上まで参拝者をあげることにしたため、旧拝殿の南端の柱列に相当するところを吹き放ちにして参拝者のスペースを確保した（それによって外拝殿南端には独立柱が並び立つことになる）。その外拝殿の長方形平面の上に大きな入母屋屋根が載り、その南端部は吹き放ち部分に差し掛けられて、向拝の役割を果たすことになる。その入母屋屋根側面の複廊との取り合い部分では、外拝殿に隣接するところの複廊の床を少し広場側に拡げたことに対応して、その上に複廊を覆う屋根とは別の切妻屋根が架けられている。その棟高は外拝殿と複廊のそれとの中間の高さなので、周辺に行くにしたがって屋根が段階的に低くなり、その下の空間の格に対応することになるとともに、屋根の数が増えるので、全体として華やかな屋根景観をつくれるということである［写真10］。その効果は、当初の計画案［図6］と比べれば一目瞭然である。ここにも、設計が進むにつれて、デザインが、より緻密に、より華麗になっていったことが見てとれる。

また、外拝殿には入母屋屋根だけで、内拝殿には入母屋屋根の正面に千鳥破風を加えてより華やかにしているのは、両拝殿の格の違いを表現するためとみられる［写真11］。なお、内拝殿の両側に、切妻屋根を別に架け、さらにそれに直交する形で、内拝殿と渡廊をつなぐ階段の上に独立した切妻屋根を架けて屋根の数を増やしているあたりにも、屋根の重なりで華やかさを表現したいという意識が感じられる。

内拝殿は、中門が建っていた位置を中心に、内透塀の規準線いっぱいに拡がっている。その柱間は中央が二一尺七寸八分（約六・六〇m）、そこから左右に大きく逓減して、それぞれ一一尺九寸六分（約三・六二m）、一〇尺（約三・〇三m）、八尺九寸（約二・七〇m）となり、両端部だけは渡廊の柱間にあわせて九尺（約二・七二m）と、逆に少し広めになっている［図10］。中央柱間を幅広くしているのが特徴で、祭祀のための空間を広くとるためである［写真12、口絵20頁下］。

内拝殿の床は、外拝殿から渡廊・中庭《ちゅうてい》までの床面よりも二尺一寸（約六四cm）高く設けられている［図13］。それによって、舞台のような設定になり、外拝殿や中庭に着席す

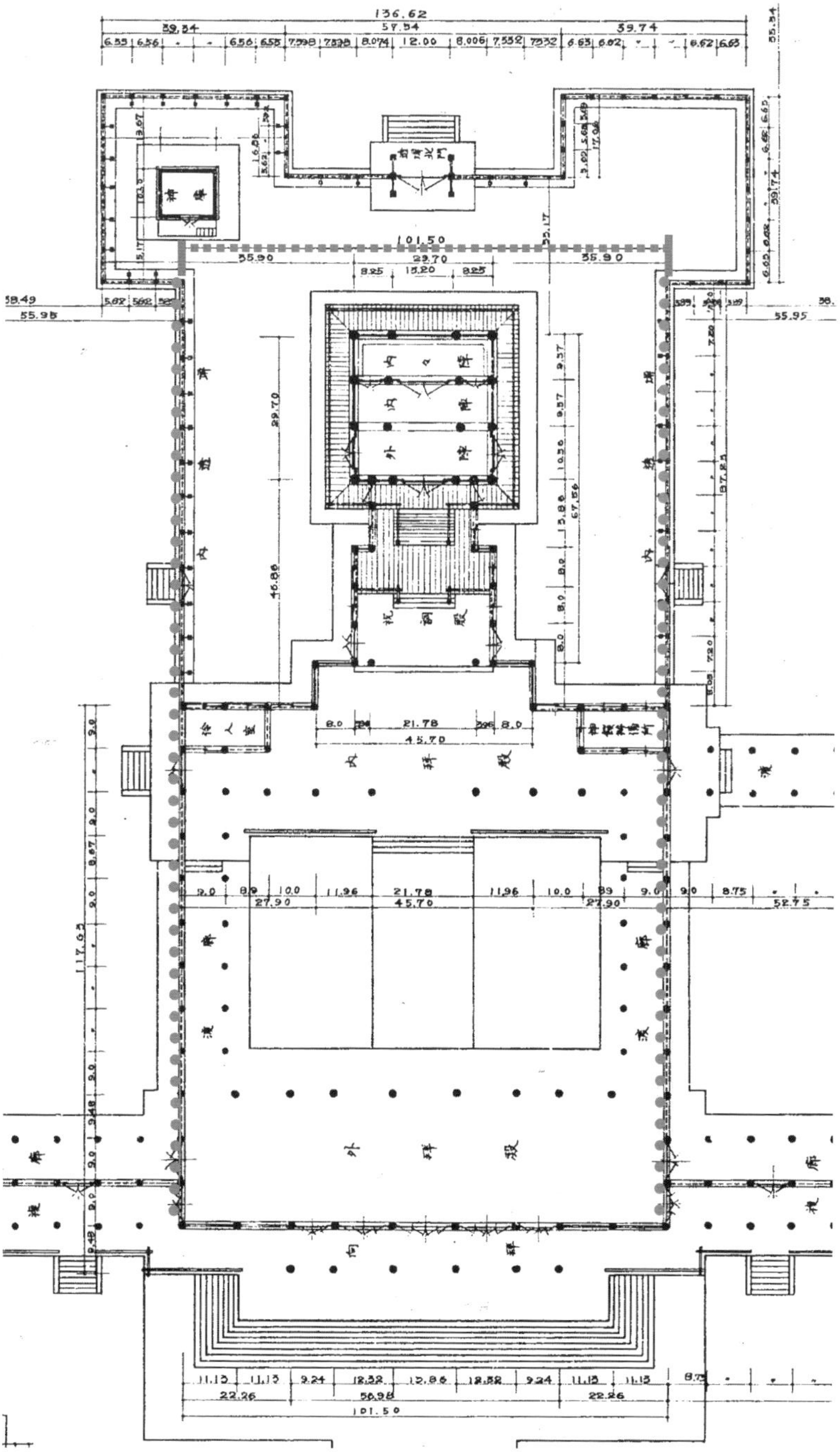

［**図10**］復興内院中心部平面図（明治神宮蔵）
グレーの点線で示したラインの差し渡し（101尺5寸）が内院中心部のプランニングの規準線

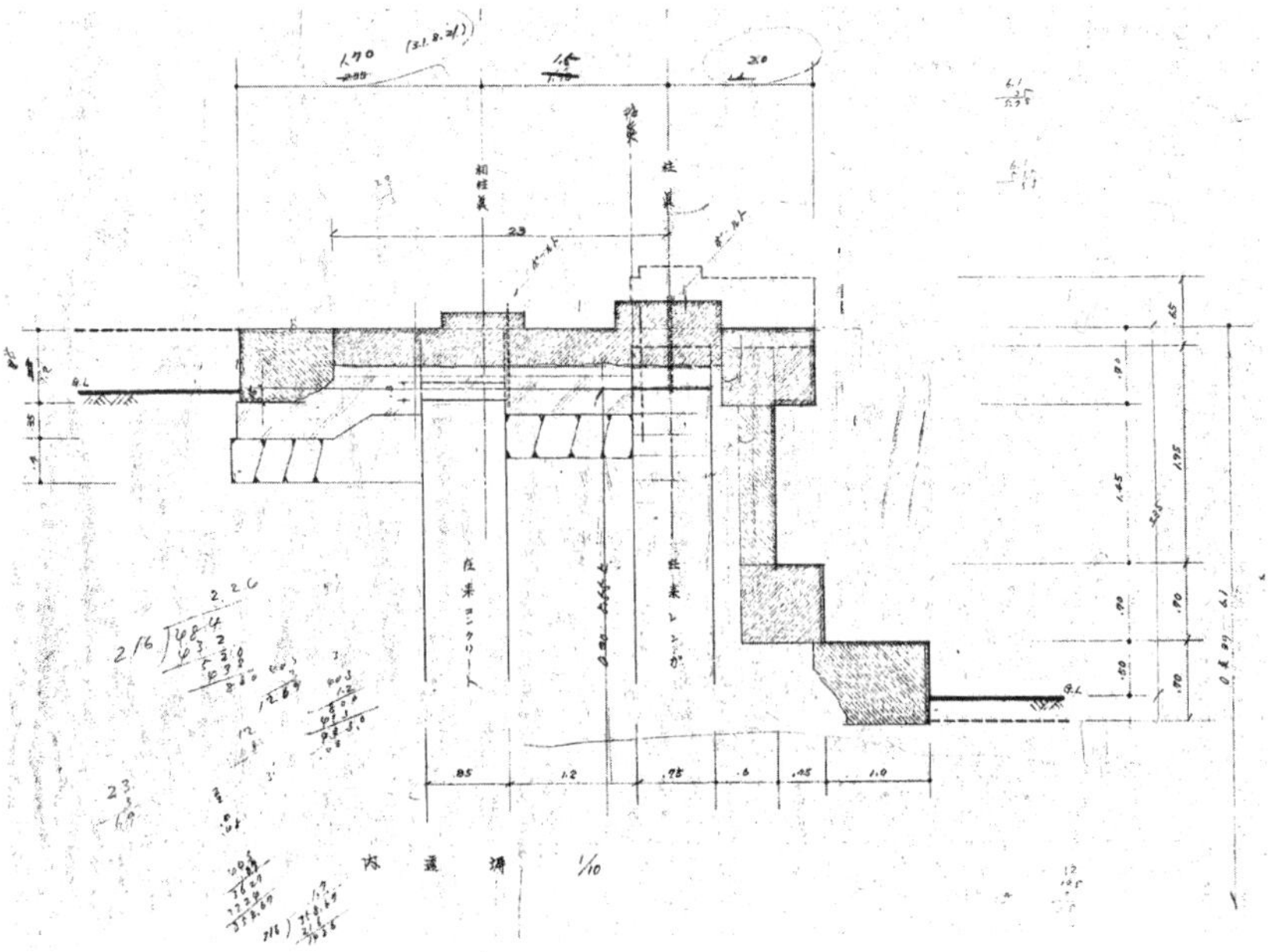

［**図11**］内透塀基礎断面図（部分、明治神宮蔵）

る参列者から祭祀の様子がよく見えるようになっている。そして、その空間を開放的にするためもあってか、外拝殿同様に、小屋組をキングポスト・トラスにして、柱を飛ばしている。なお、内拝殿では、かつての中門とは機能や規模が異なることもあって、その柱位置は踏襲されていない。そのことも関係しているとみられるが、この内拝殿から渡廊部分では基礎をつくり直し、鉄筋コンクリート造杭を打った上に井桁状の鉄筋コンクリート造基礎梁を配し、その上に鉄筋コンクリート造のスラブを打ったうえで、稲田の花崗石を張っている［写真13］。

内拝殿の奥に位置する祝詞殿《のりとでん》の床は、まず内拝殿から石階で二段上がり、その石張りの床から木階《もっかい》で五段上がったところから板敷きになり、そこから木階を九段上がった上に本殿の縁《えん》が連なる。

本殿は流造で、内々陣・内陣・外陣の三つの区域（この平面形式は中世から見られる）［図14］からなり、神聖度が高まるのに応じて、各部の板床が高くなっている［図15］。内陣・外陣をひとつながりの室とし、その境に御簾《みす》を垂らしているので、外陣で奉祀する神職にとっては、献饌《けんせん》に都合がいいだけでなく、創立時の本殿に比べて奥行があって、は

［写真8］外拝殿六枝掛

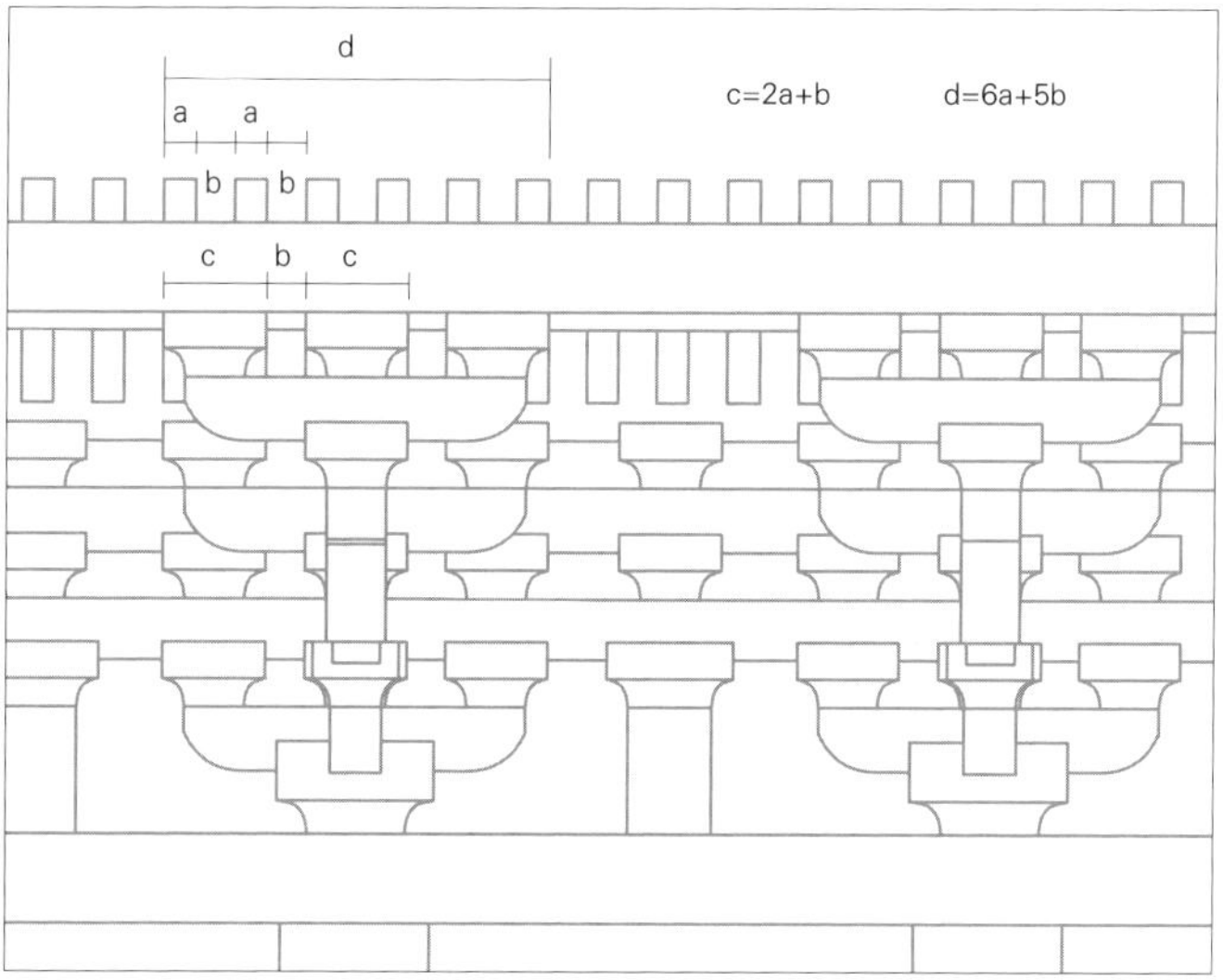

［図12］六枝掛

［**写真9**］外拝殿内部

［**写真10**］外拝殿・複廊取り合い部・複廊の屋根　奥が外拝殿の入母屋屋根で、その手前が複廊の外拝殿取り合い部の屋根。その手前下に見えるのが複廊の屋根

［**写真11**］西渡廊から内拝殿を望む

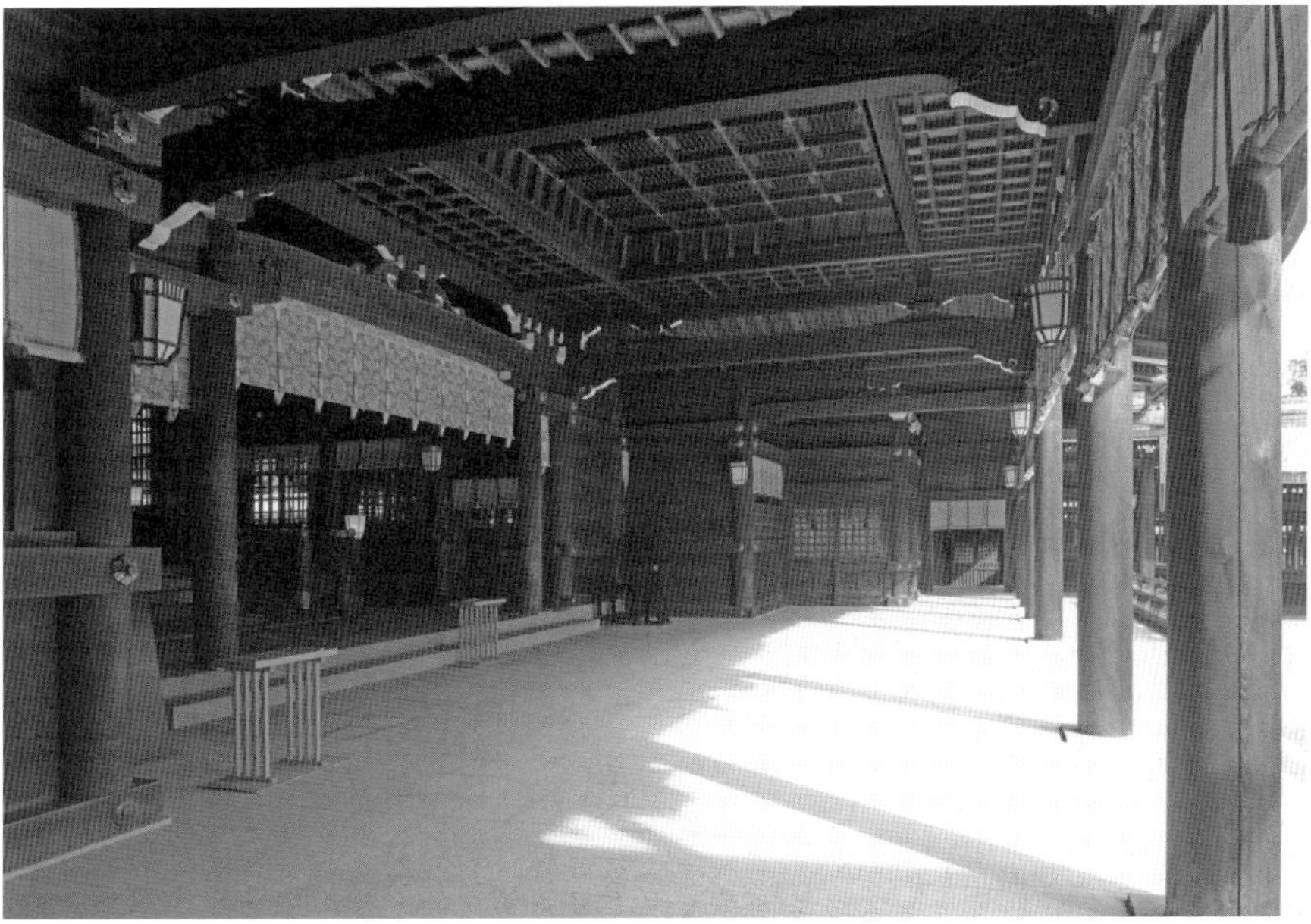

［**写真12**］内拝殿

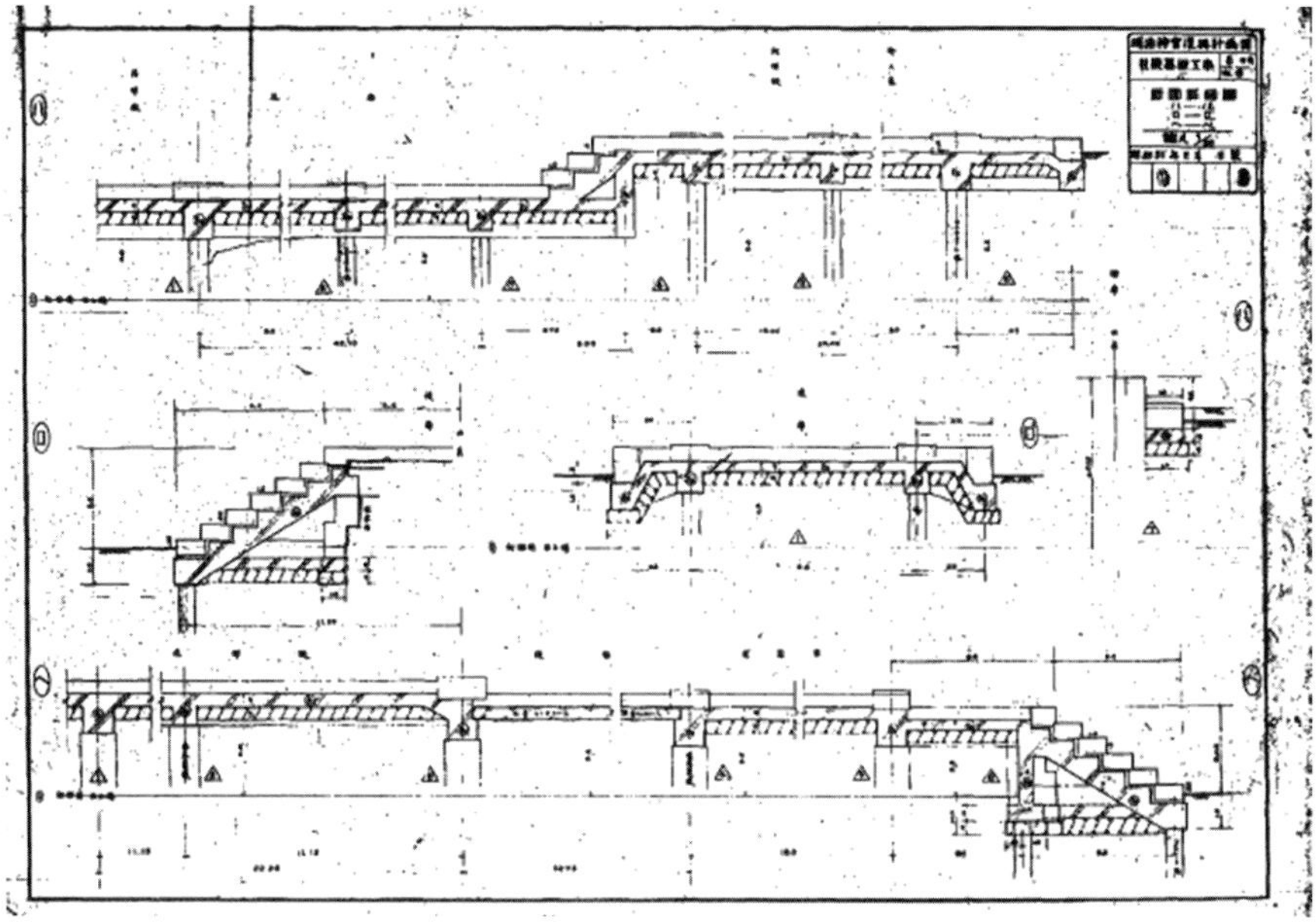

［**図13**］内拝殿床断面図（明治神宮蔵）

るかに荘厳な空間に感じられるはずである。少なくとも、昭和二八（一九五三）年七月の時点までの計画では、創立時を踏襲した内陣・外陣の二室構成で、内陣を守るためにその壁を二重にするというものだったが、実施案では三つの区域に分けられたわけである。[*52] 御扉《みとびら》は内々陣・内陣境と、外陣と縁《えん》の境の二箇所に設けられている［図15］。縁《えん》から階《きざはし》までを室内化し、祝詞舎と一体化して、雨風の影響を受けることなく奉祀ができるようにする工夫も施されている。なお、それによって縁《えん》を区切る障壁が立てられ、それを受ける柱を本殿側に設けたので、本殿正面柱間が五間あるように見える。

この本殿の柱が、外陣を含め、すべて丸柱になっていることにも注目すべきだろう。また、その本殿の断面図［図14］を見ると、外陣床が内陣のそれより一段下がっているのがわかる。それは創立時の本殿と同じやり方だが、その外陣と縁境の柱を角柱ではなく丸柱にしているのは、このタイプの流造の伝統的手法とは異なる。角南がそのことを知らなかったはずはないので、これは意図的な変更である。日本建築史の知見によれば、丸柱のほうが角柱よりも格上ということで、創立時の本殿では、内陣・外陣の格の違い

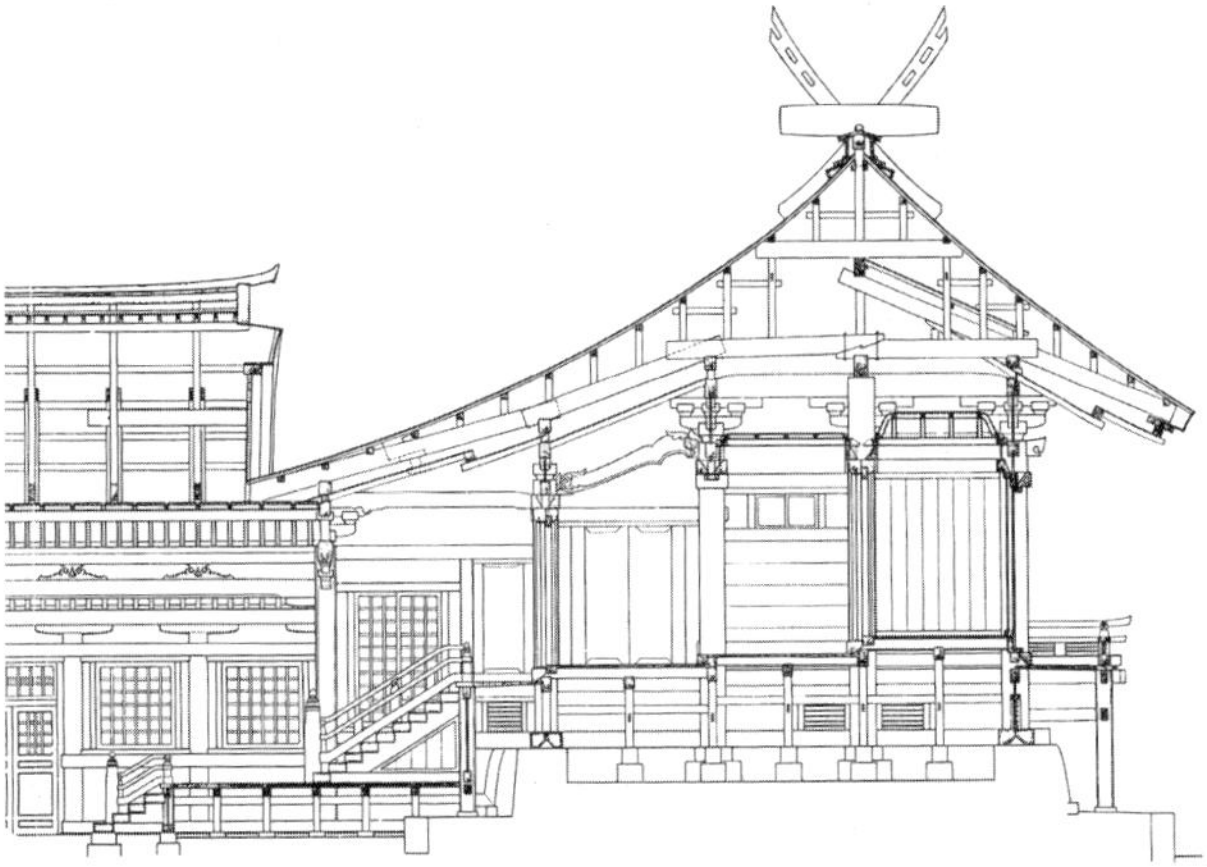

［**図14**］復興本殿・祝詞舎断面図（明治神宮蔵）

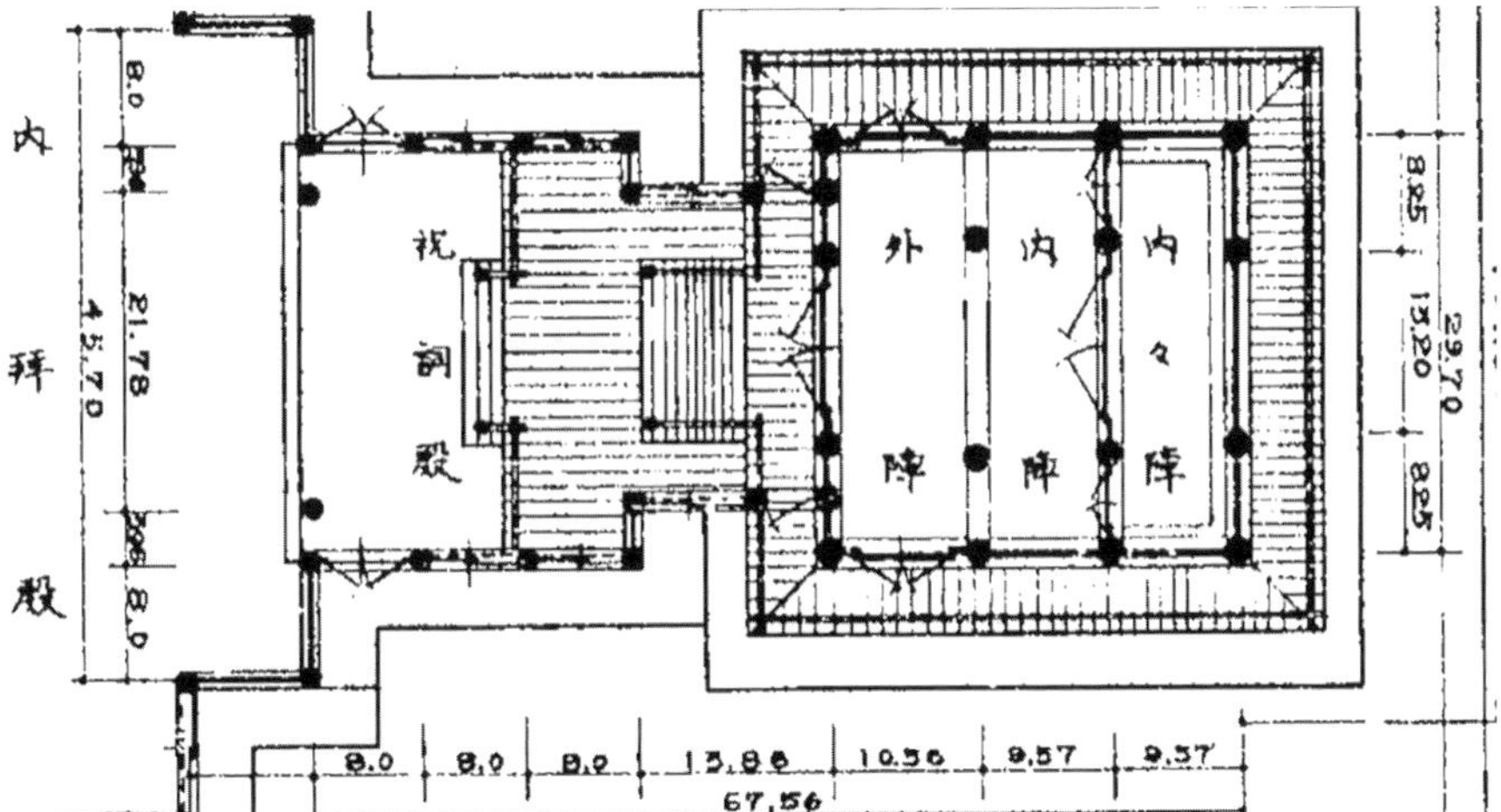

［**図15**］復興本殿・祝詞舎平面図（部分、明治神宮蔵）

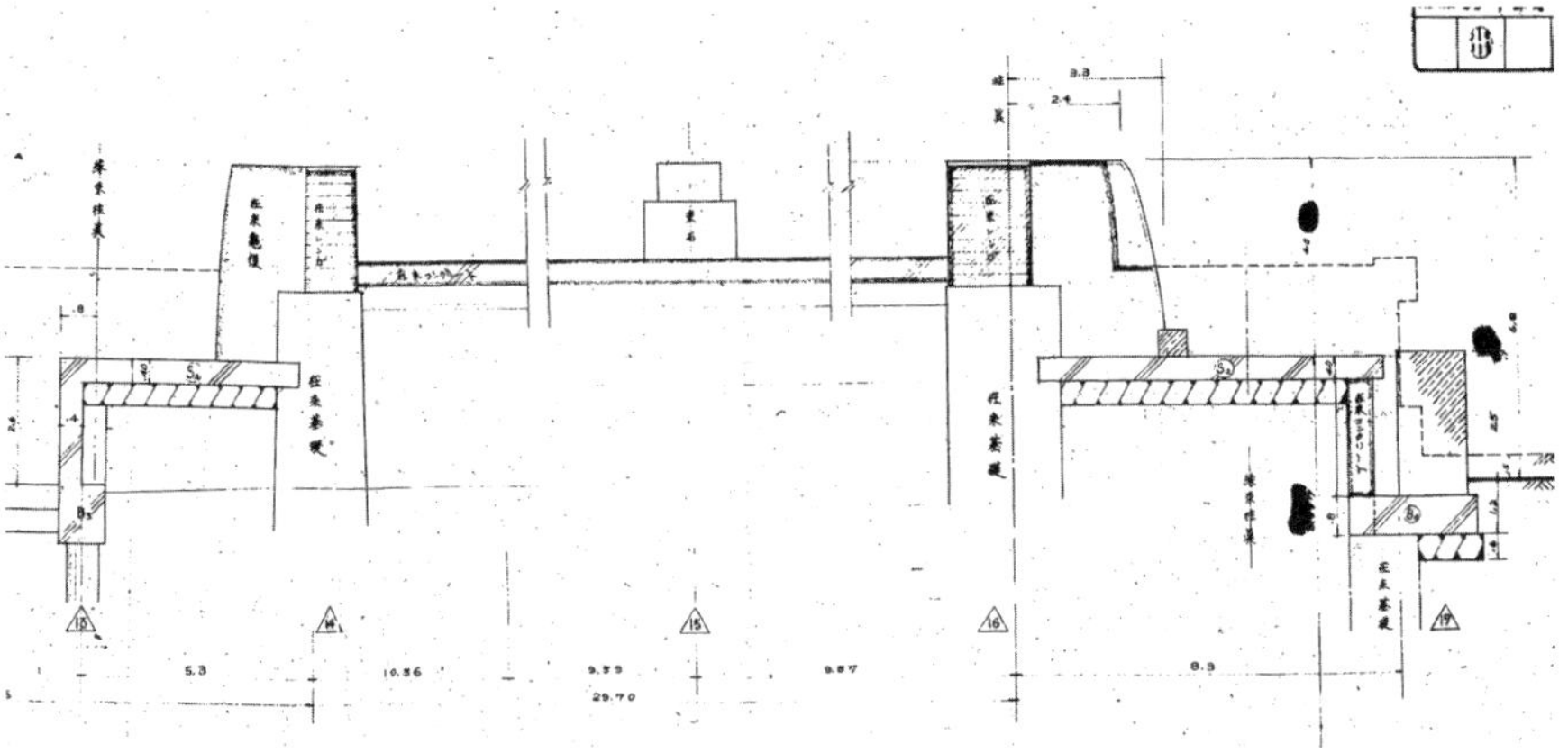

［**図16**］復興本殿基礎断面図（明治神宮蔵）

に対応して、外陣床を一段下げ、外陣・縁境《えんざかい》に角柱を配したわけだが、おそらく、角南はそれを形式的とみて、踏襲しないことにしたのだろう。後述のように、彼は自身の設計する神社の「現代性」を重視していたし、[*53]すべて丸柱にすることで、力強さを表現しようとしたのかもしれない。なお、復興社殿の柱には、創立時のような「澎らみ」はつけられていない。それはより直截な処理ということで、やはり角南の美学の反映とみられる。ちなみに、このような柱の直截的な処理は、彼が担当した橿原神宮や近江神宮にも見られる。

　本殿でも創立時のレンガ基礎が再利用されているが、その四周を固めるために、幅約一尺五寸（約四五cm）、高さ四尺（約一・二一m）程度の亀腹《かめばら》を回し、その下に四寸（約一二cm）厚で幅五尺（約一・五二m）、高さ四尺程度のL字型断面の鉄筋コンクリート造の補強を施している［図16］。

　なお、戦前には一般参拝者は拝殿石階下で参拝することになっていたが、戦後の民主社会にあわせて参拝者を石階上まで上げることになったことに対応して、外拝殿向拝下の床の約二〇尺（約六・〇六m）幅の部分を参拝者のために用意し、そこに三方から上がれるように、従来よりも幅

［**写真13**］創立時拝殿と複廊の取り合い部（明治神宮蔵）

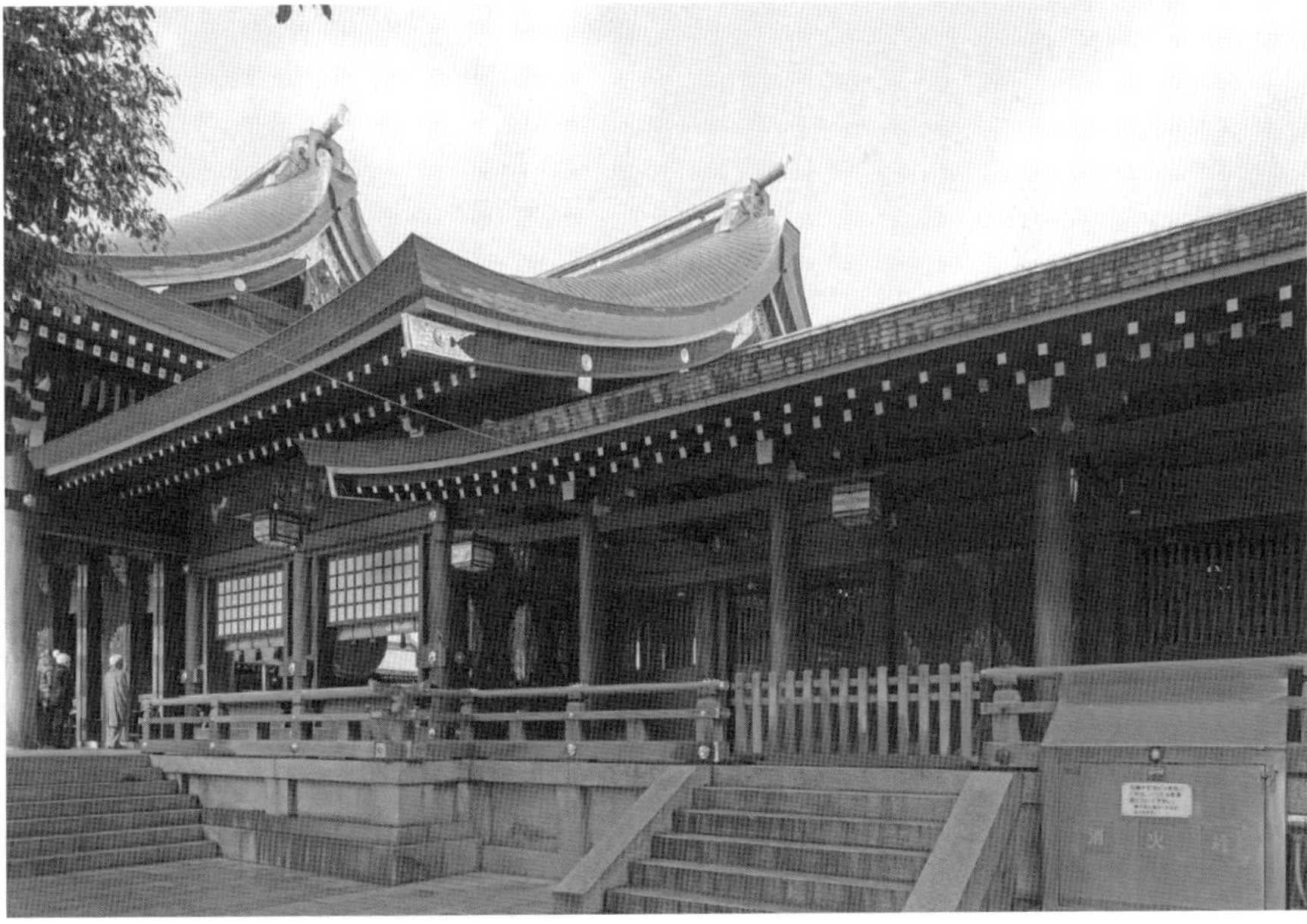

［**写真14**］復興時外拝殿と複廊の取り合い部
創立時の拝殿と比べると、床が下げられ、両側の複廊の床とほぼ同じ高さになっているのがわかる

広の石階を配した［図10］。それにともなって鉄筋コンクリート造稲田花崗石張りの階《きざはし》の東西幅を拡げ、その増築部には鉄筋コンクリート杭を打った。この変更にあわせて外拝殿の床を一尺五寸（約四五㎝）あまり下げて[*54]、その両側の旧複廊部分の床や中庭の床とほぼ同じ高さにしている。ちなみに、創立時の拝殿の床は、その両脇の複廊の床よりも三段分高くなっていた［図9、写真13・14、口絵21頁上］。角南によれば、外拝殿の床高を下げたのは「旧拝殿の石敷の床が高過ぎていたのを一尺ばかり低くし、すべて柱を太く長くとり、内法を高く[*55]」するためだったが、この外拝殿床を低くすることによって、南北の中心軸に沿って、第三鳥居から南神門、外拝殿・中庭を経て、内拝殿・祝詞舎から本殿御扉まで見通せるようになったことは、二拝殿形式の採用とともに、この復興計画の中でも高く評価できる点である［写真15、口絵21頁下］。これは、神の在《おわ》す処を感じさせる演出と考えられる。角南はかねてより、神社のあり方として「敢て説明を強ひず、説教をやらずして無言の裡《うち》に人に感銘を与へなければならない目的を持つ[*56]」と考えていた。外拝殿の床を低くしたことで、このような演出ができるようになったわけである。また中庭には外光が差し込み、その奥の内拝殿の床が二尺一寸（約六四㎝）高くなっているので、その腰壁に光が当たって視線がそこに誘われるようになっているのも注目点である。遠くからでも、その最奥の暗がりに御扉がほのかに望めるようにするという、巧みな設定で、復興社殿の大きな見どころといえる。神域に向かって進むにつれて、その正面の内奥に神の存在が感じられるように設計されているわけである。

　また、内拝殿中央の広い柱間（二一尺七寸八分）は、祝詞殿先の木階の両端の壁の幅に揃えられているだけでなく、その手前側の中庭中心軸上の石畳の幅にも合わせられている［図17］。つまり、本殿手前から中庭石畳までが同じ幅で整えられているわけで、ひとつの原則で複数の要素を関係づけるという、秩序重視の手法といえる。実は、この原則は創立時の社殿にも見られる。それは、本殿正面中央の柱間が中門中央の柱間になり、その柱間がさらにその南側の石畳の幅に、そして拝殿中央の柱間にまで展開されるというもので、複数の社殿をひとつの原則で律している点で、やはり近代的な秩序重視の設計手法である［図17］。どちらも南北方向の軸線を重視した設計になっているわけである。

　この中心軸を石階から外拝殿・中庭・内拝殿へと参進で

［**写真15**］第三鳥居から御扉への軸線

きるのは皇族と勅使だけである。『明治神宮五十年誌』（同編纂委員會編、明治神宮、昭和五四年）掲載の皇族参拝の写真にそれがうかがえる。[*57] 復興社殿では、内拝殿石張り床の東側が特別参列員席、西が神職の席で、神職は南神門から西廻廊の直会殿、外拝殿の西側の渡廊を経て参進する。特別参列員の参進経路は、かつては同じだったが、神楽殿や社務所が社殿東に隣接してつくられてからは、神楽殿から、東神門、直会殿、西複廊、外拝殿の西側の渡廊を経て着座する。勅使発遣《はっけん》の際には、中心軸に沿って、南神門から中央石階・外拝殿・中庭石畳・内拝殿・祝詞舎へと進む。中心軸が特別な参進経路とされているわけである。

先に紹介した、複数の社殿復興計画と実施案を比べると、いまここに挙げたような、各要素をひとつの原則で統合するという、秩序重視の設計がより緻密になっていく過程が見えてくる。また内拝殿や外拝殿の上に架かる屋根の数が増えており、それらの棟が、中央から遠ざかる（空間の格が下がる）につれて低くなるように整えられ、より華麗で秩序だった屋根景観が形成されている［図18、口絵22頁上］。

既存基礎を利用することによる制約があったにもかかわらず、再出発した明治神宮に必要とされる機能に対応し、よ

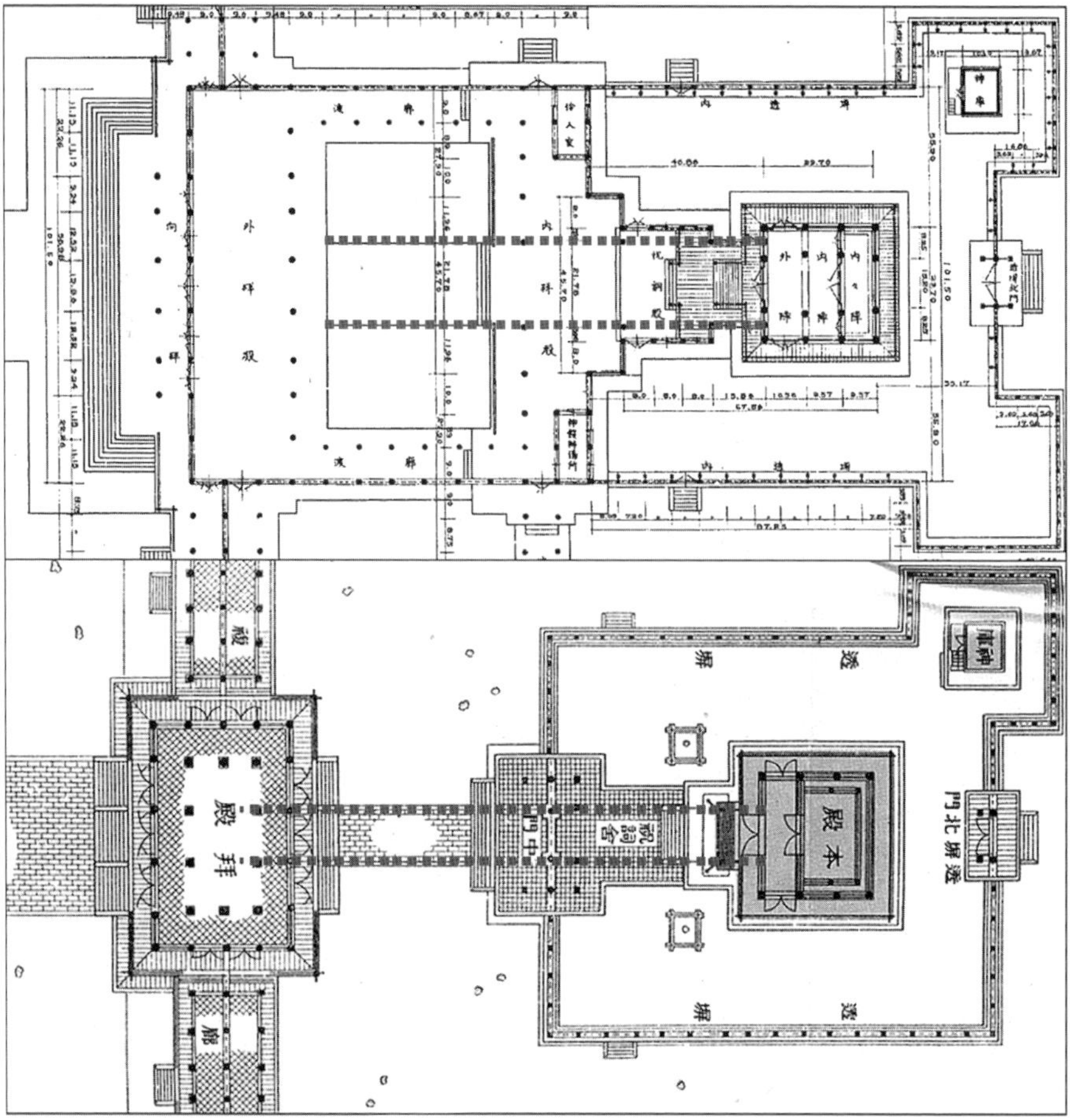

［**図17**］創立時・復興時の内院平面図
（出典：「復興社殿設計図（明治神宮蔵）」および「明治神宮蔵復興社殿設計図」『明治神宮造営誌』）
本殿正面中央間が中門中央間と等幅で、それが中門と拝殿をつなぐ石畳の幅になっている。
創立時のものでは、その幅が拝殿中央の柱間にも対応している

［図18］復興社殿鳥瞰透視図（角南隆描画、明治神宮蔵）

り統一感のある、そして空間的にもより連続感のある、創立時とはまったく違う構成の社殿につくり替えてみせた角南の手腕は見事である。柱間や建物位置が制約されるという難条件を逆手にとって、創立時よりもはるかに祭祀がしやすく、荘厳な社殿に仕立て上げたことは高く評価すべきである。

創立時の社殿建設に比べて、角南にはほかにも厳しい制約があった。それは工費と職人にかかわるものである。創立時の内苑建設は国費で行われたが、戦後の社殿復興は寄付金に頼る事業で、しかも当時の日本経済は疲弊していたので、寄付を集めるのは容易ではなかった。当然ながら、それは社殿復興計画を制約することになる。『新建築』昭和三四（一九五九）年三月号の「明治神宮の復興計画について」で、角南が「以上のような事情があることのほかに工費の制約もあって、（イ）本殿の位置・大きさなど改めないこと.（ロ）拝殿の位置と基礎はそのまま使うこと.（ハ）その他の在来の基礎はできる限り使うこと.として進めた」（四二頁）と述べているように、工費をあまりかけないことがこの復興事業の大前提で、たとえば「飾金物はもとは非常に豊富なものであったが、今回は予算の関係もあって数を減

［写真16］内拝殿虹梁絵様

［写真17］内拝殿虹梁絵様

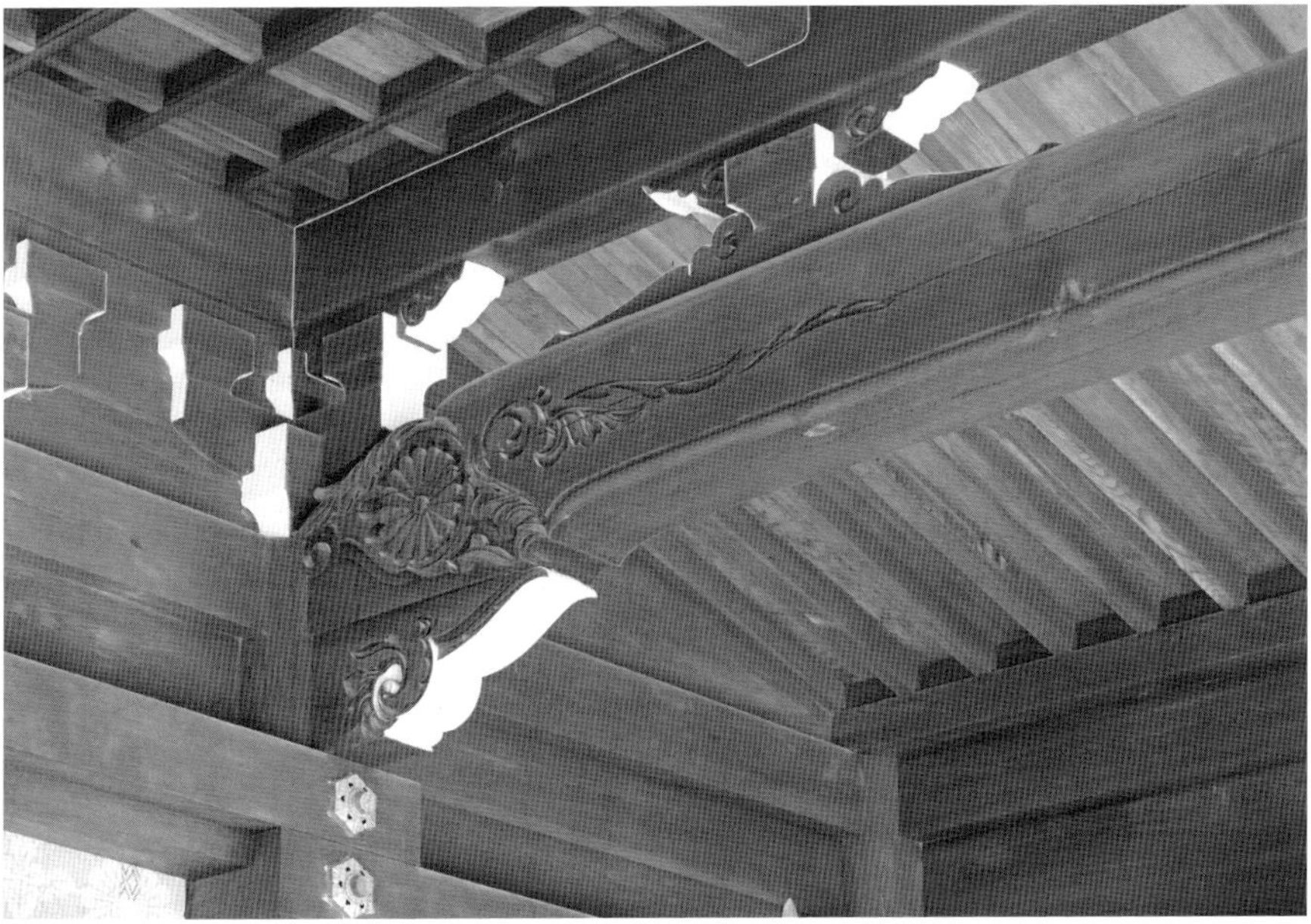

[**写真18**] 内拝殿蟇股彫物・虹梁絵様

[**図19**]「内拝殿正面中央虹梁現寸」(明治神宮蔵)

じ」（四三頁）ざるを得なかった。創立時の社殿には大江新太郎がデザインした華麗な錺金物《かざりかなもの》が、屋根の破風板や門扉、垂木の先端など、随所にちりばめられていたが、復興社殿では、予算の関係でそれができないということで、角南は、社殿の装飾については、要所に彫物《ほりもの》を配することで対応した。彫物は虹梁《こうりょう》の端部や、蟇股《かえるまた》、木鼻《きばな》などに用いられ、そのモチーフは、皇室ゆかりの神社ということで「菊」である。その絵様《えよう》のバリエーションが豊富なだけでなく、力強く、華麗なのが見どころである［写真16〜18、口絵22頁下］。この彫物製作のための現寸図［図19］が多数残っており、それは角南のスケッチをもとにしているという。*58 そこには、彫物のエッジや、そこに連なるカーブを示す断面図も記され、彼が彫物を復興社殿のデザインの要と見ていたことや、細部にまで彼の美学が貫徹されていることがうかがえる。

明治神宮に残る『造営工務員名簿』（明治神宮蔵）*59には、この復興社殿の建設に携わった職人の氏名・本籍・写真・雇用解傭年月日が掲載されている。そこに記録された工務員は一二〇名（同時に在籍したわけではない）で、その内訳は大工六六、彫物大工五、建具工七、機械工二六、鳶《とび》一六（うち川並二、製材端取二、その他三）である。そこに記載された職人のうち二一〜二五歳が四四名でもっとも多く、三〇歳以下が六三パーセントを占める。職人は新聞広告などで募集したが、その採用基準のひとつだった年齢制限は六〇歳以下ということなので、それから見てもかなり若い、さほど経験豊富ではない職人を使っていたわけである。角南にとっては、それも制約のひとつだったと見られる。そうなると、棟梁の人選が大事になる。大工の棟梁に中島幸次郎を選んだのはそのためとみられる。中島は名古屋の宮大工・伊藤平左ヱ門一一世の配下で、昭和二八（一九五三）年に完了の伊勢神宮式年遷宮にも関わったといわれる。角南は、職人を四班に分け、それぞれに角南と小川が声掛けした棟梁を配して、若い職人を束ねさせた。第一班の棟梁は先掲の中島幸次郎、第二班は奥井留蔵、第三班は有井定吉、第四班は板垣利三で、第一班が本殿と内拝殿、第二班は外拝殿と渡廊、第三班は神庫・神饌所・祭器庫・隔雲亭《かくうんてい》などを、第四班は製材と運搬をおもに担当した。ちなみに、彫物大工の棟梁は江川丈平《じょうへい》で、やはり伊藤平左ヱ門配下である。

なお、社殿造営費は二億七、三六七万三、八三八円で、その内訳のうち一、〇〇〇万円以上のものは、木材購入費九、

二二八万七、〇四九円、工事費五、三九六万一、二八六円、石工事費二、九四七万二、七六〇円、銅板購入費二、〇六五万五、五七九円、製材費一、四九三万七、七八〇円、鎊金物工事費一、三一六万〇、六九〇円、上家足代工事費一、二三九万四、三七四円、基礎工事費一、〇二一万七、七七四円で、[*60]材料費で約半分を占め、木材の調達だけで約三分の一を要している。

第四節　貴賓館・参集殿・齋館・社務所、隔雲亭の建設

第一節に示したように、復興計画がはじまった頃には、社殿だけでなく、社務所・齋館などの付属施設も木造で復興することを想定しており、それを受けて、角南隆も木造での再建案を作成していた［図4参照］。しかし、昭和二七（一九五二）年一〇月二〇日の復興準備委員会で、佐野利器から復興は鉄筋コンクリート造でやるべきという声があがった頃から、その想定が変わりはじめたらしく、伊達権宮司が、同年一二月一三日の同委員会の特別委員会で「社務所等は或は木造でなくなるかも知れぬが御社殿だけはと思ふ」（同特別委員会議事録）と発言しているし、昭和三〇（一九五五）年三月付の「明治神宮復興基本計画書」（『昭和三十年三月度以降　造営委員会記録』所収、明治神宮蔵）には、以下のように付属施設は鉄筋コンクリート造で建設することが明記されている。

第一項　復興計画総括（中略）

二、付属建造物の部

奉賽殿、付属殿（教化施設）、社務所、会議室、貴賓館等夫々目的と用途に必要な丈の広さと規模を備へ、建物は主として鉄筋「コンクリート」構造とし、漆喰又は「ペンキ」塗り仕上げ内部の造作は木造とする。屋根は瓦又は銅板葺とする。電気、瓦斯、水道、電鈴、電話、衛生等の諸施設をする。（中略）

第四項　復興工事（中略）

（三）付属殿（仮称、教化施設）

現下一般社会の実情を見るとき、青少年並に成人等を対象とする講演、参籠、潔斎、修行等あらゆる宗教活動を通して広く教化の実を挙け、祖国の再建に寄与せねばならぬ事は言を俟たない。そこで之等に必要なる施設を具備した建物を設けて、神社及神道

の興隆をはかると共に対社会教化活動に供せんとするものである。建物の構造は大体鉄筋「コンクリート」造内部は木造仕上とする。その位置はなるべく他との交渉や雑音を離れた旧御殿並に貴賓館跡地付近を適当とする。

（四）社務所、会議室、貴賓室

奉仕並に参拝者関係等総て社務運営上、必要なる諸施設を備へた社務所を新築する。従って其の一部に、多人数の集会、会議、直会、等に適する様な大広間が必要であり、御祭神との関係上貴顕御参拝等の御休所として貴賓室も必要である。其等建物の構造は前掲建物と同様で、其の位置は社殿の東南方の地を適当とし、現自動車道から直接自動車の通路を導入する。（傍線筆者）

佐野利器や小林政一らの意見を受けたことによるのか、昭和三〇年三月の時点で、付属施設（貴賓室・参集殿・社務所・齋館）は鉄筋コンクリート造で再建することになっていたわけである。付属施設のほうが境内の境界に近く、社殿よりも類焼の可能性が高いと判断されたのかもしれないし、参集殿には講堂が入るので、大スパンを飛ばせる構造や防火対策が必要と認識されたことも関係しているだろう。付属施設の復興計画の策定段階を記す史料を見出し得ていないので、不燃構造での再建に至る経緯はよくわからないが、『社務日誌』昭和三二（一九五七）年六月五日の項に「造営に関する課長会議を開催し社務所建設等につき打合をなす」という記述があり、同年一〇月二四日の項に「付属建物に関する打合会を行ひ社務所建築計画図面第三案により検討の上本案を以て一応正案とせり」とあるので、「復興基本計画書」の方針を踏まえて、同年一〇月頃に基本設計ができたこと、それまでに二つの別案があったことは確認できる。

付属施設の建設計画は、昭和三四（一九五九）年三月二六日の第九回造営委員会に諮られた。なお、臨時造営部は、社殿復興が完了した昭和三三（一九五八）年一二月二〇日に廃止され、その後の営繕を担うために明治神宮社務所内に営繕課が設けられ、福島信義禰宜がその課長を務めていた。この委員会で伊達権宮司が、さまざまな会合に対応できるようにするために、「三、四百名収容の参集殿講堂がないと不便であるのでこれは是非作らせてほしい。社務所貴賓館も焼けているので復興したい」と要望した。福島営繕課長からは、「造営部廃止後残余の付属施設については神宮営繕課に於て担当の事とし、団体参拝に必要な参集殿、内外貴賓の為の貴賓館、神職の参篭潔斎に使用の齋館、綜合のプランを樹《た》て実施計画を進め、一部は設計を終り付属建物は三十四、三十五年で実施できるものを予算に計上した」こと、その予算は「付属建物造営費は二千三百九十万六千百八十九円でこの内訳は防災設備―自動感知器、二吋《インチ》半の専用防火栓の設備―で一千五百五十二万六千九百八十円」で、「齋館、社務所、参集殿は坪十万、貴賓室は十五万位と見ている　勿論コンクリートで作る」との説明があった。*61

付属施設の建設地は、旧社務所の北方、旧御殿が建っていたあたりで、その地鎮祭は昭和三四（一九五九）年七月二九日である。設計は日本建築工芸で、施工は間組が担当し、明治神宮鎮座四〇年にあたる昭和三五（一九六〇）年九月一三日に竣工清祓式が行われた。なお、同年一二月末の時点で奉賛金は計五億八、四一五万九、二四二円だった（預金利子などを加えれば計五億九、九四五万五、二四八円で、募金目標額の六億円はほぼ達成できたことになる）。*62

この付属施設は複合施設ということもあって、機能ごとにゾーニングされ、それを廊下でつなぐという配置計画になっている［図20］。敷地南側の参道付近に参集殿、その東に貴賓館を配し、貴賓館の南と東には芝生の庭が拡がる［写真19、口絵23頁上・写真20］。貴賓館の北東側には齋館［写真21］があり、その北に中庭を介して社務所が設けられていた*63［写真22・23］。北西側に広場を設け、その広場に面する社務所西側と参集殿北側に、それぞれ車寄がある［写真24・25］。そこには敷地の東に接する車道から西に延びる車道を通って、その広場に車で入れるようになっている。参集殿には参道から徒歩でのアプローチも用意されている。各建物の延床面積は、参集殿が三一一・三四坪、貴賓館が九一坪、齋館・社務所が四五七坪である。*64

これらの建物は鉄筋コンクリートのラーメン構造だが、その柱は、参集殿以外では立面には見せていない。壁はモルタルの上にセラスキン吹付仕上げ*65で、その色は、腰壁が薄いベージュで、それ以外は白である。セラスキンは、鉄筋コンクリート造の建物の仕上げによく用いられていたリシン吹付仕上げの砂の代わりに、石や陶器の細粒を使うもので、昭和三一（一九五六）年に開発されたということだから、当時においては新しい仕上げ材だったわけである。な

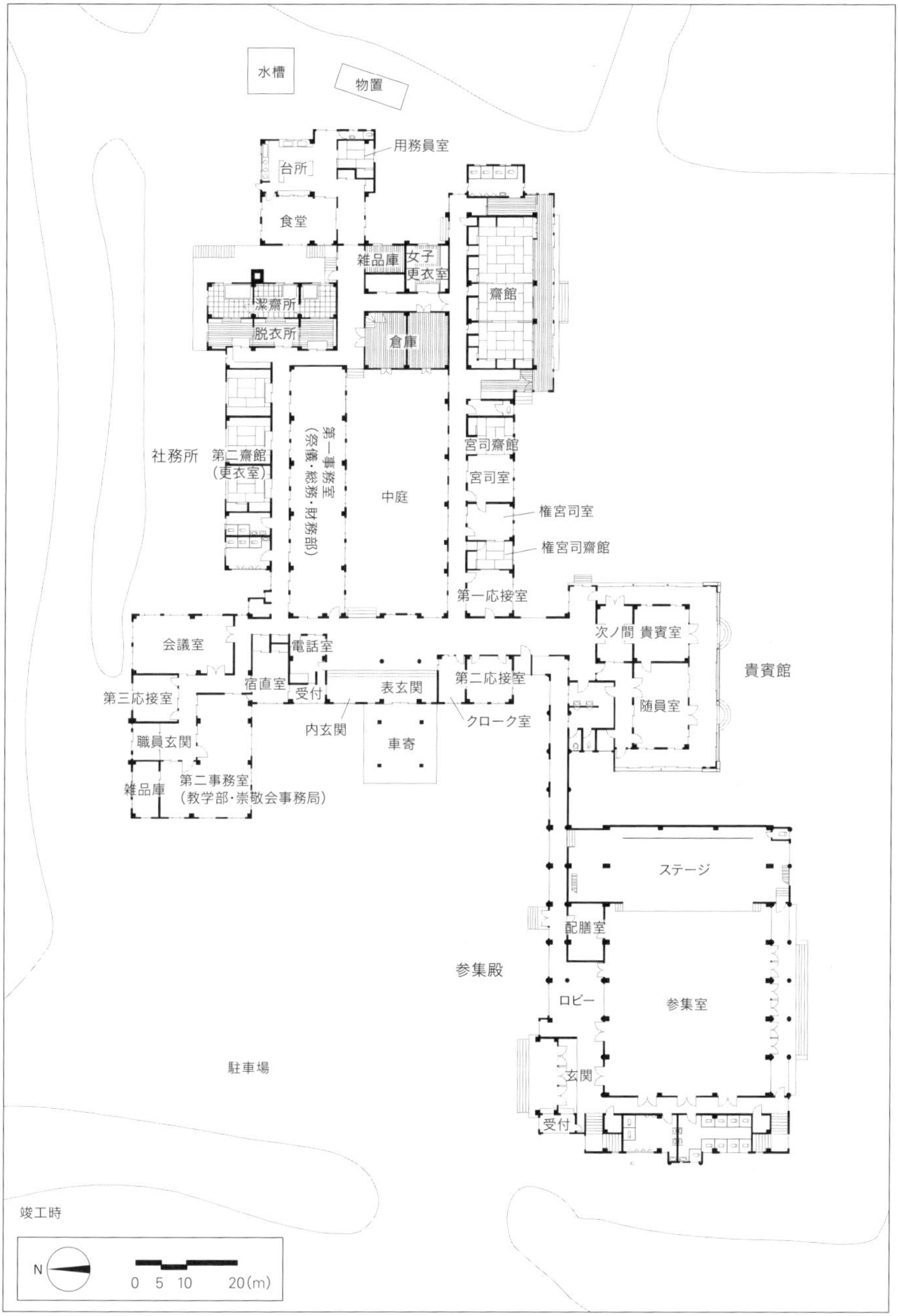

［**図20**］貴賓館・参集殿・社務所・斎館平面図（明治神宮蔵設計図をもとに作成）

[写真19] 貴賓館外観

[写真20] 貴賓館内部

[**写真21**] 齋館外観

[**写真22**] 旧社務所（現・崇敬会事務所）外観

[**写真23**] 旧社務所(現・崇敬会事務所)会議室

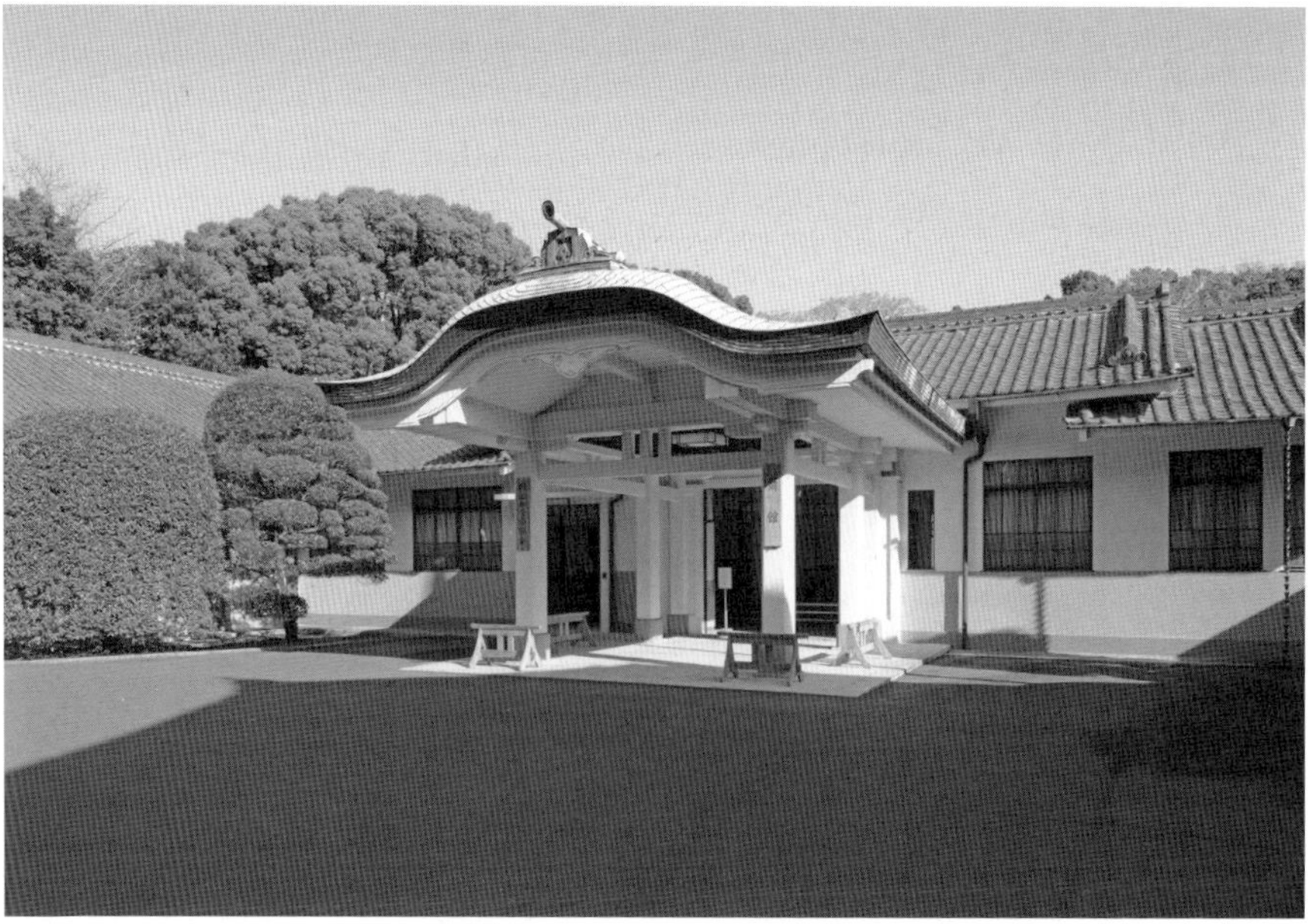

[**写真24**] 旧社務所(現・崇敬会事務所)車寄

［写真25］参集殿車寄

［写真26］
旧社務所（現・崇敬会事務所）
車寄天井

［写真27］参集殿車寄細部

お、屋根は瓦葺である。

瓦葺の勾配屋根が載っていることから、その姿は一見伝統的だが、細部はシンプルに処理されている。設計者の角南は伝統的なモチーフをそのまま引用するつもりはなく、むしろ現代性を重視したシンプルなデザインを心がけている。たとえば社務所車寄の天井は格《ごう》天井だが、抽象的な線と面によるコンポジションという、抽象性重視でデザインされているし［写真26］、参集殿車寄正面梁上の蟇股《かえるまた》があるべきところには、三本のシンプルな細い釣束《つりづか》を入れている［写真27］。鬼板などの要所には、一見伝統的だが、過去の日本建築にはあまり見かけないモチーフが用いられている［写真28］。サッシュはスチールだが、建物ごとにその割り付けを変えて、変化をつけている。たとえば、貴賓館では、吹き寄せにして数寄屋風に、参集殿の廊下の窓では縦に細かく割り付け、その見込を大きくして、奥行を強調している［写真29］。社務所の窓では下半分を細かく割り付けて、そこにだけ摺りガラスを入れている［写真30］。

貴賓館は、特に意を用いた建物である。まず注目されるのが南広縁の外側の開口部で、その幅は四七尺（約一四・二四m）もあり、その間に梁を受けるための二本の細い鉄

[写真28] 齋館屋根鬼板

[写真30] 旧社務所窓スチールサッシュ

[写真29] 参集殿窓スチールサッシュ

パイプを入れるだけにして、開放感を強調している［写真31・32］。構造の詳細図がないのではっきりとはわからないが、平面図から判断するかぎり、出隅に設けられた、雨戸のように見える、金属板で構成されてL字型平面になった柱で梁を受けているらしい［図20］。また屋根は、鉄筋コンクリート造スラブにお神楽で木造小屋組を載せている。これは、この建物にだけ空調を設置するため、そのダクト・スペースを小屋裏にとることと、屋根を軽く見せたいための措置と思われる。内装では、南広縁の天井の化粧垂木を吹き寄せにしたり［写真33］、ガラス入りのドアの桟の割り付けを非相称にしたりなど［写真34］、数寄屋風の手法が見られるあたりにも、瀟洒な感じにしたいという意図が見てとれる。

［**写真31**］貴賓館梁受け鉄柱

また、齋館［写真35］では、鉄筋コンクリート造の柱を和室の外側（縁側）に接して配し、和室や外の立面にその柱形を見せないようにしている［写真36］。鉄筋コンクリート造の武骨な柱と、木で組み立てられる和室のスケール感の齟《そ》齬《ご》があまり目立たないように工夫しているわけである。

その一方で、参集殿のホールは、一階に四八〇人、二階に一二〇人の計六〇〇人を収容できる、天井の高い空間になるということで、外の立面に半円の柱形を見せて、力強さを表現しようとしている［写真37、口絵23頁下］。梁間九間（一六・二m）ということもあって、その小屋組や柱は鉄骨造である。つまり、付属施設では、建物内部の機能やヴォリュームに応じたデザインを心がけているわけで、それは当時の建築界の主流だったモダニズムの教義に沿うやり方とも見られる。角南は、モダニズムのフィルターを通した伝統建築を提案していたのである。

これらの鉄筋コンクリート造建物で、角南が屋根のデザインを復興社殿とは違う姿勢でデザインしていることにも触れておきたい。木造と比べると、鉄筋コンクリート造建物では部材断面が太くなるので、武骨に見えやすい。その

[**写真32**] 貴賓館広縁

[**写真34**] 貴賓館扉

[**写真33**] 貴賓館広縁天井詳細(吹き寄せの化粧垂木)

［写真35］齋館内部

印象を和らげるために、木造の復興社殿で見せた姿勢とは異なり、これらの一連の施設の屋根勾配を緩く、箕甲《みのこう》も薄くして、優しい感じにしている。つまり、全体のバランスを考えて、ケースバイケースで屋根のデザインを変えているわけで、そこに建築家としての角南のセンスのよさが感じられる。

なお、この付属施設の建設にあわせて、昭和三五（一九六〇）年一〇月に昭憲皇太后ゆかりの建物（旧建宮《たけのみや》御殿、農林省農業綜合研究所建物の一部）の主屋をまず明治記念館庭内に移築して「桃林荘《とうりんそう》」と命名し、昭和五三（一九七八）年に明治神宮内苑に再移築した［写真38］。そして、その付属の茶室を桃林荘の南隣に移築し、「華山亭《かざんてい》」［写真39］と称した。

上記の建物群とともに、隔雲亭も再建された。隔雲亭は昭憲皇太后の御休所として明治時代に建てられていたものだが、昭和二〇（一九四五）年五月二六日の空襲で失われていた。再建された隔雲亭も角南隆の設計で、木造平家銅板葺、六一・一八坪（竣工時）の数寄屋風の建物で、最初のものより大きく、広間と立礼席、寄り付きの間を含めた御茶屋としてつくられた［写真40～45、口絵24頁上］。角南は神

［写真36］齋館広縁

［写真37］参集殿外観
内部は、当初600席の講堂だったが、平土間に改装された

［写真38］桃林荘外観

［写真39］華山亭外観

[**写真40**] 隔雲亭(二代)外観

[**写真41**] 隔雲亭(二代)寄り付きの間

[写真42] 隔雲亭(二代)寄り付きの間天井

[写真43]
隔雲亭(二代)寄り付きの間縁ガラス障子

[**写真44**] 隔雲亭(二代)広間

[**写真45**] 隔雲亭(二代)立礼席

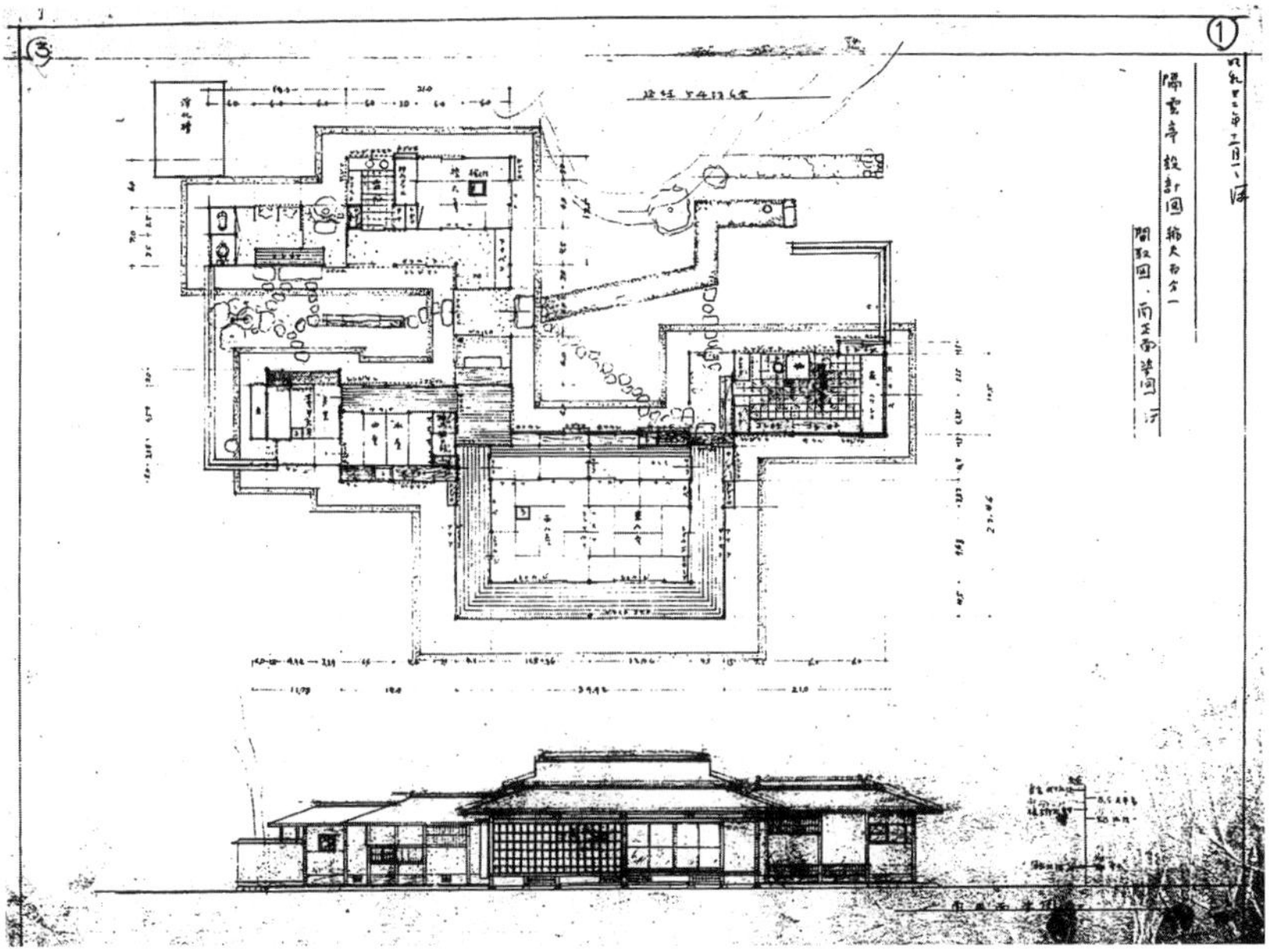

［図21］隔雲亭計画案（堀口捨己設計、昭和22年、堀口研究室OB会蔵）

社建築の専門家なので、それまで数寄屋の設計を手がけたことはないとみられるが、この隔雲亭を節度のある数寄屋建築に仕立て上げている。たとえば、広間では面皮《めんかわ》柱を用い、立礼席では、天井に氷裂文《ひょうれつもん》、平《ひら》天井と化粧屋根裏の組み合わせ、ガラス窓には吹き寄せ桟（幅の狭い方に型板ガラスを入れて変化をつけている）、寄り付きの間（二間）では天井の竿縁《さおぶち》の配り方や縁《えん》を廻るガラス戸の吹き寄せ桟（同前）などに、数寄屋風のモチーフを配している［写真43］。角南が数寄屋建築にも対応できる建築家だったことを示す例として興味深い。なお、この建物の工費は五〇九万九、四八二円だが、松下幸之助（一八九四～一九八九）の寄付でまかなわれた。[*66] その施工は、復興社殿建設の第三班を率いた有井定吉が担当したという。[*67]

　上記のものとはまったく別の隔雲亭計画もあった。それは昭和二二（一九四七）年につくられたもので、設計者は日本近代の有名な建築家・堀口捨己《すてみ》（一八九五～一九八四）である。『社務日誌』によれば、この計画は、茶道敬神会の澤宣一男爵から奉納の予定で、「伝統的日本の香り高き古来よりの日本芸術を我々は何としても保持愛護シ、更に進んでは日本国内外の人々にも共に鑑賞せしめ、その価値を宣揚致するため由緒ハ深き明治神宮に於て日本独特の各種美術品の陳列及び各種芸道の神宮コンクールの開催等を具体化したいと思っております。以上のやうな目的の為に決して明治神宮神域の神聖を犯さないと云ふ誓約の下に将来神宮境内の中神域として定められる場所を除く地域に於ける各種施設の建築及びその地域の使用を当方にお委せ下さるやう」[*68]希望したもので、昭和二二年一一月一日付の設計図や仕様書が残っている（堀口研究室蔵）［図21］。それによれば、座礼の茶室（一〇畳と八畳二間続きの広間と三畳の小間《こま》）が四畳の水屋を挟み、広間の先に立礼席がつくというものだった。この計画はその後立ち消えになったらしい。戦後の混乱の最中でもあり、資材の調達を含め、実現の可能性はきわめて低かったと見られる。

第五節　創立時と復興時の社殿に見られる設計姿勢の違い

外院東廻廊から南神門を経て、西神門までの廻廊と北廻廊は創立時のもので、それ以外は復興社殿なので、創立時と復興時の社殿が共存しているわけである。創立社殿の設計は、伊東忠太の指揮の下で、最初は安藤時蔵が担当し、大正七（一九一八）年一一月一日に安藤が逝去した後は、大江新太郎が細部を担当して完成させた。その経緯についての角南隆の回想を再度以下に示す。

旧社殿は最初から安藤時蔵氏が担当技師として立案し、実施しておられたのであったが、八分通りできたところで安藤氏が逝去され、宝物殿の担当技師であった大江新太郎氏が兼務して完成されたのである。したがってエレベーションの骨格を定め、大きなコンポジションをまとめたところまでは安藤技師の案である。そして一部の彫刻・建具・飾金物などは大江技師の案であって、たとえば残っている四方の神門などにも両技師の合作の跡が残されている。しかし建築群の大局の構成とか、大きな線はみな安藤氏のものであったから、建物に接した第一印象は安藤氏の味であった。*69

安藤と大江のデザインに共通するのは、優美さの追求である〔図22・23〕。それはたとえば緩やかな屋根勾配〔写真46、口絵24頁下〕、軒の優美な反り上がり、柱に見られるわずかな「膨らみ」、大面取りの角柱や肘木・梁・桁・垂木（これらは安藤と見られる）、横に長く延びる蟇股〔第二章写真16〕、平面性を強調しつつ、優美で華麗な曲線を特徴とする錺金物（これらは大江と見られる）〔第二章写真18〜21〕である。このような錺金物は、武田神社（甲府・大正八年）〔写真48〕や神田神社（東京・昭和一〇年）〔写真49〕など、大江が関わった神社に見られるものである。*70 創立時の社殿で現存するもの

［**図22**］創立時本殿東側面図
（部分、明治神宮蔵）
破風の拝みが鈍角で交わっていることや、
鬼板・懸魚（げぎょ）・錺金物に
華麗な文様が施されている

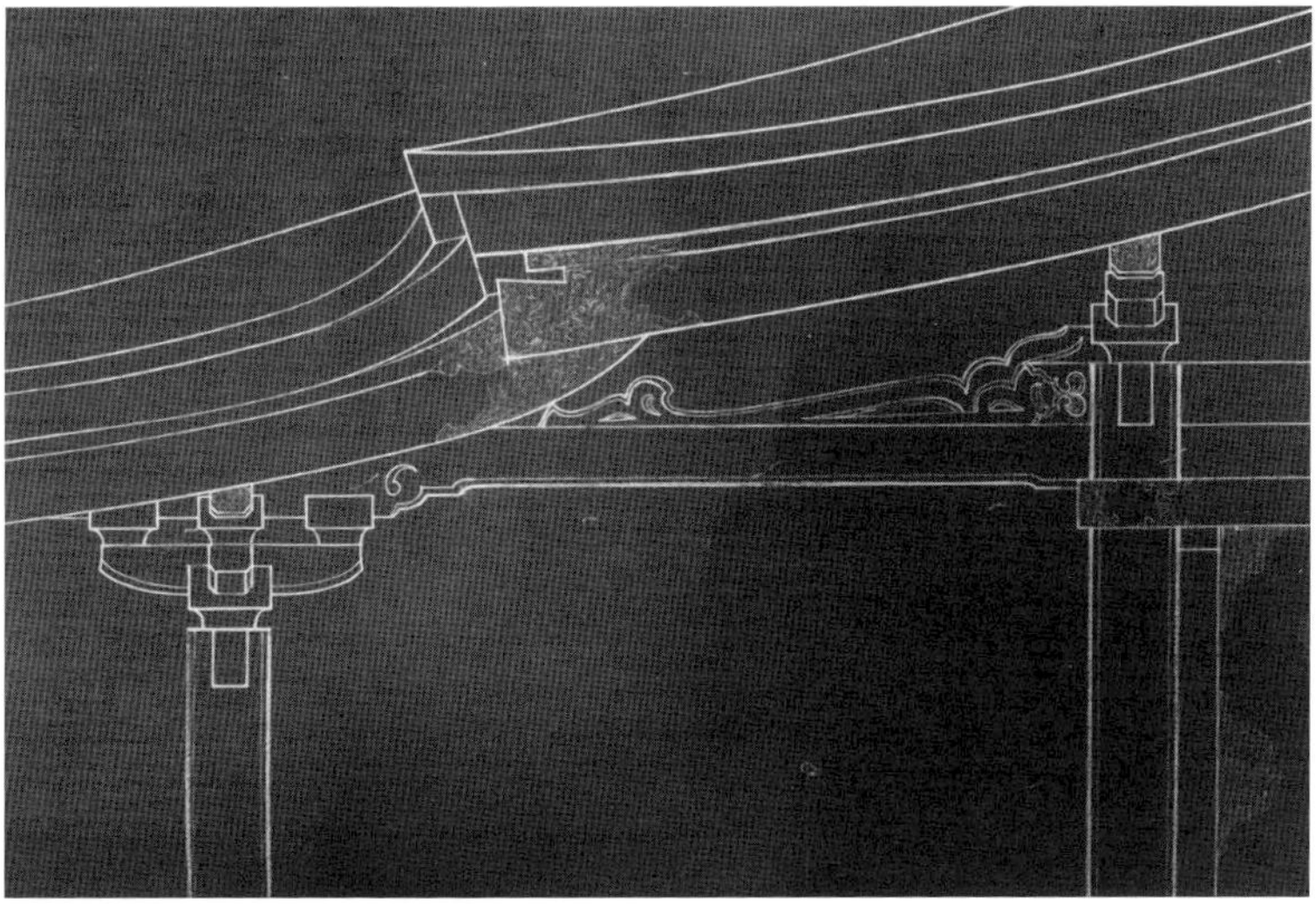

［**図23**］創立時本殿東側面図（部分、明治神宮蔵）
木鼻や絵様（えよう）が華麗であることや、角柱や肘木に大きな面取りがされているのがわかる。
また、図の中央やや上に見える破風板端部の上端が欠き込まれ、端部に向かって
幅が広くなっているのが創立時社殿の特徴的なモチーフのひとつで、外院廻廊端部のような
切妻屋根の妻側破風板にも見られ、そこに配された錺金物とあいまって、華麗さを演出している

［**写真46**］南神門

［**写真47**］南神門屋根妻拝み

［写真48］武田神社拝殿錺金物・蟇股

［写真49］神田神社錺金物・蟇股

のうちで、安藤と大江の美意識をよく示すのが南神門［写真47］である。その屋根は優美に張り出し、屋根側面端部の箕甲《みのこう》の下のカーブも緩やかで、それが集まる破風頂部の拝みは鈍角に交わっている。

角南は、このようなデザイン、特に屋根のデザインについて、以下のように批判している。

安藤氏はその頃から急に勃興した建築史研究の時代の流れと、同氏従来の古社寺修理の経験とで、古典的なもの特に作品の実例から見ると、鎌倉期あたりのタッチや味に興味を持っていた人である。そして明治神宮の場合もそうであった。木の床のある建物に似た軸部の採り方で、柱は短かく、内法は割合に低く、屋根勾配はゆるく、地だるみは多い。そして軒の出がはなはだ大きいから、低い建物に平たいような蓋がしてある感じ。しかしこれは決して安藤氏にかぎったことではなくて、一部の人の間で当時流行していたものである。そのころ造営局にいた諧謔《かいぎゃく》のうまい男が「飛行機が着陸してるような家」と言っていたのは、たしかに適評だと思ったものである。

歴史的にみるならば、祖先たちは決して背の低い家を好んだのでもない。奈良から平安にかけて相当背の高い広々としたものを造っている。屋根勾配にしても、建物が大きくなるほど勾配を強くして棟を高くださないと圧力感がでてこない。屋根の地だるみを多くすると屋根全体が反り返えるので、屋根材が天日に干されてひどく乾燥したような、わざとらしい反りの不快感を与える。地をたるませないで反りを破風で味わう古人の手法は見るべきである。[*71]

優美さや華麗さをよしとする安藤の造形感覚は、彼が担当した函館八幡宮（大正四年）［写真50・51］などにも見られる。角南は、安藤時蔵の設計のやり方、特に屋根の勾配の緩さや箕甲の処理の仕方が伝統的ではないと批判しているわけである。そして、それらの創立社殿に隣接するかたちで復興社殿を設計するに際して彼がとった方針を、次のように述べている。

焼失を免れて残った楼門や廻廊の続きに、社殿を改築しなければならぬのだとすれば、社殿は楼門・廻廊と調子を合せる必要があるだろうかという懸念が、当初ない

［**写真50**］函館八幡宮外観

［**写真51**］函館八幡宮正面破風

でもなかった。しかし明治神宮は、現代の人が維持奉仕し、現代の人が拝み、そしてお祭りをしているのである。すなわち、現代に生きている機構なのである。しからばすべからく、現代に足を立てて、現代の感覚で装置することが当然ではないか、現代は現代であって、平安時代でも鎌倉時代でもない。われわれは現代の環境にあって現代から絞り出されてくるものを、自信をもって遂行したらよいので、隣りにある先輩の作と違ってもかまわない。むしろ違うのが当然だとしてすべてを進めた次第である。*72

要するに、創立社殿の手法に倣うのではなく、また過去の神社建築の様式を墨守するのでもなく、現代の感覚をもとに角南の美意識を適用して設計したということである。創立時の社殿との違いは随所に認められる。一番明瞭に見てとれるのが屋根の側面、特に箕甲の処理の仕方である。写真10には、外拝殿の屋根の破風部分が見えているが、箕甲の下のカーブが強く曲がり、拝みのところが鋭角に交わって、その両肩のところが尖って強調され、全体に力強さや緊張感が感じられる。このようなやり方こそが角南の意匠の特徴である（木造の場合）。それは彼が設計した直会殿と、そのすぐ南に建つ、安藤作の西神門の屋根のデザインを比べることによっても見てとれる。西神門妻面の屋根の箕甲の下のカーブが緩やかで、その屋根面のカーブとの差があまりなく、拝みも優しい感じで納まっているのに対し［写真52］、直会殿の箕甲下のカーブはより強くなっている［写真53］。また、その屋根先端につく鳥衾《とりぶすま》（丁髷《ちょんまげ》のような部分）も、西神門のものは反り上がりが少なく、その先端の断面が小さめであるのに対し、直会殿の鳥衾は強く反り上がり、その端部の断面も西神門のものに比べ、かなり大きい。屋根妻の破風の拝みも、創立時［第二章写真4］とは違い、その両肩が鋭く尖り、緊張感と力強さを感じさせる［写真53］。

このような違いは本殿にも見られる。どちらも同じ基礎の上に建てられたから、その平面の外形も面積も、そして柱位置もまったく同じだが、そこに示された造形感覚はまったく異なる。側面図を比べれば、それは一目瞭然である。図24が創立時の本殿、図25が復興時の本殿の側面を示したものである。まず、屋根のカーブ、特に箕甲下のカーブを比べると、復興時のものが強く屈曲しているのがわかるし、棟の高さも少し高めに設定されている。その上の千木《ちぎ》と堅魚《かつお》

［写真52］西神門屋根妻面端部

［写真53］直会殿（二代）屋根妻面

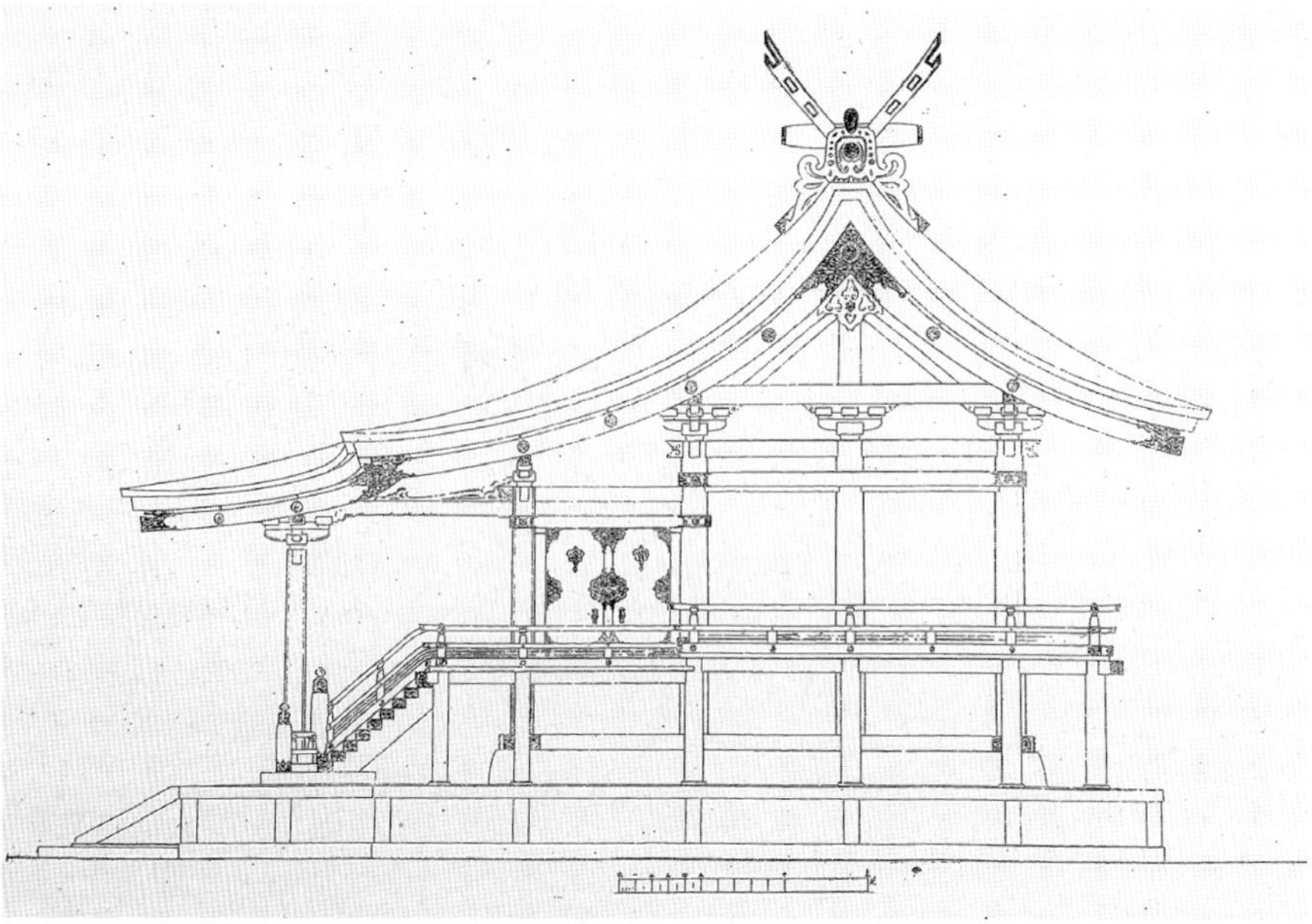

［**図24**］本殿（創立時）東側面図（出典：『建築雑誌』大正9年12月号、付図）

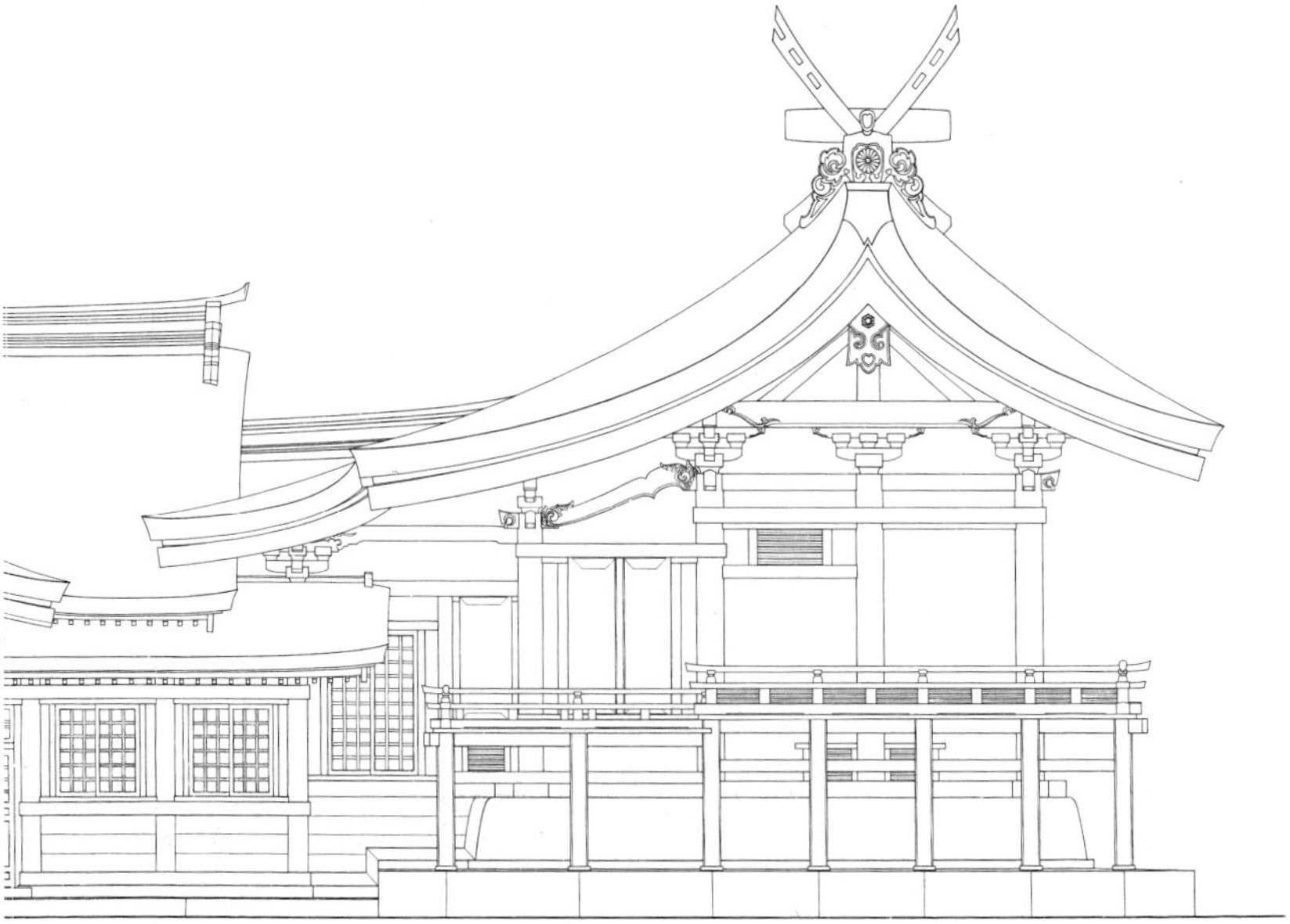

［**図25**］本殿（復興時）東側面図（明治神宮蔵）

［**写真54**］創立時本殿（出典：『明治神宮畫集』）

［**写真55**］復興時本殿
（出典：明治神宮五十年誌編纂委員會編『明治神宮五十年誌』）

木《ぎ》は、復興時のもののほうがかなり大きい。復興時の本殿のほうがはるかに力強い印象があるが、それはこのようなディテールの処理によるものである。また、亀腹《かめばら》の高さを創立時のものより高くしてその側面の立ち上がりを強調しているのも、力強さを感じさせるのに効いている［写真54・55］。

先にも触れたように、創立時の本殿では日本建築史の知見にしたがって外陣端の柱列だけ角柱にしていたが、角南の復興本殿では、すべて丸柱にしている。彼は、建築史の知見を墨守するつもりはなく、自身の感性にしたがって伝統的なモチーフをかなり自由にアレンジしたわけである。それは、先の引用にある「われわれは現代の環境にあって現代から絞り出されてくるものを、自信をもって遂行したらよいので、隣りにある先輩の作と違ってもかまわない。むしろ違うのが当然だとしてすべてを進めた次第である」という彼の考えの現れである。

そのような眼で見れば、本殿の平面にも彼の工夫が感じられる。先述のように、内陣と外陣境には扉をつけずに一室化し、御扉をその先の祝詞舎境に設け、その前の階の両側に壁を配して室内化している。それは内陣を厳かな空間にするためと、献饌《けんせん》などの奉祀をしやすくするための措置といえる。「流造」という理解だけで済ませていては、角南の設計姿勢を読み解くことはできない。以上に記したように、細部にまで彼の考えと美学が反映されていることに注意しなくてはならない。彼は自信家で、先輩の伊東や安藤・大江のやり方をそのまま受け入れるような人物ではなかった。それは以下のような発言にもうかがえる。

大正4年から明治神宮創建の計画はたてられたのだが、その衝に当った方々は、建築の面だけで言えば、当時の最高の学者諸先生と古社寺修理に堪能な人たちであった。まだ神社がないのだから専任神職は定められていない。相談相手としての神職はあったけれども強い意見は発表されていない。こうした、学者と技術者と役人の常識をまとめながら進めたのであるから、はっきり言わせて貰うならば、神社で真剣に苦労してきている人が一人もなかったと言い得る。さればこそ神社制限図の内容を、そのまま採り入れてあるのである。[*73]

彼にいわせれば、「神社で真剣に苦労してきている」のは自分をおいて他にいないということだろう。そのような自信も無理からぬことで、昭和戦前に内務省神社局や神祇院の工営課長として神社営繕を一手に引き受けてきたのは彼だったわけだから、その経験や知識が、創建時の設計者のそれをはるかに凌ぐものだったのはまちがいない。その点で、また装飾の細部まで角南自身が決めている点で、明治神宮の復興社殿は日本近代最高の神社建築家・角南隆の集大成といえる。[74] 工期や工費の制約、それにともなう既存基礎の再利用などの厳しい条件だったにもかかわらず、大規模神社にふさわしい、そして新しい時代に対応できる神社を、自分の美学を展開しながらつくりあげて見せた彼の手腕は高く評価されてしかるべきである。

と同時に、創建時の社殿も、当時としては「新しかった」ことも評価しなくてはならない。本殿を中門から延びる透塀が囲うという形式には制限図の影響が感じられるものの、神聖度に応じたゾーニング、本殿の棟の高さが神域で一番高くなるようにしたこと、土間拝殿の採用など、その後の官国幣社に見られるやり方をはじめて示したのが創立時の社殿だったし、そのやり方がその後の官国幣社の規範として継承されたわけである。その意味で、創立時の社殿造営も、近代の神社建築史の画期になったものといえる。

ちなみに、角南が批判した安藤の造形感覚は、力強い造形をよしとする角南の立ち位置からの批判で、どちらが正解ということではない。建築の設計では、本音で勝負することが肝要で、設計者は、まず自分自身を納得させるものをつくりあげなければ、人を感動させることはできない。安藤や大江、そして彼らを指揮した伊東は、明治天皇・昭憲皇太后を祀るのにふさわしい、そして近代にふさわしい神社のあり方を提案するとともに、自身の感性に忠実なものをつくろうとしたということで、その点では角南も同じである。

このように、明治神宮の社殿は、創立時のものも復興時のものも、それぞれに見どころや価値が認められる。そこには、伊東忠太・安藤時蔵・大江新太郎・角南隆という、日本近代を代表する神社建築家の作品が一堂に会しているだけでなく、創立時のものがその後の神社建築に影響を与えた点で、そして復興時のものが、近代最高の神社建築家・角南隆の集大成とみられる点で、近代の神社建築史上注目すべきものといえる。

*1この一連のできごとは『社務日誌』(明治神宮蔵)による。

*2　○仮祭場ノ建設舗設　一、東神門内北側ニ設ケタル仮祭場ハ昨日概ネ竣功シタルヲ以テ天長節祭ノ為メ舗設ヲ行ヒタリ

(『社務日誌』昭和二〇年四月二八日)

この仮祭場建設に関しては『明治神宮五十年誌』(同編纂委員会、明治神宮、昭和五四年)の「第三　仮祭場の建設」(一七三～一七六頁)参照(仮祭場の平面図・立面図添付)

*3　一、午後二時三十分神祇院伊賀上技師御仮殿平面図及側面図設計図案持参セルニ付宮司権宮司見分セリ

(『社務日誌』昭和二〇年七月二一日)

*4この一連のできごとは『社務日誌』による。

*5昭和二〇年一二月一五日連合国軍最高司令官総司令部日本政府宛覚書「国家神道、神社神道に対する政府の保証、支援、保全、監督並に弘布の廃止に関する件」『明治以降神社関係法令史料』坂本健一編、神社本庁明治維新百年記念事業委員会、昭和四三年、二六二頁

*6『官報』第五六八九号、昭和二〇年一二月二八日、二〇五頁

*7　午後高島禰宜及副島儀式課長ハ宮地総代ヲ訪問シ遷座祭祭儀ノ打合セヲナシ次テ東京都神社庁ニ赴キ左記書類ノ進達方ヲ依頼ス　発第七六号　神宮規則承認申請ノ件　神社本庁統理宛(以下略)

(『社務日誌』昭和二一年五月一四日)

*8戦後に内苑の境内地が国有地になった経緯については、池田秀吉(元宮内省図書頭《ずしょのかみ》)が記した「明治神宮境内地ニ付テ」(明治神宮蔵)に以下のように記されている。

○財産税法及新憲法ノ実施ト本地トノ関係

終戦後国家財政切リ抜ケノ一非常手段トシテ昭和二十一年十一月財産税施行セラレ　皇室財産モ之レガ課税ノ対象トナリ木曾御料林ヲ始メ御料地ノ大部分ハ他ノ株券ナドト共ニ挙ゲテ政府ニ物納セラレテ仕舞ツタ。シカシ此ノ時モ本地ノ如ク社寺地トシテ貸付ノ御料地ハ陵墓地ナドト共ニ課税ノ対象ノ為ノ評価外ニ置カレタノデ、率イテ物納ノ問題モ起ラズ　皇居地ナドト共ニ皇室有デ残ツタノデアツタガ次デ翌二十二年五月施行ノ新憲法デ惣《すべ》テノ皇室財産ガ国有ニ帰セシメラレルト云フ大原則ノ下ニ本地モ亦有無ナク国有ニ移ツテシマウノ運命トナツタノデアル

なお、国有地になった内苑が無償譲渡になった経緯について、当時　明治神宮禰宜で、後に権宮司になった副島廣之が記した『私の歩んだ昭和史』(明治神宮崇敬会、平成元年)に次のように述べられている。

まず内苑境内地については、現に宗教活動の用に供していることは明白だったから、当然無償譲与となるものである

が、これについては、大蔵省より二つの問題の指摘があった。その一つは、明治十七年この土地を皇室がお買い上げになった時の費用の出所が、国費であったか、あるいは皇室の私的な資金であったかということである。もう一つは明治神宮御創建に当り、この土地―皇室の南豊島御料地が、明治神宮境内地として永代無償貸し付けになったときの事情である。（中略）そして翌十日（筆者註：昭和二五年四月一〇日を指すとみられる）われわれは、石川総代とともに宮内庁に元図書頭池田秀吉氏を訪問して、この件についての協力を懇請し、早急に調査方をお願いした。池田氏は快く承諾して下さり、やがて調書（筆者註：先掲の文書を指すとみられる）もでき上がった。（中略）

書証は元宮内省図書頭池田秀吉となっていて、その要旨を簡単に記せば、第一の明治神宮の境内地は皇室が明治十七年井伊家からおよそ二十万坪をお買い上げになったもので、お買い上げの経費は五万円であった。ところが宮内省書陵部保管の明治十七年度の帝室費（国費）決算書にはかかる支出の形跡は見当たらない。（中略）したがってこれは帝室費から支弁したのではなく、他の経費例えば内廷保存の資金―いわゆる御手許金とか御内帑金《ごないどきん》とか内廷会計のごときもので、宮内省の公の会計から離れたいわゆる「奥」だけで処理していた金を指す。つまりこの土地は皇室の私的な資金からお買い上げになったもので、国費をもって買い上げたものではないというのである。（中略）この御料地を明治神宮創建のための境内地として永久無償使用差支ないということは、事実上皇室から無償で御下賜いただいたこととほとんど変わりがない。昭和二十二年五月の新憲法ですべて皇室財産が国有に帰したので、この明治神宮境内地も有無なく国有地に移ってしまったのである。したがって法の定めるところによってこの境内地は無償譲与されるべきである、というのがその論証である。（中略）前記の書証は幸いにして境内地処分中央委員会および大蔵当局の認めるところとなり、外苑境内地問題の関連から正式文書をもっての許可書の交付は遅延したが、昭和二十七年十二月十六日付関東財務局長井上義海名をもって、申請境内地のうち二〇万八、〇三一坪二勺および付帯立木四万四、三五〇石を無償譲与する旨の公文を接受し、明治神宮境内地問題はまず内苑を主とする無償譲与の部分が解決をみたのである。なお内苑の境内地無償譲与については前記のように、池田秀吉氏の尽力があったことを忘れてはならない。

（七一～七二頁）

＊9『官報』六〇八七号、昭和二二年五月二日、二九～三一頁

＊10この境内地問題、およびその譲渡や買い上げの詳細に関しては、「二、国有境内地について」（前掲『明治神宮五十年誌』二五六～二五九頁）参照

＊11　一、午後一時半ヨリ宮司室ニ於テ当神宮今後ノ経営ニ関スル懇談会ヲ開催ス（以下略）

（『社務日誌』昭和二一年二月一五日）

この懇談会での議論の詳細は前掲『明治神宮五十年誌』一八九〜二〇四頁参照

＊12伊達巽「明治神宮の創建と発展」『神道史研究』昭和四〇年特輯号、神道史學會、二二三（四二七）頁参照

＊13前掲『明治神宮五十年誌』二五六〜二五九頁

＊14　一、午後二時、副島課長ハ東京都財務部ニ出向 明治神宮復興計画書、境内地譲与申請並ニ売払申請ノ要旨ヲ提出、野本、園田両事務官ニ面接ス　野本事務官ノ談ニ依レハ内苑ノ処分ハ神宮ヨリノ申請通リニ無償トシ三月ノ審査会ニ付議ノ予定ナル由

（『社務日誌』昭和二五年一月二七日）

＊15角南隆が明治神宮造営局技師に任じられたのは大正六年九月二五日で（『官報』第一五四六号、五六四頁）、翌月一日付で「外苑課勤務ヲ命ス」の辞令を受けている（『官報』第一五五二号、五八頁）。

＊16角南隆の経歴は、日本建築工芸設計事務所蔵の履歴書による。

＊17　一、午後一時頃日本建築巧芸株式会社角南隆氏来社当神宮戦災復興計画案ニ付権宮司禰宜及福島課長ト協議ヲナシ（以下略）

（『社務日誌』昭和二三年四月二六日）

一、午前十時ヨリ明治記念館ニ於テ記念館懇談会ヲ開催ス出席者ハ宮地、久保、相川三相談役（吉田氏欠）髙田参与、関係者トシテ中村　平木、角南ノ三氏ニシテ（中略）右終ツテ宮司以下職員及宮地、久保両総代、角南氏ハ外苑絵画館ニ至リ角南氏ノ案ニ依ル神宮復興計画ニツキ検討ヲナシ同四時終了退出ス

（同誌、五月二九日）

＊18この会議で角南が説明していることは昭和二四年四月案の内容と同じなので、「一昨年」は角南の記憶違いと思われる。

＊19明治神宮復興社殿の前に竣工した祐徳稲荷神社でも、内拝殿と外拝殿が設けられた（角南隆設計、昭和三一年竣工）。これは昭和二四年に焼失した社殿の復興計画の過程で採用されたものだから、計画時点で比べれば、明治神宮復興計画での二拝殿形式の採用は少なくとも昭和二四年まで遡れるので、そのほうが前だったことになる。

なお、孝明天皇合祀にあわせた平安神宮の昭和一〇年代前半の改築工事で、同神宮創立の際につくられた拝殿（大極殿を模したもの、明治二八年）と、新たに設けられた二つの本殿の間に「内拝殿」が設けられた。それに関して『平安神宮百年史』（同編纂委員会編、平安神宮、平成九年）に、以下のように、その内拝殿を導入したのは内務省技師の谷重雄（角南の部下）であるようにも読める記述がある。

ところが、こうした地味な計画案は一変する。まず内務省事業分についてみると、その最大の変化は内拝殿が新たに加わったことである。昭和十三（一九三八）年とされる「平

安神宮社殿造営設計姿図」に内拝殿が描かれているから、この変更はこの年の三月以降に行われたと推測できる。（中略）

このときの設計にかかわった技師の内、中心的存在が角南隆と谷重雄である。

角南隆　本殿以下の内務省直轄事業の設計を指導したのは、当時内務省神社局の営繕課長であった技師角南隆（写117）である。（中略）角南が平安神宮の設計にどの程度かかわったのかは知りようがないが、統率・指導者の立場からの設計者であったことは疑うべくもない。

谷重雄　角南の膝下にあって本殿・内拝殿の設計監理にかかわったのは、谷重雄である。谷自身の回想によると、内拝殿の設置を発案したのは谷であるという。（傍線筆者）

（三五五、三五七～三五九頁）

この記述は、谷重雄が内拝殿の提案者、いいかえれば内拝殿・外拝殿の二拝殿形式の発案者であるようにも読めるが、この形式の創始者が角南であることは、あらためて確認しておかなくてはならない。というのも、この平安神宮の改築に先行して、角南の指導で橿原神宮の改築が進んでおり（昭和一一年一一月一一日の遷座祭から工事がはじまった）、それは二拝殿方式で建設されていたからである。その内拝殿と外拝殿との間には大きな空間があるが、それが大規模になった理由を、明治神宮復興専門委員会（昭和二七年一二月一三日）で、角南が伊達権宮司の発言に続けて「之は菟田《うだ》宮司の意見で尊厳を空気で表はしたいといふ事であの様にしたのだが構造ではなく参拝された感じはいかが」（同専門委員会議事録）と答えていることから、角南がその二拝殿形式に関与していたことがわかる。また、角南自身が、その前の多賀神社の改築（谷は関わっていない）の際にこの形式を実践して好感触を得ていたことを後に証言している。それは以下のようなもので、多賀大社の改築（角南隆や小川猪作の設計で昭和八年竣工）のときに、吹き放ちの拝殿と祝詞舎の間に設けた幣殿《へいでん》を「内拝殿」と見ているということのようなので（この幣殿と祝詞舎、本殿前の階までがひとつの屋根の下に納まっている）、二拝殿形式の萌芽は少なくともそこまで遡れることになる。

此の下が土間となってゐて（筆者註：明治神宮復興社殿の中庭《ちゅうてい》のこと）これを隔てゝ（筆者註：外拝殿）が参列者の席となる　此の隔ては青天井となってゐるので玉串奉《ほう》奠者《てんしゃ》は青天の際は中央を雨天の時は左右から進んで此の位置或は此の位置で参拝する　尚参列員の席からは此の辺でも御祭儀は十分拝せられる　此の形式は橿原、近江、多賀等で実施して成績が割によかった　又参拝者は此の列柱の所まで進んで拝が出来るので本当に参拝して御神威を蒙むれたといふ感がすると思ふ（傍線筆者）

（「明治神宮御復興専門委員会議事録」昭和二七年一一月二一日）

ちなみに、神田神社の関東大震災復興の募金のために作成されたパンフレット（同社蔵）があり、それを収めた封筒に「大正十五年八月　神田神社新築設計図」というタイトルが記され、その中に「神田神社建築費予算書」とともに、同社社殿計画案の平面図・立面図・透視図がある。その封筒に記された手書きのメモに「第一案角南隆氏　募金用として作製したるも廃案となり別に大江新太郎氏に設計を依頼す」とあるから、この計画案を角南が作成したことがわかる。その平面図を見ると、拝殿が二つの区画に分かれ、本殿に近い側は階段付きで高くなっており（靴を脱いで上がる設定）、それに隣接する入口部分は四半敷き土間床になっている。これも拝殿をゾーニングするという点で、二拝殿形式の萌芽とも見られるので、「内拝殿」という名称が使われるのは橿原神宮まで下るものの、角南の二拝殿形式の着想は神田神社まで遡れる可能性がある（大江新太郎と佐藤功一の設計で昭和一〇年に竣工した復興社殿でも、この拝殿の形式が踏襲されている）。

＊20『仮社務所建築書類』綴や『社務日誌』、仮社務所設計図（いずれも明治神宮蔵）による。

＊21　一、福島崇敬会事務局長は社殿復興計画打合の為め神宮司庁へ角南顧問を訪《おとな》い打合せの為去る十五日三重県下に出張し本朝帰京す

（『社務日誌』昭和二七年四月一六日）

一、午後七時より田中権宮司は顧問角南隆氏を目白の自宅に訪問す　一、午前十時より応接室に田中権宮司、高沢禰宜以下各課長参集し社殿御復興案其の他につき課長会議を行ふ

（同書、昭和二七年五月七日）

＊22内閣総理大臣をつとめた吉田茂ではなく、元内務官僚で、明治神宮造営局で秘書官をつとめた人物

＊23「御復興第一回懇談会議事録」（『自昭和二十七年五月　日　至昭和二十八年七月　日　御復興準備委員会復興奉賛会創立総会関係書類』（明治神宮復興奉賛会）所収、明治神宮蔵）による。なお、この会議で示された「明治神宮御復興計画具体化に関する要項」（『自昭和二十七年五月　日　至昭和二十八年七月　日　御復興準備委員会復興奉賛会創立総会関係書類』〔明治神宮復興奉賛会〕所収、明治神宮蔵）に、以下のように復興の基本方針が記されている。

戦災に依り御本殿以下御社殿及主要御建造物の全部を喪失せる明治神宮の本格的御復興は蓋《けだ》し一大事業にして一朝一夕に完遂し得べきものに非ざるは勿論なるも多年に亘る占領治下の試練を経て茲に国民待望の平和条約の発効を見我国が独立国家として新たなる出発をするに際し本年恰《あたか》も御祭神明治天皇御生誕満百年の記念すべき年を迎へたる事は真に奇しき御神慮とも拝し得べく感慨の一入《ひとしお》深きを覚えるのであります

此の秋《とき》に当り広く全国民と共に御祭神の御偉業を追想し日

本の宗祀《そうし》として御社殿始め諸施設御復興の具体計画を進め以て頌徳《しょうとく》感恩の赤誠を捧げると共に国民精神の作与を期したいと存ずるのであります

○復興計画審議機関

御復興具体計画を考究樹立する為に明治神宮復興準備委員会（仮称）を設置すること

右委員会は復興計画の大綱を審議する小委員会及専門事項を担当する専門小委員会の二とすること

○造営基本計画

一、御復興造営計画の立案に当りては時代の要請を考慮し適切なる計画を樹立するものとする但し各神門、廻廊、玉垣、鳥居等残存施設は新御社殿に応しく補修を行ふこととする

二、神楽殿（奉賽殿《ほうさいでん》）を建設すること

三、社務所、齋館、貴賓館（勅使殿）を建設すること

四、時代の要請に応ずべき必要建造物を建設すること（以下略）

＊24この復興準備委員会の準備資料（「○明治神宮復興準備委員会委員案」前掲『自昭和二十七年五月　日　至昭和二十八年七月　日　御復興準備委員会復興奉賛会創立総会関係書類』）によれば、角南と佐野の他に伊東忠太と小林政一の名があるが、実際には委員になっていない。

＊25この復興委員会の議事録では昭和二八年二月一二日のものが「第三回明治神宮復興準備委員会」（傍線筆者）となっており、その冒頭の権宮司の説明から、昭和二七年一〇月二〇日の「懇談会」を第一回と見なし、一〇月二〇日の復興準備委員会を「第二回」としたことがわかる。

＊26「明治神宮復興準備委員会議事録」（昭和二七年一〇月二〇日、前掲『自昭和二十七年五月　日　至昭和二十八年七月　日　御復興準備委員会復興奉賛会創立総会関係書類』（明治神宮復興奉賛会」所収、明治神宮蔵）によると、伊達権宮司が「尚基本計画に関しては角南先生のご出席を煩はした　先生は既に御承知とは思ふが神祇院の造営課長を長年され又現に伊勢神宮の造営局長をされてゐる神社建築の権威であるので此の計画については立案以来種々御相談も申し上げてゐる関係もあるので此の大要を角南先生から御説明願ったらと思ふ　ではどうぞ」と発言し、角南が「私御復興については再三お話をいただき一応大体の計画を樹て其の後数回変更を加へて此の際特に必要欠くべからざるものと思はれるものを抜き出し計画したのが此の案である　御復興の中には御社殿を全部失なってゐるのでこの中で或る程度改善をすべき点もあるので此の際それ等の所を或る程度改めて行きたいと思ってゐる　林苑関係については多少の移植を行ふ事位で大した変更はない　道路については従来の参道を中心として其の中で此の部分を変更し正面からの参拝とする様にしたい　此の項目順に申上げると御社殿は大体元の位置に御復興申上げ廻廊、楼門等焼け残ったものは補修して接続する　奉賽殿は神楽殿、奉賽者控所伶人室等でこの位置にと予定してゐる　之は社務所―こ

の位置であるが―との連絡が必要なのでこゝに位置させたがこれを作る　会館は少し飛んで此の位置これは参拝者の宿泊参籠を主とし修養道場を兼ね文化運動の一つの場としたい嘗ては旧御殿と貴賓館といふ青山御所から御下賜になった由緒のある建物があったが戦災で失ってゐるのでその代りとして少し規模を大きくして考へて見た（以下略）」（傍線筆者）のように、図を示しながら説明していることがわかる。

＊27『社務日誌』昭和二七年六月九日および同年七月一七日

＊28「明治神宮復興準備委員会議事録」昭和二七年一〇月二〇日（前掲『自昭和二十七年五月　日　至昭和二十八年七月　日御復興準備委員会復興奉賛会創立総会関係書類』）

＊29同前

＊30同前

＊31同前

＊32「明治神宮御復興専門委員会議事録」昭和二七年一一月二一日、同書類

＊33小林は以下のように発言している。

御鎮座の際は戦災とか敗戦とかを考へに入れてゐなかったが今度はそうではない　それを知ってゐて又焼けるものでは恥かしい　それに檜皮を銅板に変へただけでも私は大改造と思ふ　それを一歩進めたらどうか

（「第二回明治神宮御復興専門委員会議事録」昭和二七年一二月一三日、同書類）

＊34伊達権宮司の発言は以下の通り。

私は赴任以来白紙の状態で色々と考へて見た　第一には社会環境を考へたが角南さんの言はれた様に今後の戦争についてはマドロッコシイ事はない　大仕掛であって神社だけが残るの残らないのといふ問題ではないので　これは算盤に入れられぬ　今私の考へには三点の要旨がある　第一は祭祀の立場　これは私共の誤ってはならぬ点であるが第二は技術上の問題であって専門家の方々の御考へ建築の歴史的立場等も考慮に入れなくてはならぬ　第三は資金の点であって経費が無くては出来ない事なので欠くべからざるもので　此の三者が密接な関係にある事が肝要であると思ふ私共が祭祀の点から考へて理窟では無く実際の問題として実は私関西で見学して来たが色々の神社がそれ〳〵の環境で新しい建築形式を用ふる事は当然であるが佐野先生の御話の正倉院も参考として拝見してきたが非常に立派な出来栄えで感心はしたが御神霊鎮斎の点とは別であって木造の正倉院の味印象はよく出てゐるが所詮は倉庫である　橿原にも参拝いたし又湊川にも参拝したが角南先生には失礼になるが木造にしかずの感があった　色々考へて見れば人間の用ふる所は如何様に変更しても神社といふか御神霊鎮斎の所は木造でなければと考へ当初より当神宮が木造であった事に深い感謝を覚えるのである　第三の資金の点については此の建物を建築するのに時日がかゝっても当初の必

要欠くべからざるものといふ趣旨の徹底を計り財界各位の御協賛を仰ぎ当初の計画通りのものを御造営申上げたいと存ずる

(同前)

＊35角南の発言は以下の通り。

私は原案を作製したので直接の発言は差控へたいが此の問題については事情が色々と入ってくる　第一に祭りの方から環境、参拝者の感じ又別に専門的には技術を別にしても歴史的な立場又天下の明治神宮であって見れば外の神社との関係も出てくる　作る側から言へば主として建築関係だが専門委員の中でそれ〳〵意見があり分野か広い程雑多な議論が出てくる　これでは私も原案の作り様もないので一応木造の線を上げたのだが私自身も作り乍ら色々と考へて見てゐる　当初木造としてきたのは一つの考へは記念建造物の一つにもなり文化財として永久に残る系統に属するものだといふ事と又一面には三十年前に先輩が或る意見を持って一応思案の中に入ってゐる数多の方針を見ながら此の木造に定めたといふ歴史　奉祀調査会の腹が後世に残るといふ考へがあってもよいのではないか　色々と考へ方が変ってきて三十年前の考へ方は捨てゝをいて進むといふ事では段々手法も狂ってきてしまふ　神社としては存続するが当初の考へは年と共に変改されて後世に伝はってゆく　此の種類に属する神社も勿論あるが明治神宮が之に属するものかどうか之は疑問である、春日等国宝級の建物があるが之が危いからコンクリにしようとは誰も言はない　伊勢神宮のあの式年遷宮の形式に依るのが明治神宮ではないか、構造は昔のまゝただ用途については新時代の要請に基いて変更する事はあらうが　私も永久建造物を希望する考へがないわけではないが嘗ての明治神宮を残すのも一つの方法であるとも考へられ之を落付けると先輩諸賢の考へ方に従ふのが順当ではないかと思ふのである　私も小林さんの言はれた考へ方がムラ〳〵と起きる事があるが湊川の例は歴史として日が浅い事と場所が神戸の駅頭又外人が第一に接する神社としての感じの問題等の点から先輩の道から少しはづれてもよいのではないかと考へた　又現在進捗中の日枝神社、深川八幡等についてもこれは変更して構はぬ神社の系統に属すると存ずる　神宮は環境その他の点から言っても木造にされた方が似合ふし又焼けるといふ問題については近火類焼の恐れはまづ無い　戦災については特別の事由であって今後の場合は焼けるのかコワレルのか見当もつかない　自家類焼は考へられないとすれば火災よりも永久構造としてそのまゝの形で残ってほしい　此の点木造では始終補修の必要があるのでコンクリの方が有利であるがと考へてくる中に結局は個人の主観といふ事になってしまふ　こうなると範囲が広いので私共だけでは考へられなくなってくる　政治的思想的にも又一般の方々の意見も尊重しなければならぬ　しかし私は現在木造でといふ考へである

（同前）
＊36「第三回明治神宮復興準備委員会議事録」（昭和二八年二月一二日 同書類）
＊37 一、午前十時より明治記念館に於て御社殿復興原案及び記念館増築案につき角南隆、小川猪作の両氏を招き社務所より伊達権宮司、高沢禰宜、福島崇敬会事務局長出席し打合会を行ひたり
（『社務日誌』昭和二八年七月一四日）
＊38 一、午後零時半より伊達権宮司、高沢禰宜、福島崇敬会事務局長　谷口、飯尾両課長は神田神社、牛島神社、湯島聖堂、浅草寺、浅草本願寺等へ出向　建造物の視察をなす
（『社務日誌』昭和二八年六月一七日）
＊39「明治神宮復興奉賛会創立総会下打合準備会議事録」（昭和二八年七月一六日、明治神宮蔵）による。
＊40「明治神宮復興奉賛会創立総会議事要録」昭和二八年七月二七日（前掲『自昭和二十七年五月　日　至昭和二十八年七月　日　御復興準備委員会復興奉賛会創立総会関係書類』所収）
＊41「第一回明治神宮造営委員会会議要録」昭和三〇年三月一一日（『昭和三十年度以降　造営委員会記録』明治神宮蔵）
＊42同前
＊43同前
＊44同前
＊45前掲「第一回明治神宮造営委員会会議要録」昭和三〇年三月一一日（前掲『昭和三十年度以降　造園委員会記録』）
＊46「第二回明治神宮造営委員会会議要録」昭和三〇年四月六日（前掲『昭和三十年度以降　造営委員会記録』）
＊47同前
＊48 正午頃より伊達権宮司及び福島禰宜は荷見造営委員の紹介に依り林野庁に柴田長官を訪問　造営用用材に関し配慮方を懇請す
（『社務日誌』昭和三〇年三月二三日）
＊49前掲『昭和三十年度以降　造営委員会記録』所収。なお、このリストは前掲『明治神宮五十年誌』にも掲載されている（二六三～二六五頁）。そこには、これが昭和二八年七月二七日の明治神宮復興奉賛会創立のときに出された文書のように読める記述があるが、その時に出されたリストはこれではなく、＊40に示すものであることを確認しておきたい。
＊50「自昭和三十年四月一日至昭和三十二年一月三十一日　明治神宮造営業務概要」（明治神宮蔵）および前掲『明治神宮五十年誌』（二七〇～二七六頁）による。
＊51『多賀神社造営誌』（多賀神社編、多賀神社社務所、昭和八年）や高見神社蔵設計図、日本建築工芸設計事務所会長・川村昭二氏からの聞き取りによる。なお、明治神宮宝物殿の棟木に張り付けられた銅板製の棟札の「設計及監督」の項に小川猪作の名前が記されており、彼が宝物殿の設計・建設にも関与していたことがわかる。
＊52このような本殿の平面形式は中世に遡るもので、それを角南

がいつ頃から使いはじめたのかはよくわからないが、氷川神社本殿（大宮、昭和一五年）や近江神宮本殿（昭和一五年）などが先例と見られ、どちらも角南隆が内務省神社局工営課長時代につくられたものなので、戦前まで遡れることは確かである（ただし、氷川・近江の両宮では、縁《えん》から階《きざはし》・祝詞舎までの空間は室内化されていない）。

＊53藤岡洋保「近代の神社建築行政に関する研究」（『科学研究費基盤研究（C）報告書』平成一二年二月）参照

＊54外拝殿床を下げたことについて、角南は「明治神宮社殿の復興計画について」（『新建築』昭和三四年三月号、新建築社）で次のように述べている。

すなわち、旧拝殿の石敷の床が高過ぎていたのを一尺ばかり低くし、すべて柱を太く長くとり、内法を高くした。（四三頁）

［第二章写真6］からわかるように、創立時の複廊と拝殿の段差は四段分あり、『建築雑誌』大正九年一二月号付図掲載の拝殿側面図の階段寸法を計ると一尺五寸（約四五センチ）あまりになるので、「一尺ばかり」は「一尺五寸あまり」と見なした。

＊55角南隆「明治神宮の復興計画について」前掲、四三頁

＊56角南隆「神社の施設と新材料の使用に就て」『神社協會雑誌』昭和二年九月号、神社協會出版部、七頁

＊57同書五二六〜五二七、五五〇、五六二〜五六三頁。遷座の時点では社務所が宿衛舎北東に接していたので、宮家はその応接室で御小憩の後、そこから南神門を通ってまっすぐ参進し、神職は南神門を潜った後、外院の中央で西進し、続いて北進して外院西廻廊、外拝殿西側渡廊を経て内拝殿西側に着座した。その後社務所が二度移転し、参列員の参集場所が変わったのにともなって、特別参列員は今では東神門から外院に入るようになっている。なお、前掲『明治神宮五十年誌』掲載の新殿祭（昭和三三年一〇月三〇日：まだ遷座は行われていない）の写真（五一四、五一六頁）では、神職が中心軸を通って参進しているのがわかる。

＊58日本建築工芸設計事務所会長の川村昭二氏による。

＊59復興事業に参加した大工・中村詔雄氏が声掛けして作成されたもののようで、関わった職人すべてが網羅されているわけではないらしい。

＊60前掲『明治神宮五十年誌』三〇二頁

＊61「明治神宮復興奉賛会常務理事会並に造営委員会合同会議議事要録（但し造営委員会の部）」昭和三四年三月二六日（前掲『昭和三十年三月度以降　造営委員会記録』）

＊62前掲『明治神宮五十年誌』二九八〜二九九頁

＊63平成一四年に社務所は社殿外透塀の東に移り、その後旧社務所は崇敬会の事務室になった。

＊64「明治神宮附属施設概要」（「昭和三十五年九月　明治神宮参集殿　貴賓館　齋館　社務所　竣功記念」の栞に収められてい

る）

＊65明治神宮蔵設計図による。

＊66『社務日誌』昭和三三年六月二三日「一、隔雲亭竣工式」による。そこに隔雲亭が、「松下電器株式会社々長松下幸之助の篤志に依る工事費の指定寄付金（五百万円）でできたことが記されている。なお、『社務日誌』同年七月一五日の項には、松下が茶道具一式も寄付することが記されている。

＊67日本建築工芸設計事務所会長の川村昭二氏からの聞き取り

＊68『社務日誌』昭和二二年四月八日

＊69角南前掲「明治神宮の復興計画について」四三頁

＊70大江によるこのような錺金物の萌芽は、彼が設計した唐澤山神社（栃木県佐野・明治四三年）の本殿の御扉や階側面に見られる。

＊71同前角南前掲「明治神宮の復興計画について」四三頁

＊72同前

＊73同前、四二頁（原文は横書きで算用数字使用）

＊74「角南隆設計の神社」といわれるものは多数あるが、それは工営課長という立場で設計を管轄していたという意味である。筆者がかつて日本建築工芸会長だった小橋一雄氏（角南の元部下）からうかがった話では、戦前の角南は多忙で、神社局や神祇院の工営課の部下に図面を描かせる一方で、官庁には定員があるので業務量が増えても職員を増やせないため、昭和四年の伊勢神宮の式年遷宮終了後、造神宮使庁にいた部下を独立させて神社建築担当の設計事務所をつくらせ、そこに官国幣社の営繕事業を流すこともやっており、自ら細部まで決めたものは少ないとのことである。戦前の神社で彼が細部まで関わったことが確認できるのは、筆者の知るかぎり、小倉の高見神社（昭和一〇年設計）だけである。

第六章

日本近代を象徴する空間としての明治神宮内苑・外苑

第一節　明治神宮の近代性

これまで述べてきたことの要点を、ここで整理してみよう。

明治四五（一九一二）年七月三〇日の明治天皇崩御直後から、同天皇を祀る神社創立の請願が出された。その請願のうち、東京市有志からのものに、神社だけでなく、記念建造物をあわせて設けることが求められていたのがまず注目される。崩御からわずか半月後に、その候補地として内苑を南豊島（代々木）御料地に、記念建造物のための外苑を青山練兵場跡にという、その後実現することになる計画がすでに提案されていたわけである。

神社だけでなく記念建造物を一緒につくることが求められたのは、明治時代が日本の歴史上稀有の時代で、近代化が急速に進められて日本が列強のひとつに数えられるまでになったことを誇りとし、それを後世に伝え、その大権を有していた明治天皇を顕彰したいという思いによるものと見られる。

諒闇《りょうあん》が明けた大正二（一九一三）年秋に、明治天皇を祀る神社創立に向けて政府が動きはじめ、同年一二月二〇日に「神社奉祀調査会」が発足し、原敬会長（内務大臣）のもとに華族・政財界・陸海軍・学界の代表者が集められて、具体案の検討がはじまった。そこで、神社名・社格・鎮座地、建設すべき社殿の種類や規模、本殿の様式から、例祭・神宝、予算見積もり、外苑の設置に至るまで、神宮創立に必要な事項すべてについて議論が行われ、大正三（一九一四）年一一月三日にその成案が承認された。なお、その詳細を検討するために、同調査会に日本史や建築史などの専門家による特別委員会が設けられ、同三年五月一日から六月一九日までに一一回もの集中審議を行っている。議事が速やかに進められたのが神社奉祀調査会の特徴で、それは、内苑の神社創立が国費で行われることになっていたことと、外苑は献金を元につくられるものの国有地を使用することになっていたので、同年一二月に開かれる帝国議会での承認を得る必要があり、それが開かれるまでに計画の詳細やその予算案を決めておくためで、その準備期間を見込んで、同年六月末までに基本方針をまとめることを想定していたからである。そこには、明治天皇奉祀の神宮をできるだけ早くつくりあげたいという意識が感じられる。帝国議会の決議を経るという手続き、そして神社奉祀調査会において、決定事項の根拠や理由を示すことを重視していたことには、この事業の近代的な側面がうかがわれる。

なお、昭憲皇太后の合祀が、大正三年四月一一日の崩御直後に事実上の了解事項になったことも「近代的」といえる。皇后合祀の前例がほとんどなかったにもかかわらず、神社奉祀調査会では速やかにそれを決定した。それは、近代にふさわしい皇后像を構築し、多くの業績を残した昭憲皇太后を敬慕する気持ちが共有されていたからだろう。

大正四（一九一五）年四月三〇日に内務省に明治神宮造営局が設けられ、同神宮の設計や建設を担った。その社殿の設計は、伊東忠太の指揮の下で安藤時蔵と大江新太郎が担当した。まず神域を外透塀《そとすきべい》とその内側の廻廊で二重に囲い（このようなやり方は他の神社には見られない）、廻廊内を内院《ないいん》と外院《げいん》に分け、その境に拝殿と複廊を配した。本殿は、伊東忠太の考えに基づいて南に正対するように配置された。そして、その本殿南側に祝詞舎《のりとや》を介して中門が置かれ、中門から延びる内透塀《うちすきべい》で本殿と神庫を囲んでいた。この本殿まわりの配置計画には、「制限図」という明治時代の神社営繕のやり方が影を落としている［第二章図18］。

本殿は三間社流造《さんげんしゃながれづくり》で、内陣・外陣の二室からなり、外陣の床《ゆか》が内陣より一段低く、外陣と縁境の柱列だけ角柱にする（他は丸柱）という、中世の流造に見られるやり方を採用している。これは、明治時代中期に創始された日本建築史の知見を適用したということで、近代の知によって解釈された「伝統」をもとに整えられている。つまり、無批判に踏襲したのではなく、明治天皇と昭憲皇太后の二祭神を祀る明治神宮にふさわしいものとして、中世の流造のプランニングや細部の整え方を意識的に選択したということである。

この社殿の設計で注目されるのは、社殿全体を整然と秩序立てて構成していることである。まず、左右相称を意識して、南北軸に沿って本殿から祝詞舎・中門・拝殿・南神門・第三鳥居を配している。そして社殿群を廻廊や内透塀でゾーニングし［第二章図1］、それぞれの区域の地盤面を神聖さの度合いに応じて、徐々に高めている。南神門から左右および北に延びる廻廊の中（外院）の地盤面は廻廊の外より二尺五寸高く、拝殿の北の、より神聖な区域になる内院の地盤面は、外院から三尺上がり、中門から延びる内透塀で囲われた区域はさらに四尺高くなっている。そして、その中に設けられた本殿は、高さ四尺の基壇の上に建っている。つまり、廻廊内を外側の地盤面より高くするだけでなく、その中においても、複廊や内透塀で、さらに細かくゾーニングしているわけである［第二章図22］。その廻廊は、祭祀の参列者の動線分離の役割も担っている。東複廊は天皇・皇后専用で、西神門から北の廻廊と西複廊が拝殿昇殿者と神職の動線になる。一般参拝者は拝殿前の石階下で参拝した。廻廊という伝統的な要素に、ゾーニングや動線分離の役割を担わせているわけで、姿は伝統的でも、その意味づけは新しい。

このような秩序重視の設計によって、本殿の棟高を社殿で一番高く位置づけている。そしてその本殿の屋根だけに千木《ちぎ》と堅魚木《かつおぎ》を載せて、最重要の建物であることを明示している。境内全域をこのように秩序立てて整えるのは、平安神宮（明治二八年）にその萌芽が見られるものの、本殿の棟高を神域で一番高く設定するというところまで意識して設計されたのは、近代に創立された神社では明治神宮が最初である。このやり方はその後の官国幣社の営繕に適用されているので、明治神宮造営はその画期として建築史上注目される。

廻廊によるゾーニングや、格の高い空間の床《ゆか》を上げるとか、流造本殿の外陣・縁境の柱だけ角柱にするというようなやり方は、昔からのものである。しかし、それに意味を見て、明治神宮社殿に求められた要件に対応するようにそれらを組み合わせるというのは、意識的な選択である。そこでは、伝統的な要素が近代の知によって解釈し直され、位置づけ直されている。

本殿から廻廊に至るまで、社殿の下に高さ三m程度のレンガの基礎が設けられていることや［第二章写真24〜27］、本殿や南神門などの小屋組に鉄筋やボルトを用いていることなど、見えないところに近代技術が活用されていることも見逃せない。

創立時の社殿のデザインは、優美さと華麗さを特徴とする。それは伊東や安藤・大江の美意識の反映である。軒が優美に伸びやかに張り出し、妻側の箕甲《みのこう》下のカーブも優美で、破風が出会う頂部の拝みも、鈍角で優しく交わっている［第一章写真16、第五章写真46・49］。柱にはわずかに膨らみがつけられ、蟇股《かえるまた》や錺金物《かざりかなもの》の形や文様は華麗なだけでなく、モダンな印象がある。安藤や大江は、自身の美意識をもとに、伝統的なモチーフの意匠をモダンにアレンジしていたわけである。

その一方で、参道計画はなかなか決まらなかった。その理由のひとつは、参道入口から社殿までの距離が長かったことと、社殿に向かう動線を身分ごとに分ける必要があったからで、計画途中では東参道から西に参進し、東廻廊の近くでその参道を南北に拡げて、北から、神饌所《しんせんじょ》・便殿《びんでん》・一般参拝者用の入口を別々に設けていた［第二章図13・14］。伊東忠太は東からのアプローチにこだわっていたようで、それは社殿の屋根が華麗に連なるさまを見せたいと考えていたためらしい。

しかし、最終的には、南参道と北参道が落ち合うところから正参道が西進し、桝形のところで北に向かい、正南から参進することになった。南・北参道の幅が八間で、西進する主参道が直線で幅広の一〇間になっており、社殿に近づくにつれて参道もよりフォーマルな設定になっているのがわかる。つまり、参道もゾーニングされているわけで、ここにも境内全体を秩序立てて整えるという近代的な設計思想を見てとることができる。ゾーニングや参道計画には大江新太郎の意見が採用された可能性がある。

参道のところどころに設けられた灯籠をつなぐ電線は、最初から地下に埋設されており、参道両脇には雨水の排水管が埋設されている。境内を参道の水勾配に配慮しながら整えるなど、近代技術を随所に、しかし目立たないかたちで適用している。参道の経路がなかなか決まらなかったのは各分野の専門家の合意を得るのに時間を要したためとみられ、明治神宮造営計画が合議制によって進められていたことをうかがわせる例でもある。

外苑は明治神宮奉賛会が集めた献金をもとにつくられたが、その設計や工事監理を造営局が担当し、その費用を奉賛会が分割で支払うという特例を認めてもらっていることから、内務省が外苑造営にも全面的に支援していたことがわかる。

外苑計画も合議制で決められた。最初は伊東忠太と池田稔が担当していたが、大正六（一九一七）年五月に「設計及工事委員会」が設けられ、土木や建築・造園の専門家による約半年間の集中審議でほぼ実施案に近いものがつくられた。神社奉祀調査会の時点では、外苑に設ける施設としてさまざまな要望が出されたが、伊東と池田の計画では、葬場殿址記念建造物を中心に、聖徳《せいとく》記念絵画館や憲法記念館・競技場・能楽堂・相撲場などを配した林苑という趣のものだった。そこでは一貫して、葬場殿址が最重要施設として位置づけられていた。しかし、大正六（一九一七）年一〇月三〇日に決定した計画では、長円状の周回道路で周辺からの通過交通をさばき、その内側に聖徳記念絵画館と葬場殿址、芝生広場を配し、その外側西方に競技場、権田原地区に憲法記念館を配するものになった。伊東・池田案との大きな違いは、敷地北方の中央軸線上に記念建造物として聖徳記念絵画館と葬場殿址を配し、それを周回道路の内側に配したことである［第三章図6］。葬場殿址記念建造物に代わって、聖徳記念絵画館が最重要施設として位置づけられたことも大きな方針転換だった。周回道路で記念施設と競技場エリアとのゾーニングをしつつ、通過交通への対応をスムーズにしたことがこの計画変更の注目点である。造園家も関わっていたが、最終案決定に大きな役割を果たしたのは佐野利器とみられる。

外苑計画は敷地内で完結してはいない。周辺の交通体系を含めた都市計画的整備をあわせ行ったもので、外苑敷地の際に鋤取った土を、その東側の崖を埋めて現在の外苑東通りとして整備したことや（それにより、青山地区から権田原地区までの地面を同じ高さで揃えることができた）、省線の中央線をまたいで、競技場の西、渋谷川の東岸に都市計画決定されていた道路を、中央線下を潜るように変更しつつ、西岸につけかえたことも高く評価すべきである。

内苑の宝物殿と外苑の聖徳記念絵画館のデザインを設計競技で広く募集しようとしたことは、明治神宮内苑・外苑造営事業の開かれた姿勢を示している。宝物殿では、その一等当選案は採用されず、規模を拡大して新たに設計された［第四章図13、写真6］。大江新太郎が担当した実施設計では、分棟形式で、寝殿造に倣ったような配置計画になり、展示室の中倉《ちゅうそう》とその東西の収蔵庫を校倉造風の高床としている。左右相称の配置で、重要な建物ほど中央に高く配するという、ヒエラルキー重視の設計である。分棟形式にして、複数の屋根の重なりで華麗さを表現しているのも彼らしいやり方で、それは中倉背後の事務棟の細長い平面に凹凸をつけて、その上に別々に屋根を架けていることにも見てとれる。

この宝物殿に大胆な構造形式が採用されているのも注目される。構造は鉄骨（アングル材）で補強された鉄筋コンクリート造で、特に長方形平面の中倉では、梁間四八尺、桁行九六尺の内部を無柱とし、当時の鉄筋コンクリート造にしてはかなりの大スパンにしているだけでなく、その床下の外周に二列の列柱を配して、建物がピロティで持ち上げられているように見せるという、当時にしてはかなり大胆な構造になっている。それを可能にしているのが、イの字型の架構を背中合わせにして豕扠首《いのこさす》でつないだ山形ラーメン構造である［第四章図14］。これにより、キャンティレバーで支えられた軒先をかなり薄くすることができている。この構造設計は志知《しち》勇次が担当した（佐野利器が監修した可能性がある）。

聖徳記念絵画館においては、設計競技一等当選案［第四章図16］の完成度が高く、それをもとに実施設計が行われた。その一等案の評価のポイントは下足（動線）処理の巧みさと、当時の最新の意匠（セセッション）で記念性を表現し得たことにあった［第四章写真18］。この建物の構造は鉄筋コンクリート造を主体に、一部鉄骨造および鉄網コンクリート造だが、中央玄関ホール上にスパン約一六ｍのドーム型シェル構造を採用したのは特筆すべきことである。鉄筋コンクリート造のシェル構造は世界的に見ても最新の技術で、管見によれば、日本では佐世保の針尾につくられた海軍無線施設の中央にある無線室の屋根に用いられたヴォールト・シェル（大正一一年）があっただけである。日本ではほとんど前例のない技術ということで、このドームの構造設計では、法定の耐震基準の二倍の強度を想定するとか、熱応力による変形まで考慮し、その施工にあたっては、鉄筋のつなぎの長さを長めにするとか、コンクリートの打設を一回で済ませるなど、細心の注意が払われていた。ちなみに、この建物のコンペでは、当選者を招いて賞金授与式をしただけでなく、応募案すべてを公開展示したが、それらはいずれも日本の設計競技史上はじめてのことである。

宝物殿と聖徳記念絵画館は、明治天皇と昭憲皇太后を記念する建物ということで失敗が許されないタイプの建物であったはずにもかかわらず、当時の最新技術を適用していたわけで、そこにも明治神宮内苑・外苑造営事業の先進性や開明的な姿勢がうかがえる。

このように、明治神宮内苑・外苑造営事業の一連の経緯には、設計競技で設計案を募集したことに、そして伝統の解釈とその表現の仕方や最新技術の積極的な採用に、近代的な様相を見ることができる。

内苑の社殿の戦後復興は角南隆が担当した。工期と工費が限られていたこともあって、既存基礎を再利用することにし、また残存社殿を再利用することにしたことから、復興社殿の配置やプランニングがそれに制約されることになった。たとえば、復興本殿は旧本殿のレンガ基礎を補強した上に建っているので、平面の形と大きさ・柱位置は創立時のものとまったく同じで、外拝殿は旧拝殿のレンガ基礎の上に建っているので、その柱配置は旧拝殿のものをおおむね踏襲している。

そのような制約があったにもかかわらず、角南は内院をまったく違うかたちにつくりかえ、創立社殿での祭祀上の問題点を解消しつつ、新時代の大規模神社にふさわしい社殿に仕立て上げてみせた［第五章図9］。まず、拝殿を内拝殿《ないはいでん》［第五章写真11］と外拝殿《げはいでん》［第一章写真19］に分け、内拝殿を神職の祭祀と正式参拝の場とし、外拝殿を一般参列者の席とした。その間の吹き抜けの中庭《ちゅうてい》やその両脇の渡廊《わたろう》は、参列者が多い時には着席の場にもなる。

創立時の社殿の設計にも見られた神聖度に応じたゾーニングが、復興社殿ではさらに緻密なかたちで設定された。より具体的には、外拝殿の石張り床よりも内拝殿の石張り床面が二尺一寸上がり、そこから、二段上がった先の石階を四段上がった上に板張りの祝詞座があり、そこから九段の木階を上った先に本殿の縁、そしてその向こうに本殿の外陣・内陣・内々陣が一段ずつ高く配されて続くように設定されているということである。

その一方で、本殿外陣の御扉《みとびら》は、第三鳥居からも、南神門・外拝殿・内拝殿・祝詞殿を透かしてはるかに望むことができるようになっている［第五章写真15］。それが可能になったのは、外拝殿の建設に際して、その床を旧拝殿床のレベルから一尺五寸ばかり下げて、第三鳥居からの視線が本殿御扉まで通るようにしたからである。それによって、角南隆が重視する、神が在《おわ》す処が参拝者に感じられるようにすることができた。中庭が吹き抜けになっていて、そこに日光が差し込んで内拝殿床の腰壁が明るく照らされるのも、視線を奥に誘《いざな》うのに効いている。

南北軸を配置計画の基軸にするというやり方は、創立時の社殿配置にも見られた。本殿の正面中央の柱間が、中門の柱間になり、その先の石畳の幅や拝殿の中央柱間にも適用されていたので、その幅の南北軸で各社殿が関係づけられていた。角南の設計では、内拝殿の中央柱間の幅を、本殿正面側と中庭中央の石畳に適用して、その軸線上に第三鳥居から御扉まで視線が通るように整えたわけである。創立時も、そして復興時でも、その南北軸に社殿群を左右相称に配置しており、そこには社殿相互の関係を秩序立てて整えるという、近代合理主義的な設計姿勢がみられる［第五章図9］。

復興社殿の本殿も三間社流造で、その平面の外形は創立時と同じだが、その平面を内々陣・内陣・外陣という三つの部分に分け、内陣と外陣をひとつながりの空間にして、荘厳な雰囲気の空間にした［第五章図14・15］。本殿のすべての柱を丸柱としたのは創立時の本殿とは異なるし、箕甲下のカーブの曲がりを強くしただけでなく棟高をより高くし、創立時のものよりはるかに大きい千木・堅魚木を載せて、力強い感じに仕立てている［第五章図25、写真55］。角南は創立時社殿の設計者のやり方を踏襲するつもりはなく、自身の美学に従って、また第二次世界大戦前に日本中の官国幣社の営繕で培った経験をもとに、より祭祀のしやすい、より荘厳さが感じられる神社につくりかえた。工期と工期の制約や、それにともなう既存社殿との関係や既存基礎の再利用などの制約があったにもかかわらず、より機能的で荘厳な神社建築をつくり上げた手腕は見事で、彫物などの細部に至るまで彼の意向が反映されていることもあわせて、角南の神社建築の集大成といえるものである。

第二節　独自性と普遍性の追求

明治神宮は、近代にふさわしい大規模神社はどうあるべきかという問いに対する複数の回答が示されている点で、また近代を代表する神社建築家の作品が一堂に会している点でも、近代神社建築史上注目すべきものである。

外苑は東京市内にあって、大規模建物を建てる余地があったために、また競技場が建設されたことから、さらにはスポーツが新たな娯楽になったことから、競技施設設置の要望が集まりやすい場になった。また内務省も国民教化に有効な手段と見て、それを奨励した。当時、世界では「スポーツの政治化」が同時進行していたことにも留意すべきで、国家間の競争というコンテクストの中で記録が意味を持つようになり、スポーツが国民統合のための重要な要素になりつつあった。外苑の競技場や水泳場が国際規格に則ってつくられたのはそれを意識してのことで、「遊技」が「競技」に変わっていった過程や、「競技」が国威発揚の手段と見られるようになったことを反映している。外苑がスポーツの殿堂としての性格を強めていったのは必然といえる。

内苑と外苑は一見無関係のように見えるが、「国民国家」という枠組みを採用することによって一体的に理解できると考えられる。明治神宮造営事業は、内苑では日本の独自性を伝統的なモチーフを使って表現し、外苑には西洋に比肩するものを、つまり近代的かつ普遍的な施設を設けたもので、またそれらに最新技術を活用したという点で、いいかえれば、ナショナル・アイデンティティ（独自性）と近代化＝西洋化（普遍性）を同時に追求する姿勢が示されているという点で、国民国家を標榜してはじまった日本の近代を象徴的に示す空間といえる。

この観点からすれば、聖徳記念絵画館に展示されている絵画が、日本画と洋画が同数の四〇点ずつで構成されているのも示唆的である。それは「和」と「洋」が等価に扱われていることを象徴する例とも見られるからである。

近代化は基本的に西洋化であり、その基盤である合理的思考や、その成果のひとつである近代技術に象徴されるように、普遍性を志向するものである。しかし、それは実際には西洋の歴史や文化に根ざしたものなので、達成できない理想にとどまるだけでなく、それに寄り添うことは国の独自性を希薄にすることにつながる。そのために、遅れて近代化をはじめた国においては普遍性志向とナショナル・アイデンティティがともに希求され、時によってその間を揺れ動くことになる。日本もその例外ではなかった。明治神宮の内苑と外苑の建築に、そのような日本近代の諸相が象徴的なかたちで見られる点でも、近代建築史上注目すべき事例といえる。明治神宮をよりよく理解するには、内苑と外苑をあわせて見ることが重要と考える所以《ゆえん》である。

第三節　伝統の継承ということ

創立時の社殿も戦後復興のものも、「伝統理解」「伝統表現」という国民国家の重要な課題に向き合っている。本書の冒頭に記したように、「伝統」は国民国家の重要なテーマだった。それは国民統合のための手段のひとつであり、国民の誇りの縁《よすが》になり得るものである。過去の建築の中に、日本の独自性と優越性が主張できる要素を見出し、それを適用して設計するのが望ましいことになるが、その「伝統」は自明ではなく、発見するものであり、解釈に依存するものである。神社建築は、古代にはじまり、日本の独自性を主張できるビルディングタイプなので、伝統表現に適した対象とみられる。神社奉祀調査会特別委員会の委員は、仏教建築（中国起源の建築）との差異化を意識していた。西洋だけでなく、中国との差異を示すことを重視していたから、簡素であることを求めていたわけである。

明治神宮では、明治天皇と昭憲皇太后を祀る神社というだけでなく、皇族や政府高官が参列しての儀式が行われることが想定されるし、それは身分ごとの動線分離や、高位者の接遇や参列の場所を用意しなければならないことを意味する。それは近代という時代の要請だったし、そこでは記念建造物としての性格もあわせ求められたと考えられる。しかし、神社建築、特に本殿は祭神だけの建物なので小規模になりがちで、記念性を表現するには工夫が必要になる。その課題に対して創立時の設計者がとった方法が、廻廊を神聖さの度合いに応じたゾーニングや動線分離に活用し、本殿の棟高が一番高くなるように整えながら、過去の建築様式（流造）や廻廊・組物・蟇股などの伝統的なモチーフをモダンにアレンジしながら適宜組み合わせ、必要に応じて最新の技術を適用するというものだった。

廻廊によるゾーニングや、格の高い空間の床《ゆか》を上げるとか、流造本殿の外陣・縁境の柱だけ角柱にするというようなことは、昔から行われてきたことである。しかし、それに意味を見て、明治神宮社殿に求められた要件に適合するようにそれらを組み合わせるというのは、意図的な選択である。そこでは、伝統的な要素が近代の知によって解釈し直され、位置づけ直されている。「建築の新しさ」を「新しい形の発明」にではなく、「既存の形やモチーフの新しい組み合わせや意味づけ」に見るならば、創立時の社殿も、復興時のそれも「新しい」。

ちなみに、最新技術を適用することはいつの時代にも行われてきたことで、技術者にとっては当然のことである。技術というのは目標を与えられたときにはじめて形をなすものなので、明治神宮の場合は目立たないかたちで、伝統的な形を支える裏方として使われているわけである。

日本近代においては、「伝統理解」の新たなツールとして「日本建築史」が重要な意味を持つようになった。それは明治中期に伊東忠太や関野貞によってはじめられたものである。そこでは、遺構やそれにかかわる文献を調査し、「様式」や「空間」、「国民性」「時代精神」などの概念を用いて過去の建築の意味づけや分類がなされた。明治神宮に採用された「三間社流造」はそのような学問的な知見をもとにしたもので、外陣床を内陣のそれより下げるとか、外陣縁境の柱列だけ角柱にする（創立時）というのはその例である。いったん「日本建築史」が成立すると、伝統的な建築がそれを典拠にして理解され、近代の「日本建築」が設計されるようになったということである。

日本建築史自体も国民国家の産物といえる。「日本建築史」が成り立つためには「日本建築」が存在しなくてはならない。しかし、中国や朝鮮半島の建築との違いはと問われれば、実はそれには明確な答えがないことに気づかされる。この問題に対しては、「日本建築」の実在を前提にするのではなく、国民国家としての要請から「日本建築」が求められたと考えたほうがいい。つまり、国民国家制度が「日本固有の文化や伝統」に意味を見出すから「日本建築」がぜひとも必要とされたということである。それは中国や朝鮮半島の建築との比較を通して形成されるから、それらとの差異が強調されることになる。たとえば屋根の優美さとか、素木の肌の重視などが「日本建築」の特徴として挙げられるわけである。微細ではあっても、差異を見出し、強調することが重要になる。念のために付言すれば、ここで日本建築史の存在意義を問題にしているわけではない。それがひとつのイデオロギーであることを認識したうえで、その枠内でその存在意義を考えればいいだけのことである。要は、伝統を日本建築史の知見にもとづいて考えるというやり方、そしてその日本建築史そのものが国民国家の要請によって形成されたことが近代特有の現象であることに、注意をうながしたいということである。

神道は「復古」を旨とするといわれるが、神社建築に用いられている要素が昔と同じだからといって、それに対する意味づけまでもが同じとは限らないし、「復古」という立ち位置そのものが「近代的」ともいえる。それは、西洋化や近代化がテーマになったときだからこそ、つまり昔からのやり方があたりまえではなくなった近代という時代だからこそ、有意な選択肢になり得たからである。

「伝統継承」といっても、昔ながらのやり方をそのまま踏襲するわけではないし、それは現実には不可能である。まず時代によって求められる機能や役割、使える技術が異なるからだし、設計が創造的行為である以上、そしてその設計者ができるだけいいものをつくりたいと願う以上、そこには必ず設計者の思想や美学が反映されるからである。かりに、できるだけ伝統に忠実な姿勢で新しい課題に対応しようとしても、まったく同じ事例を過去に見出すことはできないから、設計者自身が決めなくてはならないところが出てくる。過去に忠実であろうとすればするほど、問いの数が増え、過去の実例に答えを見つけられなくなって、決定を設計者の解釈に頼らざるを得ない項目が増えてくる。その結果、できるものは「新しく」なる。逆説的ではあるが、それが「伝統継承」の実態である。それは日本にかぎらない。イタリアで一五世紀末にはじまったルネサンス建築は、その典型である。ルネサンスの建築家たちは古代ローマ建築を規範とし、その復興をめざした。そのために、古代ローマの遺跡を実測して図面をつくり、古代ローマの建築家ヴィトルヴィウスが残した『建築十書』を研究するなどして、プロポーションなどに古代ローマ建築のエッセンスを見つけだそうとした。しかし、その古代ローマ建築の実態が多様であったため、最高のプロポーションと見なしたものは彼らの「解釈」にすぎず、彼らの時代の用途や目的にあわせるために、古代ローマの建築家になり代わって設計しようとしているうちに、結果としてルネサンス建築という「新しい建築」を生み出すことになったのである。そこに使われているモチーフは古代ローマ建築に由来するが、その組み合わせ方や意味づけが新しかったわけである。

明治神宮の創立時と復興時の社殿、そして宝物殿に見られるデザインも、それに似た姿勢でつくられている。彼らにとってそれは、伝統的なモチーフを用いた「現代建築」だった。それは、現代においてもその有効性を主張できる建築という意味である。それは過去を否定したからではなく、過去に倣おうとしたことによるもので、それが解釈に依存するものだったからこそ、伊東らと角南とでその答え方が異なっているわけである。たとえば、どちらが機能的か（祭祀がしやすいか）というような視点に立てば、その優劣は決められる（復興社殿のほうがはるかに優れている）。しかし、「どちらがよりよい伝統理解か」と問われれば、そこには正解はないし、どちらも正解であり、あり得る答えということになる。それは、ずっと問い続けられることになる問題である。これからの神社建築でも、伝統表現というテーマは避けて通れないだろう。それに対してはさまざまな提案がなされるだろうが、明治神宮創立時と復興時の社殿や宝物殿が、そのテーマに関して多くの示唆を与えてくれる建築であるのは確かである。

あとがき

　明治神宮は東京オリンピックが開催される二〇二〇年に鎮座百年を迎える。いま内苑では、その記念事業として社殿の屋根葺き替えや「明治神宮ミュージアム」の建設などが進められている。本書の刊行はその事業の一環である。

　本書の執筆は、明治神宮の中島精太郎宮司からのご依頼によるもので、内部資料を閲覧するために特任研究員というポストをいただいただけでなく、国際神道文化研究所に研究や執筆のための場所をご用意いただくなどの便宜を図っていただいた。本書を上梓できたのは、逸にかかって宮司様のご高配によるもので、厚く御礼申し上げる次第である。

　前任と現職の権宮司の方々（宮﨑重廣常任顧問、網谷道弘権宮司、九條道成権宮司、江馬潤一郎権宮司）にも、折にふれて励ましのお言葉をいただいた。また仄聞するところでは、東京大学名誉教授で明治神宮責任役員の内田祥哉《よしちか》先生のお口添えもあったとのことで、この場を借りて御礼申し上げたい。

　佐藤正宏所長や栗田勤事務局長をはじめとする明治神宮国際神道文化研究所の方々にも、深い感謝の意を表したい。なかでも、同研究所研究推進課長の今泉宜子博士には、史料についてのご教示など、研究を全面的に支援していただいただけでなく、本書の最初の読者として原稿を校閲していただくなど、本当にお世話になった。ここであらためて御礼申し上げたい。また、明治神宮百年誌編纂準備室の大丸真美主幹（当時）、中野裕三博士、戸浪裕之博士から、奉祀の仕方や神道学・宗教学などについてご教示いただいたことに感謝したい。

明治神宮の社務所や外苑の方々にも、神社の奉祀の仕方や現存建物についていろいろご教示いただき、参考にさせていただいた。廣瀬浩保企画部長には、史料閲覧に関してご高配をいただき、毛利正彦管理部長のご了解を得て、清水建設の小橋孝吉上席エンジニア（社寺・文化財担当）や高山和弘工事長に修理中の社殿の小屋裏や屋根の葺き方などをご案内いただくとともに、組物や垂木の実測などもさせていただいた。また外苑では深澤利男管理部長のご高配を得て、藤井正弘聖徳記念絵画館副館長に史料などについて貴重な示唆をいただいた。研究に着手してから三年で出版に漕ぎつけられたのは、これらの方々のおかげである。

また復興社殿の建設に関して、その設計や工事に関わった方々のうち、川村昭二氏（日本建築工芸設計事務所会長）、井上秋夫氏（元・明治神宮営繕課）、故・竹澤要氏（株式会社竹澤古典建築設計事務所会長）、吉田信久氏（木彫・伝統工芸士）に当時のお話をうかがい、参考にさせていただいた。特に川村氏には何度もお話をうかがわせていただき、角南隆の作品や思い出を含め、貴重なお話を賜った。これらの方々にも、厚く御礼申し上げたい。

法政大学名誉教授の大江新先生にも御礼申し上げたい。建築家という立場で、また御尊祖父の大江新太郎について参考になる情報を提供していただいた。

なお、内藤大哲君（現・国土交通省）には、東京工業大学の筆者の研究室に大学院生として在籍中に明治神宮造営事業の史料の蒐集と分析を手伝っていただいた。そして東京工業大学大学院環境・社会理工学院建築学系博士課程の小畑俊介君には、一部の図版を作成していただいた。両君にも感謝の意を表したい。

また、関西大学環境都市工学部教授の西澤英和博士（当時は京都大学）と、筆者の研究室の博士課程学生だった増田泰良博士に、宝物殿の構造を詳細に分析していただいたことに感謝したい。京都大学大学院工学研究科建築学専攻教授（当時）の山岸常人博士から神社建築について貴重なご示唆をいただいたことにも、厚く御礼申し上げたい。その記述に関して誤りがあるとすれば、それはあくまで筆者の責任であることをお断りしておく。

また本書の編集で、鹿島出版会の渡辺奈美氏にご尽力いただいた。レイアウトや校正、索引作成など、面倒な業務にご尽力いただいたことに深く感謝したい。そして、本書の装幀をしていただいた、デザイン実験室主宰の工藤強勝氏、そして同室の勝田亜加里氏、石山奈美氏にも御礼申し上げたい。本書の内容を少しでも読みやすくすることや、それを象徴する表装のデザインにも力を注いでいただいた。

筆者は、明治神宮の建築について、これまでに以下の拙稿を発表している。

・増田泰良・西澤英和・藤岡洋保「明治神宮外苑聖徳記念絵画館の鉄筋コンクリート造ドームの構造設計」『日本建築学会大会学術講演梗概集F-2』平成一五年九月、六二五～六二六頁
・藤岡洋保「明治神宮の建築（上・下）」『明治聖徳記念学会紀要』復刊第三二号、錦正社、平成一三年四月、五九～七一頁、同三三号、平成一五年八月、二六～四三頁
・増田泰良・西澤英和・藤岡洋保「明治神宮宝物殿南倉の構造計画の特徴について」『日本建築学会計画系論文集』六二八号、一三四一～一三四八頁、平成二〇年六月
・藤岡洋保「明治神宮の建築――社殿・宝物殿・聖徳記念絵画館」『月刊文化財』五七四号、第一法規、平成二三年七月、四～五頁

・藤岡洋保「日本の近代を象徴する空間としての明治神宮――宝物殿と聖徳記念絵画館の建築史的価値」『神園』第六号、明治神宮国際神道文化研究所、平成二三年、一三〜二四頁
・藤岡洋保「明治神宮・日本近代を象徴する空間――独自性と普遍性の共存」『聖徳記念学会紀要』復刊第五〇号、平成二五年一一月、一八七〜二一三頁

本書はそれらを出発点にしているが、明治神宮所蔵史料を閲覧できたことや、新たな知見が得られたことから、改訂した点が多々あることを付記しておきたい。

筆者は日本近代建築史の研究者で、建築思想とデザインの関係を研究の柱のひとつとしてきた。その中でも、建築における「日本的なもの」、つまり建築家の伝統理解や伝統表現は筆者にとって重要なテーマで、三五年くらい前から考察した成果を発表してきた。近代の神社建築はその範疇に含まれ得るものだが、史料がなかなか得られず、筆者にとっては遠い存在だった。その研究のきっかけを与えていただいたのは、神社本庁に勤めておられた神保郁夫氏（現・神社新報社）である。二〇年ほど前に、氏のおかげで、岡本健治神社本庁総長（当時）に同庁蔵の内務省営繕史料の閲覧許可をいただくことができ、近代の神社建築についての研究に着手することになった。その際には、神社本庁教学研究所情報管理課参事（当時）の佐藤弘毅氏や丹生《にう》晃市氏（現・丹生都比売神社宮司）にも大変お世話になった。本書に記したことは、その研究にも支えられている。記して感謝の意を表したい。

また、安藤時蔵や大江新太郎、角南隆の神社建築について勉強の機会を与えていただいた橿原神宮・平安神宮・近江神宮・函館八幡宮・武田神社・高見神社にも厚く御礼申し上げたい。

近代の神社建築に対しては、今でもネガティブに見られる向きがないわけではない。しかし、それも日本近代の歴史のひとこまであるのは確かだし、本書に示したように、そこには評価できることや、日本の近代を再考するための手がかりも見出せる。内務省・神祇院の管理下から離れて七〇年以上が過ぎ、その歴史を冷静に見てもいいように思われる。

平成三〇年五月　著者記す

人　　名　　索　　引

＊斜体は図版のページ番号を示す

な

は

た

さ

用　語　索　引

＊斜体は図版のページ番号を示す

藤岡 洋保（ふじおか　ひろやす）

一九四九年広島市生まれ。東京工業大学工学部建築学科一九七三年卒業、同大学院修士課程建築学専攻一九七五年修了、同博士課程建築学専攻一九七九年修了、工学博士。

明治大学工学部助手（建築学科）などを経て、一九八四年東京工業大学工学部助教授（建築学科）、一九九六年同教授（建築学科）、二〇〇〇年同大学院理工学研究科教授（建築学専攻）、二〇一五年同大学定年退職、名誉教授。その間、神奈川大学、ワシントン大学大学院（シアトル）、明治大学大学院、北海道大学大学院で非常勤講師。二〇一五〜一八年明治神宮特任研究員（非常勤）。日本近代のデザインや建築思想、建築技術、保存論などについて研究。主な著書に『再読／日本のモダンアーキテクチャー』（共編著、彰国社、一九九七）、『近代の神社景観』（共編著、中央公論美術出版、一九九七）、『清家清』（共著、新建築社、二〇〇六）、『表現者・堀口捨己―総合芸術の探求―』（中央公論美術出版、二〇〇九）、『近代建築史』（森北出版、二〇一一）、〝KENZO TANGE ARCHITECTURE FOR THE WORLD〟（共著、Lars Müller Publishers、二〇一二）、『ライトハウス すくっと明治の灯台64基』（解説、バナナブックス、二〇一五）など。二〇一一年日本建築学会賞（論文）。二〇一三年「建築と社会」賞

明治神宮《めいじじんぐう》の建築《けんちく》

日本近代《にほんきんだい》を象徴《しょうちょう》する空間《くうかん》

発行　二〇一八年八月一〇日　第一刷発行

著者　藤岡洋保《ふじおかひろやす》

発行者　坪内文生

発行所　鹿島出版会

〒一〇四―〇〇二八　東京都中央区八重洲二―五―一四

電話〇三（六二〇二）五二〇〇

振替〇〇一六〇―二―一八〇八八三

印刷　三美印刷

製本　牧製本

造本・装幀　工藤強勝

本文デザイン　工藤強勝＋勝田亜加里＋石山奈美

ISBN 978-4-306-07344-9 C3052

本書の内容に関するご意見・ご感想は左記までお寄せ下さい。

URL: http://www.kajima-publishing.co.jp

e-mail: info@kajima-publishing.co.jp

明治神宮

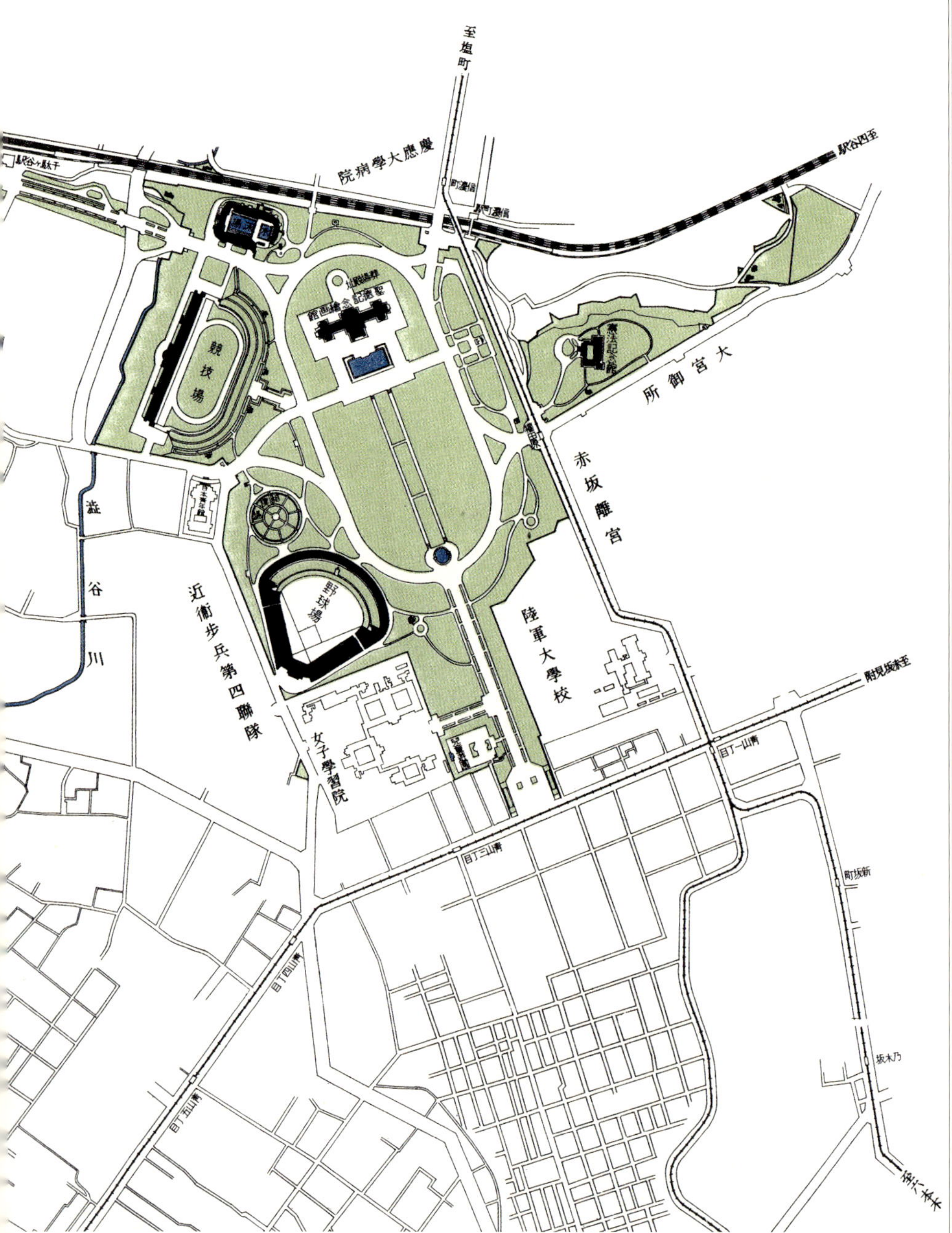
至塩町
慶應大學病院
至四谷駅
千駄ヶ谷駅
信濃町
信濃町
聖徳記念繪画館
葬場殿址
憲法記念館
大宮御所
競技場
赤坂離宮
澁谷川
近衛歩兵第四聯隊
野球場
陸軍大學校
女子學習院
青山一丁目
至赤坂見附
青山三丁目
青山四丁目
青山五丁目
新坂町
乃木坂
至六本木